ARCHITECTURES ET CLIMATS

SOLEIL ET ENERGIES NATURELLES DANS L'HABITAT

Collection Architectures

dirigée par Pierre Clément
avec le concours de
l'Institut français d'architecture
et l'École nationale supérieure des Beaux-Arts

Liu Dunzhen
La maison chinoise

V. Barré, P. Berger, L. Feveile, G. Toffin
Panauti, une ville au Népal
Préface de Corneille Jest

ARCHITECTURES ET CLIMATS

SOLEIL ET ENERGIES NATURELLES DANS L'HABITAT

Georges et Jeanne-Marie
Alexandroff

Architectures

Berger-Levrault

Remerciements

Nous remercions tous ceux qui nous ont aidés d'une manière ou d'une autre à mener ce travail à bien, notamment Pierre Marie, qui en fut le « sponsor » au Plan Construction et Gwenaël Querrien dont la collaboration et la patience nous furent précieuses à l'heure de la mise au point définitive. Nous le dédions à tous nos étudiants.

Georges et Jeanne-Marie Alexandroff

Ouvrage réalisé avec le concours de la Direction de l'architecture et du Plan Construction

Avertissement

Cet ouvrage est issu d'une recherche effectuée pour le Plan Construction entre 1974 et 1979, intitulée l'Intégration des énergies naturelles à l'habitat.

Il est à restituer dans la problématique actuelle de réorientation de la politique énergétique dans l'habitat. De nombreux programmes de recherche ont été lancés à la même époque, notamment par le CNRS, le CORDA (Direction de l'Architecture), et le Plan Construction; mais, alors que ces études portaient généralement sur des aspects scientifiques ou techniques étroitement délimités du problème, notre travail se proposait de restituer une vision globale de l'habitat, qui devrait permettre de compléter et éclairer ces nombreuses approches sectorielles : car, si celles-ci sont irremplaçables, leur parcellisation et leur accumulation risquent de masquer la signification même du concept d'habitat, compris sous son double aspect architectural et écosystémique.

Au niveau architectural, la relation de l'habitation à l'énergie relève principalement du concept de l'abri climatique : ses espaces proprement habitables sont appréhendés comme enceinte thermique, lieu d'échange « actif » ou « passif » entre les flux internes et externes que modifient et influencent la morphologie des espaces (principaux, annexes, transitoires) et la nature des enveloppes, leurs percements, les dispositifs de chauffage et de ventilation, l'implantation dans le site, les masques et groupements, etc.

Au niveau écosystémique, qui représente évidemment un tout autre ordre de grandeur, les relations entre l'« habitat », l'« énergie » et le « milieu naturel » débordent largement la problématique thermique. La substitution du terme d'« écosystème » à celui de milieu naturel souligne que ce point de l'analyse se propose d'élucider ce qui, dans les relations en question, constitue une organisation, un équilibre structurel, ou au contraire se défait selon un dynamisme destructif.

En ce sens, il faudrait prendre en compte toutes les incidences des formes de l'habitat, types de groupements, réseaux et communications, options constructives et énergétiques sur l'équilibre du milieu.

7

Une telle analyse n'est ici qu'ébauchée, mais elle constitue la dimension supérieure de tout notre travail et son fondement même, la notion d'économies d'énergie ne prenant sens qu'au sein d'une économie globale des ressources épuisables.

Si les deux premières parties de l'ouvrage, consacrées respectivement à une « lecture » des habitats traditionnels et modernes, aborde ces problèmes sous une forme linéaire et descriptive, on verra au niveau de la troisième partie, essentiellement consacrée au problème contemporain de l'intégration de l'énergie solaire à l'habitat, l'incidence profonde de l'approche écosystémique sur ce problème particulier. Ici encore, par conséquent, l'analyse sera très ample, menée à des échelles très différentes et autant que possible sans négliger les points de vue complémentaires des divers intervenants, et les hypothèses, concepts et propositions qui en découlent constitueront autant de tentatives, théoriques ou opérationnelles, pour épurer l'architecture solaire de l'empirisme et de la frivolité qui, trop souvent, obscurcissent ses voies.

Préliminaire

En préconisant l'*intégration* et non l'*adduction* des énergies naturelles à l'habitat[1], nous avons le sentiment d'aller à contre-courant des problématiques industrielles et énergétiques actuelles qui, même lorsqu'elles s'appliquent directement à l'habitat, ne le reconnaissent pas dans sa globalité.

Précisons notre propos : depuis un siècle environ, mais plus encore depuis deux ou trois décennies, l'habitat, tout en faisant l'objet d'études spéculatives mettant remarquablement en valeur l'étendue de ses relations actives et réciproques avec l'« habitant » et son « milieu », n'est plus appréhendé dans son ensemble au niveau de la pratique, mais selon des conceptions partielles, voire parcellisées, et ceci même par les praticiens intervenant dans sa conception.

Si les groupes les plus directement concernés — usagers, architectes et urbanistes — ont à peu près conservé la notion globale de l'habiter (à savoir les implications sur l'habitant de l'acte d'habiter), les divers spécialistes du « confort » ont poussé parfois à un affinement extrême des notions partielles sur l'habiter, relatives chacune à sa spécificité; quant aux ingénieurs et techniciens impliqués dans des opérations concernant plus ou moins directement l'habitat, (Bâtiment, Travaux publics, Production énergétique, etc.), ils ont réduit le concept d'habitat pour le faire entrer au mieux dans leur problématique propre, le traitant en terme exclusif de faisabilité, ou comme un champ d'application quelconque de leurs travaux.

Le caractère de l'habitat comme milieu de vie et sous-système de l'environnement humain échappe à ces conceptions partielles et parfois antagonistes, mais il semble que quelques années de recherche scientifique et industrielle sur les « énergies nouvelles » n'aient pas suffi à en tirer toutes les implications.

Afin de donner au concept d'intégration son contenu réel, nous devrons tenir compte de divers niveaux de relations entre l'habitat, l'habitant et le milieu naturel.

Nous utilisons ici fréquemment le terme de « milieu naturel », de prime abord vague et critiquable, comme une contraction commode pour « milieu porteur des énergies naturelles »; dans un sens plus large, lorsque l'on considère le problème des équilibres écologiques, il sera compris comme un écosystème[2].

À ces deux acceptions du milieu naturel répondent deux définitions de l'habitat, selon la relation envisagée entre habitat, habitant et milieu naturel. On peut en effet considérer l'habitat :

— soit comme médiateur entre habitants et milieu naturel, son rôle étant alors essentiellement d'atténuer pour l'habitant les impacts du milieu naturel : c'est la fonction d'abri, principalement thermique, qui est alors examinée;

— soit comme résultante — épicentre en quelque sorte — des efforts de l'homme pour modifier le milieu naturel.

On le voit, ces deux types d'approche sont complémentaires : de façon passive ou active, l'habitat est toujours appréhendé comme un échangeur d'énergie entre les hommes et la nature.

Nous avons cherché à vérifier, illustrer et enrichir ce double échange relationnel intégré, ses modalités et ses conséquences, par son étude à travers l'histoire des habitats humains. Les deux premières parties de notre travail relèvent donc de la recherche historique et consistent en une lecture orientée d'un certain nombre d'habitats variant dans le temps et dans l'espace.

Dans le domaine du vernaculaire, la relation au temps est délicate, souvent obscure; à une impression d'immobilité succèdent parfois des séquences d'évolution rapide; et les filiations ne relèvent pas du seul ordre chronologique du fait de l'interférence d'influences étrangères ou de dérives de modèles sociaux dominants. De toute façon notre approche, pour croiser parfois les préoccupations des historiens, demeure d'un autre ordre.

Les habitats seront observés par grandes zones géographiques, déterminées par des critères qui seront établis plus loin, impliquant des contraintes spécifiques et reconnues par les habitants. L'analyse portera principalement, d'une part sur les modes de relation théoriques entre l'habiter, le milieu, l'énergie, pour en analyser la nature, l'évolution, les contradictions; d'autre part, sur les relations concrètes, ou formelles, entre l'habitation objet (enceinte habitable-abri) et les éléments ou « objets » correcteurs ou producteurs intégrés à sa matérialité.

Au niveau sensoriel, la relation de l'habitat aux énergies s'entend comme médiation entre les habitants et l'action des énergies naturelles appliquées au lieu de leur habitation dont elle définit le climat; cette action est reçue, perçue et subie en termes de confort. On ne trouvera pas ici une étude exhaustive de la notion de confort qui fait en soi l'objet de travaux nombreux et systématiques, mais il faut néanmoins rappeler les principaux aspects de l'appréhension sensorielle qu'un homme reçoit de son milieu naturel et qui concernent notre étude.

Les sensations les plus immédiates, et essentielles quant à notre problématique, sont évidemment thermiques. N'ayant pas ici à effectuer de calculs, et n'étant pas, par conséquent, assujettis, par les impératifs d'utilisation d'un outil mathématique, à simplifier une réalité complexe, nous considèrerons les sensations de confort thermique pour ce qu'elles sont, c'est-à-dire d'une part, très subjectives, d'autre part, vouées à toutes sortes de variations liées à des phénomènes de séquence, de contraste, d'accoutumance et d'interférence avec des sensations extra-thermiques.

D'autres sensations, d'ordre tactile, sont liées à la nature de l'air ambiant (milieu ouvert ou bâti, humidité...).

Une troisième catégorie essentielle de sensations reçues du milieu est d'ordre visuel; relevant principalement, soit de l'intensité du rayonnement lumineux et de ses variations quantitatives, soit de son contenu qualitatif (couleurs, variété et entraves du champ visuel), celles-ci interfèrent puissamment avec les sensations thermiques et doivent toujours être abordées en corollaire aux relations de confort thermique et d'ambiance.

La notion même de confort global a été reconnue dans sa complexité et fait actuellement l'objet de recherches[3], tant en France qu'à l'étranger.

Par opposition aux travaux à caractère exclusivement clinique et médical ne faisant intervenir que les paramètres habituels de température (degré hygrométrique et vitesse de l'air), nous nous intéressons ici au comportement de l'habitant vis-à-vis de son habitat, et plus particulièrement encore dans un contexte d'habitat innovant. Différents auteurs citent le fait que, pour l'usager, une pièce donne l'impression d'être mal aérée si ses fenêtres ne s'ouvrent pas, ceci même si la climatisation est objectivement efficace. On peut se demander si, de la même manière, le confort thermique n'est pas associé à des perceptions précises : la flamme, le radiateur qu'on peut toucher pour vérifier qu'il est chaud. A ces confusions, ou collisions sensorielles, s'ajoutent des attitudes psychoculturelles collectives ou individuelles telles que, par exemple l'opposition entre confort « proustien » et confort « hygiéniste », caractérisant deux générations successives de la classe bourgeoise européenne et leur faisant bouleverser, sans motif objectif, leur mode d'habillement, d'ameublement, d'habitation. Un aspect très important de ces réinterprétations du niveau thermique mesurable est l'influence des couleurs (« chaudes » ou « froides ») connue de longue date; et aussi, de « matériaux chauds » et « matériaux froids », et même d'agencements de formes et de volumes donnant à l'observateur courant des impressions qu'il exprime en termes de sensations thermiques (l'architecture moderne est « froide », l'habitat traditionnel est « chaleureux »).

La notion de confort thermique, outre qu'elle est tributaire de sensations secondaires comme on vient de le dire, est donc un acquis transmis par habitude à l'intérieur d'un groupe, national par exemple : ainsi peut-on noter que les zones confortables de température sont situées, en Angleterre, entre 18,8 °C pour le « travail lourd » et 18,3 °C pour le travail sédentaire; aux États-Unis, entre 18,3 °C et 21,1 °C; en Australie, les différentes catégories de travailleurs donnent des zones de confort diverses : 30,6 °C pour les travailleurs manuels, et 26,7 °C pour les employés de bureaux. Les températures requises pour les salles de bains constituent à elles seules un bon indicateur : 15,6 °C en Angleterre; 21,7 °C à 24,4 °C en Allemagne; 23,9 °C aux États-Unis. Ces chiffres[4] illustrent pour l'époque contemporaine, qui dispose de moyens techniques sophistiqués, le caractère culturel de la notion de confort, que l'habitat vernaculaire faisait pressentir : rappelons par exemple que la température considérée comme tolérable et même convenable par des paysans du Massif central au début du siècle était de 12° dans la chambre à coucher.

En termes d'énergie, l'habitation, variant dans l'espace (grands cadres bioclimatiques) et dans le temps (« progrès »), a joué son rôle de médiateur entre les forces ou énergies du milieu naturel et l'habitant, de deux façons :

— L'une passive, en modifiant, le plus souvent de manière défensive ou protectrice, l'impact de ces forces sur le confort de l'habitant par la seule conformation physique et morphologique de ses volumes, espaces et masses, mais sans apport énergétique autre que l'effort initial nécessité par son édification.

— L'autre active, en s'incorporant des moyens énergétiques « non naturels » puisqu'intentionnellement opposés aux actions du milieu naturel. L'énergie ainsi introduite « artificiellement » dans l'habitation l'a été successivement suivant deux modes différents, sa production se faisant soit au lieu même de l'habitation, à partir de matières énergétiques stockées sur place, soit à l'écart de l'habitation. Dans ce cas le transport se fait par réseaux jusqu'à l'habitation, dont le rôle se trouve ainsi réduit aux phases de restitution et de consommation.

Il est clair à ce niveau que les moyens énergétiques ainsi introduits ne le sont pas exclusivement à des fins de correction thermique mais, et ceci dans des proportions croissantes dans le temps, à des fins de substitution à l'énergie humaine (énergie mécanique) ou spécifique (transformation des aliments de crus en cuits, modification de l'éclairage, etc.).

Mais revenons à la notion d'agent médiateur passif. Le mot est dangereux, et on lui préférera « statique », qui implique toutes les médiations non actives entre l'habitant et le milieu naturel. Car l'habitation n'est jamais exclusivement défensive; elle assume, comme on va le voir plus loin, et dès ses prototypes les plus archaïques, un programme de défense sélectif impliquant l'admission, voire la canalisation de certains éléments du milieu naturel, donc une action, même si ses agents matériels restent apparemment passifs.

En fait l'enceinte habitable, ses volumes et sous-volumes, ses enveloppes et leurs accidents constituent un échangeur, et particulièrement un échangeur thermique[5] entre le milieu intérieur et le milieu extérieur, avec ou sans appoints énergétiques.

Avec les énergies « non naturelles » introduites dans ses enceintes, l'habitat entretient pareillement des rapports complexes de transmission, distribution, conservation, déperdition. Mais de plus, sa morphologie peut avoir une incidence directe sur la production de cette énergie (amélioration des combustions) dans le cas où elle opère sur place. Lorsque les énergies « non naturelles » furent produites extérieurement et amenées par des réseaux, l'habitat perdit de son influence dans le processus énergétique; ses fonctions d'échangeur statique furent négligées, tant parce que la puissance des réseaux semblait devoir permettre le gaspillage que parce que l'équipement énergétique était produit en dehors et par des corps de métier distincts du domaine du « bâtiment ». Ce fut l'ère de l'architecture internationale, autrement dit de la négation de la relation entre habitat, habitation et milieu.

Nous verrons en troisième partie de cet ouvrage comment, dans la dernière décennie, la prise de conscience brutale du problème de l'énergie a conduit à redécouvrir cette relation, ce qui se traduit actuellement par deux types d'action, non contradictoires du reste :

— D'abord, la remise en question des enveloppes architecturales, liée à la re-prise de conscience de l'influence statique de l'habitation, de sa dépendance aux agents climatiques et de son incidence sur les conditions artificielles du confort naturel. Ceci se traduit surtout en termes de défense (isolations) et d'affinement des modes de distribution énergétique.

— Ensuite, la réactivation d'un secteur de recherche jusqu'alors marginal tendant à l'utilisation des énergies naturelles, considérées non plus dans leur relation négative, ou nuisible, mais comme un potentiel positif substituable à divers degrés aux énergies « artificielles ».

1. Les ethno-habitats

Les exemples confrontés ici sont infiniment dispersés dans l'espace et le temps : même s'ils sont soumis à une analyse de type structuraliste tendant à privilégier une démarche cohérente et restrictive, ils doivent à tout instant être considérés dans leur contexte spécifique global. Il ne sera pas loisible, dans le cadre de cet ouvrage, d'expliquer cas par cas la totalité des forces régissant ce contexte, comme dans des monographies; cependant le plan adopté et diverses précautions de classement (géo-climatique, socioculturel, éco-local) doivent en permanence mettre le lecteur en garde contre une interprétation idéaliste et intemporelle.

Aucune relation déterministe mécaniste ne devra être attendue de l'analyse des relations entre habitant, habitat, milieu et énergies; ces relations sont concrétisées suivant un nombre considérable, quoique sans doute fini, de modèles qui autorise à établir avec prudence des typologies de formes, volumes, et espaces correspondant à des « possibilités similaires » et répondant à des « projets ou desseins comparables ».

Sur la différence entre déterminisme et influence possible, et entre « solution » et « dessein » (ou « projet ») nous citerons Lucien Febvre[1] : « le dessein... ou le besoin? ... à condition qu'il ne soit jamais question de besoins *naturels* ou plutôt qu'il soit bien entendu que si le besoin est naturel, le mode de satisfaction du besoin ne l'est pas ».

La relation d'indéterminisme, du reste, est à double sens : pas plus que les modes d'habiter et d'« agir » l'habitat de nos modèles anciens, notre propre comportement n'est « naturel ». Notre attitude à l'égard des énergies naturelles, entre autres, ne relève-t-elle pas avant tout de l'irrationnel déguisé?

17

Enfin, il va de soi que notre objet n'est pas de recomposer une sorte de nouvelle « anthologie de la maison ». En particulier, le débat sur le rationnel et l'irrationnel comme origine des problèmes posés et de leur solution ne peut être tranché ici. Non que nous ne lui accordions pas de valeur; mais nous ne pouvons remonter aux causes premières de la définition des besoins comme le feraient des ethnologues, et nous chercherons plutôt, ces besoins étant à peu près définis, à en montrer le mode de satisfaction, c'est-à-dire à analyser aussi objectivement que possible des objets produits concourant plus ou moins à cette satisfaction, explicite ou non.

Nous adopterons une première division, située dans le temps, entre les ethno-habitats, ou habitats vernaculaires (c'est-à-dire conçus et produits dans et en fonction d'un lieu et d'une culture spécifiques), et les architectures internationales. Cette division recoupe, historiquement, le passage d'un mode de production où l'habitat (le bâtiment) n'est pas, ou pas intégralement, objet de marché, à un mode de production où il est conçu, produit et consommé exclusivement suivant les lois du marché.

Ceci n'exclut pas d'examiner de loin en loin, au sein des chapitres consacrés aux ethno-habitats, des architectures « nobles » qui ont en leur temps fait justement l'objet de marché, et ont influencé les architectures « populaires ». La distinction, en fait, entre un habitat marchandise ou non marchandise (au sens capitaliste du terme) est absolument fondamentale. En effet, dans une formation pré-capitaliste, même si l'habitat avait fait l'objet d'une tractation commerciale, avait été payé par le client et réalisé par des spécialistes, ces clients ne calculaient pas la rentabilité de leur dépense. Prestige et espace conservaient une valeur financière non transparente. L'acquéreur moderne au contraire effectue, ou croit effectuer un acte rationnel, et exige une coïncidence transparente, d'une part entre son projet d'habitat et ses possibilités financières, d'autre part entre son sacrifice financier planifié et un objet parfaitement défini, prévisible et mal modifiable.

On voit bien à quel point deux attitudes aussi contradictoires peuvent déterminer des produits finaux différents. L'habitat pré-capitaliste était conçu selon les besoins du moment et modifié après coup; ses espaces n'étaient pas préétablis, ou très souplement; ils répondaient à des définitions tant financières que fonctionnelles fluctuantes, et seuls les grands traits du modèle général étaient respectés. D'où une facilité plus grande à s'adapter au terrain, au milieu, au microclimat, aux variations des besoins.

Hormis cette division essentielle entre une période pré-capitaliste (plus précisément une période où, en un lieu donné, la définition pré-capitaliste s'applique à la production de l'habitat de façon dominante) et l'ère contemporaine, nous ne suivrons pas nettement l'ordre chronologique général. La chronologie apparaîtra à propos de filiations de modèles ou de séquences historiques déterminées pour un sujet précis (évolution, progrès ou décadence de tel élément spatial ou technique de l'habitat). Mais l'analyse structurale et les divisions géoclimatiques interféreront de façon prépondérante dans notre classification.

La seconde division sera géographique ou plus précisément géoclimatique, et sera fonction d'un certain nombre de critères significatifs :

— l'existence d'un facteur climatique « fort », voire excessif, tel que le chaud, le froid, le sec, l'humide, le venté, l'insuffisamment ventilé;

— la dominance de ce facteur, ou de deux ou trois facteurs conjugués (le froid-sec; le chaud-humide insuffisamment ventilé...), par rapport aux autres pendant la majeure partie de l'année;

— ou au contraire, la combinaison de facteurs opposés d'intensité comparable suivant des alternances à période longue ou courte (saisonnière ou diurne/nocturne);

— ou encore l'absence de force ou d'excès dans les caractères climatiques du cadre considéré.

Des divisions aussi précises pourraient conduire à un émiettement et à la confusion. Mais cette infinie diversité naturelle est corrigée par les attitudes culturelles des habitants vis-à-vis des facteurs climatiques, ce qui rend souvent spécieuses les divisions géoclimatiques strictes.

A l'intérieur même des aires géoculturelles, nous rencontrerons des habitats tenant compte des contraintes et possibilités de leur milieu à des degrés très différents : le méprisant, le négligeant ou le prenant faiblement en compte, le reconnaissant ou le prenant plus ou moins en compte, ou encore le prenant en compte totalement par des moyens spécifiques portés à un haut degré de sophistication.

Nous mettrons en évidence, chaque fois que cela paraîtra intéressant, ces divers types d'attitude en étudiant des archétypes significatifs.

19

Le degré de sophistication des habitats n'est évidemment pas homogène dans toutes les régions observées; il n'y a homogénéité relative que dans les groupements villageois strictement égalitaires; au contraire, dans les ensembles sociaux hiérarchisés qui constituent la plupart des cas étudiés, l'« habitat populaire », ainsi désigné par opposition à l'« architecture » réservée aux classes dirigeantes, reflète des situations sociales différentes, des droits inégaux et des capacités économiques et technologiques variant en conséquence. Bien souvent, une « maison rurale » qui retenait notre attention pour sa qualité spatiale était en fait le bien d'un cultivateur aisé, ayant en son temps voisiné avec des abris de travailleurs agricoles beaucoup plus sommaires et moins durables. Sans pouvoir toujours indiquer à quelle classe sociale précise appartenaient nos exemples, nous les qualifierons, au moins sommairement, de maisons minimales, aisées, etc., en nous gardant d'oublier, d'une part la nature inégalitaire des sociétés pré-capitalistes, d'autre part les échanges d'influences et l'adoption de modèles d'une classe à l'autre, qui contribuent à rendre homogènes les ensembles d'habitats et justifient même parfois d'introduire dans l'analyse certains éléments d'architecture noble, soient qu'ils aient porté à un haut degré de sophistication un modèle répandu, soit réciproquement qu'ils aient inauguré un mode d'habiter raffiné ultérieurement adopté dans l'habitat du grand nombre.

Enfin, nous examinerons les modes de réponse spatiale ou technique apportés par l'habitant aux contraintes et aux possibilités de son milieu, ou cadre naturel, au niveau :
— des constituants de la maison,
— de sa morphologie générale,
— des relations des bâtiments entre eux,
— du groupement général — incluant les espaces urbains ou ruraux — constituant l'habitat dans sa totalité (écosystème).
Ces réponses spatiales seront chaque fois explicitées en prenant pour critère :
— l'habitat comme abri,
— l'habitat comme médiateur, ou échangeur énergétique,
— l'habitat comme lieu d'activité, ou épicentre d'humanisation du site.
Ces rubriques seront abordées séparément ou simultanément pour rendre compte du fait que, dans certains cadres de vie, il y a corrélation entre ces fonctions, et dans d'autres, dissociation.

Habitats des climats
chauds et secs
(bassin méditerranéen)

Suivant l'itinéraire précédemment annoncé, nous allons aborder les zones climatiquement caractérisées par la chaleur sèche dominante, généralement opposée à des froids vifs, saisonniers ou nocturnes.

Schématiquement, nous partirons de zones avoisinant la Méditerranée, qui présentent les chaleurs sèches les plus modérées de ce « cadre », puis nous observerons l'évolution de l'habitat dans des régions de plus en plus arides.

Toutefois, pour ne pas opérer de dangereuses simplifications, nous aurons à tenir compte de deux types de facteurs perturbants : les uns naturels comme les modifications profondes amenées par l'altitude sur les régimes climatiques; les autres culturels, telles les migrations considérables ayant entraîné des dérives de modèles très au-delà de leur aire de conception et d'adaptation fonctionnelle.

Archétypes de l'habitation lourde méditerranéenne

L'examen des habitats méditerranéens anciens permet du reste de dégager des archétypes fondamentaux de l'habitat maçonné. Le fait que certains de ces habitats aient été, tout à fait primitivement, conçus en matériaux végétaux (roseaux) relève plutôt du domaine des archéologues que du nôtre. En ce qui concerne l'habitat sédentaire encore utilisé de nos jours ou ayant laissé des traces historiques accompagnées de témoignages sur le genre de vie et les activités de ses habitants, nous nous trouvons en face d'une quasi-hégémonie de la construction liaisonnée lourde, faisant appel principalement à la pierre, qu'elle soit ou non taillée, enduite, ou associée au bois ou à l'argile généralement armée de roseaux ou de bois. Tous ces matériaux concourent à la réalisation d'enceintes lourdes, à forte inertie thermique, et, sauf exception, se prêtant mal à l'abondance du percement. Ainsi le type de relation de ces habitats aux milieux naturels ne semble-t-il pas a priori devoir être une relation d'échange optimisé, mais plutôt de défense. Mais en réalité, les peuples méditerranéens (et même ceux de régions beaucoup moins hospitalières) ont tempéré ce comportement de défense par des aménagements d'ordre spécifiquement spatial.

Morphologiquement, on peut ramener les habitats archaïques méditerranéens et orientaux à trois configurations géométriques : la tour[2], le cube, le massif percé d'une cour, auxquelles nous donnerons pour ancêtre l'excavation qui correspond aux premiers degrés d'humanisation du milieu.

L'excavation ou la *caverne,* habitée à toutes les époques dans ces régions de pierres saines et souvent tendres, en association ou non avec les constructions proprement dites, entre dans notre propos en nous faisant poser d'emblée la définition de « l'habitat intégré ». Au sens où ce concept implique l'intégration de l'habitat dans le site, on est ici dans un cas idéal. En revanche, au sens où les caractères positifs du milieu sont sélectionnés, aménagés dans l'habitat par et pour les habitants, la situation est un peu plus complexe. L'habitat troglodytique peut en effet être si sommaire que ses fonctions sont très mal assumées : peut-on alors parler d'habitat intégré là où il y a à peine humanisation du site?

En fait, les différents types d'habitat excavé ou « d'excavation naturelle améliorée » montrent d'une façon très claire les paliers de satisfaction que les groupes humains ont franchi dans leurs habitats, non par apport de matière mais, au contraire, par retraits successifs de matière. Les degrés d'amélioration du trou initial, évidemment fonction de la dureté et de la fiabilité des roches, s'illustrent très bien dans un important site troglodyte de l'Italie méridionale[3], à Massafra, dans la province des Pouilles : là, les troubles consécutifs à la chute de l'Empire romain ont contraint une population accoutumée à un genre de vie plus évolué à se replier dans des conditions de dénuement et d'insécurité. En quelques siècles, ces gens ont produit, dans un tuf relativement aisé à travailler, toute une gamme d'habitats, du plus fruste au plus sophistiqué.

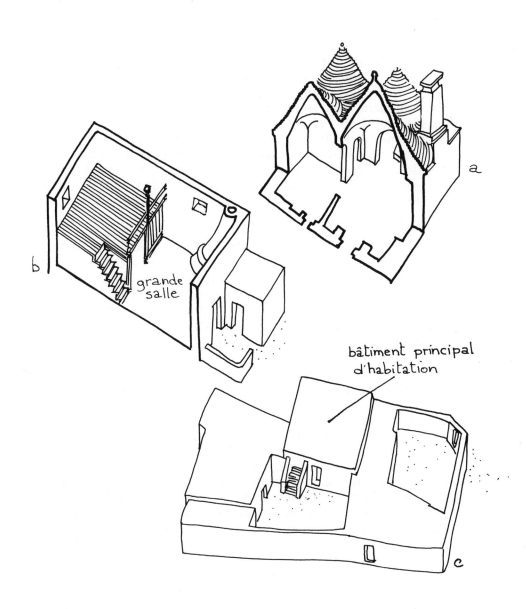

grande salle

bâtiment principal d'habitation

1. Formes de base de l'habitat lourd méridional.
a - Habitat-tour (trulli); b - habitat-cube (Skiros);
c - habitat à cour.

La grotte la plus élémentaire est une cavité au sol aplani; les sophistications qui apparaissent le plus couramment sont des niches dans les murs et un aménagement du seuil. Souvent, la porte affecte la forme d'un modèle très simple, mais remarquable, répandu dans tout le Proche-Orient : non pas un simple trou de passage rond ou oblong, mais une combinaison parfaite de porte et de fenêtre, fente étroite verticale pour le passage d'un corps, s'évasant plus haut en arcade. Expression pure d'attitudes complexes (le passage, le regard, l'accoudement), elle marque aussi dans sa géométrie volontariste la présence humaine dans le chaos des rochers : renoncement au camouflage, revendication d'une intégration active, seuil, signe.

D'autres signes d'humanisation sont creusés à force de bras dans le tuf : cheminées véritables, avec conduits d'évacuations, niches et banquettes, cloisons partielles ménageant des alcôves, antichambres, fenêtres, silos et citernes enfin. Certains dédales de grottes sont de véritables fermes, d'autres peuvent être des églises. En bref, toutes les intentions de l'habitat sont représentées dès ce degré non construit : abri, confort, relations revendiquées au milieu, production, stockage, société.

Le second type d'habitat est la *tour* dont on peut dire qu'elle est l'enceinte proprement dite. Son tracé symétrique défie les orientations, sa construction réclame l'opacité. Et pourtant ceux qui la construisaient pour l'habiter n'ont eu de cesse de briser cette autonomie en l'ouvrant au milieu extérieur par des espaces intermédiaires. Dès le VIIIe millénaire à Jéricho I[4], elle apparaît « améliorée » d'un porche en saillie et les fouilles néolithiques ont livré sur tout le pourtour de la Méditerranée des vestiges circulaires : ovales ou même carrés à angles arrondis, couverts de toits coniques en pierre, parfois partiellement enterrés, flanqués d'annexes rectangulaires comme à Shangavit en Arménie[5], ou conglomérés en complexes structures de ruches comme à Chypre.

En fait, les tours à volume unique[6] ne sont généralement que des abris agricoles ou pastoraux, des moulins, ou des postes de garde. Les habitations permanentes, en revanche, sont plutôt constituées d'un conglomérat de volumes cylindriques, cylindroconiques ou hémisphériques, agencés entre eux selon les sites et les programmes. Que cette structure mixte (hasardons le terme de « modulaire » en lui retirant toute connotation trop rigoureuse) groupe des formes de natures diverses, ou qu'elle ne mette en jeu que des éléments de géométrie similaire, ces espaces étaient organisés selon une hiérarchie fonctionnelle : les uns assurant le rôle d'enceinte habitable, les autres d'espaces secondaires de service tels que porche, pièce à feu, etc.

L'exemple le plus fameux (voir 1, a) des trulli d'Apulie montre comment, à partir d'un même principe, on a pu, dans les bâtiments ruraux isolés, donner libre cours au foisonnement des espaces ou au contraire, en ville, les ordonner en alignements authentiquement urbains et discipliner les percements. Si l'agencement des « modules » entre eux était assez libre et a donné lieu à des variantes remarquables, le « module » lui-même, par son mode de construction (murs épais et voûtes en encorbellement, réalisés en petit appareil) manquait de souplesse. Les percements[7] sont rares dans le développé de la coupole, minimes dans les parois verticales. Il s'ensuit du point de vue du confort une très grande fraîcheur en été, due à l'épaisseur des murs et au volume d'air élevé; mais aussi en hiver un réchauffement difficile pour les mêmes raisons et surtout une humidité telle que, par manque de ventilation, les habitants se résignent à laisser les portes ouvertes.

Les cheminées ont été plus ou moins aménagées suivant les époques, du simple trou d'évacuation remplaçant le sommet du cône, au foyer bien aménagé avec conduit rétréci au faîte protégé, voire avec hotte. Mais même les foyers les plus satisfaisants sont relégués dans un module cuisine, relié au séjour par une porte étroite, et ont par conséquent peu d'effet sur l'ambiance générale de l'habitation.

L'éclairage dans ces maisons, comme dans toutes les tours d'habitation populaires, est faible, amélioré par des enduits blancs, mais si insuffisant que la seule partie réellement claire de l'habitation est l'étranglement de la porte, appelé « place des femmes » parce que c'est le seul endroit où elles ont assez de jour pour coudre, sur un espace pas plus large qu'une chaise.

En fait, non seulement les femmes, mais toute la famille se tient volontiers dehors, devant la porte. L'espace du seuil est par conséquent important : partout où la place est disponible, il y a des bancs, et le plus souvent, un porche avançant. En ville, lorsque les façades étroites ne laissent pas assez de place pour de tels aménagements, les gens tirent leurs chaises devant la porte sur un perron, voire à même la rue si toute marque spatiale fait défaut.

Alors que le monde oriental et l'Afrique noire recèlent encore

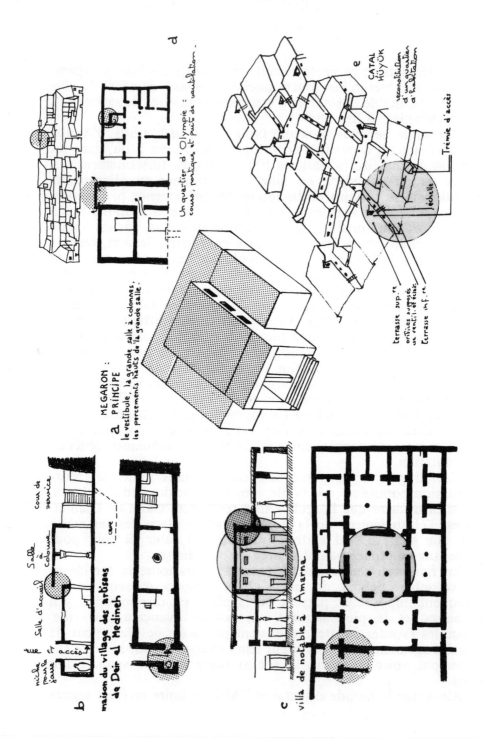

MÉGARON :
a. PRINCIPE
le vestibule, la grande salle à colonnes,
les percements hauts de la grande salle.

Un quartier d'Olympie :
cours, portiques et puits de ventilation.

CATAL HÜYÜK
reconstitution
d'une habitation
d'habitation

Trémie d'accès

terrasse sup.re
orifices supposé
de ventil. et éclair.
terrasse inf.re

l'échelle

maison du village des artisans
de Deir el Medineh

niche pour le saint
et accès
rue
Salle d'accueil
Salle à Colonne
cour de service
cave

villa de notable à Amarna

2. Le mégaron : principe et applications.

d'innombrables exemples d'habitats à module de base circulaire, l'Europe méditerranéenne les a depuis longtemps délaissés, à l'exception des trulli, pour adopter de la façon la plus étendue la construction cubique.

A l'inverse de la tour, le *cube* n'est pas une forme particulièrement organique, du moins lorsqu'il est réalisé en maçonnerie : pour régler le problème des angles, il fallait recourir à des règles de construction plus délicates et à des mesures plus complexes. En revanche, il est plus aisément perçable, donc en meilleure relation au milieu naturel et, ce qui est plus important, son implantation dans le site implique un choix délibéré d'orientation, non plus des seuls percements mais du volume général : il y a de « bonnes » et de « mauvaises » façades que rituels et expériences concrètes codifieront de pays en pays (« l'axe principal »).

Le cube est présent dès le VIIe millénaire sur le site de la ville anatolienne de Çatal-Hüyük[8] où il était probablement construit en clayonnage bourré de boue et, plus loin encore dans le temps, en roseaux. Seul ou composé, il va connaître grâce à ses capacités d'imbrication toutes les vicissitudes qu'impose le resserrement urbain et en particulier les problèmes d'éclairage.

Si la première maison (sans doute danubienne), annonçant le célèbre mégaron grec[9], se réduit à une pièce précédée d'un vestibule et équipée de deux foyers (l'un intérieur au centre de la salle et l'autre sous le porche aéré), on trouve vite des habitats plus complexes, où l'ensemble salle-foyer-vestibule s'entoure de magasins de hauteur moindre, ou de corridors menant par des passages plus ou moins contournés à d'autres appartements, parfois à des cours.

Nous retiendrons dans ce type, qui a connu tant de variantes et de développements ultérieurs, deux caractéristiques principales :

— D'une part, le vestibule est très vaste et constitue dès les origines une véritable « pièce à vivre » d'été et de demi-saison, la famille ne se repliant dans la grande et sombre salle qu'en hiver, ou aux heures de chaleur excessive. On retrouve cette structure bi-saisonnière, toujours mise en place avec des raffinements d'orientation, dans d'innombrables habitats montagnards où elle constitue le seul témoignage d'une volonté de bien-être. D'ailleurs, dans les régions où les établissements humains sont riches et situés dans des sites relativement tempérés (Crète, Syrie côtière), l'habitat antique témoigne d'une nette volonté d'ouverture. Fenêtres, balcons, loggias, tournés vers l'extérieur ont existé dans les habitats phéniciens, crétois, syriens et ont longtemps disputé l'hégémonie aux modèles clos venus du Sud. L'architecture yéménite transmet jusqu'à nos jours la tradition de ces maisons antiques.

— D'autre part, dans le cas précis du mégaron, la hauteur de la salle à colonnes, à cause des dépendances habituellement plus basses qui la flanquent, permet l'établissement de fenêtres en partie haute, créant un type d'habitat caractéristique des zones à chaleur torride. L'habitat antique égyptien montre clairement ces dispositions, faisant alterner des cours, des vestibules, des salles basses parfois superposées, et ces hautes salles à colonnes prenant jour au ras des terrasses. Cette disposition suppose évidemment une lumière exceptionnellement violente; elle correspond au refus maximal de lumière, tout en assurant une ventilation haute satisfaisante. Elle a toujours pour corollaire une vie importante au dehors, en particulier sur les terrasses, qui servaient non seulement aux travaux des femmes mais à la vie nocturne.

Un type particulier d'habitations cubes réellement propre à la Méditerranée, que nous appellerons cube à soupente, est constitué d'un seul volume élevé, au fond duquel, face à l'unique porte d'entrée, s'érige un étage partiel ouvert en tribune sur l'espace principal. Cette configuration très simple, dont les exemples préhistoriques existent à Chypre, apparaît en Italie, parfois dans le Maghreb, et trouve une illustration sophistiquée à Skiros; elle semble constituer la tentative la plus élaborée, dans ces pays où les gens se sont habituellement bien armés contre l'excès de chaleur mais se sont résignés au froid, pour assurer, par un parti d'une simplicité quasiment unique, cette double et contradictoire protection thermique.

La maison skirote, comme tous les habitats de la Méditerranée, joue sur l'épaisseur et le volant thermique de ses maçonneries : murs de pierre et de chaux, et terrasses du type lourd. Les caves que permet presque partout la forte déclivité du terrain, les nombreuses mitoyennetés, la hauteur du volume et les faibles percements ajoutent encore à la fraîcheur. La maison n'est pas grande : 20 m² en moyenne pour la cellule de base, auxquels il faut ajouter néanmoins les nombreuses annexes habilement accrochées au savant hasard d'un urbanisme collé au terrain et surtout les jeux infinis de perrons, paliers, escaliers et impasses qui mènent graduellement de l'espace commun de la rue à l'espace privé de la maison, voire aux terrasses des maisons voisines, situées en contre-bas et faisant par là office de prolongements supplémentaires. La soupente, construite en bois, et d'ailleurs partiellement fermée par des balustrades et des panneaux aussi travaillés que des iconostases, joue un triple rôle : elle démultiplie la surface d'occupation; elle isole du regard la chambre à coucher collective à l'étage et, au-dessous, la réserve des biens les plus précieux et souvent la cuisine; enfin elle crée une zone tiède, basse de plafond, bénéficiant de la convection de l'air chaud, sorte de lit clos collectif étouffant l'été mais douillet en hiver quand tout l'Orient grelotte (voir 1, b).

L'habitat cube, et ses terrasses accessibles, a souvent été modifié (et parfois à l'intérieur d'une aire commune) par l'adjonction de toits ou la substitution de coupoles aux terrasses. Si nous ne nous attardons pas ici à étudier ces types fondamentaux d'habitats, c'est parce que notre objet premier d'étude se borne pour l'instant à la distinction entre des éléments à comportement thermique différencié.

Il nous semble toutefois légitime de placer ici une très brève parenthèse sur les maisons turques (ayant pour des raisons historiques bien connues essaimé dans les Balkans au Moyen Age), qui juxtaposent un « cube » lourd caractéristique et un étage supérieur « léger » dévolu aux pièces principales d'habitation. Si ce type d'habitation, illustré ici par des exemples situés respectivement à Brousse et Sarajevo, obéit à des principes thermiques hétérogènes qui le différencient largement des enceintes présentement étudiées, il s'y rattache néanmoins impérativement pour des raisons de filiation; il résulterait en effet de la fusion violente d'une conception nomade de l'habitation (ici transposée par le recours maximal à la fluidité spatiale, l'air, la vue, la lumière à l'étage supérieur) et de la tradition locale du cube maçonné parcimonieusement ouvert, que les nouveaux habitants réserveront aux services et, parfois, à quelques locaux d'hiver[10]. L'habitation résultante, quoique localisée dans une zone climatique charnière et devant protéger ses habitants contre le froid plus encore que contre la chaleur (dans les montagnes centrales de Turquie et dans la zone nord de l'influence ottomane), se rattache en tout cas davantage à la problématique des maisons d'Orient qu'à celle des maisons proprement européennes, parfois immédiatement voisines. Son étage principal est constitué d'un ensemble très codifié de pièces lambrissées à fonction mixte habitation-réception, souvent équipées de

a

Toit débordant

Etage d'habitation largement ouvert (bois)

R. de Ch. lourd

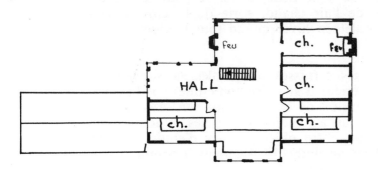

feu
ch.
feu
HALL
ch.
ch.
ch.

Plan de l'étage : cellules légères + feu

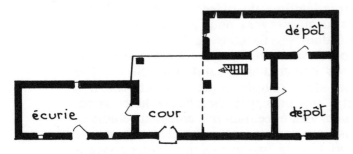

dépôt
écurie
cour
dépôt

Plan du R. de Ch.

maçonneries faiblement percées

b

c

3. Enceinte mixte : la maison turque.
a - La maison en Turquie occidentale (Kiraz);
b - Bosnie herzégovine; c - Grèce du Nord (Jannena).

cheminées, et articulées sur un hall très important dont la morphologie, l'orientation et l'ambiance thermique, s'adaptent avec une très grande souplesse à la gamme étendue et même contradictoire des climats de cette région.

Le quatrième archétype de l'habitat méditerranéen, à savoir le *bloc percé d'une cour* (la maison reclose sur sa cour), nous fait pénétrer jusqu'aux régions les plus torrides de la terre. Né probablement d'ailleurs bien loin des régions côtières somme toute tempérées, il s'est répandu plutôt comme un fait de culture que comme une nécessité logique, supplantant au Moyen-Orient le « modèle ouvert ». Certains peuples l'adopteront pour des raisons de défiance et pour assurer leur intimité. C'est ainsi qu'à Tepe Gawra (Assyrie du Nord, IIIe millénaire), on peut trouver d'abord des maisons de type mégaron ouvertes sur l'extérieur, puis, dans des couches plus tardives des maisons à cour fermée. L'Islam enfin répandra sur tout le rivage méditerranéen et à travers le Sahara, jusqu'aux confins de ses voies commerçantes, un habitat né probablement en Asie.

Si l'on considère comme « cour » tout espace entouré de clôtures et contenant à son pourtour l'habitation et des services, la préhistoire rurale a livré les premières traces d'une aire découverte privée, close d'abord sans doute contre le sable, simultanément au *fayoum* dans le delta du Nil, et en Mauritanie. Mais le terme ne prend sa pleine acception, et le type d'habitat son caractère de modèle de base, qu'avec la cour intérieure, ou patio, plus ou moins étroite, mais toujours d'un ordre de surface voisin de celui des locaux dont elle constitue le poumon.

Il existe bien sûr une grande diversité d'habitats sur cour dans les régions chaudes, que nous mettrons en évidence grâce à plusieurs critères de différenciation, en commençant par le rapport de surface entre espaces couverts et découverts de l'habitation. Ainsi les habitats plutôt aérés, ouverts d'autant de cours qu'il en faut pour permettre à la majorité des locaux d'y prendre jour et accès, s'opposent-ils aux habitats compacts, tolérant une forte proportion de pièces en second jour, voire totalement aveugles.

On ne peut trouver de déterminisme automatique à l'une ou l'autre option : ni économique, car les fermes isolées aussi bien que les maisons urbaines et les palais, peuvent relever des deux; ni climatiques puisque, par exemple, les restes des cités mésopotamiennes révèlent une mosaïque de solutions des deux types sous un climat également torride; ainsi, à Mari et à Ur les habitats sont-ils largement percés, alors qu'à Babylone ou Khorsabad les pièces, même d'apparat, situées en second ou troisième jour l'emportent en nombre sur celles ouvrant (d'ailleurs parcimonieusement) sur cour; et cette apparente hétérogénéité se retrouve dans les ethno-habitats encore actuellement en usage. On sait aussi que les habitations des romains aisés comportaient couramment deux cours bien différentes, l'une réduite à un puits resserré *(impluvium)*, l'autre *(atrium)* éclairant largement l'appartement privé, parfois couverte à la manière d'un haut mégaron, plus souvent étendue aux proportions d'un jardin intérieur.

Le mode de relation spatiale entre la cour et la maison varie également. Il peut être direct ou médiatisé, ce qui se traduit sur le plan spatial par la présence ou l'absence d'un espace de transition entre la cour et les bâtiments; et sur le plan plastique (traitement des façades), par le fait que les différenciations spatiales sont masquées ou au contraire accentuées. Il en existe de multiples variantes :

1. On peut constater l'absence d'espace de transition entre la cour et les locaux pendant que chaque façade exprime la nature, la fonction du local qu'elle clôt; ainsi, dans une maison mauritanienne[11], le développement de la cour montrerait successivement la façade pleine mais très ajourée du séjour, la façade pleine et aveugle des réserves secondaires, enfin les façades ouvertes : salle à colonnes, cuisine-porche. Les séjours saisonniers différenciés des maisons iraniennes en sont un autre exemple.

2. L'absence d'espace de transition entre la cour et les locaux peut s'accompagner au contraire d'une « ordonnance » qui régit le percement uniforme des façades, masquant les différences entre les locaux en présence, comme dans l'architecture européenne noble ou classique.

3. Un espace de transition peut exister entre la cour et certains des locaux, généralement les plus importants, qu'il contribue donc à distinguer.

4. Les espaces de transition peuvent uniformiser tout le tour de la cour; soit de façon homogène à tous les niveaux, soit de façon différenciée d'un niveau à l'autre, permettant le plus souvent dans les habitations nobles ou bourgeoises d'ouvrir largement les locaux de réception au niveau du sol et de clore davantage les locaux privés à l'étage, à moins qu'au contraire, dans les bâtiments

à fonction mixte (habitats d'exploitation agricole, artisanale ou commerciale), les façades du rez-de-chaussée n'ouvrent sur une cour à vocation de service des ouvertures uniquement fonctionnelles, l'étage d'habitation s'établissant en retrait abrité par des galeries de séjour. Ces situations différentes des locaux d'habitation impliquaient pour ceux-ci une relation climatique différente; ainsi l'établissement du séjour au rez-de-chaussée correspond-il souvent dans les climats torrides à la possibilité de faire accéder le vent frais jusqu'au niveau du sol (cour plus vaste ouvrant sur des jardins) ou au contraire à la recherche de l'ombre maximale au fond de cours réduites à des puits.

En fait, les variantes sont infinies, et peuvent relever autant d'une poétique de l'espace que d'une quelconque rationalité. Il faut dire, et ceci explique combien l'analyse doit se faire ici plus sensible que formelle, que l'intrusion de la cour au sein de la maison est une porte ouverte sur l'indéfini, l'informel et le plurivoque.

Certes les cours sont, pour une part, fonctionnelles : il y a des cours principales et des cours de service dans les maisons riches, des cours d'apparat et des cours réservées à l'intimité; des cours qui ne sont pas grand-chose de plus que des débarras, alors que d'autres sont de réels chefs-d'œuvre, pavées de mosaïques, plantées, ponctuées d'éléments ornementaux; des cours carrefours de la vie, et de simples puits de ventilation. La maison bourgeoise a généralement deux cours quand la place le permet : l'une où l'on vit, reçoit, travaille éventuellement et sur laquelle s'ouvrent aussi les réserves les plus précieuses; l'autre retirée, dévolue aux travaux des femmes et souvent aux latrines. Ou bien c'est la même cour qui, par une simple différenciation dans le traitement des sols, et parfois une légère dénivellation, se divise en zones plus ou moins habitables. Parfois même la cour se creuse et s'enfonce dans la terre jusqu'à rejoindre le niveau de quelque cellier, ou plus souvent d'un puits; parfois une colonnade ou un treillage de végétation architecture sa transition avec le jardin; bref, la cour introduit dans l'habitation un élément de polymorphisme, de polyvalence, plutôt au niveau purement spatial qu'à celui des fonctions.

Fondamentalement, ce qui fait la richesse implicite de la cour et, sans doute, ce qui lui a permis de supplanter des modèles plus anciens et apparemment satisfaisants, c'est peut-être cette interpénétration subtile entre le clos et le moins clos, entre le couvert et le découvert, entre l'ombre et la lumière, la fraîcheur et la chaleur;

entre la maison conçue comme un refuge et ce milieu extérieur apprivoisé, mais insinué dans son sein par ses espaces intermédiaires dont la cour constitue l'essentiel.

Car en fait la cour n'est ni dehors ni dedans; ou plutôt elle est vécue à la fois comme dehors et dedans : comme le dedans d'une masse enveloppante — un vide dans un plein maçonné — et le dehors d'un ensemble de locaux aveugles à toute autre sollicitation de l'air libre; de ces deux qualités contradictoires, mais complémentaires, naissent ces relations ambiguës avec la maison. En tant qu'espace enclos, elle subit absolument l'influence des masses qui la bornent : les méplats, retraits et surplombs, les ombres propres et portées, les reflets, les béances sur des ombres plus denses ou des lueurs venues d'autres sources, modifient son identité plastique, tandis que les maçonneries chargées de chaleur ou de froid influent sur sa thermique. Réciproquement, comme espace ouvert, parfois le seul dans la densité urbaine à convecter vers l'espace libre, les regards, les chaleurs, les vapeurs et les miasmes, elle assume toutes les intrusions de la lumière et de l'air dans des locaux qui parfois tendent vers elle toutes leurs capacités d'ouverture, parfois se reculent au fond de galeries, se refusent, se persiennent, se barreaudent presque autant que sur la rue.

Certaines habitations médiévales du Caire[12] sont centrées sur un *kaah,* cour couverte éclairée zénithalement par un lanterneau. On pourrait penser qu'il s'agit là d'un type d'habitat en mégaron, dérivé de l'architecture égyptienne antique ou gréco-romaine, d'autant plus que l'on y retrouve le principe de la salle plus haute que les chambres et les couloirs adjacents et s'éclairant en partie supérieure. Or l'évolution des plans d'habitations cairotes montre que la maison à *kaah* découle en réalité de la maison sur cour à quatre *iwan*[13] : la cour couverte est devenue salle de réception; si la maison est à quatre étages, il arrive même que se superposent en son centre une salle voutée de service et un *kaah* de réception au premier étage; la cour a été alors totalement éliminée. Ce paradoxe, cette nature ambiguë de la cour, simultanément espace clos et espace ouvert, et de la maison qui aspire à cette ouverture tout en cherchant à la limiter, se retrouve évidemment au niveau de l'analyse climatique.

La supériorité de la maison à cour sur les autres types d'habitations lourdes n'est pas tout à fait évidente, même dans les zones climatiques où domine la chaleur sèche qui constituent son aire d'extension privilégiée : en effet, elle peut être aujourd'hui encore et compte tenu des techniques les plus avancées, la seule défense véritable contre les vents desséchants chargés de sable qui l'épargnent à condition qu'elle soit assez restreinte (patio) pour ne pas créer de dépression sensible.

On a souvent tendance à faire de la cour une panacée aux problèmes thermiques de l'Orient méditerranéen et subdésertique, ce qui d'ailleurs se justifie si l'on compare les habitations populaires traditionnelles et l'habitat importé très mal adapté qui sévit actuellement à sa place. Tout en participant de ce mouvement pour la raison pratique indiquée (c'est-à-dire à cause de l'inanité des solutions « occidentales ») nous devons, d'un point de vue théorique, indiquer néanmoins les limites qualitatives de la « solution cour » à plusieurs problèmes climatiques et géoclimatiques : si la cour-patio constitue le meilleur, et pratiquement le seul moyen de défense contre les vents desséchants des zones subdésertiques en permettant à la maison de leur « tourner le dos », elle devient lieu de fermentation, dès qu'il y a humidité notable (pluie, neige), et l'on sait l'humidité pourrissante de certaines médina d'Afrique du Nord; la cour, comme beaucoup d'éléments d'habitats traditionnels, peut alors être effectivement insalubre, surtout si elle contient des décharges, toilettes, fumiers animaux. Dans les sites montagneux à fort enneigement hivernal, on peut se demander si l'introduction du modèle musulman de maisons à cour a constitué un progrès là où il s'est substitué à des habitations ouvertes sur des terre-pleins bien exposés (ex. : villages de Kabylie et de l'Aurès).

C'est un fait d'expérience que les maisons de la Méditerranée et de l'Orient sont froides en hiver; en fait, la maison à cour-patio cumule le froid résultant de sa masse thermique et celui résultant de l'influence de ce puits central et de ces nombreuses circulations ouvertes qui véhiculent les courants d'air et soustraient par convection toutes les calories péniblement produites par des chauffages rarement suffisants. Ajoutons que le soleil d'hiver, plus bas, peut ne pas atteindre le fond des cours pendant plusieurs mois, et rappelons que, lorsqu'on se félicite de l'adaptation des traditions anciennes au milieu, il faut reconsidérer totalement les normes de confort qui nous semblent maintenant « normales ». Il faut enfin souligner que si la variation saisonnière révèle une antinomie entre la géométrie de la cour et la course solaire d'une part, et entre la demande de chaleur et celle de lumière d'autre part, il en est de même de la variation journalière : excessifs en milieu de journée, les apports solaires sont insuffisants le matin et le soir. Les architectures populaires, et à plus forte raison les plus riches, ont multiplié les correctifs pour pallier les surchauffes : sol blanchi, bassins, plantations, courants d'air entre plusieurs cours (parfois entre « cours sèches » et « cours mouillées »), édification d'abris légers tels que tentes ou auvents de lattis permanents ou provisoires.

En résumé, nous dirons que la cour constitue une « défense climatique » à double tranchant, d'un maniement subtil et d'une efficacité toute relative; le nomadisme interne des habitants des maisons à patio en constitue d'ailleurs l'aveu.

Ceci est parfaitement logique, car percer la maison pour introduire en son centre une enclave de ce milieu extérieur qu'elle redoute, même si, ainsi enclos, il perd une partie de sa rigueur, c'est renoncer à la pureté de l'attitude défensive, accepter les échanges, et donc, tout en réduisant les écarts, renoncer à les supprimer.

Par ailleurs, en particulier dans les climats très sévères, on ne saurait perdre de vue que, outre la cour, l'habitat s'enrichit d'une gamme de dispositifs et d'espaces conçus en tenant compte du climat, dont la multiplicité et l'adéquation finissent par produire un micro-climat d'un confort relatif. Nous rappelons ici encore que le « confort » tel qu'il pouvait s'entendre au Caire, à Bagdad ou à Palerme par exemple, au XVIᵉ siècle, n'est pas une valeur scientifiquement quantifiable, quoique sa quête et ses délices aient été explicitement proclamés et décrits à travers toutes les sources littéraires, tant nobles que populaires, en termes globaux de fraîcheur de l'air, ombre tamisée, brise légère, et autres données sensorielles à contenu diffus.

Espaces ouverts, espaces enfouis, nomadisme interne

Si la cour est, par excellence, un lieu découvert et livré au climat, l'enceinte habitable déjà très close se complète d'autres espaces totalement retranchés du milieu extérieur et reproduisant dans la mesure du possible les conditions de la caverne. Il s'agit des nombreux locaux complètement aveugles, et souvent enserrés de toutes parts dans les masses bâties, que comportent presque toujours en abondance les maisons d'Orient; locaux voués principalement au service, parfois désordonnés, simples espaces résultants; parfois au contraire placés dans une relation constante aux pièces d'habitation proprement dites au point de former avec elles

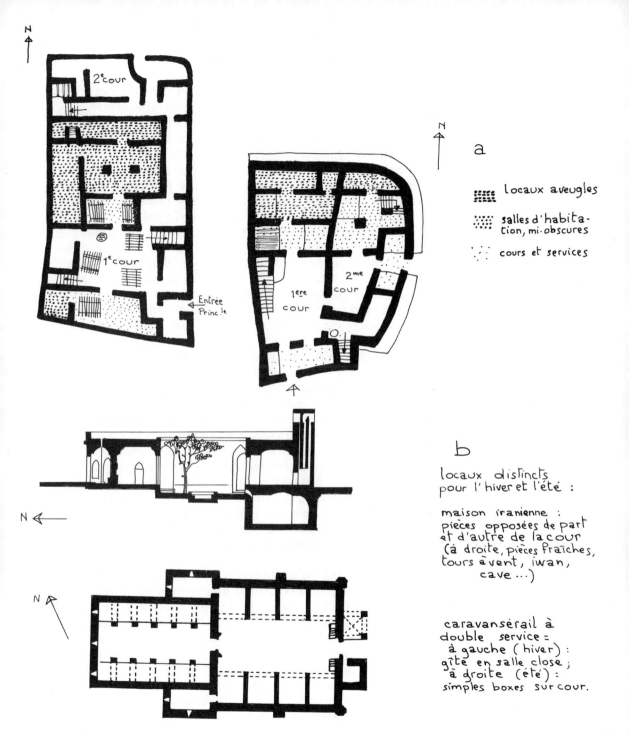

N

2e cour

1e cour

Entrée
Princle

N

1ere cour

2me cour

O.

a

▦ locaux aveugles

⣿ salles d'habita-
tion, mi-obscures

⠂ cours et services

N ←

N

b

locaux distincts
pour l'hiver et l'été :

maison iranienne :
pièces opposées de part
et d'autre de la cour
(à droite, pièces fraîches,
tours à vent, iwan,
cave ...)

caravansérail à
double service =
à gauche (hiver) :
gîte en salle close ;
à droite (été) :
simples boxes sur cour.

4. Nomadisme interne.
a - Migrations quotidiennes; b - migrations saisonnières.

des « modules » parfaitement reconnaissables au sein du désordre spatial, et caractéristiques d'un tracé architectural volontaire. On peut citer comme exemple de ce type de module de base les habitations de marchands des anciennes cités caravanières mauritaniennes de Tichite et Oualata, construites du XIVᵉ au XVIIIᵉ siècle, mais certainement sur un modèle beaucoup plus ancien. Dans les maisons de ces deux villes, on retrouve une unité habitable de base constituée par deux, ou plus généralement trois pièces, en forme de rectangles aplatis, accolées l'une à l'autre par le grand côté et se commandant par une enfilade de portes dans l'axe. La première salle ouverte sur la cour (jamais dans l'axe de l'entrée comme dans toute habitation musulmane) est meublée de deux banquettes maçonnées occupant la majeure partie des deux alcôves à droite et à gauche de l'axe de circulation : c'est une salle de séjour diurne qui s'éclaire par la porte et par diverses ouvertures (petites fenêtres carrées ou triangulaires, claustra de pierre). Elle commande une seconde pièce, celle-ci complètement aveugle, servant de magasin, et menant elle-même à un ou plusieurs greniers équipés pour conserver le grain. Tous les autres locaux s'établissent autour d'une ou plusieurs cours avec la plus grande diversité, mais cet ensemble de base (salle de séjour à double alcôve-magasin-greniers), parfois doublé dans les maisons importantes, se retrouve assez souvent pour caractériser le cœur de la maison.

En s'écartant fort loin dans le temps et dans l'espace, nous comparerons ce module à un autre ensemble constant des grandes habitations de Chaldée et d'Assyrie, lui aussi caractérisé par des séries de pièces larges et peu profondes, la première s'ouvrant sur la cour et commandant des réserves aveugles, parfaitement isolées des pointes thermiques diurnes et rendues habitables par des ventilations sophistiquées (tuyaux de poteries maçonnées dans les voûtes[14]).

En ce qui concerne les villes antiques, il n'est pas très aisé de vérifier si les pièces aveugles servaient d'habitations de jour ou de magasins, mais on a acquis la certitude que les habitants passaient la soirée, voire la nuit sur les terrasses. Dans la cour principale des maisons mauritaniennes encore occupées aujourd'hui, on peut voir de nombreux lits de repos, banquettes maçonnées ou menuisées, disposées non seulement au pied des murs, mais souvent en plein milieu de l'aire ouverte, aussi loin que possible des murs afin d'en fuir la chaleur. Ainsi se constitue, dans l'habitat soumis à de très fortes variations thermiques quotidiennes, une gamme de lieux dévolus aux différentes heures du jour et donc à des degrés différents de confort thermique et visuel :

— les salles sur cour, mi-obscures, relativement closes, sont capables d'amortir une partie de la chaleur diurne;

— les salles aveugles totalement coupées de l'extérieur, résistent aux plus fortes pointes thermiques diurnes;

— les terrasses et cours couvertes sont habitables le soir dès l'heure où la température extérieure passe au-dessous de la température intérieure;

— au sein même des cours, l'aire de vie diurne extérieure correspond aux banquettes adossées à l'ombre des murs encore frais (parements nord et ouest), tandis que l'aire de vie nocturne est constituée des plates-formes fraîches au centre, loin des murs devenus réémetteurs de chaleur.

Cette diversification dans le temps des espaces « vivables » de la maison introduit très clairement la notion de nomadisme interne des habitants à travers les lieux successifs de leur habitat : errance quotidienne à la recherche de la fraîcheur, qu'on va retrouver sous d'autres formes dans tout l'habitat oriental, comme ultime défense contre un climat pas réellement dominé.

Une autre forme de ce nomadisme sur place, adapté cette fois à la périodicité saisonnière, est la division de la maison en locaux d'hiver et d'été. L'Iran, l'Irak, la Syrie fournissent d'excellents exemples de ce tropisme. Non seulement dans les habitats luxueux composés de dizaines de pièces, mais aussi dans les maisons simples des travailleurs agricoles. Le principe est toujours le même puisqu'il est fonction des facteurs de différenciation climatique qui sont :

— l'exposition, les locaux d'hiver et d'été se faisant parfois face aux deux extrémités de la cour;

— le percement, dont la variation quantitative embrasse tous les degrés allant de la pièce aveugle à la salle-porche totalement dépourvue de façades;

— l'enfouissement au cœur du complexe bâti, voire en dessous (caves d'été de Bagdad ou du golfe Persique) et, réciproquement, le report en position haute de locaux aérés systématiquement offerts au vent, contrastant avec l'attitude générale de retrait, de refus, du reste de l'habitat : kiosques, treilles, constructions légères de nuit ou de demi-saison, édifiés sur les terrasses.

En fait, quoique la cour privée constitue l'un des pôles privilégiés de ces migrations horaires ou saisonnières, elle ne leur est pas indispensable (on a vu, en effet, la relation entre maison et rue en pays chrétien ou entre mégaron et vestibule en Orient pré-islamique). Mais les peuples qui, pour des raisons d'entassement urbain ou d'obligation culturelle, ont opté pour la maison à cour, ont excellé à en tirer parti.

Espaces intermédiaires

Si la maison sur cour, avec ses galeries, offrait une bonne introduction au concept d'espaces intermédiaires, ceux-ci ne sont pas nécessairement associés à ce type dominant de construction, et sont traités de façon fort comparable dans toute l'aire méditerranéenne, et surtout d'un bout à l'autre de l'aire d'expansion de la culture musulmane.

Nombreux sont ces espaces interstitiels — hiatus dans la construction, passages, lieux de transition ou de prolongement — qui contribuent à enrichir la relation spatiale et climatique entre espaces intérieurs et extérieurs. Nous distinguerons parmi eux deux catégories essentielles, opposées par le fait qu'ils soient ou non accessibles : les espaces de la première catégorie, dont relèvent les galeries et passages des cours, servent à la circulation et à diverses activités des habitants en même temps qu'ils améliorent l'habitabilité des espaces qu'ils prolongent ou desservent. Ceux de la seconde n'ont d'autre fonction que cette amélioration et ne sont prévus, en dehors des contraintes d'entretien, pour d'autre passage que celui de l'air, du vent, de l'eau, de la lumière (fenêtres, percements divers, pièges à vent...), ce qui nous mènera au cœur même de la construction.

Les espaces accessibles, d'internes à la maison, débordent vers l'extérieur, le public et l'urbain. Ce sont tout d'abord des espaces de passage tels que porches, seuils et vestibules.

Éléments dominants de la façade des maisons musulmanes, les porches d'entrée apportent ombre et repos aux passants comme aux visiteurs (geste aimable, mais aussi prétexte à ajourner la réception). Ils ne constituent d'ailleurs qu'un premier palier d'accès à l'habitation. Admis au-delà de la porte, l'étranger n'est pas pour autant, et de loin, admis dans l'espace privé. Il va buter, après un parcours parfois respectable dans un couloir sombre, soit sur une simple chicane (*schiffra* au Maghreb), soit, si la fortune du maître de maison le permet, sur un véritable salon d'attente et de réception confortablement aménagé de banquettes, de niches, voire de postes d'eau, mais strictement aveugle au reste du logis; aveugle réellement d'ailleurs, puisque ne s'éclairant généralement qu'en partie haute (ex. : le salon à coupoles, la plus fraîche des pièces de la maison iranienne).

Dans le monde pré-islamique et les pays chrétiens, où la vie privée est moins coupée de la rue, les porches sont beaucoup moins hermétiques, moins symboliques et partant moins emphatiques. Généralement, ils sont le séjour des femmes à qui ils tiennent lieu de poste d'observation et d'activité domestique; faisant déborder jusque dans le passage public une partie des accessoires ménagers et même du mobilier, ils en viennent à composer une sorte de petite cour extravertie plus ou moins délimitée par un muret, des bancs, une dénivellation, voire une simple différenciation du traitement du sol, et souvent protégée par des plantes d'ombre.

L'habitat du Moyen-Orient présente un type d'espace tenant à la fois du porche et de la loggia, appelée *iwan* (ou liwan) qui, quoique ayant connu un développement prestigieux dans l'architecture noble et religieuse, n'en assume pas moins un rôle majeur dans les constructions populaires y compris les plus pauvres. Aussi large et haut que le local ou les locaux auxquels il donne accès, couvert en arc ou en terrasse, clos latéralement ou non, recoupé ou non de points porteurs intermédiaires, cet espace sert simultanément de lieu de séjour et d'activité diurne, et de protection anti-solaire aux locaux fermés de l'habitation. L'*iwan* se combine généralement avec la cour, ce qui permet aux femmes de travailler en plein air sans s'exposer sur la voie publique; mais bien souvent, il est surélevé et situé de telle façon que, non seulement l'air et la lumière le pénètrent à toute heure, mais que la vue même s'étende au-dessus des murs. Dans certains types d'habitat particulièrement pauvres (les villages-murs d'Iran central), la cellule familiale se réduit à une pièce aveugle commandée par un *iwan* équipé de niches, fours, etc., toutes les cellules juxtaposées en bandes continues constituant les quatre faces d'une cour fortifiée commune (voir 5, c).

Ici, on ne peut plus guère parler d'espaces intermédiaires réellement privés et un tel type d'habitat relève plutôt de la problématique du mégaron antique.

Autre forme d'espaces de passage, les galeries de rez-de-chaussée ou d'étage, déjà rencontrées au pourtour des cours, jouent un

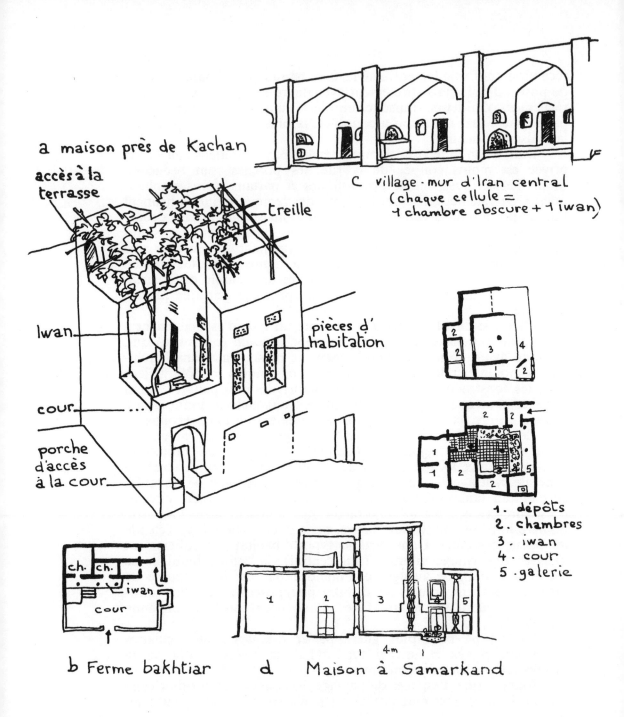

a maison près de Kachan

accès à la terrasse

treille

Iwan

pièces d'habitation

cour

porche d'accès à la cour

C village · mur d'Iran central (chaque cellule = 1 chambre obscure + 1 iwan)

1. dépôts
2. chambres
3. iwan
4. cour
5. galerie

ch. ch.

iwan

cour

b Ferme bakhtiar

d   Maison à Samarkand

5. Espaces intermédiaires : iwan, porches, galeries.

rôle climatique extrêmement important qui affecte l'ambiance aussi bien de la maison que de l'espace public dans le cas où elles sont extérieures. Au niveau de la chaussée, elles constituent des espaces publics protégés, parfois mordant faiblement sur la surface des habitations, parfois en occupant tout le rez-de-chaussée. Les galeries d'étage et coursives qui permettent l'accès aux divers locaux d'habitation et s'élargissent parfois jusqu'à créer de véritables salles à l'air libre, jouent aussi un rôle actif dans les convections forcées de l'air, du bas en haut du massif construit par l'intermédiaire des cages d'escalier. Sur la cour en pays musulman, elles s'ouvrent également sur l'extérieur dans les pays chrétiens méditerranéens, d'où elles ont essaimé dans toute l'Amérique coloniale pour devenir un des traits dominants des architectures coloniales classiques dans tous les pays tropicaux. Les galeries « entre cour et jardin » font depuis l'Antiquité égyptienne l'ornement des maisons riches. Lieux de fêtes et de réunion du soir, ouvertes de préférence au nord, elles sont parfois isolées par des moucharabiehs, voire des tentures mobiles, pour se protéger mieux du soleil, et parfois aussi dégagées que possible pour profiter au maximum du balayage du vent (voir 5, d).

D'autres espaces intermédiaires n'ont pas la fonction de passage, mais sont en quelque sorte des espaces de projection entre intérieur et extérieur : ce sont tous les prolongements de la fenêtre.

Du point de vue géométrique et constructif, on peut classer ces espaces selon qu'ils utilisent un décrochement existant du volume général (balcons ou terrasses à l'angle intérieur de deux pans de mur, ou profitant du retrait d'un étage sur l'autre), ou qu'ils sont créés par réserve dans le volume (loggia) ou au contraire par ajout (balcons, bow-windows).

Comme les espaces d'accès, ces espaces relèvent, soit du désir d'élargir la relation de l'habitation au milieu extérieur, soit de la gêner, et même souvent des deux à la fois; de toute façon c'est une relation réduite, plus sensorielle que gestuelle puisque l'espace de prolongation est un cul-de-sac, parfois même inaccessible. Leur fonction serait plutôt de permettre aux habitants la station entre intérieur et extérieur dans un espace privé, mais en relation sensorielle avec l'espace public. Le caractère des espaces de prolongation, et en particulier de leurs limites, est donc fonction directe de la relation culturelle entre vie publique et vie privée.

Chez les peuples pré-islamiques et chrétiens, où la relation est autorisée, les espaces de prolongation sont conçus pour la favoriser, même au niveau gestuel : ainsi les passages entre chambres et espaces publics par l'intermédiaire des balcons sont-ils facilités par les portes-fenêtres. Les rambardes permettent à l'occupant de s'accouder, de surplomber la rue frontalement ou dans toutes les directions. D'ailleurs, la tribune ou le balcon sont des lieux d'échange ostentatoire.

Chez les musulmans au contraire, la relation doit être gênée. L'espace de prolongation est, soit difficilement accessible de l'intérieur, soit coupé de l'extérieur par des écrans interdisant le surplomb et même la visibilité directe (claustra ou barreaudages enfermant complètement l'occupant, et surtout l'occupante).

Du point de vue sensoriel, trois relations entre intérieur et extérieur nous intéressent ici : la visibilité, l'éclairage et la ventilation.

Nous envisagerons successivement les relations assumées (permises/non permises, réglagles/non réglables, facilitées/gênées) dans l'espace intermédiaire lui-même et celles assumées en deçà, c'est-à-dire à l'intérieur des pièces munies de prolongations.

Dans (et sur) l'espace de prolongation, la visibilité étant quasi-gestuelle, liée au mouvement-du-corps-pour-voir, elle est proportionnelle à la liberté d'attitude de l'occupant.

Les claustra ou barreaux qui entravent les mouvements du corps gênent en même temps la visibilité de l'extérieur vers l'intérieur en raréfiant et rétrécissant les points de vue. Tous les systèmes conçus pour gêner mouvement et visibilité ont accessoirement pour effet de diminuer le niveau d'éclairage, en proportion de leur volume de matière, en particulier du fait de l'ombre portée de leurs plafonds ou planchers situés en surplomb. Quant à la ventilation, elle est rarement gênée par des treillis, du moins dans les zones sèches où les vents sont forts. En fait les espaces de prolongations, même strictement confinés, constituent, après les terrasses, la partie de l'habitat la plus perméable au milieu naturel : plus chauds dans la journée que les pièces qu'ils commandent, ils sont également plus rapidement rafraîchis le soir, tant du fait de leurs ouvertures (éventuellement de leurs matériaux légers) que de leur exposition élevée. Pour cette raison, c'est souvent le lieu intime de séjour du soir.

Dans les pièces desservies par l'espace de prolongation, la relation à l'extérieur est très variable : si l'espace principal n'est pas lui-même protégé de l'extérieur (cas non musulman), l'ambiance de la pièce risque d'être peu affectée par la présence ou

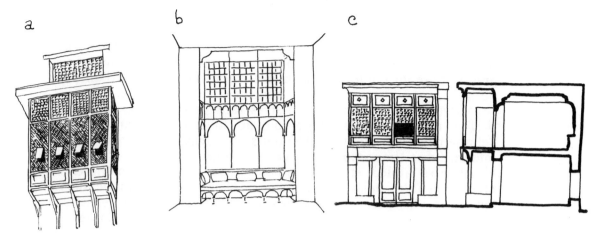

6. La protection des ouvertures.
a et b - Moucharabieh cairote; c - maison urbaine en Ouzbékistan.

l'absence d'un tel espace : ainsi, les balcons saillants, mises à part leurs ombres portées relativement négligeables sauf en plein sud, ont peu d'incidence. Les loggias jouent un rôle beaucoup plus important de brise-soleil (voir les schémas relatifs aux *iwans*). Alors que les bâtiments anciens d'Europe méditerranéenne, aux pièces déjà sombres, n'ouvraient sur leurs galeries et loggias que des percements parcimonieux, parfois une simple porte, l'âge classique, en généralisant la porte-fenêtre, a élargi la relation entre intérieur et espace intermédiaire.

Dans l'Orient musulman, la situation est différente du fait du cloisonnement entre extérieur et espace intermédiaire par la généralisation du *moucharabieh*. Les moucharabiehs (pour emprunter le terme turc et égyptien) sont des écrans à claire-voie de grande dimension, cloisonnant les éléments constructifs généralement en saillie des bâtiments. Ils ont été réalisés, suivant les pays, les époques et les degrés de sophistication de la construction, en maçonnerie (pierre tendre ou plâtre découpé) ou en bois, ce qui leur assigne évidemment des propriétés thermiques légèrement différentes. Mais d'une manière générale, ils ont été capables de procurer simultanément à l'espace qu'ils protégeaient un adoucissement de la lumière, le passage de l'air et l'intimité. Totalement fixes ou découpés de volets mobiles, voire de fenestrages libres, ils ont atteint des dimensions considérables, jusqu'à égaler sensiblement la façade qu'ils protégeaient. L'espace protégé par le moucharabieh peut, selon les cas, être séparé de l'espace intérieur proprement dit (généralement par une autre cloison à claire-voie) ou en constituer la prolongation; ceci ne change d'ailleurs pas grand chose au confort de la pièce, sinon dans le sens d'un plus ou moins grand occultage de la lumière et de la visibilité.

Dans les constructions massives sans porte-à-faux, on trouve parfois un panneau à claire-voie au niveau intérieur du mur, l'ébrasement considérable des murs ménageant alors un espace intermédiaire important qui coupe toute possibilité d'échange visuel entre la pièce et la rue en contre-bas. Mais ce dernier n'étant plus accessible, nous ramène au problème pur et simple de la fenêtre et plus généralement encore des percements de l'enceinte, c'est-à-dire aux espaces de transition que nous avons qualifés de non accessibles.

Percements de l'enceinte

Du point de vue fonctionnel, les percements autres que les portes assurent en principe (simultanément ou séparément) la vue de l'intérieur vers l'extérieur, l'éclairement et l'aération.

D'un point de vue morphologique, on doit distinguer deux types de base de percement des maçonneries qui sont le trou isolé et les claustra : le premier étant (du moins dans les habitats évolués) souvent obturable de façon réglable ou permanente, et les seconds ne l'étant qu'exceptionnellement.

Avant d'examiner les diverses combinaisons de ces deux formes conçues par les habitants des zones sèches pour contrôler au mieux dans leurs habitats les agents extérieurs (naturels ou non), nous ferons une remarque sur la nature de l'éclairage procuré par l'une et l'autre.

Un « trou » dans un mur introduit brutalement la lumière dans les locaux; cet apport direct peut être complété ou réorienté par réflexion sur les ébrasements; mais quelle que soit l'habileté des bâtisseurs à en adoucir les contrastes, c'est tout de même un effet brutal qui résulte de la tache de lumière quand nul écran ne la tempère. Par opposition, les claustra fractionnent la lumière directe et multiplient les surfaces réfléchissantes, substituant l'effet de pénombre à l'effet de contraste. Ils s'avèrent donc particulière-ment adaptés dans les zones qui nous occupent, où les habitants redoutent la lumière directe et n'acceptent pas volontiers que le regard entre chez eux.

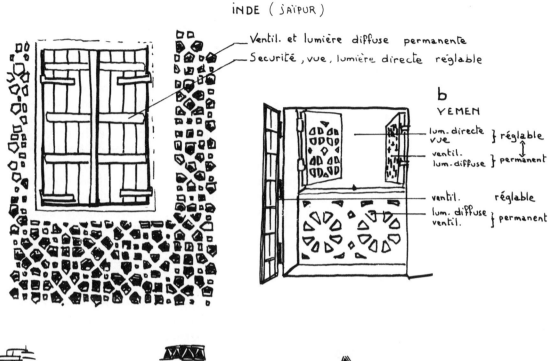

a
INDE (JAÏPUR)

Ventil. et lumière diffuse permanente
Sécurité, vue, lumière directe réglable

b
YEMEN

lum. directe
vue } réglable

ventil.
lum. diffuse } permanent

ventil. réglable
lum. diffuse
ventil. } permanent

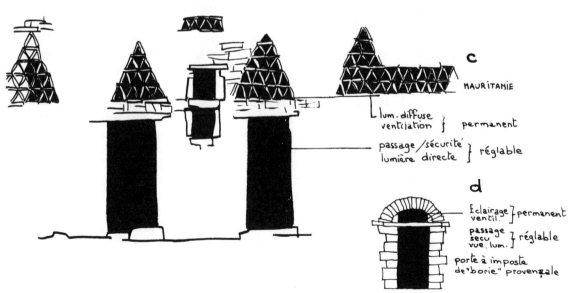

c
MAURITANIE

lum. diffuse
ventilation } permanent

passage / sécurité
lumière directe } réglable

d
Éclairage
ventil. } permanent
passage
secu } réglable
vue, lum.

porte à imposte
de "borie" provençale

7. Les ouvertures, fonctions multiples.
a - Fenêtre et claustra; b - fenêtre et claustra;
c - claustra; d - porte à imposte.

Le percement des locaux maçonnés s'est longtemps réduit à la porte; dans ce cas, toutes les fonctions qu'on peut attendre d'une ouverture se retrouvant associées par force, leurs contradictions se réglaient au niveau de l'inconfort total : la sécurité ou la liberté de passage prévalaient absolument sur les impératifs moins flagrants de vue, de lumière, d'aération et de contrôle thermique. La première décomposition des fonctions a presque partout consisté à utiliser comme une imposte l'intervalle entre linteau et appareil de décharge, ce qui rendait un minimum d'éclairage et de ventilation indépendants de la porte. Une autre combinaison primitive est le doublement de la porte par des claustra. Les dispositifs se sophistiquent dès que le « trou principal » d'arrivée d'air frais, d'éclairage direct et de visibilité n'est pas une porte (grevé en conséquence de contraintes de défense), mais une fenêtre et principalement lorsque la pièce est à l'étage, donc moins vulnérable aux regards et moins atteinte par la surchauffe du sol. Un nouvel élément de sophistication consiste à percer le volet ou battant obturant la ou les ouvertures principales.

L'effet résultant de toutes ces combinaisons de claustra et d'ouvertures réglables est une grande souplesse dans les contrôles d'ambiance, les claustra assurant en permanence l'arrivée d'air et l'éclairage de base.

Cependant dans les pays que nous considérons, où des nuits glaciales et des hivers rigoureux alternent avec les heures et les saisons torrides, l'usage de claustra constamment ouverts et la nécessité de renoncer à l'éclairage direct pour lutter contre l'arrivée d'air froid ne pouvaient être admis dans les habitats de « haut standard de vie ». C'est pourquoi, alors que les habitants des demeures pauvres pallient tant bien que mal l'introduction de l'air froid dans leur demeure en barricadant portes et fenêtres et en obturant les panneaux des claustra au moyen de tentures et de peaux d'animaux, les bourgeois et les nobles adoptent de nouveaux dispositifs où l'usage du vitrage fixe résoud pour la première fois la contradiction entre passage de l'air et de la lumière. Que ce « vitrage » soit réellement de verre ou de pierre tendre, parchemin, papier huilé ou tout autre matériau translucide, il assure désormais la fermeture permanente des percements qui laissent passer la lumière bien avant que les techniques verrières ne finissent, à l'issue de siècles de stagnation, par laisser passer la vue. Dès lors, ventilations hautes et basses peuvent être réglées sans que l'éclairage n'en dépende. Le progrès suivant consistera à vitrer des ventaux mobiles et dès lors les fenestrages les plus sophistiqués concourent dans tout l'Orient à dispenser à la demande ombre ou fraîcheur aux demeures des classes riches.

L'architecture yéménite[15] comporte des exemples de percements parmi les plus sophistiqués. Un type largement répandu se compose d'une fenêtre, relativement vaste et basse, s'ouvrant au ras des banquettes qui courent tout autour de la pièce de séjour, ce qui permet aux occupants de jouir assis de la lumière et de la vue : cette fenêtre est munie traditionnellement d'un volet-auvent de bois (et parfois, depuis ces dernières années, de battants vitrés). Au-dessus de cette ouverture majeure, des vitraux colorés sertis dans un double écran de plâtre, assurent à la pièce une pénombre gaie lorsque les volets sont clos; enfin, d'étroites fentes verticales pratiquées entre les fenêtres, ou parfois en partie haute, assurent à volonté un supplément d'aération. Les variantes sont innombrables dans cette architecture : les ventilations se différencient selon l'orientation des pièces, et même de chaque mur d'une même pièce. Des dispositions exceptionnelles, poétiques ou fonctionnelles, enrichissent encore la gamme de ces admirables fenestrages et portent au suprême degré l'association de l'invention pratique et de la perfection architecturale (voir 7, b).

Les fenêtres et leurs divers espaces de prolongement ont, par leur dessin maintes fois remanié, fini par apporter à l'habitat pré-industriel une somme de conforts relatifs quant à l'éclairement, à la visibilité et à l'aération. Cette dernière cependant a fait l'objet, tout au moins dans les régions simultanément riches, dotées d'une culture raffinée, et réellement torrides, de dispositions spécifiques particulièrement complexes et satisfaisantes, destinées à assurer le renouvellement de l'air nécessaire dans des locaux tenus absolument fermés pendant les heures chaudes de la journée, à l'intensifier le soir lorsque, la température extérieure s'abaissant, il se fait urgent de purger la maison de sa chaleur accumulée, et enfin de capter le vent lorsqu'il est le plus frais.

Le premier signe d'une volonté de confort, dans l'habitat de type lourd, est l'aménagement de percements en partie haute pour l'évacuation de l'air chaud et vicié; dans la mesure où de tels percements, de très petite surface, ne présentent pratiquement ni difficulté technique, ni surcoût d'aucune sorte, on peut admettre à la limite son absence comme un critère de résignation ou d'indifférence de l'habitant à l'égard du minimum de confort, la notion de sécurité primant sur toute idée de bien-être et excluant même la plus petite et bénigne solution de continuité dans l'enceinte protectrice. De nombreux habitats ruraux relèvent de cette conception sommaire qui se perpétue d'ailleurs dans les bidonvilles actuels. L'introduction de la convection forcée dans l'habitat dépendrait donc de deux facteurs : l'apparition du désir de mieux-être (associé à la découverte de la relation entre mieux-être et convection) et l'acceptation d'un percement « superflu » de l'enceinte, avec les risques qu'il peut entraîner. Notons que, dans l'un des plus anciens habitats connus, à Çatal Hüjük, ainsi que dans certains habitats pueblos, mélano-africains, etc., le problème est réglé *de facto* par l'aménagement de l'accès dans le plafond... Mais ceci retourne le problème sans le résoudre, car si l'air chaud s'échappe par l'« entrée », c'est l'arrivée d'air frais qui fait alors défaut. Or, un véritable dispositif de ventilation naturelle d'une cellule à parois imperméables à l'air suppose la présence simultanée d'ouvertures basses et hautes, donc un dispositif mis en place de propos délibéré.

Les habitats orientaux compacts jouent intensément de la circulation intérieure de l'air du bas en haut de l'habitation, mettant à profit les différences de température entre les salles basses fraîches — caves, cours mouillées, cages d'escalier, galeries — et les pièces hautes plus chaudes. Cependant une ventilation véritablement efficace suppose, non seulement une disposition correcte des volumes de la maison et de ses percements, mais un apport d'air frais. Or, dans les villes tout au moins, les parties basses des bâtiments sont rarement bien aérées et, pour peu que les vents dominants soient trop faibles pour accélérer le tirage de la convection intérieure, la ventilation des constructions compactes peut s'avérer totalement insuffisante, en particulier pour le refroidissement nocturne des maçonneries surchauffées.

A ces différents cas, diverses solutions traditionnelles ont été apportées; en ce qui concerne l'arrivée de l'air en partie basse, la plus fréquente consiste à arroser le sol des cours, là où elles sont dallées ou à y aménager bassins et jets d'eau. Le sol ainsi refroidi attire en les rafraîchissant les couches d'air supérieures qui peuvent alors se glisser dans la maison. Toutefois ce système présente l'inconvénient de requérir des quantités d'eau non négligeables du fait de l'évaporation et pour peu que l'eau soit rare comme c'est le plus fréquent, seules les classes riches peuvent le pratiquer en suffisance.

En fait, la plupart des riches habitants des villes de désert ont ménagé autour de leurs demeures des étendues de jardins et de cours pour permettre au vent de les aborder au niveau même du sol : sur son parcours ont été disposés, non seulement des plantations et des bassins, mais des constructions légères, kiosques ou colonnades, qui ménagent de l'ombre sans briser le courant de l'air, et permettent de jouir confortablement d'un microclimat quasiment artificiel. De tels luxes d'espaces ne pouvant être généralisés, ne serait-ce que dans les villes où la nécessité de défense impose de fortes densités, il fallut bien souvent aller chercher le vent au lieu normal de son parcours, bien au-dessus des terrasses et des coupoles : ce furent les pièges ou tours à vent[16].

D'un point de vue conceptuel, les pièges à vent constituent un cas unique dans l'habitat des zones chaudes de défense active de la construction contre la chaleur, par captage systématique d'une énergie naturelle : en effet dans des procédés tels que l'effet de cheminée, il ne s'agissait que d'accentuer un phénomène naturel, en l'occurence la convection, qui de toute façon se produit même sans intervention de l'homme.

Or, les pièges vont au contraire provoquer (statiquement certes, mais en mettant en jeu des lois complexes au moyen de dispositifs spécifiques savamment élaborés) un mouvement non spontané des couches d'air. Il convient de souligner le caractère exceptionnel d'une telle démarche, courante dans l'histoire des technologies, mais fort rare dans l'habitat. D'un point de vue strictement dynamique, le principe de ces capteurs diffère tout à fait de celui de l'« effet de cheminée » : alors que celui-ci joue des dépressions extérieures au bâtiment pour expulser de son volume l'air chaud qui s'y accumule, ceux-là utilisent la dépression intérieure du volume pour y aspirer de l'air frais. Il y a deux conditions au fonctionnement d'un tel système : que l'air capté soit frais et que la dépression intérieure s'exerce correctement. La fraîcheur de l'air extérieur dépend de sa rapidité, et d'une certaine altitude. C'est pourquoi les bouches des capteurs sont placées face aux vents dominants, et le plus haut possible. La forte dépression nécessaire à l'aspiration dans les locaux peut être obtenue par des ouvertures considérables percées en partie basse (*iwans* des séjours d'été), ou par l'aménagement de conduits profondément enfouis dans la masse des murs, ouvrant au bas des salles.

Le même système s'applique d'autant mieux au refroidissement des caves et des citernes que la fraîcheur initiale de tels

8. *Tours à vent (Iran).*
a - Kachan (photo Ataolah Omidvar); b - village près de Yazd.

locaux accélère la descente des couches d'air capté. La cave constitue d'ailleurs, dans l'habitat musulman traditionnel, l'ultime refuge en périodes de chaleur intolérable. Son usage est d'autant plus généralisé et perfectionné que le climat local rend plus difficile une ventilation satisfaisante des locaux à l'air libre; c'est ainsi que nous trouvons les caves habitables les plus profondes et les mieux aménagées au bord du golfe d'Arabie, là où la touffeur moite et continuelle rend la vie réellement intenable pendant des périodes importantes. A Bagdad également, les classes aisées s'enterraient, durant des mois, au moins six heures par jour, confort interdit aujourd'hui par un urbanisme préoccupé de prestige à l'occidentale et d'hygiène. Les caves de Bagdad *(sirdab)* comme celles des autres zones très sèches, sont situées immédiatement sous les pièces d'habitation, ce qui les différencie des grottes du Golfe. Prenant jour au ras du sol, elles communiquent un peu de leur fraîcheur aux sols de la maison, ce qui les fait participer, quoique de façon amortie, à sa périodicité thermique.

Pour compléter la présentation des pièges à vent, il nous faut signaler que ces conduits, si importants pour le confort d'été, provoquent au contraire une aggravation de l'inconfort d'hiver; c'est pourquoi on les obture soigneusement à cette saison, non seulement à leur base, mais chaque fois que leur faible hauteur le permet, à leur orifice supérieur.

La lutte contre le froid

Dans le domaine de la lutte contre le froid, la réussite de l'habitat traditionnel est en effet beaucoup moins flagrante que dans la conquête de la fraîcheur. Tout ce qui protégeait la cellule habitable contre les chocs thermiques des jours d'été va jouer contre son habitabilité à la saison où le soleil est rare et faible : masse des murs longue à refroidir en automne, mais ensuite irréchauffable; percements insuffisants pour laisser pénétrer le soleil et évacuer l'humidité et par ailleurs protection rudimentaire et peu hermétique de ces rares ouvertures; courants d'air devenu glacé.

Les foyers n'ont pas fait dans ces régions l'objet d'une recherche comparable à celle effectuée dans la conception des brise-soleil, aspirateurs statiques, etc. Ou plus exactement : même lorsqu'un moyen judicieux de chauffage a été inventé, il ne s'est pas transmis dans le temps (cas du chauffage romain par le sol) ou répandu dans la totalité d'une aire d'échanges techniques et culturels (cas de la cheminée, inventée probablement sous sa forme complète par les byzantins, généralisée en Turquie, mais inconnue dans toute l'Afrique du Nord en dépit de la domination ottomane). Insuffisantes en Méditerranée, les cheminées disparaissent quasi totalement en allant dans les pays musulmans, où de modestes braseros constituent, sauf exception, le moyen de chauffage de toutes les classes sociales, seul le combustible variant (charbon de bois pour les privilégiés, bouse pour les autres).

Les deux moyens de chauffage (et simultanément de fourneau servant à la cuisine d'hiver) usités en Orient relèvent soit des braseros de métal, soit de la fosse à braises, parfois améliorée par une adduction d'air amené par un conduit souterrain pour faciliter le tirage. Ces deux types de foyers correspondent en fait aux deux pièces de la maison qui constituent la cellule de base de l'habitation musulmane : dans celle strictement réservée à la famille et donc à l'activité des femmes, se trouve la fosse à braises utilisée pour la cuisine; dans celle ouverte aux hôtes, domaine des hommes, se trouvent les réchauds métalliques pour le thé. L'un et l'autre foyers dispensent une chaleur médiocre dans un tout petit cercle où l'on s'entasse, souvent les genoux recouverts d'une couverture disposée au-dessus du feu par l'intermédiaire d'une sorte de tabouret métallique servant aussi de chauffe-plats.

Heureusement pour le campagnard, il reste pour se chauffer la proximité de l'habitat des bêtes, situé soit sous les pièces d'habitation (caves-étables des montagnards kurdes, rez-de-chaussée-étables) soit juste à côté; il communique directement, soit avec la cuisine, soit avec les pièces d'hôte qui, dans certains villages d'Azerbaïdjan, en constituent le prolongement logique (étable agrémentée d'une plate-forme surélevée aménagée pour le thé, permettant aux éleveurs de jouir, pendant leurs loisirs, de la vue de leurs bêtes en même temps que de leur chaleur). Le fourrage ne joue pas un moindre rôle pour la climatisation des fermes, mais nous reviendrons plus en détail sur ces éléments de relatif confort à propos des habitations rurales des zones froides proprement dites. Les plus à plaindre, paradoxalement, sont peut-être les bourgeois : privés des apports calorifiques animaux, ils n'ont aucune parade réellement efficace contre l'humidité, la surventilation glaciale de leurs cours, de leurs galeries, de leurs hautes salles inchauffables. Disons, avant de clore ce très bref aperçu du froid en Orient, que c'est très principalement cette espèce de résignation au froid contrastant fortement avec une lutte active et astucieuse contre la chaleur, qui distingue le plus fortement les habitats orientaux de leurs voisins d'obédience européenne.

Dans la frange méditerranéenne de l'Europe, c'est la même différence d'attitude qui opposera des compatriotes tout proches, les uns ayant reconnu le froid comme l'ennemi naturel premier et organisant leur habitat en conséquence, les autres ayant conservé de l'empreinte romaine ou de quelque tradition méditerranéenne plus ancienne le stoïcisme des hivers méprisés, passés à grelotter en attendant la vraie vie des mois chauds.

Les architectures mogholes

Mais revenons à la chaleur, et à l'une des chaleurs les plus pénibles du globe, aux extrêmes confins de notre zone d'étude, pour évoquer l'exemple noble des architectures mogholes[17], situées au nord de l'Inde, dans des régions soumises à l'alternance de chaleur sèche et humide caractéristique des pays de mousson. Si nous faisons ce détour hors du domaine de l'architecture populaire, c'est parce que nous y trouvons une synthèse unique de toutes les recherches élaborées dans l'Orient ancien pour corriger, sans limitation de moyens autres que les bornes du savoir technique de l'époque, un climat particulièrement insupportable. Si des éléments comme la tour à vent et les habitats d'été excavés étaient presque toujours réservés aux privilégiés, c'est ici un exemple réellement exceptionnel et prestigieux puisque lié au pouvoir suprême. Et surtout il présente l'intérêt d'avoir été explicitement conçu pour le bien-être de ses occupants.

Non seulement les architectures mogholes, et les textes qui en expriment le dessein, ne sont l'émanation que des plus hautes classes sociales, mais encore cette classe conquérante est étrangère à l'ensemble de la société locale; les Moghols, venus d'Asie Centrale et accoutumés à leurs conquêtes musulmanes, n'ont aucune conception commune, religieuse, humaine, ou même matérielle, avec leurs nouveaux sujets; différents écrits font état de leur dégoût pour le mode de vie hindou, en particulier en ce qui concerne l'habitat, exprimant en fait une incompréhension totale vis-à-vis de structures ouvertement motivées par le symbolisme religieux, aux dépends de la rationalité matérielle minimale. Bâber, descendant de Tamerlan et premier Grand Moghol écrit : « L'Hindoustan est un pays qui recèle très peu d'aspects agréables. Les habitants... construisent sans se préoccuper de beauté ou d'élégance, ni même d'orientation ou de conditions climatiques. » Et dans d'autres parties de ses mémoires, il dénonce l'indigence des systèmes hydrauliques et les effets néfastes de cette insuffisance tant sur l'agriculture que sur le confort.

En fait, ces empereurs ont créé de toutes pièces une architecture adaptée aux pays où ils se fixaient, et à leur conception de la vie et du monde. Plongés dans un climat étouffant, isolés chez des peuples différents, ils ont sélectionné parmi leurs captifs les meilleurs architectes, notamment des iraniens, pour assouvir leur passion de splendeur; s'ils sont religieux, c'est d'une religion qui érige le bien-être physique à la dignité d'images et de symboles du paradis, et la jouissance ressemble à une prière : « S'il y a un paradis sur terre, il est ici, il est ici, il est ici », fait graver Chah Jahân sur une salle de son palais du fort Rouge à Delhi. Et un courtisan de Bâber, décrivant les jets d'eau d'un de ses merveilleux jardins, écrit en conclusion : « O combien souvent je fus ému par le clapotement des jets d'eau et le murmure du ruisseau, qui, pressé entre les massifs de rosiers, les saules pleureurs, les platanes, les acacias, les cyprès et d'autres arbres, dévalait les terrasses. Alors je pleurais de joie jusqu'à ce que je m'endormisse, accablé par toute cette beauté et bercé par le bruissement de l'eau. Allah soit loué! En vérité je crois que ce jardin n'est pas surpassé en splendeur par l'Iram dont le Coran dit qu'il est orné de hauts piliers... »

Les palais des Moghols représentent donc la synthèse des techniques les plus élaborées mises, sans aucune limitation d'ordre économique ou politique, au service d'un désir de confort matériel raffiné et légitimé par l'idéologie dominante. On ne peut s'étonner si les résultats ont été exceptionnels, et même uniques au monde par leur splendeur comme par leur ampleur.

Le premier caractère des architectures mogholes est issu du conflit (et souvent de la combinaison) entre deux conceptions opposées de la lutte contre les redoutables chocs thermiques diurnes du climat de l'Inde du Nord; les Hindous (comme les Mésopotamiens antiques) n'avaient rien trouvé de mieux que de s'enterrer dans des massifs de maçonnerie aveugles, aussi inertes que possible. Nomades de tradition, passionnés d'espace, d'air, d'eau et de végétation, les moghols ne supportèrent pas cette claustration et jouèrent au contraire de systèmes de cours et

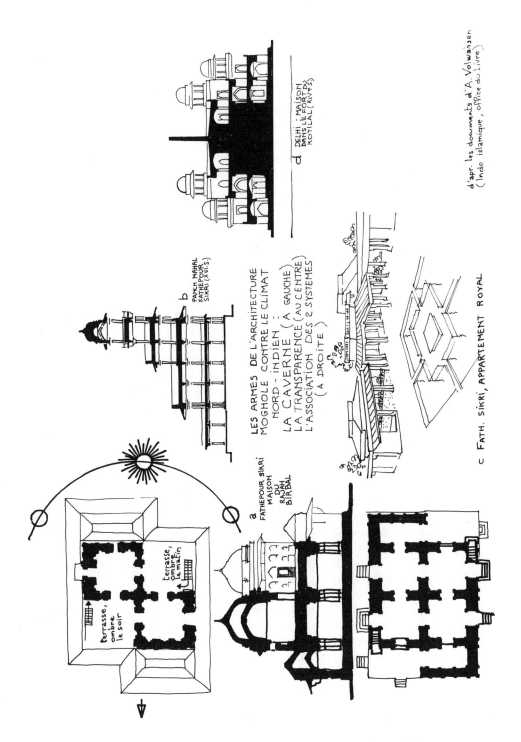

Text within the figure:

DELHI : MAISON DANS LE FORT DU KOTILAL (XIVᵉ S)

d

d'apr. les documents d'A. Volwahsen (Inde islamique, office du livre)

PANCH MAHAL FATHEPUR SIKRI (XVIᵉ S)

b

LES ARMES DE L'ARCHITECTURE MOGHOLE CONTRE LE CLIMAT NORD-INDIEN : LA CAVERNE (A GAUCHE) LA TRANSPARENCE (AU CENTRE) L'ASSOCIATION DES 2 SYSTÈMES (A DROITE)

c FATH. SIKRI, APPARTEMENT ROYAL

FATHEPOUR SIKRI MAISON DU RAJAH BIRBAL

a

terrasse, ombre le soir

terrasse, ombre le matin

9. *Un exemple « noble » d'architecture climatique : les palais moghols.*

d'espaces dégagés pour piéger vent et lumière dans leurs immenses résidences.

Les palais d'Agra, de Fathepour Sikri et du fort Rouge de Dehli sont de gigantesques claires-voies où cours et jardins occupent beaucoup plus d'espace que les bâtiments proprement dits, et où ceux-ci communiquent avec l'air extérieur, toujours par une face au moins; les palais comportent un puissant cloisonnement de murailles extérieures et intérieures, d'un maillage très ample, compartimentant les différentes zones fonctionnelles, masses de grès à l'inertie considérable sur lesquelles se greffent des habitats-galeries construits en pierre et lourdement couverts, mais dont les parois sont ajourées comme les plus légers lattis de bois, totalement ouvertes aux vents des cours et aux courants d'air résultant d'enfilades interminables (près de 100 m d'enfilades bordent la façade occidentale de la cour privée de l'Empereur à Fathepour); ils sont creusés de bassins, de canaux, voire de véritables cours d'eau intérieurs comme celui du fort de Delhi, appelé le fleuve du paradis, qui traverse tous les appartements situés à l'est.

La muraille massive fait parfois totalement défaut, et ce sont alors des proliférations de pavillons ouverts à tous les vents, de kiosques, de terrasses couvertes juchées sur les bâtiments principaux; même l'enceinte s'abaisse, face à la rivière, pour ouvrir à la vue et à la fraîcheur les appartements les plus secrets de l'Empereur (fort Rouge, Jahangiri Mahal d'Agra). Est-ce à dire que cette exacerbation de la ventilation constituait la panacée aux excès climatiques? Peut-être pas, puisque même le plus béant des palais, Fathepour Sikri contient quelques édifices-grottes de tradition hindoue, puisque sous les cours aux galeries transparentes sont parfois aménagées des salles-caves profondes et obscures et puisqu'on a continué en pleine apogée moghole à construire des édifices nobles imperméables à l'air.

Deux constructions intéressantes montrent cet autre aspect des palais des Moghols : l'une, la maison du rajah Birbal, associe à deux pièces closes protégées par de doubles coupoles un jeu oblique de deux terrasses opposées qui jamais ne recevaient le soleil en même temps. L'autre, le Kotilal de Delhi, constitue un exemple particulièrement remarquable de dualité spatiale : construit comme une pyramide pleine, d'une masse et d'une inertie rarement rencontrées dans l'architecture profane, il est entouré de trois niveaux de cellules habitables, toutes indépendantes et précédées d'un porche, accessibles au rez-de-chaussée par l'intermédiaire d'une profonde galerie. Le rapport de volume entre la partie évidée, d'ailleurs fort lourde, et la pyramide centrale est inférieur à un demi. Mais aux quatre angles de ce véritable rocher artificiel, des pavillons totalement ouverts restituent l'habituelle terrasse de captage des vents (voir 9, a et d).

Nous ne quitterons pas les Moghols sans évoquer comme une conséquence logique de leur extrême passion pour l'univers matériel baignant leur habitat, ces réalisations exceptionnelles que furent le palais des Vents — véritable orgue géant dédié aux seuls délices de l'air libre — et les observatoires solaires, premières concrétisations dans la matière des lois de la cosmographie à l'échelle de l'habitat.

Après cette parenthèse consacrée à un exemple exceptionnel perçu dans sa globalité, qui fait saisir ce que peut être la réussite absolue de l'architecture préindustrielle au faîte de ses moyens, nous en revenons au quotidien de l'habitat ordinaire avec l'une des créations de l'Orient le plus immémorial : la ville.

Les villes

Au-delà du cadre plus ou moins « efficace » de l'habitation isolée, se pose en effet le problème des agglomérations.

Nous l'abordons ici, non seulement pour retrouver à l'échelle du domaine public les aménagements microclimatiques protecteurs, mais en considérant cette fois l'habitat comme épicentre d'activité, lieu de transformation d'énergie, de travail et de modification du milieu naturel.

En climat sec et chaud, la ville comme microclimat est généralement une réussite égale à la maison, et précisément de même nature. De l'une à l'autre d'ailleurs, il n'y a point de rupture qualitative malgré la très nette coupure entre le privé et le public. Si l'un et l'autre ne se mélangent pas, ils procèdent de la même spatialité. Les relations au soleil, à l'ombre, à la fraîcheur, au vent sont analogues; souvent les mêmes galeries qui couraient autour des patios privés se creusent des deux côtés des rues et entourent des places où des fontaines semblables donnent la même fraîcheur.

La ville antique et chrétienne tolère en fait la continuité spatiale même au niveau social. Dans les quartiers surpeuplés de Sicile ou de Grèce, les gens vivent librement dans la rue où ils tirent volontiers leurs meubles pour se désasphyxier; l'espace communal est riche en accidents architecturaux propices à la scénographie d'une vie publique vécue comme une œuvre d'art; les places médiévales italiennes s'enrichissent d'espaces semi-privés conçus par les nobles à leur propre usage, mais bientôt conquis par la foule : loggias pleines de monde, escaliers envahis de causeurs, fontaines qui attirent non seulement pour leur eau, mais pour leur fraîcheur, parvis d'églises servant de salons collectifs; les églises elles-mêmes sont souvent traversées comme de vulgaires raccourcis par des citadins pressés ou avides d'une fraîcheur introuvable au-dehors.

Dans les régions méditerranéennes, les citoyens se sont ainsi approprié la ville, palliant l'exiguïté et l'inconfort de leur logement par la magnificence des espaces publics. Là où le climat favorise la végétation, les arbres, jardins, corsos, cours, mails constituent de prodigieux parcs publics. Si la place, la terre ou l'humidité manque, il reste toujours une treille pour ombrager un porche, un café, une placette. Les rues secondaires, trop pauvres et passantes pour justifier de tels aménagements végétaux ou architecturaux, se rétrécissent jusqu'à n'être que des fentes où le soleil entre peu, mais que le rapprochement des façades surchauffées rend aussi inhabitables le soir que les appartements, poussant les citadins à émigrer collectivement vers les espaces plus dégagés. La ville méditerranéenne est en fait inconfortable, aussi bien pendant les canicules qu'en hiver; elle apporte bien plus à ses habitants des espaces ponctuels de luxe, que ceux-ci vont chercher dans une errance quotidienne et saisonnière obstinée, qu'un véritable confort global.

La ville musulmane est très différente, principalement du fait que la partie féminine de sa population est écartée de ses espaces publics et que, par conséquent, le débordement au-dehors des activités domestiques y est inconcevable. C'est au niveau des quartiers d'habitation que la différence est flagrante, les porches clos et les fenêtres aveuglées se substituant au bruyant étalage domestique en plein air. Ruelles et impasses sont souvent presque vides d'adultes puisque la vie se replie dans les cours. En revanche, dans les artères principales, la vie culturelle et commerçante retrouve (du moins pour la population masculine) la même puissance extravertie dans le même environnement urbain. Les rues commerçantes des bazars ne sont plus des voies de passage, mais des lieux intermédiaires multi-fonctionnels où le sillage du passant tend à se diluer dans chaque alcôve-buvette, chaque niche à causerie ou marchandage, chaque porche-échoppe. La ruelle

10. La ville de zone aride.
a - Le bazar de Boukara; b - un des carrefours porches du bazar de Boukara;
c - bazar iranien; d - une rue en Iran.

s'étrangle pour glisser sous une habitation de marchands, racolée au passage par la minuscule boutique du maître du lieu; elle s'élargit tout d'un coup en placette plus ou moins couverte où l'on boit du thé, où conteurs et camelots justifient une pause, où une corporation de tailleurs ou de bijoutiers travaille et vend à même le trottoir, qui est aussi bien un seuil, aux quatre faces d'un patio dont on ne sait plus très bien s'il est maison privée ou *fondouk*[18].

Si l'espace privé est invisible, gommé, l'espace public est offert à tous. Pour le repos sont disposés des bancs, des abris, des lieux d'ombre et de courants d'air, non seulement dans les rues couvertes, mais dans de véritables monuments-carrefours n'ayant d'autre fonction que de favoriser la rencontre agréable. La nourriture aussi a ses lieux avec les places où l'on peut manger presque sans s'arrêter; pour l'hygiène et la détente, ce sont les bains publics; pour les fêtes et la culture, les places des mosquées, les medressés[19], les *hosséniehs* chiites[20]; on y trouve enfin des biens matériels de toutes sortes.

Une illustration, devenue exceptionnelle, des circulations couvertes est constituée par les trois carrefours donnant accès au grand bazar de Boukhara nommés respectivement la coupole des Tailleurs, la coupole des Sarrafons et le dôme des Joailliers[21]. Ces édifices à trois, quatre ou cinq entrées sont axés sur le carrefour même des voies d'accès, couverts d'une haute coupole centrale contournée sur toute sa périphérie par une galerie plus basse, flanquée de niches et percée de passages, abritant jusqu'à trente échoppes; tout cela communiquant en tous sens et s'éclairant plus ou moins sur le haut volume central qui en garantit la fraîcheur tout en en valorisant la fonction de promenade et d'échange (voir 10, a et b).

Les villes du Sud, profondément urbaines ne peuvent cependant — ou plutôt ne pouvaient jusqu'à ce siècle qui les a bouleversées — s'appréhender indépendamment de leur espace agricole; qu'il s'agisse d'un terroir agricole suffisant aux besoins de la ville et dépendant de son pouvoir avec sa nébuleuse de villages, ou d'une unique oasis arrachée au désert ambiant; qu'il commence dès l'intérieur des murs comme autrefois les vergers de Pérouse ou qu'il batte le rempart jusqu'à la plaine, ou même qu'il ne débute qu'au-delà de faubourgs plus ou moins stérilisés par l'extraction des matériaux de construction ou quelque préfiguration de zone industrielle.

A Assise, les pierres des remparts s'abaissent par endroits sans changer d'appareil jusqu'à se transformer en murettes de soutien pour les oliveraies; il y a vingt ans encore la route de Palerme à Montréal, vaste avenue de banlieue bordée de maisons lépreuses, longeait encore d'immenses vergers d'orangers entretenus depuis l'époque normande dont ils gardaient les vestiges architecturaux; on y accédait par surprise, par quelque portail inattendu au bout d'une ruelle percée dans le front du faubourg. A Djerba, île très peuplée, les propriétaires n'ont jamais voulu s'éloigner, ne fût-ce que de quelques centaines de mètres, de leurs terres familiales : et si leur vie sociale, commerciale et culturelle exige le passage bi-hebdomadaire à la ville (ville presque réduite à la vie de marché, ses *fondouk* et ses entrepôts), leurs maisons — avec toutes les annexes d'industrie, poteries, huileries, ateliers de tissage — émergent comme autant de forteresses invinciblement rurales du tissu strictement architecturé des champs et des vergers. Ville extrême, réduite à la fonction d'échange, et privée d'habitants.

Éco-habitat des zones sèches

Quoique les civilisations archaïques n'aient pas disposé de moyens techniques leur permettant de modifier aisément le milieu, elles sont parvenues, grâce à une multiplication de l'effort humain, à le marquer profondément et, dans les zones chaudes à tendance sèche, à le dégrader fortement bien avant l'époque industrielle. En ce qui concerne la construction et, d'une manière générale, l'action sur les matières minérales, cette action a été plutôt bénéfique pour la reproduction des équilibres écologiques : épierrage de sols fertiles, soutènements et banquettes enrayant l'érosion, aménagements hydrauliques. Il faut aussi noter que l'usage de la pierre pour le gros œuvre s'intégrait sans problème à cet équilibre et que les bâtisseurs prenaient grand soin d'édifier fermes, villages et même villes sur les terrains stériles, économisant les zones riches ou vulnérables. En revanche, l'utilisation du bois (pour la charpenterie, mais surtout pour la cuisson des aliments et accessoirement le chauffage), associée aux déprédations pastorales, a eu des effets désastreux dans ces régions à équilibre pluviométrique carentiel. Enfin la généralisation de la construction en briques a conduit les peuples du Moyen-Orient à éventrer des zones considérables et, ce qui est plus grave dans le cas de la brique cuite, à déboiser à grande échelle.

On peut résumer la « consommation de paysages[22] » des habitats de milieux chauds et secs par le schéma suivant :

- Construction du gros œuvre : Consommation à effet positif dans les cas d'usage de la pierre; négatif dans le cas des matériaux cuits (briques, chaux).
- Construction du second œuvre : Bois (utilisé avec parcimonie), effet négatif.
- Cuisson des aliments : Idem plus bouse de vache détournée de la fonction engrais.
- Chauffage : Consommation insignifiante en sus de la cuisine.
- Éclairage : Consommation insignifiante.

Le problème de l'équilibre de l'eau est essentiel dans ces régions où la carence est fréquente; aussi l'accès à ce bien considéré comme primordial a-t-il été réglementé et limité dès l'ère néolithique.

L'eau était, soit recueillie en des points rares, parfois éloignés de l'habitat (source, puits profonds) et transportée manuellement donc parcimonieusement; soit amenée jusque sur les lieux de consommation par des moyens statiques (mettant en jeu l'écoulement naturel) ou dynamique (mécanisme de levage). Ces moyens pouvaient être possédés individuellement ou par une minorité sociale qui, contrôlant le réseau, en assurait la distribution à sa convenance et à son prix. Ainsi, les règles d'usage de l'eau étaient précises et nombreuses sur le plan quantitatif. Sur le plan qualitatif, en revanche, les règles sur la propreté de l'eau relevaient plutôt du comportement symbolique que d'une réelle attention pratique. La conservation de l'eau reçut toute l'attention des constructeurs, qui apprirent à mettre à profit les propriétés particulières de certaines roches ou terres convenablement cuites. La récupération connut également des solutions élaborées, en relation avec le volume des bâtiments et groupements. L'exemple de l'habitat djerbien est particulièrement instructif puisque, dans cette île démunie d'eau douce, les eaux pluviales sont recueillies non seulement à partir des toitures du *houch* (habitation familiale) qui présentent au moins 250 m² de surface utile, mais sur des impluvium, spécialement conçus à cet usage, voire sur toutes les surfaces maçonnées, telles que les aires de battage. Il existe même des exemples exceptionnels de « fabrication » d'eau par condensation : les citernes iraniennes du désert, fosses enterrées couvertes d'une coupole aplatie et fortement ventilées au moyen de tours à vent, constituaient de véritables condensateurs (on a vu par ailleurs les phénomènes d'évaporation appliqués au Moyen-Orient à la climatisation des locaux).

Enfin, l'utilisation de l'eau comme source d'énergie est connue et exploitée depuis la plus haute Antiquité tant dans le bassin méditerranéen qu'au Proche et Moyen-Orient. Comme les moulins à vent, les moulins à eau, qui assument les mêmes fonctions, ont connu des formes nombreuses.

Dans ces sociétés où les problèmes liés à l'hygiène étaient inconnus ou plutôt dévoyés dans le concept très différent de pureté, aucune considération de prudence ne limitait l'usage des divers sous-produits de l'habitat à la reconstitution des sols. Si les excréments furent moins systématiquement affectés à la fumure qu'en Extrême-Orient par exemple, et si en particulier l'affectation des déjections animales au chauffage les détournait de leur fonction d'engrais agricole, l'usage des eaux grasses pour la fumure de cultures limitées était en revanche courant; des exemples sophistiqués (Yémen) de conduite et d'égoût aboutissant, depuis les toilettes ou les cuisines, sous des plates-bandes plantées dans les cours[23] contrastent avec les systèmes de trop-plein à ciel ouvert plus généralement observés dans les agglomérations méditerranéennes et orientales. Les cendres des foyers et les détritus solides étaient également systématiquement utilisés, et la valeur fertilisante des suies et graisses accumulées dans l'enceinte habitable était si bien reconnue que, dans certaines régions de nos jours encore, lorsqu'on détruit une maison en terre, ses débris encrassés sont revendus comme engrais.

Il nous a semblé intéressant d'illustrer ici la notion d'éco-habitat par un exemple réunissant une somme de relations réciproques entre habitat et milieux : les trulli apuliens, que nous avons déjà évoqués plus haut à propos des formes de l'enceinte habitable, et que nous examinons ici dans leur forme archaïque (appareillage sans enduit) et rurale.

De même que les murs, murettes et banquettes qui soutiennent, protègent et compartimentent les terres cultivées, les trulli proviennent essentiellement de l'épierrage préalable à toute façon agricole : les pierres les plus aptes sont retenues pour la construction, les autres sont broyées plus ou moins finement et réincorporées à la terre agricole suivant le processus suivant : l'épierrage et la mise de côté de la terre arable aboutissent à la mise à nu du socle rocheux imperméable, sur lequel on vient poser un hérisson de pierres concassées. On colmate ensuite le hérisson par un lit de boue argileuse imperméable, avant de remettre en place le sol arable. Ce travail considérable avait pour effet de retenir les eaux de pluie trop rares; lorsqu'une partie de l'eau s'infiltrait néanmoins sous la couche argileuse, elle se répandait dans le hérisson de pierres qui se dissolvait plus ou moins en la fertilisant et constituait ainsi une réserve d'humidité.

Mises à part les pierres d'épierrage agricole, les matériaux de construction des trulli provenaient du creusement de leurs citernes et caves. On n'utilisait pas de bois pour la construction même, mais seulement pour les portes, les fenêtres et les meubles. La consommation de bois était essentiellement due au chauffage. En revanche, l'habitation restituait à l'agriculture ses déchets organiques, systématiquement utilisés dans les champs. Elle assurait également un rôle dans la conservation des produits, les toits étant utilisés comme séchoirs solaires et les sols des annexes se creusant de silos. L'eau était recueillie sur tous les pans des bâtiments et dirigée vers les citernes.

LE SOLEIL

niveau symbolique
(signe solaire du faîte)
niveau de l'usage
(confort thermique,
séchage des denrées
éclairage

LA PLUIE

LE BATIMENT.
SA MASSE THERMIQUE INERTE,
SON ENCEINTE HERMETIQUE,
SON FOYER.

séchage int. et ext.

Séchoir

puits

ch. à feu

Seuil

épierrage

Eau domestique

détritus, effluents domestiques

citerne

LE SOL

pierres

cultures

fumure

11. Interrelations habitat/milieu, exemple des trulli.

Habitats des climats chauds et humides (zones subtropicales)

L'ordre de présentation adopté ici peut sembler discutable : interposer les habitats des climats subtropicaux entre ceux de la zone géographique à dominance de chaleur sèche et ceux des zones froides, qui forment un relatif continuum géographique renforcé d'échanges culturels, peut sembler artificiel. Mais d'un autre côté, les rejeter au-delà d'une étude sur l'habitat européen, qui seule débouche logiquement sur l'évolution récente de la construction moderne était beaucoup plus nuisible à la cohérence de l'ensemble. Or il serait regrettable d'omettre une approche même très brève des habitats des zones que recouvrent les énormes blocs forestiers subtropicaux et équatoriaux d'Afrique, d'Asie et d'Amérique et les ensembles insulaires et côtiers de ces continents et des océans Pacifique et Indien. En effet, à travers leur hétérogénéité, ces habitats illustrent un rapport de l'homme à son milieu profondément différent de ce que nous avons vu précédemment et que nous observerons ultérieurement, et dont la différence persiste du fait que les échanges culturels n'ont jamais été établis sur un rapport d'égalité et d'échange d'influence.

Du point de vue de l'abri, il n'est pas indifférent qu'un milieu bioclimatique soit, avec une relative permanence, exempt des forts contrastes thermiques les plus hostiles à la vie humaine, ce qui dispense les habitants de créer pour subsister un microclimat réellement distinct. Du point de vue de la relation active et modifiante au milieu, les cultures matérielles forestières, côtières et insulaires sont aussi riches et intéressantes que celles des autres zones et ont, parfois, autant marqué le paysage; et si nous sommes appelés à limiter à l'extrême l'analyse de cette relation, c'est qu'elle nous entraînerait beaucoup trop loin de la ligne générale de cette

étude, et sur des sentiers exigeant des connaissances et des méthodes ethnologiques dépassant nos capacités, en particulier du fait de
la place secondaire de la notion de confort par rapport au
symbolique si prépondérant chez les peuples des zones considérées.

Ne pouvant ni éluder l'approche de ces zones, ni davantage
lui donner l'ampleur qu'elle mérite, nous allons nous borner à une
approche méthodologique et critérologique particulièrement
dépouillée, mais qui pourrait, à notre avis, être utilisée comme
méthode de déchiffrage de ces habitats et, d'une manière générale,
de n'importe quel habitat primitif, sa sécheresse et son matéria-
lisme radical pouvant constituer un utile contrepoint aux approches « dématérialisées » de maintes études ethnologiques[1].

12. Le cas des Comores, une architecture dichotomique.
a - Les habitations populaires sont adaptées au climat maritime équatorial;
b - les habitations urbaines perpétuent les traditions des conquérants iraniens.

Pour aborder l'étude de l'habitat des milieux naturels subtropicaux humides, il nous faut préciser que la même terminologie couvre ici plusieurs types de réalités différentes, tant du point de vue des mécanismes climatiques généraux qui les dominent que des manifestations de vie organique qu'elles induisent. Nous en distinguerons trois :

— Un type de climat à humidité dominante stagnante (généralement équatorial et continental) caractérisé par des déplacements d'air faibles ou nuls la plupart du temps, un amoncellement de masses nuageuses diffusant le rayonnement solaire, une évaporation faible, des températures peu contrastées, toutes conditions favorables aux fermentations et à l'épanouissement de la vie végétale plus que de la vie des animaux supérieurs, et en particulier de l'homme.

— Les climats humides éoliens, caractérisés au contraire par de vastes mouvements de masses d'air, permanents ou alternatifs, accélérant les évaporations, dégageant périodiquement le rayonnement solaire direct par déplacement constant des masses nuageuses, plus favorables à l'organisme humain.

— Les climats présentant les caractéristiques décrites ci-dessus une partie de l'année seulement, en alternance avec des saisons sèches.

En ce qui concerne l'habitat, quelques points sont communs aux zones tropicales humides : tout d'abord on peut noter que ces climats, plutôt chauds, n'atteignent cependant presque nulle part les pointes thermiques observées en zones sèches; l'inconfort[2], parfois absolu, résulte de l'association de chaleur et d'humidité, et est donc lié directement à l'influence des mouvements de l'air. Ceci n'implique d'ailleurs nullement que toutes les populations résidant dans les zones humides recherchent ces mouvements, et nous rencontrerons au contraire une totale pluralité des comportements à l'égard du vent. Il faut d'ailleurs se rappeler que, même dans les zones où l'air stagne en permanence, les tornades toujours possibles représentent une force éolienne nuisible, peu contrôlable, surtout par des moyens rudimentaires.

Un second trait caractéristique est l'importance de la pluviosité, que l'air ambiant soit ou non immobile, saturé d'eau, etc. Ceci fait du toit l'objet-habitat par excellence. Il est alors le premier et parfois même le seul élément de l'abri. L'abondance des matériaux végétaux et la multiplicité de l'invention formelle ont donné naissance aux toits les plus divers par la forme, l'échelle, la

Climats subtropicaux humides : concepts spatiaux en présence

A. Objets matériels ou espaces habitables

a. Le toit : fonction de base, la protection pluviale.

b. Les cloisonnements divers de l'espace :
● murs et cloisons opaques, ou écrans,
● murs et cloisons non opaques, ou résilles

c. Les espaces fonctionnels :
● espaces d'habitation
● autres espaces.

B. Forces naturelles prises en compte

a. La pluie couchée ou non; régulière ou en rafales; ruisselante ou stagnante au sol.

b. Le vent vecteur de pluie ou d'assèchement; favorable ou non au confort et à la conservation des biens; affecté par les habitants de qualités positives ou négatives.

c. La lumière excessive ou insuffisante; souhaitée ou non.

C. Réponses spatiales

a. Réponse minimale : espaces non différenciés matériellement; défense réduite au toit-écran anti-pluie. En bref, pas d'enceinte matérielle.

b. Réponses différenciées : (toutes, comportant un ou plusieurs toits).

● La cellule habitable est transparente aux forces naturelles autres que la pluie tombante.

● La cellule habitable (transparente ou non) est isolée du sol, ventilée par en dessous et coupée des ruissellements. Le dessous devient espace secondaire utilisable lorsque la nature du sol le permet.

● La cellule habitable (surélevée ou non) n'est pas transparente *de facto* aux forces naturelles : le vent n'est toléré que par des ouvertures établies spécialement à cet effet :
— en partie haute
— en partie basse
— en partie médiane
Les espaces secondaires, généralement de service, contribuent à la sélectivité et au réglage des relations intérieur-extérieur.

● La cellule habitable n'est pas accessible aux agents naturels.

● La cellule habitable, non directement accessible aux agents naturels, comporte des dispositifs généralement réglables permettant leur admission contrôlée.

nature, la texture, la qualité; tous satisfaisant à peu près à cette fonction anti-pluviale fondamentale sous réserve d'entretien et de remplacements fréquents.

Au-delà de ces deux points s'amorce la diversité des situations et des réponses :

— Ou bien le milieu climatique est peu contraignant et les habitants s'y insèrent, leur habitation n'y apportant qu'un minimum de correction. Ou (cas contraire), le milieu climatique est absolument contraignant, mais les habitants semblent avoir renoncé à le corriger.

— Autre hypothèse, le milieu climatique est assez contraignant et les habitants le corrigent plus ou moins activement; outre la pluie, ils prennent en compte l'admission ou l'éviction du vent, de la lumière, des diverses forces du milieu extérieur; ils déterminent des différenciations matérielles sélectives de leur espace.

— Reste le cas des milieux climatiques présentant alternativement des contraintes saisonnières contradictoires : les habitants cherchent alors à réaliser un compromis, à moins qu'ils ne renoncent purement et simplement à les corriger simultanément.

Nous examinerons en priorité ce dernier cas des habitations en climat à saisons fortement contrastées, principalement en ce qui concerne l'alternance de la sécheresse et de l'humidité, car nous y retrouverons des références aux constructions des climats secs examinées précédemment, inexistantes dans les autres types de climats à dominance humide.

Caractéristique d'importantes masses continentales, le climat contrasté se trouve généralement inséré dans un continuum évolutif entre des zones « tropicales » à dominante sèche et des zones « équatoriales » à dominante humide, et également dans un continuum socio-culturel, car les populations ont pu se déplacer à travers ces différentes bandes climatiques en transportant leurs techniques, parfois sans modifications. L'Afrique au sud du Sahara illustre bien ce genre de situation : des migrations en tous sens, ou des nomadismes institutionalisés, ont conduit à des brassages d'influences et, du point de vue du cadre bâti, à des types de comportement hétérogènes[3].

Il faut tout d'abord noter que les climats présentant des pointes contradictoires posent aux bâtisseurs des problèmes spécialement ardus que peu d'habitats préindustriels se sont avérés capables de résoudre. Dans le cas du dualisme chaud/froid, les enceintes lourdes de maçonnerie répondent tant bien que mal aux deux extrêmes. Mais le sec et l'humide sont beaucoup plus inconciliables (nous entendons, ici, par humidité le degré hygrométrique élevé de l'air, la protection contre les chutes de pluie ayant connu des solutions satisfaisantes dans presque tous les cas) ce qui a conduit certains peuples à renoncer totalement au confort le plus difficile à établir, en privilégiant une réponse climatique unique. On peut classer sommairement les types de réponse de la façon suivante :

a. L'habitation dont le type a été importé au cours de migrations ne tient aucun compte de son nouveau milieu, exemple : habitats peuhls Foulbés de type saharien du Cameroun.

b. L'habitation assure le confort de période sèche; en période humide elle assure la protection essentielle antipluviale, mais accompagnée d'inconfort notoire (manque de ventilation notamment). Exemples nombreux de cases de terre faiblement percées avec couverture en chaume.

c. L'habitation tente de concilier les qualités requises en saison sèche (enceinte lourde à fort volant thermique) et en saison humide (protection antipluviale et relative ventilation).

Nous insisterons sur cette troisième catégorie, dans la mesure où elle constitue un exemple intéressant d'architecture en milieu difficile. Deux dispositifs spatiaux, parmi d'autres, résolvent le problème de l'hivernage en saison des pluies, sans mettre en question l'intégrité d'une enceinte lourde adaptée à la saison sèche (et à la sécurité exigée en toutes saisons pour le sommeil) :

— Le premier type de solution consiste à organiser le volume habitable en divers espaces clos (chambres, greniers, cuisines de saison des pluies) et non clos (vérandas, salles de réunion ouvertes sur une ou plusieurs façades), tous ces ensembles étant regroupés sous des toits communs, ou au contraire disséminés comme autant de cellules autarciques (au niveau structure) autour de cours constituant l'espace principal d'activité de saison sèche.

— La seconde, particulièrement inventive est la juxtaposition sans intégration de l'élément-toit et de l'élément-enceinte : juxtaposition d'une enceinte lourde totale à terrasse lourde porteuse et d'une toiture ancrée au-dessus de façon à laisser l'air circuler librement à travers le comble, dont le volume important fait office d'étage de service (grenier, séchoir, etc.). Le bâtiment ainsi constitué se compose finalement de trois catégories d'espaces : les espaces clos ou enceinte lourde thermiquement inerte, les espaces

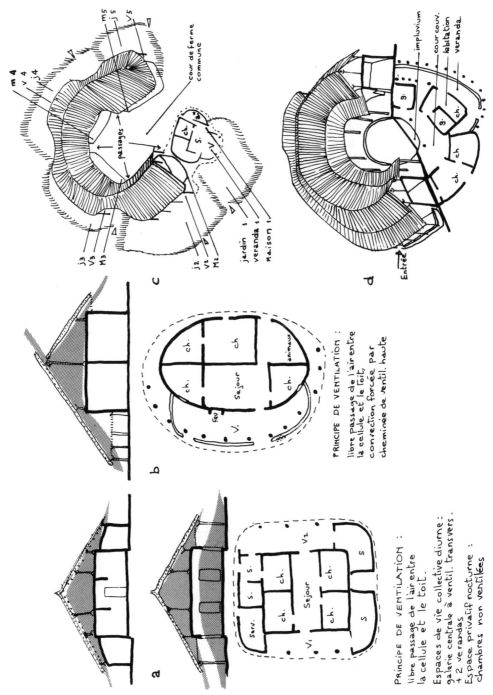

13. Habitations de l'Afrique de l'Ouest : climat alternativement sec et humide.
Trois exemples de maisons de Casamance (Sud-Sénégal, climat guinéen).
a et b - Maisons compactes; c - maison autour d'une cour (« hank »); d - grande maison à impluvium.

Labels within figure c:
m5, j5, V5
cour de ferme commune
m4, v4, j4
passages
jardin 1
véranda 1
Maison 1
j2, V1, M2
j3, V3, M3

Labels within figure d:
impluvium
cour couv.
habitation
véranda
ch.
Entrée

Labels within figure b:
PRINCIPE DE VENTILATION :
libre passage de l'air entre la cellule et le toit, convection forcée par cheminée de ventil. haute
ch.
ch.
ch. animaux
Séjour
V.
Feu
ch.

Labels within figure a:
PRINCIPE DE VENTILATION :
libre passage de l'air entre la cellule et le toit.
Espaces de vie collective diurne : galerie centrale à ventil. transvers. + 2 verandas.
Espace privatif nocturne : chambres non ventilées
Serv.
s.
ch.
Séjour
ch.
V1
V2
S
S

couverts-ouverts ventilés (porche ou véranda), les espaces combles couverts isolés ventilés.

— Une troisième catégorie de réponse, beaucoup moins architectonique a néanmoins donné lieu à des réalisations plastiques parfois extraordinaires dans d'innombrables types d'habitation de savane : la saison des pluies étant relativement brève et de surcroît vouée à des travaux agricoles intenses qui maintiennent les habitants aux champs la majeure partie du jour, on limite l'occupation des espaces clos au strict minimum — quelques heures nocturnes de sommeil, et le temps de loisir de l'hivernage — l'ensemble des activités domestiques et sociales se passant dans les cours, ou parfois sur les terrasses qui sont alors cloisonnées, aménagées, ornées et entretenues comme de véritables espaces centraux de l'habitation. On retrouve dans ces habitats la notion de nomadisme saisonnier, en particulier au niveau des cuisines, qui sont doubles, chaque femme ou groupe de femmes possédant deux aires distinctes, l'une aménagée à l'extérieur, l'autre dans une pièce close pour la seule saison des pluies. Ce sont d'ailleurs des lieux importants de la vie quotidienne du fait du temps que requiert la préparation des aliments dans la zone de savane.

Ces quelques indications sur la climatologie de l'habitat africain sont bien évidemment impuissantes à rendre compte de la qualité dominante, unique peut-être au monde, d'insertion d'un établissement humain dans un milieu naturel profondément signifié. Il faudrait pour cela étudier l'habitat en tant qu'épicentre des inter-relations entre intérieur/extérieur, individu/groupe, groupe/milieu, hommes/biens, production/consommation... Ce qui sort de notre propos.

Nous revenons donc ici à la problématique générale des pays à dominante humide et non plus à climat contrasté, et à des habitats majoritairement réalisés à base de matériaux végétaux, donc affectés d'un comportement rigoureusement différent des précédents. On peut observer là encore différents types de réponses des habitants, soit minimale, soit différenciée, soit totalement négative[4]. La planche 14 les illustre sommairement.

La réponse est minimale lorsque la défense se réduit à l'écran-toit antipluvial, l'espace « habitable » n'étant pas matériellement clos et n'étant déterminé qu'au niveau symbolique (voir 14, a).

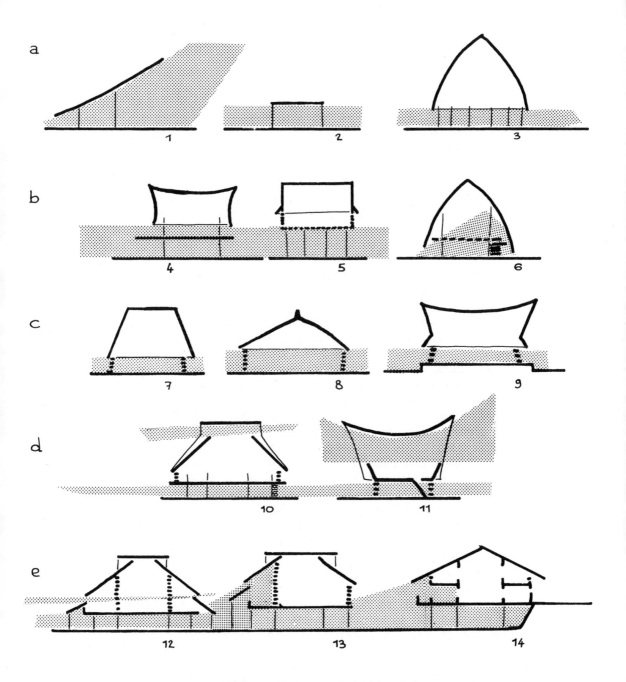

14. *Différentes réponses au climat subtropical.*
a - L'abri est réduit à un toit : 1) Amazonie. — 2) Mélanésie. — 3) Iles Samoa;
b - enceinte différenciée du milieu par surélévation : 4) Nouvelle-Guinée. — 5) Dahomey. — 6) Timor;
c - enceinte différenciée par cloisons-résilles : 7) Viêt-Nam. — 8) Côte du Sénégal. — 9) Micronésie;
d - le vent apprivoisé : 10) Viêt-Nam. — 11) Sumatra;
e - enceintes à ambiance différenciée : 12 et 13) Chine du Sud, minorité Thaï. — 14) Chine du Sud, minorité Zang.

Elle est différenciée à divers degrés lorsqu'elle intègre plusieurs paramètres :

— Premier degré : l'espace habitable est décollé du sol, généralement sur un plancher artificiel charpenté, ce qui le sépare radicalement de l'espace « naturel » au niveau symbolique, visuel et matériel, ébauchant une protection contre les ruissellements et autres nuisances du sol et, accessoirement, facilitant l'aération (voir 14, b). Le platelage a aussi pour effet de délimiter un espace inférieur de service généralement réservé aux bêtes et aux détritus.

— Deuxième degré : l'espace habitable, surélevé ou non, est enveloppé de cloisons-résilles ou semi-écrans homogènes (voir 14, c). Ce type de paroi résulte d'assemblages plus ou moins lâches de matériaux végétaux partiellement perméables à la lumière et aux mouvements de l'air; l'enceinte est ainsi nettement déterminée par rapport au milieu extérieur sans pour autant être coupée de ses apports positifs (ex. : cases bien ventilées de la côte atlantique africaine soumise aux alizés rafraîchissants subcanariens).

— Troisième degré : l'espace habitable, surélevé ou non, est enveloppé de cloisons opaques ou écrans. La relation aux agents climatiques, et en particulier au vent, ne se fait que par des ouvertures spécialement conçues pour leur permettre de pénétrer l'enceinte. C'est dans cette catégorie qu'existe évidemment la plus remarquable diversité d'habitations. Comme il n'est pas question ici d'en établir une liste exhaustive et comme leur configuration relève souvent de motivations symboliques ésotériques, nous nous bornerons à une classification morphologique simple :

a. L'enceinte est assez hermétique à hauteur d'homme, les vents balaient la sous-face de la toiture par des fentes élevées, soigneusement protégées de la pluie (Viêt-nam).

b. Le vent est toujours admis en partie haute, mais par des ouvertures béantes (grand habitat Batak aux pignons largement ouverts au vent de la mer).

c. Le vent passe librement à la jonction du toit et des murs (Bamileke du Cameroun).

d. Les vents ne passent que par des fentes ménagées sur tout le pourtour du toit ou au moins sur toute une face bien exposée. Tel est le cas dans certaines habitations thaï des collines de l'extrême sud chinois.

e. Le vent est admis largement dans une partie des locaux, les autres étant beaucoup plus confinés comme dans d'autres habitations thaï, où les maisons à sol surélevé, totalement enveloppées de toits et de parois opaques sur trois faces, présentent au sud deux espaces complémentaires d'activité diurne : une véranda remarquablement ventilée et éclairée à hauteur d'homme par une fente « panoramique » et une « terrasse de soleil » de 20 m² affectée aux activités domestiques à l'air libre.

f. La maison est constituée dans sa totalité d'espaces complets, différenciés et contrôlables tant dans leur relation réciproque que dans leur relation au milieu extérieur. Lumière, visibilité, ventilation sont contrôlées au même titre que la défense indépendamment les unes des autres et suivant des procédés spécifiques évidemment intentionnels (voir 14, e).

L'habitation zhuang (une des minorités thaï du Sud de la Chine) fournit un exemple de ce dernier type d'habitat extrêmement élaboré, dont les volumes différenciés et les enveloppes librement modulées se prêtent à un contrôle exceptionnel des forces climatiques astreignantes et contradictoires, la région où s'établit l'habitat zhuang se caractérisant par des alternances de chaleur et de froid relatifs rendus pénibles par une intense humidité. Aux chutes et ruissellements de pluie répondent les pentes et l'ampleur des toitures, ainsi que le plancher artificiel totalement surélevé. Aux oppositions thermiques saisonnières correspond une gamme de locaux d'habitation aux propriétés complémentaires : les chambres sont petites et basses, hermétiques et isolées thermiquement par des soupentes à usage de réserve, contrastant avec le grand volume froid de la salle dite de réception; la salle du foyer est assez vaste pour permettre le regoupement de toute la famille en saison froide, mais assez isolée des autres pièces et aisément ventilable pour ne pas occasionner de surchauffe en saison chaude; les espaces secondaires tels que galeries, passages couverts, appentis, combles (sans compter l'espace inférieur au sol) protègent et complètent l'espace habitable principal; l'aération et la visibilité sont ménagées et contrôlées par des fenêtres de formes variées garnies de volets et persiennes.

Cet habitat, qui reflète une relation si subtilement élaborée entre un peuple et la nature, pourrait être rapproché de l'architecture japonaise, ce qui d'ailleurs contribue à souligner l'anomalie que constitue cette dernière puisqu'elle porte à leur suprême accomplissement sous des latitudes septentrionales des archétypes conçus sous les tropiques.

Il nous faut maintenant rappeler que dans certains cas la réponse aux agents naturels est totalement négative, telles ces nombreuses huttes, parfois gigantesques, qui se ferment comme des coquilles à tous les assauts du climat, fût-ce au détriment absolu du confort des habitants. Collés au sol qu'ils boursouflent comme de grosses bulles ou surélevés sur leurs pilotis, ces habitats totalement isolants semblent avoir pour principale loi génératrice la résistance à la succion des tornades. On les trouve un peu partout dans le monde équatorial, quoique plus souvent sur les pentes exposées des massifs montagneux. Citons la maison Ema de Timor pour le double rituel qui définissait magnifiquement sa principale qualité et son pire défaut : le bris d'une noix de coco sur son faîte symbolisant l'écoulement impuissant de la pluie sur son flanc sans fissure, mais le tir d'une flèche à partir du foyer, signifiant le souhait malheureusement tout symbolique que la fumée perce le toit et s'échappe au-dehors...

Après ce très bref chapitre, nous aborderons la zone eurasienne septentrionale et retrouverons pluies et humidité (donc primauté du toit), mais cette fois-ci associées au froid saisonnier, facteur qui va modifier absolument les conditions d'habitat et les priorités constructives.

Habitats
des climats contrastés
à dominante froide

Pour reconnaître les éléments caractéristiques de l'habitat des « zones froides », nous devons déterminer brièvement ce que nous entendons par là et les raisons de notre choix. Le cadre naturel eurasien qui s'étend du versant nord de la Méditerranée et des chaînes montagneuses mésoasiatiques aux limites nord de la forêt est en effet vaste et très différencié et il ne se prêterait pas sans confusion à une étude exhaustive des peuplements humains. Mais notre objet est de reconnaître à travers l'examen des habitats vernaculaires, l'ensemble des contraintes et des possibilités que les habitants ont considérées comme déterminantes pour l'élaboration de leurs abris sédentaires, et les facteurs naturels qu'ils ont sélectionnés comme essentiels ou négligeables, réévaluant parfois leurs modèles à l'issue d'innovations techniques locales ou de brassages culturels.

Du point de vue du cadre de vie, ou *biôme,* on peut définir le cadre « tempéré » avec ses franges Nord et Sud comme la zone par excellence de la végétation exploitable, en s'en tenant aux périodes historiques et plus particulièrement aux derniers millénaires qui virent le dessèchement progressif des latitudes inférieures. Nous dirons plus précisément que c'est une zone où le cycle saisonnier comporte les contrastes nécessaires et suffisants au développement des cycles végétaux et à la survie animale et humaine, bien qu'elle soit peut-être plus adaptée aux besoins des plantes qu'à ceux des hommes. Par opposition à un climat comme celui de la Méditerranée le climat « eurasien moyen », avec son surcroît de froid et de pluie, perd en habitabilité ce qu'il gagne en fertilité, ceci s'aggravant du sud au nord jusqu'aux latitudes où la fertilité elle-même décroît. On peut donc légitimement unifier, du point de vue de l'habitat, les zones où les civilisations ont proliféré grâce à des potentialités agricoles et pastorales optimales, mais où le facteur déterminant de l'abri a été la défense contre le froid et contre les infiltrations pluviales.

Les plus anciens habitats le montrent clairement : à part les grottes, la préhistoire livre les vestiges de huttes semi-enterrées (ou au contraire soigneusement isolées du sol par des platelages de bois) englouties sous des toits où se retrouvent tous les matériaux disponibles sur place (bois et chaume, os et peaux de grands animaux, terre et herbe), centrées sur un ou plusieurs foyers, situées non loin de l'eau, mais toujours abritées des vents dominants froids et humides. Bien qu'il soit délicat d'interpréter des habitats si lointains, où les notions de confort échappent à notre jugement, on peut se donner pour point de départ, d'une part, une série de contraintes naturelles, à savoir le froid, la pluie et le vent (principalement vecteur de froid et de pluie); d'autre part, une série de possibilités, dont la principale est la disponibilité en bois. On peut alors mettre en regard les « objets » produits pour répondre à ces contraintes au moyen de ces possibilités; ce sont l'enceinte et son foyer, et le toit, qui sont disposés suivant des règles impératives d'implantation : exposition vers l'ensoleillement maximal et dos au vent dominant, mise hors eaux des réserves agricoles intégrées à la cellule habitable.

Deux familles de matériaux étant disponibles dans l'ensemble de la zone froide, le recours à l'une, à l'autre, ou à la combinaison des deux relève apparemment du fait culturel autant que d'un déterminisme étroit; ainsi utilise-t-on :
— le bois et les sous-produits végétaux, abondants partout (quoique les premiers témoignages de restrictions apparaissent dès le VIIIe siècle après J.-C. en Angleterre),
— les matériaux maçonnables : pierres et terres,
— un matériau associant les deux types : le pan de bois qui existe depuis la plus haute Antiquité (Çatal Hüyük, Caucase, Germanie, etc.).
Du point de vue de la conception de l'abri thermique, le recours aux maçonneries lourdes (armées ou non de bois) ou au bois seul constitue une alternative irréductible dont vont découler toutes les différenciations ultérieures, en particulier la conception du foyer, mais aussi la relation au sol, à l'humidité et même beaucoup plus tard à la lumière.

Enceinte lourde

On sait que la maçonnerie — enceinte lourde en matériaux inertes — transmet par conduction une partie des flux thermiques qui abordent ses faces, avec d'autant plus de retard et d'atténuation qu'elle est épaisse et absorbante. Lorsque la température moyenne est clémente et les écarts faibles (cas de régions méditerranéennes les mieux exposées), l'inertie de l'enceinte peut suffire à assurer une bonne habitabilité permanente aux habitants. Mais dès que les écarts se creusent (entre jour et nuit) ou que la température extérieure s'abaisse durablement (hiver), l'enceinte se met à emmagasiner du froid, qu'elle communique à l'air interne, et que seul pourra combattre l'établissement d'un foyer permanent (on a vu plus haut l'insuffisance des braseros traditionnels des habitats orientaux).

L'Europe primitive, riche en combustible, a connu le foyer à feu ouvert, allumé à même le sol ou sur un socle bas de maçonnerie, au centre des huttes ou des enceintes lourdes. Des formes tardives d'un tel prototype ont même survécu jusqu'à nos jours dans des zones très éloignées : les maisons semi-enterrées arméniennes[5] dont la toiture pyramidale, émergeant seule du sol, est percée en son sommet d'une trémie d'évacuation de la fumée; et le hall saxon encore présent dans certaines campagnes anglaises quoique maintenant pourvu d'une cheminée[6]. Le système du feu ouvert central, s'il produisait un confort ponctuel et irrégulier (faute de masse accumulatrice de chaleur capable d'amortir les aléas de la combustion) correspondait à la sécurité maximale à bas niveau technologique; en fait l'impératif premier était d'éviter l'incendie; d'ailleurs tous les vestiges préhistoriques conservent la trace d'un foyer extérieur, et l'on peut penser que les feux n'étaient allumés à couvert qu'aux moments les plus rigoureux de l'année.

Cependant dès le VIIe millénaire apparaît l'amorce d'une meilleure intégration du foyer à l'enceinte : le feu est à la fois édifié sur une banquette de maçonnerie élevée et adossé à l'un des murs, un four inclus dans le mur s'ajoutant au feu ouvert. Ces dispositions introduisent une innovation radicale dans le mode de chauffage, dans la mesure où (à l'inverse du feu central posé) elles font participer la masse même de la maçonnerie à l'échauffement de l'air ambiant, avec toutes les conséquences régulatrices que cela implique. Sans avoir pu établir historiquement si cette association du mur au feu avait rayonné à partir d'un centre unique de diffusion, méditerranéen ou « barbare », ou s'il s'était développé à partir de divers lieux indépendants, il faut néanmoins constater que l'Europe entière, et elle seule à peu d'exceptions près, a généralisé le *mur à feu* et l'a perfectionné à travers les âges jusqu'à l'époque industrielle. L'adjonction d'une masse thermique à forte inertie à un feu ouvert provenant de la combustion de bois ne présentait pas que des avantages; sachant que les murs lourds enclosant une pièce transmettent une partie du flux calorifique de leur face la plus chaude vers leur face la plus froide en fonction de la différence entre les deux températures, on comprend que l'adossement du feu au mur, en soumettant sa face interne à une surchauffe, va accélérer et augmenter la déperdition par conduction vers sa face postérieure. En revanche, une autre quantité de chaleur se répandra latéralement dans les murs avoisinant le foyer, contribuant à assainir cette partie de la paroi et, à condition que le feu ne soit jamais complètement éteint, transformant en agent de rayonnement permanent une importante surface de l'enceinte. En fait, la maîtrise du feu ouvert mit des siècles à s'élaborer, très progressivement, la peur des incendies jouant un rôle de frein puissant aux innovations. Dans un premier temps, l'évolution s'est donc limitée aux perfectionnements du brasero ou corbeille à charbon de bois (allant de pair avec une habile technique des métaux) qui fut le mode de chauffage de l'Occident médiéval (exception faite de très rares étuves héritées de la tradition romaine) jusqu'au XIIᵉ siècle où sont répertoriés divers types de foyers maçonnés, probablement imités de l'Asie Mineure byzantine [7]. Cependant, penser que les foyers à feu ouvert médiévaux doivent tout à Byzance est peut-être simpliste et, à la lumière des rares vestiges européens primitifs, on peut établir une relation entre les deux types archaïques de foyers intérieurs à flamme libre : dans le cas de la *tour à feu,* le feu est enclos dans une pièce voûtée largement percée à son sommet, décollée de l'habitation (et surtout de son toit combustible), à laquelle elle est reliée par une porte; dans celui du *mur à feu,* le feu est adossé à un mur du local, peu ou prou aménagé en vue de l'évacuation de la fumée.

Ces deux types peuvent être considérés comme des exemples d'intégration partielle du foyer à la maison. En fait le premier, par son profil énorme, peut « tirer » jusqu'à l'embrasement total ou, devenu involontairement piège à vent, être noyé de bourrasques et de pluie. Il présente un développé de murs extérieurs considérable qui multiplie les déperditions sans profit pour le local d'habitation, les habitants n'ayant d'autre recours que de venir de temps en temps se rôtir un moment avant de retourner à leur glacière. Le second reste dangereux et surtout peu efficace; le facteur de tirage est constitué par le vaste volume d'air du local, où suie et fumée circulent et se déposent librement; les déperditions par l'arrière du mur demeurent considérables. Les stades d'intégration réelle s'établiront sur plusieurs siècles. La *tour à feu,* dévoreuse de bois, subsistera avec maints perfectionnements dans de vastes programmes de cuisine collective (le plus souvent dans les hôtelleries monastiques médiévales, comme à Fontevrault et à Glastonbury, et dans quelques types très exceptionnels d'habitats vernaculaires comme les trulli italiens, ou les maisons lithuaniennes. A la limite, on peut considérer d'un point de vue conceptuel que certaines cheminées très profondes du XVIIe siècle français procèdent plus de l'intégration d'une tour à feu à une salle que du principe initial du mur à feu.

Le feu adossé va, quant à lui, donner lieu à des siècles d'amélioration et de sophistication sous des formes désignées à tort ou à raison par le nom de cheminée. Son premier défaut, le risque d'incendie, conduit à l'entourer latéralement, et en surplomb, d'éléments peu combustibles, d'abord modelés en argile armée de bois, puis en pierre ou en brique, qui limitent les projections d'escarbilles et retiennent accessoirement la majorité du dépôt de suie. Le mauvais tirage en même temps que l'évacuation de la fumée se corrigera très lentement par l'amélioraton des trémies. D'abord simples fentes d'évacuation situées un peu au hasard, elles enfonceront dans le mur des conduits de mieux en mieux profilés et orientés. Lorsque les organes de raccordement à la toiture seront au point, il deviendra normal que ces conduits, verticalisés, améliorent réellement et sans trop de risques la combustion jusque-là malaisée; c'est seulement alors que l'on peut parler réellement de cheminée[8]. Une fois pourvue d'un conduit vertical sortant du toit, la cheminée pourra abandonner le mur pignon : intégrée à un mur de refend, elle contribue alors bien mieux à l'échauffement de l'enceinte puisque les déperditions de la face arrière du mur sont récupérées.

En ce qui concerne les formes de la cheminée européenne, dont il ne s'agit pas ici de dresser un catalogue, nous dirons seulement qu'elles sont liées à des notions d'usage autant que de thermique : ainsi les rapports entre l'ouverture du foyer et le diamètre des conduits étant impératifs et relevant de règles et recettes assez complexes, impliquaient le recours à un spécialiste même si le reste de la maison était autoconstruit. Mais malgré cette spécialisation, il y a toujours eu de « bonnes » et de « mauvaises » cheminées pour des raisons encore aujourd'hui confuses. La mauvaise relation foyer-conduit pouvait ralentir le tirage (le feu alors prenait mal, s'éteignait facilement, fumait), ou l'exagérer, si bien que le feu dévorait une quantité excessive de bois[9], tandis que la convection forcée drainait l'air chaud vers l'extérieur sans grand profit pour les habitants et consommait trop rapidement l'oxygène des pièces. Le pouvoir du rayonnement du feu de cheminée était évidemment proportionnel à la surface du mur du fond. Les plaques de métal noires et rigoureusement entretenues qui la garnissaient en la consolidant avaient pour effet de renforcer ce pouvoir d'émission. Le profil des montants latéraux jouait également un grand rôle dans la diffusion de la chaleur rayonnante : perpendiculaires et fortement saillants, ils la focalisaient; ébrasés, ils la répandaient; éliminés et remplacés par des consoles dans leur fonction porteuse, ils restituaient le continuum des murs à feu.

On peut relever, dans l'habitat populaire aisé, deux tendances assez nettes de design des cheminées :

— Le design « ouvert » (illustré ici par des exemples provençaux, normands et poitevins) qui privilégie la surface du foyer, en hauteur et en largeur, plus que sa profondeur et, particulièrement dans l'exemple rouennais, tend manifestement vers la conception du mur radiant.

— Le design « profond », où le foyer, même s'il a des dimensions imposantes et une grande ouverture sur la salle, est d'une telle profondeur qu'il constitue en fait une « chambre dans la chambre », équipée lorsqu'elle est assez large de banquettes latérales qui lui conservent la fonction de chauffoir.

Dans l'exemple présenté, la « chambre chaude » est même à deux paliers (voir 15, 7) : le premier, très ouvert sur la salle, constitue en fait l'aire de travail des femmes et comporte sièges, niches et chauffe-plat mural; au fond, plus resserré, bée le foyer proprement dit, profilé et dimensionné pour le tirage optimal. Trois zones de chaleur sont ainsi obtenues : la zone de feu, impropre à la résidence; la zone du travail du feu, de la cuisine, du lavage, surchauffée, mais tolérable; enfin la zone de séjour, où se dresse la table, éclairée et chauffée par le rayonnement intense du feu et des parois et par la convection de l'air, mais protégée de leur surchauffe et des escarbilles possibles. Un tel volume bâti

15. Cheminées : murs à feu et tours à feu.
a - Murs à feu : 1) Provence : foyer adossé au mur. —
2) Rouen, XVIIe s. : foyer faiblement engagé.
b - Tours à feu : 3) Apulie : la cheminée constitue une pièce de l'habitation. — 4) Grande-Bretagne.
— 5) Vénétie : les cheminées forment des appendices saillants. —
6) Bresse, XVIIIe s : 1 - le foyer proprement dit, saillant à l'extérieur;
2 - zone de cuisinage, plus largement ouverte sur la salle.

constitue un exemple d'intégration fonctionnelle difficilement surpassable en l'état des techniques architectoniques disponibles. Néanmoins, bien des défauts persistaient, qui ne furent jamais réellement corrigés.

La cheminée la mieux conçue demeurait par essence une solution de continuité dans l'enveloppe de l'enceinte et par là une source de dépendance vis-à-vis des conditions extérieures, thermiques et météorologiques. Par ailleurs, elle consommait une quantité considérable de bois, en particulier du fait qu'elle n'était jamais complètement éteinte et que l'association des fonctions de cuisine et de chauffage imposait une alimentation considérable, même en été. Le manteau forestier eurasien semblait certes, offrir à sa population une réserve illimitée de combustible. En fait, les peuples gourmands d'énergies devaient, les uns après les autres, découvrir la notion de pénurie : c'est dès le premier millénaire après J.-C. qu'apparaissent dans les îles Britanniques les premiers cris d'alarme au déboisement et, en dépit de réglementations draconiennes, ce problème conduira les anglais à substituer le charbon au bois dès la Renaissance, d'où une longue et peu gratifiante aventure technologique, axée sur la volonté jamais abandonnée de concilier combustion de la houille et feu ouvert. Il fallut en conséquence réviser complètement la conception de la cheminée et en particulier du dimensionnement relatif du foyer et des conduits, ce qui donna naissance à de nombreux prototypes plus ou moins efficaces. Avec un certain décalage, le mouvement gagna l'Europe et, du moins dans les maisons urbaines et riches, une dynamique de rétrécissement des conduits, d'abaissement du manteau et de resserrement des montants ramena progressivement les cheminées à la proportion du mobilier courant, tandis que leur nombre se multipliait. Non seulement il devint fréquent d'en avoir plusieurs par habitation, mais elles en vinrent à se faire face aux deux bouts des salles de réception[10]. Même dans les logements moyens apparut la dissociation de la cuisine et du séjour, donc de la préparation des aliments et du chauffage; au XIXe siècle, à l'issue d'un mouvement de dérive du noble au petit-bourgeois et de l'urbain au rural, se généralise l'apparition de cuisinières, poêles et réchauds conduisant de plus en plus au rebouchage partiel des conduits, les nouveaux appareils étant le plus souvent logés sous les anciennes hottes. Au XXe siècle enfin, le feu ouvert devient la marque soit d'une misère persistante, soit d'un luxe d'esthète nanti.

Le mode de vie a bien sûr évolué en liaison avec ces transformations de la cheminée. Comme on l'a vu, la nature de celle-ci est d'adosser le feu à un mur porteur, au premier stade un pignon si possible, le percement du toit par le conduit faisant problème : l'enceinte s'oriente alors au mieux vers cette source ponctuelle de chauffage et d'éclairage, groupant autour d'elle le mobilier dévolu au repos et aux repas, alors que le couchage se fait plus loin, au pourtour obscur et froid de la salle, et dans des chambres non chauffées. La coutume de dormir sans feu, sans doute confortée par une longue chronique d'asphyxies, est d'ailleurs restée jusqu'à nos jours une constante européenne et, souvent, l'établissement d'une seconde cheminée est liée plutôt à la création d'une salle de réception calquée sur le salon noble qu'au chauffage d'une chambre à coucher, l'indifférence pour le froid nocturne s'exprimant bien par la fréquence des escaliers extérieurs, menant aux chambres par un petit détour dans le froid nocturne, voire la pluie et la neige!

La multiplication des cheminées donne lieu à de très nombreuses variantes de composition, trois degrés significatifs d'intégration du chauffage à l'habitat pouvant être relevés :

— la cheminée insérée dans le mur pignon extérieur (les déperditions étant absorbées dans le massif d'un four à pain);

— la cheminée s'adaptant sur un mur de refend qui restituera, de par sa position centrale, une grande part de chaleur au volume intérieur;

— les cheminées accolées de part et d'autre d'un même refend, véritable bloc calorifique, épicentre de plans de plus en plus complexes.

Il est à noter que les bâtisseurs des maisons maçonnées évitaient généralement de placer face à face la porte d'entrée et le foyer, certainement pour éviter l'appel d'air qu'aurait provoqué semblable disposition; de plus la porte s'ouvre en général sur la « meilleure façade », alors que la cheminée est rarement accolée au mur le plus froid. La disposition la plus fréquente dans les habitats lourds des zones à forts hivers, non influencés par des modèles bourgeois, suppose une façade relativement peu ouverte (une porte, quelques fenêtres, mais rarement plus d'une par pièce), un pignon au moins entièrement occulté par des bâtiments agricoles, et une façade arrière totalement aveugle; d'où une distribution par pièces principales occupant toute l'épaisseur du bâtiment ou commandant des pièces de service postérieures aveugles (ex. les souillardes du Midi français). Nous évoquerons plus loin, en traitant des espaces de service, l'effet thermique de ces dispositions.

En ville, où la densité d'occupation des sols conduit à comprimer les façades et donc à accroître la profondeur des habitations, le plan par double rangée de pièces ouvrant sur les deux façades opposées est généralisé; il s'ensuit une diversification des dispositions possibles des cheminées, soit hasardeuses lorsque l'aménagement s'effectue a posteriori dans un immeuble construit antérieurement, soit plus rationnelles quand les conduits sont regroupés dans des murs de refend spéciaux, avec les conséquences thermiques qu'entraîne la présence au sein de bâtiments de telles masses chaudes.

Enceinte isolante

Le comportement thermique de la maison en bois obéit à des lois tout autres que celles que nous avons vues pour la maçonnerie lourde, du fait que ses murs sont incapables d'accumuler de la chaleur, qu'ils ont une forte capacité isolante et que par ailleurs ils sont très aisément inflammables. Une structure en bois, même constituée de troncs d'arbres entiers, ne se comporte pas thermiquement comme un matériau lourd, et la seule masse thermique susceptible d'emmagasiner de la chaleur dans une telle enceinte ne peut être que le sol, ou la maçonnerie de l'appareil de chauffage.

Dans l'habitat européen, l'enceinte isolante peut être soit partielle (murs avec toits posés sur un sol de terre battue, voire sur des caves et étages de maçonnerie), soit totale, c'est-à-dire décollée du sol et pourvue d'un sol artificiel lui aussi constitué de bois. Il serait tentant d'affecter ces trois types d'habitat — bois sur sol naturel, bois sur soubassement de pierre ou bois sur vide isolé — à des zones géographiques définies : par exemple la maison érigée à même le sol, à des régions où le terrain est sain et pas trop froid; la maison mixte en bois sur pierre, en montagne, également sur terrain sain et pas trop froid; la maison intégralement en bois, décollée du sol, dans les zones marécageuses ou fréquemment gelées. Mais en fait rien n'est aussi simple : les modèles adaptés aux pentes se retrouvent en fond (plat) de vallée; on trouve très souvent au cœur des marais des maisons plaquées au sol sur des éminences précaires; et les sols pareillement gelés de la Norvège ou de la Russie du Nord portent des maisons différentes. Donc là encore, il n'y a pas de déterminisme facile, mais des systèmes plus ou moins satisfaisants ayant subsisté côte à côte, ou parfois s'étant transformés graduellement selon une démarche de progrès apparent ou par substitution brutale.

Le type de maison de bois à feu ouvert central le plus primitif, sinon le plus ancien puisque dès l'époque néolithique on trouve des vestiges apparemment plus évolués, consistait en une enceinte de pieux verticaux plantés dans le sol, surmontée d'un toit, dépourvue de fenêtres, de cheminée et de plancher[11]. On le trouve en Norvège jusqu'au xviiie siècle! Les murs sont parfaitement construits, donc absolument isolants, l'isolation du toit est uniquement extérieure et consiste en une couche de terre plantée de graminées; le sol, surélevé de quelques dizaines de centimètres est constitué par une plate-forme de grosses pierres et de terre battue; seule masse thermique de la maison, il porte le foyer sur des dalles de pierres enterrées au centre de l'unique « pièce chaude ». Nous ne disposons d'aucune donnée sur les températures obtenues dans semblable local, mais elles devaient être fort basses si l'on considère que dans des habitations russes infiniment mieux conçues, les architectes soviétiques ont relevé des moyennes hivernales de 13 à 14⁰. Les chambres à coucher sont en dehors de la pièce chaude et, comme dans l'Europe tempérée, souvent rejetées au premier étage et accessibles par un escalier extérieur. La pauvreté spatiale de tels édifices étonne à première vue, surtout lorsqu'on les compare à la richesse ornementale dont bénéficient au même moment non seulement les monuments (églises), mais les quelques objets ou éléments architecturaux symboliques de la maison. Les progrès techniques autochtones les plus notoires entre le xiiie et le xviiie siècle semblent se réduire à la consolidation du gros œuvre (passage à la construction par troncs horizontaux imbriqués, ou log) et à l'établissement de planchers. Les foyers évolués n'apparaissent que dans les classes sociales relativement élevées; encore ne sont-ils que de tardives démarcations des modèles européens enfin parvenus jusque là par les voies commerciales ou conquérantes. Il faut cependant souligner la richesse du vocabulaire spatial de la maison et de la décoration. Sans doute une sensibilité spatiale très sobre a-t-elle présidé à la place immuable des quelques meubles, à la somptuosité des galeries sculptées, à la situation un peu étrange des chambres, dominant la silhouette de la maison comme des tours de vigie (accessibles par des

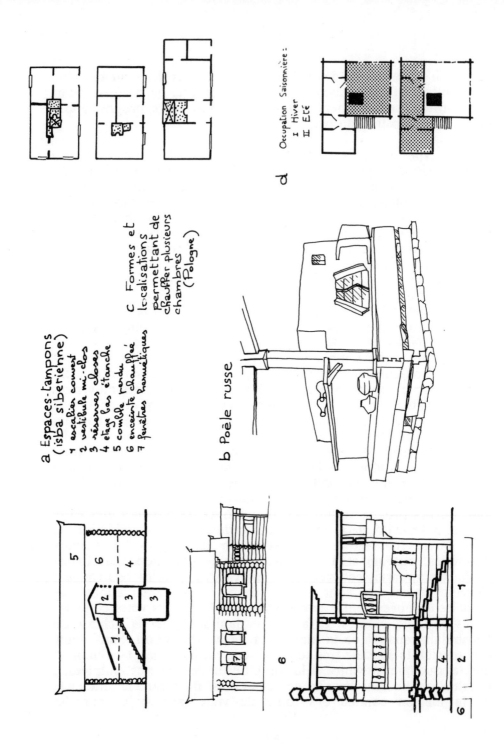

a Espaces-tampons
(isba sibérienne)
1 escalier couvert
2 vestibule mi-clos
3 réserves closes
4 étage bas étanche
5 comble ventilé
6 enceinte chauffée
7 fenêtres pneumatiques

b Poêle russe

c Formes et localisations permettant de chauffer plusieurs chambres (Pologne)

d Occupation Saisonnière :
I Hiver
II Eté

16. *Enceinte isolante + poêle : l'isba.*

escaliers extérieurs glacials) ou au contraire, soupentes minuscules ouvertes sous le toit « pour les jeunes filles ».

Réalisée entièrement en bois et confrontée à des extrêmes climatiques, l'*isba* russe [12], à l'opposé de l'habitation précédemment décrite ne repose pas sur le sol. Elle est composée d'un ensemble de cellules de base sensiblement carrées constituées, comme le *log* norvégien, de troncs horizontaux solidement imbriqués aux quatre angles : le *srub*. Celui-ci est ancré sur le sol, mais le plancher de l'habitation proprement dite est accroché dans cette enveloppe porteuse à une hauteur de 1,40 m environ au-dessus du sol naturel, ménageant un vide parfaitement isolé, accessible seulement par une trappe. De même, au lieu de s'élever jusqu'au toit, le volume habitable en est le plus généralement isolé par un comble non ventilé limité par un plafond de bois et luté d'argile. On y accède par un vestibule clos, généralement en chicane, précédé d'un escalier couvert et commandant divers petits dépôts. Les fenêtres sont le plus souvent fixes. L'isba est ainsi comparable à une véritable bulle hermétique parfaitement adaptée au mode de chauffage par poêle lourd fermé. L'hygiène relative d'une telle cellule se bornait à la croyance dans les vertus purificatrices de la fumée et à une rigoureuse désinfection annuelle consistant à ouvrir toutes les portes au premier jour de gel.

Aux antipodes de la cheminée à feu ouvert, le poêle ne laisse jamais sa flamme au contact direct de l'air (excepté durant l'allumage ou le réactivage du matin). Ainsi sont abaissées les quantités de matière, consumées lentement, et réduits les risques d'incendie. Le poêle est devenu à l'époque industrielle un objet fabriqué en série, que la Russie exportera dans toute l'Europe au XIXe siècle. Mais initialement, c'était un corps de maçonnerie et de bois, établi pour chaque maison au moment de sa construction; il en constituait d'ailleurs l'élément permanent. Le *srub* était, en effet, périodiquement démonté et reconstruit à neuf autour du poêle conservé. Dans une enceinte aussi dépourvue de masse thermique que l'isba, le poêle maçonné constitue la seule source d'inertie, le seul volant thermique. Sa masse est énorme, son poids considérable; sa surface (5 à 9 m²) occupe jusqu'au tiers de la chambre principale (elle-même appelée isba). En fait c'est à lui seul un bâtiment; ancré sur le sol, il traverse le plancher surélevé et se termine à quelques pouces des poutres du plafond. La chaleur du foyer qui se communique à toute sa masse atteint donc même l'espace clos situé sous le plancher, espace accessible par une

91

trappe, où l'on met durant l'hiver les animaux les plus jeunes et certaines provisions.

Il est difficile de dire si les échanges thermiques entre les parois du poêle et son environnement relèvent du rayonnement ou de la convection seule. Lawrence Wright, dans son histoire du chauffage [13], souligne que, normalement, un poêle n'atteint jamais un degré d'échauffement suffisant pour rayonner. En tous cas, les conductions étaient soigneusement évitées entre ce volcan et les parois combustibles; le poêle ne touchait aucun mur, ses seules liaisons avec le gros œuvre se faisant au-dessous du foyer, là où les transmissions sont atténuées; il ne touchait pas davantage le plafond et ce n'est qu'au XIXe siècle qu'on se décida à lui adjoindre un conduit d'évacuation. C'était un progrès certain du confort (l'ancien procédé est appelé chauffage au noir...) et une amélioration du fonctionnement (l'ancien poêle ne pouvait être allumé ou même ravivé après une nuit ou une absence que la porte grande ouverte), mais aussi à l'évidence une multiplication des risques d'incendie. Au reste l'incendie apparaît comme une obsession, non seulement dans les récits populaires, mais dans les textes administratifs. Les souverains russes ont cherché à lutter contre ce fléau par une réglementation drastique des prospects; en particulier par la séparation des maisons les unes des autres et par le rejet des réserves à grain de l'autre côté des routes, elles-mêmes démesurément élargies. De telles règles d'occupation du sol entraînant un étirement considérable des villages empêchaient toute création de microclimat abrité; à l'époque de l'électrification et de la viabilisation des villages par les Soviets, ces distances démesurées durent imposer des surcoûts importants.

En tout état de cause, le poêle russe ne saurait être réduit à un appareil de chauffage. Sa signification symbolique est immense, sa prééminence spatiale éclatante. Élevé sur toute la hauteur de la pièce, enrichi de tous côtés de bancs, niches et étagères, flanqué de plates-formes de bois et même de couchettes, il est le pôle de la vie et la pièce s'ordonne immuablement autour de ses façades. On peut admettre en fait une bipolarité de la vie recluse : le pôle vital, organique, étant le poêle, et le pôle mystique l'angle aux icônes, juste à l'opposé. Toute la vie domestique est enfermée entre ces deux hauts lieux; le chef de famille, à table, trône près des icônes, mais les femmes travaillent contre le poêle, dans un étroit espace surélevé entre le poêle et le mur, au plus loin de la porte. Les berceaux s'accrochent non loin; le coin traditionnel des vieillards est la banquette incorporée, très élevée, là où l'air est le plus chaud. La bi-polarité vie-profane/vie sacrée, femmes/hommes, feu/autel, répandue dans les habitats du monde entier, est ici manifeste.

Sur le plan matériel, l'effet obtenu par le poêle était certainement positif puisqu'il a permis la survie dans des régions septentrionales et sibériennes redoutables. Néanmoins, il faut émettre les réserves suivantes : d'abord, malgré son caractère fermé, le poêle consommait une quantité effroyable de bois (quinze stères par an et par poêle en moyenne); ensuite, les résultats thermiques restaient médiocres (13 à 14° relevés vers 1920). Au XXe siècle les poêles se multiplièrent souvent dans la maison, soit que le grand foyer russe se répète dans deux ou plusieurs pièces, soit qu'il y soit associé quelque engin plus maniable (poêles en fonte marchant à l'anthracite, notamment).

Enfin l'un des problèmes secondaires posés par les isbas était le confort d'été : passer les mois torrides de l'été continental enfermé avec un poêle toujours en marche pour la cuisine était pénible et malsain; aussi, dans les maisons à plan compact, la famille était-elle réduite à s'égailler pour trouver le sommeil dans les différentes remises agricoles, les pièces de dépôt ou même l'abri-porche (voir 16, d).

Si l'habitat sibérien ne tolérait pas de grande pièce sans poêle, les maisons de Russie centrale ou méridionale, de Pologne, etc., allongent et diversifient leur plan en fonction de l'adoucissement climatique; à la limite, l'habitation devient bi-nucléaire, un hall d'entrée commun desservant partie d'hiver et partie d'été, et la famille migrant saisonnièrement. La seule différence entre ces deux parties réside d'ailleurs dans la présence ou l'absence de foyer; l'orientation, le percement, et d'une manière générale la construction, ne diffèrent pas par ailleurs. Ainsi peut-on penser que les Européens et Eurasiens du Nord n'accordaient en général pas plus d'importance et de réelle invention à la lutte contre l'excès de chaleur que les habitants musulmans par exemple, installés plus au sud, ne l'ont fait dans la lutte contre le froid.

La distinction schématique entre les deux principaux types d'enceinte — l'enceinte lourde à feu primitif central évoluant en cheminée, et l'enceinte isolante à feu primitif central évoluant en poêle — doit être complétée et corrigée par deux séries de considérations : l'une, liée à la problématique de la nature des enceintes, est relative aux combinaisons entre les différents types vus ci-dessus; l'autre, relevant de la problématique des fonctions de la maison, tend à délimiter l'enceinte chauffable (espace et fonction) par rapport à la totalité habitable.

Il faut souligner que si les deux types de construction, en bois et en maçonnerie, ont été fréquemment associés dans un même bâtiment, cela n'a pas forcément de signification au niveau de l'enceinte, car le plus souvent l'opposition de matériaux correspondait à une distinction de fonctions; ainsi en Europe de l'Ouest, de nombreuses formes de maçonnerie constituant l'enceinte chauffée lourde sont accompagnées ou surmontées de granges et réserves agricoles en bois; tandis que réciproquement des chalets de montagne affectent la pierre aux soubassements à fonction agricole, l'enceinte habitable chaude étant en bois et équipée d'un poêle.

Nous ne parlerons de mixité de l'enceinte que lorsque la juxtaposition des matériaux ou des moyens de chauffage passe par la cellule chauffable, comme dans l'exemple des maisons basques du Labourd à plan rectangulaire, qui comportent trois faces en granit, la façade d'exposition optimale étant un pan de bois. Un cas de mixité structurale intéressant est celui où des « pièces à feu » en maçonnerie sont accolées à des habitations isolantes combustibles. Nous en donnons un exemple assez exceptionnel, situé en Lithuanie : sous un énorme toit, deux séries de pièces

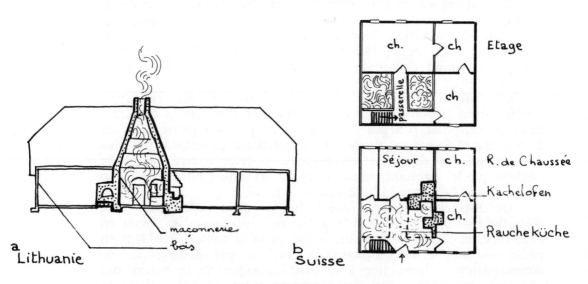

17. Enceintes mixtes, foyers mixtes.

d'habitation en bois sont reliées par une cuisine centrale énorme, véritable tour à feu établie sur toute la hauteur de la maison. Deux types de foyers sont maçonnés dans cette pièce : des cheminées à feu ouvert servant à la cuisine et des poêles saillant vers les pièces d'habitation pour les chauffer [14] (voir 17, a).

Un autre exemple, voisin, de la dualité du feu ouvert et du feu clos apparaît dans l'Oberland Bernois avec le couple *Raucheküche — Kachelofen,* c'est-à-dire « cuisine à fumée » (pièce d'une hauteur égale aux deux niveaux habitables, mais sans conduit de fumée puisque la grange à fourrage domine tout l'habitat) et poêle de la pièce de séjour. La distinction constructive n'est pas aussi nette ici que dans l'exemple lithuanien, les deux pièces étant réalisées en matériaux similaires, mais en revanche la complémentarité des services du feu de cuisine et du feu d'apparat est poussée très loin puisque le *Kachelofen* (poêle du séjour) ne comporte aucune ouverture du côté du séjour, ses bouches d'alimentation et d'évacuation ouvrant sur la *Raucheküche* [15] (voir 17, b).

L'Europe froide fournit beaucoup d'autres exemples, moins profondément liés à la construction certes, de l'opposition entre feu ouvert de cuisine et poêle du séjour. En particulier le couple *houteau/pèle* est une constante de l'habitat français des Alpes : l'*houteau,* cuisine-réfectoire à cheminée servant aussi d'entrée, donne accès à la *pèle,* chambre à coucher conjugale faisant également office de pièce de réception et de réunion, équipée d'un poêle comme son nom l'indique (Franche-Comté, Jura, Dauphiné [16]).

Il faut distinguer de ces juxtapositions organiques le phénomène plutôt récent de substitution de poêle à la cheminée (l'établissement de cuisinières de fonte sous les hottes en parties comblées des cheminées) ou de juxtaposition d'appareils de chauffage industriels à des poêles anciens qui constituent des additions tardives au modèle architectural et non plus des modèles fondamentalement intégrés.

Circonscription de l'enceinte

Sans parler ici des locaux de service (non affectés à l'habitation proprement dite), il nous faut évoquer le problème de la circonscription de l'enceinte chaude par rapport aux locaux d'habitation.

Nous allons donc distinguer ici parmi les locaux d'habitation, ceux qui sont internes à l'enceinte de ceux qui ne lui sont que juxtaposés, bien qu'assumant pleinement, voire exclusivement, des fonctions d'habitation. Nous avons déjà vu à propos de l'isba, qu'il existait de nombreux locaux secondaires affectés accessoirement ou temporairement à l'habitation, le cas des isbas « méridionales » à double cellule d'été et d'hiver étant, rappelons-le, tout à fait exceptionnel et réservé aux classes aisées. Initialement, la maison profane ne comporte qu'une pièce unique contenant le feu et assurant simultanément les fonctions de cuisine, réfectoire, salle de réunion ou de séjour, chambre à coucher. Le couchage en commun faisant cependant problème en de nombreuses régions, on assiste à la migration nocturne des habitants vers une ou plusieurs pièces de nuit; suivant les pays et les régions, ces chambres peuvent donner lieu à l'érection d'un second foyer, ou bien profiter de la chaleur de la salle principale en lui étant immédiatement contiguës, ou encore en être totalement indépendantes, donc extérieures à l'enceinte au sens thermique que nous lui donnons, et cela en dépit de conditions climatiques parfois très dures. C'est le cas notamment dans toutes les habitations anciennes à deux niveaux ou, comme on l'a vu plus haut, l'étage supérieur est accessible par des escaliers extérieurs, donc thermiquement coupé de l'enceinte.

Il est à noter que même dans les maisons pourvues de plusieurs foyers, il existait toujours une ou plusieurs chambres dépourvues de tout chauffage et souvent plus fonctionnelles (chambre et réserve). Intolérables en hiver, elles étaient les seules à procurer de la fraîcheur en saison chaude. Qu'elles soient occupées toute l'année ou qu'on n'y dorme qu'en été, elles revenaient aux personnes secondaires du groupe — enfants, parentée éloignée, domestiques — car on n'aurait pu concevoir, dans l'Europe chrétienne, le chef de famille et son épouse légitime délaissant le lit conjugal à la saison chaude pour se réfugier, comme leurs enfants, dans quelque soupente fraîche : là encore le confort matériel primait rarement sur les convenances sociales.

De cette analyse des habitats européens considérés uniquement comme abris, on peut tirer une première conclusion qui est qu'à peu d'exceptions près, ils sont avant tout constitués d'une enceinte autour d'un feu, enceinte que les habitants répugnent beaucoup à percer, même pour en améliorer le chauffage.

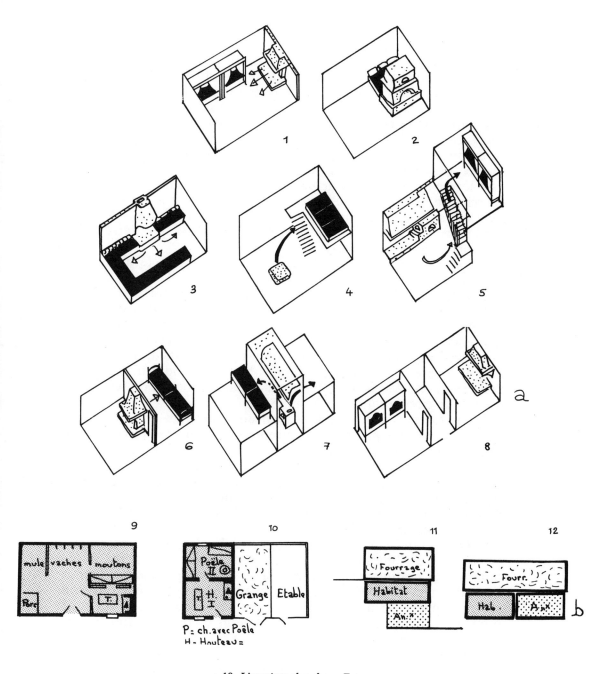

18. L'enceinte chaude en Europe.
a - Relations entre le lieu de sommeil et l'enceinte chaude : 1) France (Berry). —
2) Sibérie. — 3) Turquie. — 4) Scandinavie. — 5) France (divers). —
6) France (divers). — 7) Suisse (Oberland bernois). — 8) France (Bretagne).
b - Relations entre le foyer et les autres sources de chaleur : 9) Alpes françaises. —
10) Jura. — 11) Alpes françaises. — 12) Alpes suisses.

Une seconde remarque est qu'à partir des feux primitifs, deux modes principaux de chauffage ont été adoptés : la cheminée à feu ouvert et le poêle à feu abrité. Ils consistent d'ailleurs tous deux (à la différence du brasero oriental) à mettre en relation le feu avec une paroi inerte et à recueillir principalement les calories emmagasinées et restituées par cette paroi. La constitution des parois et de ce qu'on peut appeler les « espaces à feu » a toujours relevé de la science des spécialistes, et par conséquent d'un mode de production légèrement différent de celui du reste de la maison, et la mise en relation réciproque de l'enceinte et de l'espace à feu (conduits, trémies) a mis longtemps à s'imposer. Les autres ouvertures de l'enceinte, notamment à la lumière, ont aussi progressé, mais toujours sous contrôle serré.

Selon cette approche, l'enceinte semble avoir été assimilée à une bulle aussi étanche que possible, ce qui est d'ailleurs aussi le point de vue des techniciens étudiant le « confort » dans des milieux artificiels. Il va de soi que dans les conditions réelles, les qualités de l'enceinte sont influencées, tant intérieurement qu'extérieurement, par de nombreux facteurs, et tout spécialement par les deux suivants : les renforcements ou les percements de ses enveloppes, et la présence d'autres volumes bâtis plus ou moins clos qui l'enserrent (stockages à végétaux ou animaux, locaux de service, de travail, de circulation, etc.) (voir 18, b).

Les facteurs modifiants de l'enceinte peuvent être considérés comme relativement monofonctionnels; du moins admettra-t-on que leur fonction dominante est d'accentuer ou d'altérer la continuité de l'enveloppe, donc l'imperméabilité de l'enceinte au milieu naturel. Les volumes secondaires, en revanche, sont absolument plurifonctionnels et dépassent largement le champ du concept d'abri; notamment pour déborder sur le concept d'habitat défini comme épicentre d'activités.

Pour ce qui concerne l'enveloppe, qu'il s'agisse de maçonnerie de pierre, de blocages ou de pans de bois, on assiste à une multiplicité pratiquement incontrôlable des comportements thermiques des murs traditionnels. En revanche, les données qui vont suivre relèvent de modifications sciemment apportées à ces murs pour transformer ces comportements, tout d'abord en fonction de la nature même de l'enceinte. Ainsi, en combinant des matériaux isolants avec des matériaux massifs, et en réservant des vides d'air entre ces matériaux, on crée des espaces tampons qui améliorent le comportement thermique. Ces vides d'air varient infiniment en épaisseur et quoiqu'ils soient parfois réduits à d'étroites lames d'air, ils peuvent dans de nombreux cas atteindre au contraire des épaisseurs qui rendent difficile une complète différenciation d'avec les véritables espaces-tampons plurifonctionnels. Quel que soit le matériau de construction dominant dans une région, il a toujours été utilisé en association avec le bois. La plupart des isolations des murs massifs européens a donc consisté en structures de bois situées, soit à l'extérieur, soit à l'intérieur de la maçonnerie.

A l'extérieur, on est en présence d'une forme ou d'une autre de bardage, qui peut d'ailleurs être réalisé en matériaux de couverture (ardoise, tuile de terre cuite, puis métal) composé soit par lits de planches, horizontales ou verticales, soit par imbrication de petits éléments modulaires, principalement sur les murs pignons et autres éléments exposés du gros œuvre. Le vide entre la maçonnerie et le bardage est alors réduit au minimum pour éviter les décollements et la prise au vent, néanmoins de minces lames d'air subsistent entre les ancrages sous peine de pourrissement de l'ensemble.

A l'intérieur, le lambrissage a été l'une des armes contre l'humidité glaciale des murs. Pratiqué dans les demeures des classes sociales les plus hautes dès le Moyen Age, il s'étendit à la bourgeoisie. Au XVIIIe siècle, en France, il constituait une paroi suffisamment écartée du mur porteur pour permettre l'aménagement de toutes sortes de « commodités » : placards de toutes tailles, niches aménageables en bibliothèques, voire accès dérobé. L'habitude d'isoler par du bois les lieux de vie les plus agréables s'est concrétisée dans les alcôves, où le lit était entièrement inséré (au point qu'on trouve des exemples du XVIIIe siècle où il est encastré sur des rails pour permettre aux servantes chargées du ménage de le sortir sans trop de fatigue). Quant aux lits clos caractéristiques de nombreuses régions, ils ont des relations variables au mur et à l'espace habitable : si ce sont souvent de véritables boîtes isolantes, il en est (en Bretagne) qui présentent une morphologie paradoxale : dépourvus de paroi postérieure, en fait, ils isolent la couchette de l'espace central chauffé, et non du mur extérieur.

Percements de l'enceinte

Tous ces dispositifs de renforcement de l'enceinte sont contrariés par l'effet des percements et on a vu avec quelle réticence les bâtisseurs des zones froides se décidèrent à ouvrir l'enceinte pour améliorer le chauffage. Mais d'autres ouvertures menaçaient son unité protectrice.

La porte d'abord, lieu spatial de toutes les intrusions, inévitable, mais à peu près contrôlée. Les habitats européens gardent peu de traces des portes-trous primitives, passages parcimonieux ne pouvant être franchis que par une personne à la fois, et encore accroupie, dont témoignent ailleurs les habitats archaïques. En revanche, l'habitude du sas reste encore visible un peu partout, sous forme d'antichambre ou tout au moins de porche abrité de la pluie, qui nous font anticiper sur les espaces annexes à l'enceinte. Les fenêtres étaient quant à elles des ouvertures tout à la fois moins indispensables et beaucoup plus redoutables puisque leurs fonctions principales (lumière et ventilation) interdisaient de les ouvrir sur de véritables espaces tampons. La première solution fut donc de s'en passer. Alors que dans les zones à dominante de chaleur sèche, les habitations les plus primitives sont affectées de petits orifices assurant tant bien que mal la vue et la lumière en même temps que la ventilation souhaitable, les habitats européens archaïques sont aveugles parce que, justement, leur ventilation n'est pas désirée, étant plus nuisible qu'utile. Le vent en Europe n'est jamais sollicité dans la maison, du moins pas tant que l'habitant n'a pas les moyens de l'arrêter à volonté.

Les habitats les plus anciens étaient certainement aveugles, les habitats des classes les plus pauvres le restent, selon les pays, jusqu'à la fin de l'ère préindustrielle (les maisons nordiques, par exemple, jusqu'au XVIIIe siècle) et même dans des pays relativement prospères comme la France, on est frappé de la parcimonie générale du percement originel au moins dans les régions rurales et les provinces pauvres, cette parcimonie ayant été aggravée et prolongée jusqu'au-delà de la fin des monarchies par les taxations sur les ouvertures. C'était par exemple une règle très répandue de ne percer la maison que sur sa face bien exposée; les pièces habitables étaient ainsi amenées à occuper (comme on l'a vu plus haut) toute la profondeur du volume bâti et ne recevaient chacune qu'une unique fenêtre. Les maisons nobles, les châteaux et, d'une manière générale, tous les bâtiments trop vastes pour tolérer une distribution si simpliste affrontèrent le percement pluridirectionnel; pour une autre raison (l'épaississement du logis par rapport à sa façade d'accès et l'impossibilité de l'orienter toujours correctement), les maisons urbaines firent de même. Il est en tout cas certain que le progrès de la verrerie, tout autant que la plus ou moins grande facilité de percer les parois, jouait avec le temps en faveur de la croissance des vides par rapport aux pleins et permettait enfin à la fenêtre de jouer une troisième fonction, en piégeant cette fois l'apport calorique du rayonnement solaire. Il serait enfin ridicule de négliger l'importance de l'aptitude intrinsèque des différents types de murs au percement : par exemple, il est évidemment plus facile de réserver pour les fenestrages un vide dans un pan de bois que de l'opérer dans un *srub*. Mais on peut constater qu'à la longue tous les systèmes constructifs ont finalement été adaptés à la multiplication des fenêtres dès lors que l'étanchéité pouvait être assurée. On peut, à l'appui de cette proposition, examiner les architectures nobles du XVIIIe siècle de l'Ouest européen : tous les matériaux locaux ont été adaptés aux canons de la mode, et tous ont toléré le gigantisme des percements.

Dormante comme le châssis préfabriqué de l'isba ou déjà ouvrante, protégée ou non de volets de bois internes ou externes, la fenêtre établit dans l'enceinte un pôle diurne secondaire antagoniste du « coin du feu », du fait de sa double fonction d'éclairage et d'accès visuel au milieu extérieur. Il est vrai que dans certains exemples de cheminées de pierre parmi les plus anciens (donjons de Chambois, de Dourdan) les fenêtres encadrent étroitement la hotte; mais ce modèle typologique n'est pas vraiment courant et l'on rencontre beaucoup plus souvent, aussi bien dans l'habitat simple que dans celui des classes supérieures, la cheminée dressée contre un mur aveugle (soit le mur du fond, soit un refend perpendiculaire à la façade) et les zones claires fenestrées sur les murs adjacents ou opposés. En fait, le foyer procurant déjà une certaine clarté à l'espace qui l'entoure, il peut sembler correct de ne pas troubler son difficile équilibre thermique par l'établissement voisin de surfaces de déperdition.

Une fois acquise la possibilité de tirer l'enceinte habitable de l'obscurité, certaines activités purent se porter à proximité des fenêtres : les travaux textiles conduisirent les femmes à affronter l'abaissement de la température au voisinage des vitrages : et c'étaient sans doute elles qui occupaient le plus normalement les banquettes de fenêtres qui, dans le mobilier ancien, font pendant aux banquettes de foyer plus habituellement réservées aux hommes mouillés par les travaux extérieurs. Les métiers à tisser, qui exigeaient un minimum de lumière et, trop encombrants, auraient barré à tous les occupants l'accès à la zone chaude, furent souvent placés perpendiculairement au feu, le long d'un fenestrage, le feu chauffant le dos de l'artisane et l'éclairant le soir. Divers objets liés à la préparation des aliments furent parfois aussi tirés vers les fenêtres, comme l'évier (exemple du XVIIIᵉ siècle en Brie : cuve creusée dans la pierre d'appui de la fenêtre, trou de vidange vers l'extérieur percé dans l'épaisseur du mur).

Avec la vulgarisation du verre, les fenêtres prirent une extension à peu près proportionnelle (à classe sociale égale) à l'insuffisance lumineuse du milieu naturel. L'ère gothique tardive et la Renaissance virent l'Europe septentrionale multiplier les fenestrages au mépris du confort thermique. Certaines maisons urbaines de Flandre, d'Allemagne, d'Angleterre et du Nord de la France constituent de véritables pans de verre où les bâtis ouvrants redoublés de châssis dormants s'étendent littéralement sur toutes les façades, épousant angles et décrochements, et formant même des volumes saillants préfigurant le bow-window. Au même moment, d'autres pays conservaient à leur habitat un aspect proche de la caverne. Là encore, l'idéal classique allait unifier les tendances, ici réduisant l'illumination gothique, et là éventrant les murailles aveugles. Le percement classique d'ailleurs, caractérisé fondamentalement par une rigoureuse alternance de pans verticaux pleins et vides, à partir de panneaux d'angles toujours pleins, va modifier sensiblement la nature de l'éclairage des pièces. Limitées latéralement par de la maçonnerie, les fenêtres vont se développer en hauteur jusqu'à devenir portes-fenêtres. Comme d'une part, l'épaisseur modérée des parois ne permettait plus l'ébrasement gothique et ses jeux de lumière, et d'autre part, le verre en gagnant en pureté cessait d'atténuer l'éclat cru du plein jour, le contraste entre ces pans de clarté et les pans pleins à contre-jour se fera plus brutal. C'est la fin de l'« intimisme », ce que l'on perçoit bien en visitant des habitats classiques désaffectés, privés de tous les artifices qui corrigeaient cette brutalité tels que voilage des vitres, peinture claire, glaces sur les murs et brillance des parquets; la même crudité se retrouve dans les bâtiments dépourvus de ces luxes du fait de leur vocation austère (couvents des ordres religieux restés austères au XVIIᵉ siècle, les plus tristes de l'histoire monastique dans leur froideur cristalline).

Bien entendu la même observation s'étend à la problématique thermique : les grands fenestrages ne sont compatibles avec le confort (dont la demande croît simultanément) que grâce à un luxe de correctifs coûteux : volets, persiennes, contrevents, voilages,

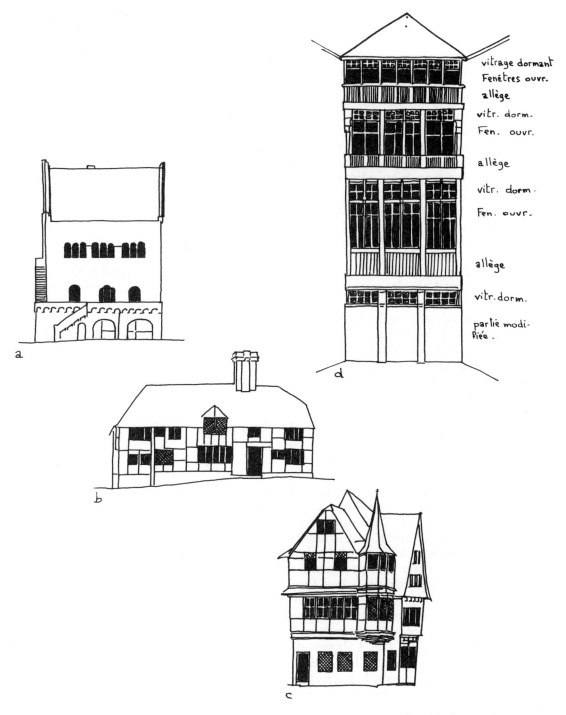

vitrage dormant
Fenêtres ouvr.
allège
vitr. dorm.
Fen. ouvr.
allège
vitr. dorm.
Fen. ouvr.
allège
vitr. dorm.
partie modi-
fiée.

a

b

c

d

19. Croissance des percements en Europe du Nord durant le Moyen Age (modèles bourgeois).
a - Le modèle roman initial (Allemagne); b - Angleterre, XVIᵉ s.; c - Rhénanie, XVᵉ s.;
d - ancienne maison urbaine de Saint-Malo, XVIᵉ s. (aujourd'hui détruite).

bourrelets et portières. Les contraintes de composition des façades conduisent souvent à des percements très supérieurs aux besoins de l'occupant et à ses moyens réels de contrôle. D'enceinte, la maison devient cage, et le paysage l'envahit. La quête de lumière aux dépens du confort thermique peut même aller très loin puisque l'agronome Arthur Young, voyageant en France en 1787, relève à diverses reprises, entre Limoges et Cahors, « de nombreuses maisons trop bien construites pour être appelées des chaumières et qui n'ont pas une vitre ».

Concrétisation de cette relation réciproque totale intérieur-extérieur, visuelle et gestuelle, une altération de la fonction des fenêtres par collusion avec celles des portes donne naissance à la porte-fenêtre. Cette remarquable innovation conceptuelle, qui est restée très liée à la notion de jardin ornemental, pénètrera rarement l'architecture vernaculaire, sinon par le biais des percements des locaux commerciaux; ceci souligne bien que la fonction privilégiée de la porte est plus le barrage que l'accueil et que, à la limite, la cellule familiale européenne continue à mieux s'accommoder du repli et de l'occultation que de l'ouverture et de l'ostentation, tout au moins jusqu'à ce qu'une très récente évolution des mœurs introduise le modèle américain dans l'habitat pavillonnaire.

Volumes secondaires de l'enceinte

Au-delà du renforcement ou de l'affaiblissement (percements) de l'enveloppe de l'enceinte, nous avons mentionné l'incidence des volumes secondaires sur son comportement thermique. Par rapport à l'enceinte — définie par son lieu focalisant (le foyer), son ou ses volumes, ses enveloppes et leurs accidents — les volumes secondaires de l'habitat constituent une part du complexe architectural si considérable et si pluri-signifiant qu'il convient, pour les aborder, de clarifier au préalable très soigneusement la méthode et les critères présidant à leur typologie.

Nous appellerons volumes secondaires, et parfois espaces intermédiaires, tous les espaces construits, clos ou non, qui constituent avec (et généralement autour de) l'enceinte la totalité de l'habitation. Ces volumes doivent être appréhendés selon la double approche morphologique et fonctionnelle, mais l'un et l'autre type de critère répond malaisément de leur nature souvent complexe, du fait de leurs imbrications volumiques pratiquement infinies et de leur polyfonctionnalité fréquente. D'un point de vue strictement fonctionnel, on est donc en présence d'un complexe constitué schématiquement de l'enceinte, des espaces complémentaires à usage domestique dominant et des espaces complémentaires à usage d'exploitation agricole, artisanale ou commerciale; ou plus précisément de l'enceinte, des espaces de protection ou de passage, et des espaces à fonction intrinsèque.

D'un point de vue morphologique, on ordonnera les espaces en volumes plus ou moins intégrés à l'enceinte, selon qu'ils sont imbriqués, juxtaposés, séparés, qu'ils sont clos ou non, couverts ou non, etc.

Pour sortir de la confusion, nous reprendrons comme concept de base l'« abri » spécifique aux climats à dominante froid humide. Or il est clair que, si le premier élément constituant fondamental de cet abri est l'enceinte close sur son foyer, le second est le toit et son volume intérieur (quel que soit d'une part sa relation volumique à la cellule, d'autre part son utilisation). L'ensemble « enceinte plus toit » constitue essentiellement l'habitation européenne et eurasienne du nord. Tous les volumes complémentaires quoique excessivement importants, présentent des caractéristiques moins spécifiques à cette zone géoclimatique, voire absolument similaires à leurs homologues construits pour d'autres climats, et à ce titre ils seront traités ultérieurement.

Le rôle du toit

Le toit est un élément commun à la totalité des habitats européens et septentrionaux. La coupole a subsisté seulement en quelques points du rivage nord-méditerranéen, la terrasse de même. Le toit s'est imposé pratiquement partout et on peut le considérer comme le premier constituant de l'enceinte primitive, puisque les maisons néolithiques d'Europe sont presque toutes réduites à une toiture calée par des pierres au-dessus d'une légère excavation. Il existait également des toits de pierre dès les époques les plus anciennes, ainsi que des toits en encorbellement recouverts de terre, aux charpentes empilées, quasiment plates. De telles toitures, surmontant des habitats excavés, se confondaient pratiquement avec le relief naturel et opposaient aux bourrasques et aux pluies une défense passive très efficace. On trouve de tels habitats aux deux extrémités de l'Europe primitive (Orcades, Turquie[17]). Quoique la forme de ce premier abri ait été plus

105

souvent allongée que circulaire, le toit initial était conçu comme une enveloppe continue, sans solution de continuité. Les diverses espèces de chaume utilisées pour la couverture se prêtaient bien à la constitution de ce manteau total, et les premiers assemblages de charpente exigeaient cohérence et symétrie.

On retrouve dans toute l'Europe et en Asie jusqu'aux rivages de la Caspienne, ce pavillon couvert de chaume, énorme, touchant presque le sol. Évidemment l'utilisation d'un volume clos considérable et totalement aveugle devait connaître de nombreuses vicissitudes. Plus ou moins volumineux suivant les régions, mais toujours très important du fait des pentes imposées par le chaume, le volume intérieur du toit constitue un espace appréciable, dont l'intégration à l'ensemble bâti a donné lieu à diverses variantes, et parfois à des sous-espaces presque aussi chargés de signification que le coin du feu.

On peut distinguer trois catégories d'usages différents du volume intérieur au toit :

— Le volume interne total du bâtiment est une continuité; l'espace enclos « monte » jusqu'à la toiture, les habitants n'en occupent que la zone inférieure et se contentent d'accrocher divers objets dans la charpente. On retrouve cette solution primitive dans toutes les habitations archaïques des zones pluvieuses du monde; favorable dans les zones chaudes (Afrique Noire, Océanie) elle est beaucoup moins évidente dans des régions où l'on cherche à élever la température de l'enceinte habitable. Sa conservation est surtout liée à l'utilisation tardive de foyers ouverts dangereux et fumeux, et il est rare qu'elle ait survécu au perfectionnement du chauffage.

— Le volume intérieur du toit est totalement séparé de l'espace habitable. Il peut alors, suivant que la pente usitée lui confère une plus ou moins grande ampleur, soit être purement et simplement condamné (comble dormant ou espace résiduel perdu), soit servir à des stockages divers relevant d'une fonction agricole ou industrielle (grange, séchoir, etc.) n'excluant pas l'usage marginal de couchage d'appoint. Ceci suppose au moins un accès vers l'extérieur, qui peut être ménagé par percement, soit du plafond de l'habitat, soit d'un versant du toit, soit de la partie supérieure d'un mur.

— L'habitat « envahit » son espace intérieur : l'espace proprement habitable de la maison s'étend au volume intérieur du toit qui doit, pour s'y adapter, s'ouvrir de plus en plus largement suivant des modes que l'on va développer plus loin.

L'utilisation des toits à faible pente qui correspond aux matériaux de couverture les plus lourds (planches lestées de pierre, pierres plates, tuiles canal) pose moins de problèmes et, il faut le dire, présente moins d'intérêt théorique que celle des toits à grand volume. On ne s'y arrêtera donc que très brièvement, en notant que dans les zones froides, lorsque les habitants osaient plafonner leur enceinte sans prendre pour autant trop de risques d'incendie, le volume perdu était de trop faible intérêt pour justifier la complication et les déperditions calorifiques d'une trappe. Lorsque, comme on l'a vu dans les exemples norvégiens, il n'y avait pas de plafond, le seul moyen d'augmenter la surface habitable était la soupente partielle, espace très exigu, chargé de mystère et de symboles, réservé au couchage des jeunes filles, parfois nommé le Paradis, difficile d'accès et s'accommodant mal d'un excès d'élus!

En Méditerranée, le toit est souvent conçu comme la couverture d'une terrasse : dans maints bâtiments espagnols et français méridionaux où il sert de grange, de séchoir ou de pigeonnier, il est raccordé aux murs de la maison par des piles courtes et épaisses, entre lesquelles s'engouffre un vent rafraîchissant. Mais partout où le matériau et le climat le commandent, la pente du toit s'accentue, conservant jusqu'à notre époque le profil opaque et symbolique de la hutte originelle.

Le toit fondamental d'Europe et d'Eurasie, couvert de chaume, est une enveloppe continue déterminant par rapport à la surface couverte un volume énorme parfaitement isolé du milieu extérieur. Son utilisation, fonction de la mise en relation croissante de ce volume intérieur avec le milieu extérieur, a connu plusieurs étapes dont témoignent des habitats bien datés de diverses régions d'Europe.

La première étape qui marque un progrès sur la hutte excavée initiale est l'édification de parois à peu près à hauteur d'homme, par exhaussement général du toit sur une structure verticale de poteaux et de maçonnerie, ou par une habile modification de la partie basse de la charpente. Mais le bénéfice qu'en tire l'habitant reste limité, car ses liaisons avec le milieu extérieur sont réduites à une maigre bande de deux à trois mètres de haut, qu'il ne peut augmenter sans rehausser la totalité de l'édifice. A ce point, plusieurs démarches sont possibles :

— Ou bien renonçant totalement à ouvrir, donc à habiter son

107

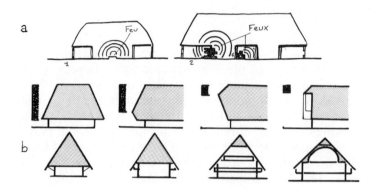

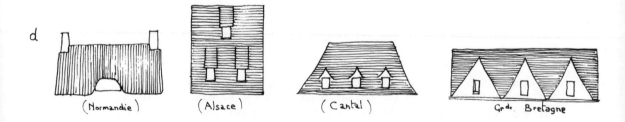

20. Progression dans l'habitabilité des toits.
a - La solution primitive (soupentes obscures) :
1) hall saxon (Grande-Bretagne). — 2) Transylvanie;
b - évolution du toit dans l'Oberland bernois entre le XVIᵉ et la fin du XVIIIᵉ s.;
c - traitement des pignons; d - ouvertures des pans de toitures.

toit, l'habitant établit un plancher général dans le plan de base de la charpente et réserve, comme on l'a dit plus haut, l'espace ainsi isolé à diverses fonctions de stockage dont la plus favorable au confort thermique de l'enceinte habitable est l'engrangement du fourrage (il va même jusqu'à élever dans cette halle, au moyen de rampes monumentales, des charrois entiers avec leur attelage, exemple : Oberland Bernois).

— Ou bien il tente d'occuper son toit de l'intérieur, en y lançant des mezzanines, généralement à l'un ou aux deux bouts de la bâtisse, ce qui engendre un espace central haut complété de soupentes et flanqué de petites pièces basses. Mais l'espace central, étant lui-même sombre et confiné, ne suffit pas à éclairer et à ventiler ces soupentes, qui demeurent impropres à la fonction d'habitation et ne servent que de dépôts. C'est ce qu'on observe dans les exemples archaïques subsistant encore en Europe comme, en Angleterre, les halles d'origine saxonne, et en Roumanie, les grandes fermes de Transylvanie (voir 20, 1). La surface de plancher habitable n'est en fait pas augmentée par les soupentes, le grand vide chauffé servant de séjour, les locaux sous les soupentes de chambres (ultérieurement pourvues elles aussi de chauffage) et les greniers-soupentes de réserves. Cette distribution s'effectue précisément à l'inverse de celle de la maison grecque de Skiros dont la chambre haute bénéficiait simultanément de l'air chaud convectif et d'un éclairement suffisant venant des fenêtres hautes.

— Une troisième solution, infiniment plus hardie du point de vue conceptuel, consiste à attaquer le continuum même de l'enveloppe-toit, en sacrifiant plus ou moins les deux versants (ou parfois seulement celui de l'exposition la meilleure) et en élevant d'autant les murailles; c'est-à-dire à établir des pignons en lieu et place du pavillon primitif.

Cette dernière solution était une véritable mutation qui n'allait pas de soi, en tout cas en pays de toits de chaume, et, même si la Méditerranée livre des témoins infiniment anciens de ce parti constructif (temples en bois préhelléniques), l'Europe septentrionale a laissé traces de longues hésitations à renoncer à l'enveloppement général protecteur. C'est que, si la maison à deux pignons est plus simple en volume géométrique, elle suppose une élaboration plus différenciée des murailles, un achèvement correct des assises supérieures, un renforcement des ancrages et des étanchéités à la jonction des rives. En revanche, elle permet d'ouvrir le volume intérieur au toit, au moins en ses deux extrémités, et donc de l'incorporer à l'espace habitable.

La substitution du toit à pignon au toit en « tente » ou « pavillon » posant des problèmes de protection dans les climats sévères, a donné lieu à des recherches divergentes et à des formes nombreuses. Dans certaines régions, on s'est borné à protéger le mur pignon par le large débordement du toit. Mais souvent le pavillon s'est trouvé conservé partiellement, plus ou moins altéré, morcelé, retroussé, parfois jusqu'à être réduit à une croupe minime, et seulement sur la face la mieux exposée du bâtiment. On dispose d'exemples montrant l'évolution, dans une région limitée et sur un laps de temps relativement court et exactement daté, d'un habitat passant du « pavillon » aveugle archaïque au chalet élaboré largement ouvert. Ainsi dans le canton bernois (Suisse) peut-on voir sur trois siècles les étapes franchies par un groupe européen dans sa volonté d'ouvrir sans l'altérer son abri vers l'extérieur. Cette évolution, ici continue, se retrouve d'ailleurs, plus ou moins achevée, dans l'ensemble des pays périalpins (voir 20, 2).

Mais malgré les pignons ouverts, qu'il s'agisse de ceux du hall saxon ou du chalet bernois, l'essentiel du volume intérieur du toit demeure toujours obscur et difficile d'accès. L'étape ultime qui permettra la coïncidence du volume bâti et du volume utilisé consiste à percer, fendre, soulever la surface du toit en n'importe quel point, aussi largement que l'exigent les besoins. Seul le perfectionnement des ouvrages de charpente pouvait permettre cette performance, comme du reste seul il la justifiait, puisque, en désencombrant progressivement l'espace intérieur du toit, les charpentiers en accroissaient l'ampleur et la valeur.

On ne saurait édifier ici un catalogue des lucarnes; il suffira de distinguer :

— Celles qui proviennent d'un soulèvement d'une portion du plan de la toiture autour d'une prolongation pure et simple du mur et sont par conséquent limitées à la partie inférieure du toit, donc non superposables, mais de taille pratiquement illimitée. Proches du pignon dans leur principe, elles peuvent l'égaler en ampleur, et le toit en double bâtière du style gothique tardif illustre bien la limite extrême du système.

— Celles procédant d'un percement ponctuel du plan de la toiture; leur échelle est plus limitée du fait qu'elles interrompent totalement la charpente; mais elles sont superposables et multipliables presque à l'infini.

— Celles enfin qui représentent du point de vue de la structure une rupture dans un pan de toiture (séchoirs des pays du Rhin) : fentes horizontales continues de hauteur variable pouvant affecter toute la largeur de la charpente sans en bouleverser l'homogénéité.

Une fois pourvus de tous ces aménagements, les toits ne constituaient pratiquement plus d'obstacles à l'habitabilité. Séparés ou non de l'habitat, utilisés en logements, en exploitation agricole artisanale ou industrielle, ils dispensaient à leurs occupants, sinon une réelle relation à l'extérieur, du moins une relation alors considérée comme suffisante. A la fin du Moyen Age, et surtout en ville, ils prirent des proportions énormes. Comme la société était hiérarchisée, ils dispensaient une gamme « harmonieuse » de logements de plus en plus malaisés d'accès, exigus et peu percés, et les ultimes combles absolument inhabitables servaient encore de greniers. Mais l'insalubrité, l'éloignement de toute commodité, la multiplication des risques d'incendie constituaient la rançon de ce substantiel gain de place.

Le changement vint de la construction noble, précisément de la mode « italienne » qui s'imposa par l'intermédiaire des châteaux; la nécessité stylistique d'abaisser la hauteur des toits (et d'unifier l'aspect du volume général), combinée au refus de leur conférer un volume inhabitable, s'incarne dans le comble à la Mansard. Par rapport à un comble triangulaire, ce nouveau profil comporte les avantages suivants (outre les raisons esthétiques, alors déterminantes) :

— la quasi verticalité du brisis permet de loger dans le toit des pièces de volume normal sans perdre d'espace résiduel;

— la meilleure intégration des fenêtres qui, au lieu de saillir franchement comme les lucarnes usuelles, sont presque dans le plan du versant, assure un meilleur éclairage des pièces;

— la minimalisation de la pente du terrasson rendue possible par l'emploi de matériaux étanches, en ramassant la silhouette du bâtiment pour approcher l'idéal antique, tend vers la coïncidence entre volume intérieur et volume extérieur.

Ce type de comble représente l'étape ultime de la conquête du volume du toit sans réduction de sa fonction d'abri, autrement dit, de la coïncidence entre le volume extérieur architectonique et le volume intérieur d'usage, avec la minimisation des espaces résiduels perdus; ou encore, une sélection optimale des forces du milieu extérieur admissibles ou non dans la maison.

Espaces de service

Mais il est très rare dans l'habitat vernaculaire européen évolué que le bâtiment-maison se limite à l'ensemble *enceinte plus feu plus comble*. Il existe évidemment des exemples de maisons rurales réduites à une pièce unique surmontée d'un comble grenier, mais ce sont généralement des logements très pauvres, peu caractéristiques de l'habitat de leur région. La maison, même archaïque, comporte normalement plusieurs locaux de services domestiques ou d'exploitation qui, par la même occasion, servent d'intermédiaires thermiques entre l'enceinte et l'extérieur.

Les couloirs et les vestibules d'entrée ont une fonction évidente de palier entre intérieur et extérieur : c'est là qu'on laisse les charges, ainsi que les éléments de vêtements qui, introduits dans l'enceinte, en troubleraient la propreté et la tiédeur. L'entrée n'est pas spécifiquement un élément bourgeois de l'habitation et existe sous des formes diverses dans de nombreuses régions. Tantôt c'est une pièce de volume important, plurifonctionnelle (laiterie, bûcher, buanderie, garde-manger, voire clapier), tantôt elle n'a d'autre rôle que celui de passage et toujours de porte-manteaux. Elle peut soit mener exclusivement aux diverses pièces d'habitation (y compris par un escalier aux pièces supérieures), soit s'ouvrir en face arrière sur une cour ou un jardin. Les combinaisons sont nombreuses. Il est courant que l'entrée reste ouverte toute la journée alors que les autres portes sont tenues fermées. Souvent, la porte principale de la maison d'habitation s'ouvre dans le mur latéral d'un porche à fonction agricole.

La relation entre l'entrée et l'escalier est très variable. D'une manière générale, l'escalier, comme toutes les trémies, fait problème à des gens préoccupés d'éliminer au mieux les pertes de chaleur; et souvent, plutôt que d'améliorer un peu le confort de l'étage au prix de grandes pertes convectives, les constructeurs-usagers préféraient tenir l'escalier et les pièces de l'étage en dehors de l'économie thermique de la salle chaude. Dans les maisons rurales qui n'avaient le plus souvent qu'un étage, on trouve toutes les dispositions d'escaliers :

— l'escalier extérieur, généralement couvert, mais pas forcément clos;

— l'escalier intérieur au bâtiment, mais confiné dans une pièce froide, en général l'entrée;

— l'escalier intégré à la pièce chaude, mais cloisonné;
— l'escalier totalement intégré à la pièce chaude, souvent en échelle de meunier.

Dans les maisons urbaines bourgeoises, ou de plus haut niveau social, à multiples étages, l'escalier est très souvent extérieur sinon à la structure, du moins à l'enceinte thermique : on construit pour lui une petite tour saillante, et il ne débouche que sur des paliers distincts des pièces chauffables. Plus le climat est rude, moins les usagers se résolvent à intégrer le volume vertical de la cage d'escalier à l'enceinte, et les escaliers reportés à l'extérieur et reliant des balcons abrités par le débord du toit sont caractéristiques des maisons de montagne.

La relation intérieur-extérieur réalisée au moyen d'espaces intermédiaires, comme les balcons suspendus à la structure, n'est évidemment pas du tout spécifique aux habitats qui nous occupent ici.

Que ce soit dans les pays méditerranéens, les pays orientaux à chaleur torride, les montagnes d'Asie Centrale à saisons terriblement contrastées ou les pays tropicaux humides, les habitats vernaculaires se sont partout enrichis d'espaces couverts plus ou moins occultes, permettant aux habitants de jouir de l'air extérieur et de la vue environnante tout en restant à l'abri du vent, de la pluie ou du soleil, voire de la vue des autres. De tous les continents à peuplement sédentaire ancien, c'est l'Europe qui présente probablement le plus grand nombre d'habitats « abrupts », c'est-à-dire totalement dépourvus d'espaces de transition entre intérieur et extérieur; d'autre part, il ne semble pas qu'un seul de ces types d'espaces puisse être considéré comme totalement original et spécifique de l'Europe (à la différence d'autres éléments architecturaux comme les lucarnes, les cheminées, etc.). Une seconde constatation est que, dans l'architecture européenne, il n'y a nullement relation déterminante entre le degré de rigueur du milieu et la présence ou l'absence de ces espaces. Les chalets de montagne multiplient les balcons dont on ne peut avoir la jouissance en fait que quelques mois par an, alors que les habitats du Bassin parisien par exemple, humide mais pas très froid et rarement enneigé, en sont absolument dépourvus. Souvent dans la même région coexistent des maisons-cubes à coupures drastiques intérieur-extérieur, et des maisons à espaces intermédiaires importants. La relation entre mode de construction et présence de ces éléments n'est pas non plus absolument éclairante, même si dans les régions où le matériau de base est la pierre dure, la difficulté de mise en œuvre peut être un facteur déterminant de la nudité des façades, au moins dans les habitats modestes.

Comme notre objectif n'est nullement monographique, nous nous bornerons à relever les types les plus courants d'espaces intermédiaires, et surtout à souligner à leur propos quelques caractéristiques du mode d'habiter européen ancien par rapport à l'environnement. Nous distinguerons parmi eux les espaces obtenus par réserve (ou retrait) de ceux construits par adjonction (appentis ou surplomb). Parmi les premiers, trois types sont particulièrement usités :

— les arcades, ou retraits d'une partie du rez-de-chaussée;
— les porches, strictement comparables à l'*iwan* musulman;
— les galeries d'étage habituellement à usage d'accès.

Les arcades peuvent être interprétées soit comme une transposition de modèles méditerranéens soit comme un vestige autochtone des palafittes néolithiques[18] : elles sont aussi bien à usage privé (domestique ou agricole) que sur la façade publique des maisons urbaines, où leur juxtaposition produit des galeries publiques à usage collectif. Réalisées en toutes sortes de matériaux, elles sont rarement le fait de l'habitat pauvre ou dispersé et elles ont été

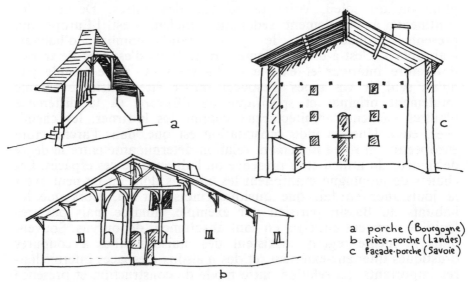

a porche (Bourgogne)
b pièce-porche (Landes)
c façade-porche (Savoie)

21. Porches d'habitations rurales en France.

souvent soumises à des réglementations urbaines soulignant bien leur caractère de prestige. On a conservé par exemple, à La Rochelle, la trace de réglementations municipales du XVIIe siècle autorisant les habitants qui le désiraient à ménager des porches « à la partie antérieure de leur rez-de-chaussée sous réserve qu'ils en gardent ouverts les côtés latéraux, de manière à permettre la communication avec les porches éventuels de leurs voisins, et donc la création d'arcades[19] ».

Le terme français de porche recouvre deux types d'espaces intermédiaires bien distincts, tous deux répandus à travers l'Europe : l'un, de strict passage, traverse les bâtiments de part en part; sombre et éventé, il assume pourtant parfois aussi des fonctions d'abri (exemple des portes-rues de Champagne). L'autre, analogue à l'*iwan,* est un grand volume couvert et mieux abrité prolongeant un corps de bâtiment ou en reliant deux. Les porches de ce type, courants dans l'habitat agricole français, assument fréquemment les fonctions mixtes de vestibule de la maison, passage de cour à jardin, hangar, accès latéral aux greniers à foin, voire de salle à manger. Ils occupent dans ce cas toute la hauteur de la maison et sont rarement mal exposés. Des porches moins monumentaux assurent dans toutes les régions paraméditerranéennes la protection du seuil et des fonctions confuses liées aux activités féminines. Leur morphologie relève du même type d'inventivité spatiale qu'en pays musulman (question non d'influence, mais d'adaptation similaire de moyens simples et sensibles à des besoins comparables).

Les galeries d'étage sont également répandues partout, particulièrement dans les types de construction à rez-de-chaussée d'exploitation et à étage habitable, comme les maisons de vignerons. Superposées en loggias, elles forment, à la Renaissance, un des plus beaux motifs d'architecture civile. Mais dans l'habitat vernaculaire, elles n'ont en général qu'un niveau, juste sous l'abri du toit; accessibles par un escalier dont la forme donne lieu à d'innombrables variantes, elles servent d'antichambre à la salle de séjour, de séchoir et souvent de lieu de réunion et de petits travaux pour les femmes à la belle saison. Bien qu'ils soient agréablement décorés et fleuris, il est rare que des fenêtres s'ouvrent sur ces passages, qui ne communiquent le plus souvent avec la maison que par une seule porte d'accès.

La même remarque s'applique aux annexes (galeries, balcons ou porches) en menuiserie accrochées en surplomb des façades sauf dans certaines architectures très sophistiquées des périodes gothique, Renaissance ou classique dans les régions germaniques et notamment alpines, où le percement est très abondant sur les façades bien exposées et la relation aux balcons très marquée. On ne peut guère considérer ces annexes de la maison comme des prolongations de l'espace intérieur, mais plutôt comme des entités à part. Morphologiquement parlant, nous distinguerons parmi ces « passages » en menuiserie, les galeries couvertes par le débord du toit et les balcons autonomes, ces derniers n'étant couverts qu'éventuellement par les balcons de l'étage supérieur. Les « galeries » sous le toit existent aussi bien en fronton que sous les rampants latéraux; les escaliers également occupent toutes sortes de positions, parfois très sophistiquées. Enfin, dans de nombreuses régions, la porte de la pièce d'habitation est abritée par un porche ou, le cas échéant, un porche accessible par un escalier couvert; cet élément architectural apparaît même dans des architectures dépourvues de tout autre espace intermédiaire.

L'âge du pan de bois a coïncidé avec le maximum d'inventivité dépensée dans les espaces extérieurs annexes de l'habitation, et surtout dans leur intégration aux espaces intérieurs; on verra plus loin comment ces éléments architecturaux ont évolué entre la phase vernaculaire et la phase commerciale de l'histoire de la maison d'Europe.

Contrairement aux pièces principales des maisons anciennes, tant urbaines que rurales, qui étaient affectées à une fonction immuable liée à des traditions strictes, d'autres locaux à usage domestique sont restés polyvalents, servant souvent simultanément d'habitation et de service secondaire. Nous avons évoqué plus haut l'existence d'espaces affectés au couchage, spécialement des jeunes et des inférieurs sociaux, ne faisant pas partie pour autant de l'enceinte chaude; leur fonction essentielle, avant même celle d'hébergement qui reste secondaire, est celle de réserves, principalement d'alimentation et de combustible (indépendamment même de toute production proprement dite, agricole ou artisanale), plus rarement d'eau sous forme de citernes. La préparation et la conservation des aliments était tout autre chose dans les économies pré-industrielles et pré-capitalistes qu'à l'époque marchande actuelle et la maison devait contenir, souvent pour des mois, toutes les denrées nécessaires, comestibles et combustibles. On trouve tout naturellement des caves exploitant la fraîcheur du sol pour conserver le vin et les viandes, alors que d'autres réserves sont au contraire tièdes, sombres ou sèches selon le produit à conserver.

L'éventail des locaux appartenant à la catégorie des réserves est immense, et seules les grandes fermes, les maisons de maîtres ou les abbayes pouvaient les posséder tous : cellier ou cave, saloir ou lardoir, fruitier, laiterie, etc., sans compter les pièces de travail domestique telles que lavoir, garde-linge, ouvroir, atelier, bûcher, séchoir, car la maison devait alors abriter la fabrication des vêtements, du mobilier, etc.

Dans de nombreuses habitations trop modestes pour compter plus de deux pièces habitables, l'espace dévolu à ces services égale pratiquement le volume habitable. Ces espaces sont d'ailleurs polyvalents, voire modifiables selon les circonstances; lieux de travaux en même temps que de réserve, où parfois les lapins et les poules voisinent avec le garde-manger et la réserve à bois, tandis qu'en soupente, les gamins dorment au milieu d'un capharnaüm de vieux meubles et d'objets en réserve.

A la différence des précédents, qui assurent des fonctions relatives aux biens de consommation domestique, les espaces d'exploitation sont liés à la production et, partant, totalement spécifiques de l'un ou l'autre type d'activité pré-industrielle : soit rurale (agricole, pastorale, artisanale), soit urbaine (artisanale, industrielle ou commerciale). En fait, l'intégration de ces deux catégories de locaux n'est nullement caractéristique de l'habitat européen, mais plutôt de tous les habitats du monde avant l'accomplissement des révolutions industrielles et de l'extension de l'économie de marché aux dépens de l'autoconsommation.

L'intégration des activités productives rurales ou artisanales à l'habitat présente pour nous un intérêt particulier, car elle opère à double sens : de même que l'habitat offre aux « produits de la terre » (animaux et végétaux) un abri nécessaire contre le froid et l'humidité des mauvaises saisons, réciproquement ces produits, par la chaleur qu'ils dégagent, contribuent à renforcer la qualité d'abri de l'enceinte habitable, proportionnellement à l'intimité de leur insertion à cette enceinte; ceci est particulièrement vrai pour les granges, les greniers à fourrage et les étables à gros animaux. Ceux-ci, de façon très variable en régions tempérées, mais quasi-systématique en montagne, ont été intégrés à la demeure des hommes dès que les progrès de l'agriculture ont permis aux paysans de leur faire passer l'hiver grâce à une réserve suffisante de fourrage sec. Cependant, il serait vain de rechercher un véritable déterminisme climatique à cette intégration, et l'exception la plus marquante est celle des pays les plus froids de la zone eurasienne : la coutume des Pays nordiques et de la Russie, même sibérienne, est en effet de maintenir les animaux dans des locaux séparés, donc extrêmement froids, d'accès difficile par temps de neige, et au prix de la perte du précieux apport calorique qu'ils auraient pu représenter. Cet illogisme apparent semble découler assez naturellement de l'utilisation de la construction par *srub,* ou *log,* usitée dans ces pays. On sait en effet que ce quadrilatère, fortement assemblé par d'encombrants joints angulaires, se prêtait mieux à la réalisation de cellules autonomes qu'à de vastes et complexes ensembles volumiques. Non que ces ensembles soient impossibles à construire, comme en témoignent par exemple les églises russes, mais parce qu'ils exigeaient des prouesses techniques difficilement réalisables par les paysans autoconstructeurs. Si ceux-ci, comme en Russie, voulaient néanmoins réaliser un volume bâti unique, ils procédaient en juxtaposant des *srubs* complets, auxquels ils donnaient une largeur décroissante (en gigogne) pour éviter toute relation entre les joints : le grand carré était l'*isba,* le plus petit le poulailler, les autres locaux de la ferme étant intermédiaires. Dans de telles conditions, chaque *srub,* déjà isolant par nature, étant séparé de son voisin par une épaisse lame d'air, la transmission de chaleur entre les hommes et les animaux n'avait plus guère de signification; même les passages intérieurs d'un *srub* à l'autre n'étaient pas courants, du fait qu'ils exigeaient le percement de deux murs consécutifs et l'aménagement d'une passerelle ou d'un escalier.

Pour revenir au cas général où le procédé de construction donnait assez de liberté aux constructeurs, le déterminisme culturel joue certainement pour induire quantité de solutions parfois climatiquement aberrantes. En nous en tenant au trio le plus significatif, habitation-étable-grange, nous trouvons par exemple les relations suivantes :

— Aucune intégration : tous les bâtiments de la ferme sont disposés en ordre séparé sur un terrain commun (Pays scandinaves, Balkans; en France : pays d'Auge, Limousin...), voire même sur des terrains distincts (dans les Hautes-Alpes, en Maurienne).

— Juxtaposition sans intégration ni même communication protégée (Russie, France : Jura, Cotentin, Gascogne).

— Juxtaposition : début d'intégration au niveau de la protection des communications (Alsace, Jura, Ile-de-France, etc.).

— Interpénétration sous un volume commun des différents

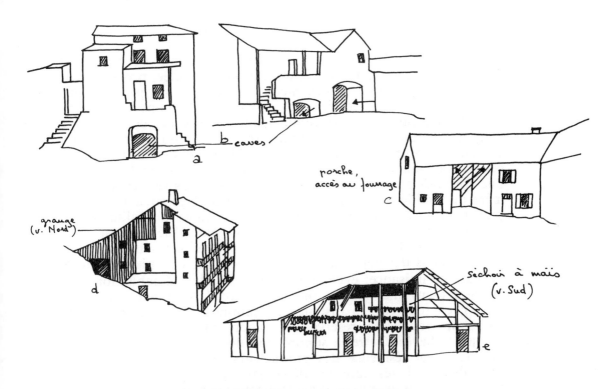

22. Intégration habitation/ services agricoles (France).
a et b - Maisons de vignerons; c - ferme d'Ile de France;
d - ferme alpine; e - ferme en Champagne.

locaux qui demeurent cependant fortement individualisés (nombreux exemples alpins).

— Fusion totale : l'habitat, réduit au minimum, constitue plus une intégration des habitants à l'élevage que la réciproque (le Massif central, les Vosges, les Alpes, etc.).

L'habitation n'assurait pas que l'abri, généralement épisodique, des bêtes et de leur nourriture. Le plus souvent l'aire à battre lui était directement attenante, l'intégration « profitant » alors plus à la production, en facilitant l'entretien et le contrôle d'un sol qui devait rester propre et sec, qu'à l'habitation : en effet, si l'on jouissait hors saison d'un espace propre et habité, la poussière était insupportable en période de battage; l'intégration des autres espaces agricoles apporte, elle aussi, plutôt des nuisances qu'autre chose au confort de l'espace habitable : odeurs, bruits, va-et-vient de charrois encombrants. En fait, la question du confort ne se pose pas à leur sujet; ils sont des instruments de travail et reçoivent la place qu'ils requièrent : place surveillée, protégée, vite et facilement accessible. Les mêmes remarques s'appliquent aux installations viticoles et artisanales. Nous en donnons pour exemple une maison d'artisans commerçants ruraux où, comme d'ailleurs pour les moulins, le seul problème, posé et résolu, est d'assurer la proximité maximale des habitants et de leur travail : la cellule d'habitation y est comprimée, littéralement engloutie entre une épicerie-café exigeant la disponibilité de tous les instants de la mère de famille et une entreprise de charronnage envahissant non seulement les trois quarts des espaces bâtis, mais la totalité de leur terrain d'accès. Les maisons d'artisans ont généralement pour caractéristique la réduction de la cellule familiale à une enceinte enserrée dans des bâtiments d'exploitation qui sont plus ou moins facteurs de nuisance; éventuellement la « salle » d'habitation elle-même est envahie par les outils de travail (exemple : les tisserands); en tout cas, la distance est minimisée entre l'artisan, ses outils de travail, sa réserve de matière première et son dépôt d'objets achevés. Outre la suppression des distances entre lieux de production et résidence des producteurs (les aides et valets étant généralement logés dans les dépendances de la maison des maîtres), cette imbrication avait évidemment pour avantage l'économie de terrain en épargnant les zones « industrielles » spécialisées; avantage précieux en ville, où souvent on assiste à la stratification type : artisanat et négoce au rez-de-chaussée plus cellule domestique aux étages plus locaux annexes d'exploitation dans les combles (exemple : les séchoirs des teinturiers à Strasbourg, ou des tanneurs à Fribourg). On trouve ainsi à l'orée de l'âge capitaliste (fin du Moyen Age, première concentration des capitaux et orientation financière de l'accès à la maîtrise) des « maisons de maîtres » urbaines qui constituent, en même temps qu'un habitat, de véritables usines.

En zones rurales, les bâtiments d'exploitation peuvent être ou non construits selon le même procédé et avec les mêmes matériaux que la cellule d'habitation. Toutes les combinaisons sont possibles :

— Maison + étable + grange : même structure, mêmes matériaux : *isbas,* fermes bretonnes...

— Mêmes structures, matériaux différents : par exemple grange-grenier de maçonnerie avec grenier en combles. Le grenier peut être soit clos en pignon par le même matériau, soit clos par des voies disjointes pour laisser passer l'air, soit non clos.

— Structures juxtaposées ou superposées de matériaux différents : les bâtiments d'exploitation peuvent occuper le premier niveau maçonné, l'habitat à étage étant, suivant les régions, en pierre, en pans de bois, en bois; ou bien les bâtiments d'habitat et les étables sont à rez-de-chaussée maçonnés, les granges et séchoirs à l'étage sont en bois (*fuste* du Queyras), etc.

Toutes ces combinaisons se répercutent sur l'aspect des bâtiments, et ont beaucoup contribué à la diversification des styles régionaux. L'hétérogénéité fonctionnelle des volumes est, selon les cas, affirmée ou masquée en façade, avec pour principaux facteurs de différenciation :

— l'affirmation du matériau brut (ou des combinaisons de matériaux);

— sa transformation par l'affinement (polissage, parement, égalisation, rejointoiement); sa dissimulation (enduit, placage divers); sa transfiguration esthétique, qui n'implique pas nécessairement la dissimulation, au contraire (polychromie, décorations diverses).

En ce qui concerne la polychromie, il serait certes intéressant de vérifier l'effet de certaines recherches colorées sur le comportement thermique des murs : malheureusement pour les logiciens, aucune règle générale ne se dégage, qui permette de préciser la moindre constante fonctionnaliste en ce domaine : ainsi, s'il se trouve que les *isbas* et autres habitats de bois noircis au goudron absorbent parfaitement les précieux rayons solaires, des polychromies violentes, moins favorables, et surtout la coutume de peindre en blanc les bardages, qui s'est généralisée au XVIIIe siècle notamment en Suède, au Danemark et en Grande-Bretagne (ainsi que dans ses colonies des Amériques), infère toute conclusion déterministe. De même que dans le Sud, les habitats blancs réfléchissants font souvent place à des pigmentations infiniment défavorables à la réflexion des rayons solaires trop violents. Des préoccupations esthétiques ou symboliques développées dans le cadre d'une gamme restreinte de possibilités techniques semblent avoir joué ici, beaucoup plus qu'une science empirique des enveloppes; et même quand la solution généralisée dans une région coïncide avec l'optimisation thermique, cela semble être dû à la concordance occasionnelle de facteurs hétérogènes.

Il est difficile à l'observateur contemporain de se mettre à la place du constructeur ancien; un outil de travail valable serait l'examen systématique des évocations ou des descriptions de « la maison » dans les littératures vernaculaires, détour que nous ne pouvons faire ici.

Agencement des masses et microclimat

Sachant que les masses finalement bâties sont la résultante des intégrations entre enceinte habitable, locaux annexes et locaux d'exploitation, les facteurs de diversification de l'habitat pourraient théoriquement mener à des combinaisons infinies. Or l'Europe, malgré la diversité certaine de son habitat, ne présente finalement qu'un nombre de modèles de groupements de masses relativement restreint. Les volumes de base les plus répandus sont sensiblement parallélépipédiques (compte non tenu du volume de section triangulaire ou quasi triangulaire des toits) : l'un voisin du cube, l'autre allongé. Ces deux volumes de base sont souvent, surtout dans les groupements denses, plus ou moins déformés; mais ils demeurent les modèles de référence idéaux ou stylistiques de l'habitat, que les groupements et conglomérats bâtis soient engendrés (selon les styles), à partir de l'un d'entre eux, ou de la combinaison des deux. Dans le second cas, il est extrêmement courant, en tout cas dans toutes les régions influencées par les modèles méditerranéens (soit par filiation directe, soit par l'intermédiaire du style classique à partir de la Renaissance), que la forme cubique caractérise les locaux d'habitation, les divers services étant plutôt de forme allongée.

Dans le cas où l'ensemble des volumes bâtis est allongé, les volumes spécifiques à chaque fonction se distinguent plus malaisément, en particulier du fait de l'habitude fréquente de construire en contiguïté les corps de bâtiment, au fur et à mesure des besoins. L'échelle relative de ces différents locaux varie évidemment à l'infini, en particulier avec les modes de juxtaposition des différents services. Par exemple, l'habitation peut, si elle a deux niveaux, égaler la hauteur de la grange et dépasser celle des étables et autres annexes; ou au contraire présenter une hauteur inférieure à celle des locaux d'exploitation pour peu que ceux-ci soient surmontés de greniers importants, etc.

Dans les deux cas ci-dessus, le groupement peut être indifféremment lâche ou serré : les rectangles allongés à murs-pignons se prêtent à toutes sortes de juxtapositions relativement faciles à exécuter, simultanément ou au fur et à mesure des besoins. Les modes de juxtaposition engendrent soit des barres allongées, atteignant parfois les cent mètres (fermes d'Aquitaine), soit des volumes plus ou moins repliés autour de deux, trois ou même quatre côtés de cours. Du point de vue du service, la fonction de ces cours affectées à l'entreposage des matières agricoles, à la circulation des bêtes, gens et véhicules, est assez transparente; du point de vue climatique, comme on l'a vu précédemment au chapitre des habitats de climat chaud, les règles sont loin d'opérer de façon évidente. Non sans doute qu'il n'y en ait pas eu, mais plutôt du fait que chaque option de groupement correspond à un choix, légitime mais jamais totalement satisfaisant, entre des contraintes trop multiples : soleil, vents dominants, pluies, neige, etc. On trouve donc, sans cause déterminante apparente, des cours largement ouvertes aux courants d'air, d'autres protégées par un front continu de bâtiments, mais trop vastes pour bénéficier d'un réel microclimat, d'autres au contraire très resserrées au point de nuire à l'ensoleillement des murs (Artois), etc.

Par opposition aux assemblages plus ou moins compliqués et déformés de volumes oblongs, les ensembles de bâtiments à base cubique obéissent à des lois d'assemblage, et produisent des effets microclimatiques différents. Le cube, là où il n'est pas associé à des volumes allongés plus souples, se prête rarement à la juxtaposition. Si, à titre d'exception, on a montré plus haut le type d'assemblage linéaire « en gigogne » des isbas, les constructeurs de bâtisses cubiques les établissaient le plus souvent « en semis » plus ou moins serré : soit de bâtiments complémentaires à fonctions différenciées (les différents bâtiments d'une ferme, par exemple), soit de bâtiments analogues groupant en un volume unique des fonctions différentes. C'est en haute montagne que l'on trouve le plus souvent ces types d'implantation, alors heureusement légitimés par l'intérêt de ne pas laisser la neige s'amonceler en amont des murs; mais on les trouve également dans des régions beaucoup plus clémentes, où aucun déterminisme naturel ne semble devoir les imposer (Pays basque). Or notons que le cube isolé, si son rapport surface/volume est optimal du point de vue de la minimisation des pertes thermiques, est le volume le moins apte à la constitution de microclimats extérieurs, le front de dépression qu'il constitue n'ayant pas une emprise suffisante pour être protégé des tourbillons engendrés aux angles; ce défaut est partiellement corrigé par l'aménagement d'espaces architecturaux protégés tels que porches profonds (Pays basque) ou, exceptionnellement saillies coupe-vents des murs latéraux (voir 21, b).

Naturellement, au niveau du groupement villageois, plus encore que de la maison ou de la ferme isolée, de nombreuses contraintes étrangères au déterminisme climatique viennent contrarier les règles de « la bonne orientation » et modifier les effets microclimatiques dans un sens favorable ou négatif.

Il existe quantité d'exemples de compromis entre les impératifs du groupement et l'optimisation climatique; celui que nous présentons, relevé dans le Bassin parisien sur un versant très exposé au vent humide de l'Ouest et au vent froid du Nord, illustre un artifice courant des bâtisseurs qui consiste à disposer de diverses façons les habitations par rapport aux rues du village, comme elles le sont au long des routes des hameaux avoisinants : tantôt parallèlement, tantôt perpendiculairement, voire obliquement (et dans le cas le plus fréquent du parallélisme, soit avec la façade principale sur rue, soit au contraire sur une arrière-cour, impasse ou cour commune), pour leur conserver à tout prix une orientation favorable du point de vue solaire et éolien. En haute montagne, pour revenir aux habitats-cubes, les prospects régissant l'ensemble en semis se voient tantôt réduits au minimum (comme au village de Saint-Véran), tantôt distendus à l'extrême; si le resserrement se justifie par l'intérêt de conserver d'une habitation à l'autre des passages protégés de la neige par les grands débords des toits, a contrario la dispersion se justifie par la crainte de l'extension dévastatrice des incendies; dans le premier cas, cependant, il faut constater une perte d'ensoleillement des façades et un accroissement de l'humidité qui aggravent encore les conditions d'un confort très précaire, en même temps qu'une exacerbation des effets de tuyère, ou de tourbillon, proportionnels à l'étroitesse des passages.

Des observations similaires ont été faites sur l'habitat rural français, vers 1900, par l'urbaniste Urwin.

En bref, l'ensemble habité, ferme isolée, hameau ou village, doit être appréhendé comme un ensemble complexe doté d'un microclimat influencé tant par les masses et les volumes de ses bâtiments que par ses espaces extérieurs, espaces plus ou moins déterminés, orientés et cloisonnés par des écrans, masques et protections de toutes natures. Les clôtures en particulier, qu'elles soient constituées d'éléments artificiels (généralement le même matériau que les murs des bâtiments), ou végétaux (espèces arbustives ou arbres modifiés par des tailles répétées), participent du microclimat au même titre que les bâtiments : elles abritent des grands vents aussi bien les voies, cours et places qui les contournent ou les longent, que les parcelles qu'elles enserrent, vergers et potagers notamment, qui, en zone d'économie villageoise, sont les compléments presque obligatoires des habitations même non agricoles. On ne s'étendra pas ici sur les nombreuses morphologies que peuvent affecter ces parcellaires villageois : tissu lâche où chaque habitation familiale est entourée de son jardin clos, ou tissu densement construit entouré d'un ou plusieurs côtés par la zone horticole, etc. Mais pour résumer ce bref aperçu sur les groupements des masses bâties en climat à dominance de froid et d'humidité, nous noterons ceci : à la différence de ce qui se passe en climat excessivement chaud, le resserrement des masses bâties n'assure pas automatiquement une bonne défense climatique. Certes, il peut être favorable pour un bâtiment et ses abords immédiats que l'impact du vent soit brisé par un ou plusieurs autres; mais les effets de tuyère à l'intervalle des masses bâties ne font qu'aggraver cet impact, en particulier sur les espaces extérieurs; d'autre part, tout retour de bâtiment ou limitation des prospects contribue à limiter l'insolation. Enfin, le nombre de facteurs étrangers à la problématique climatique croît avec l'importance numérique et fonctionnelle de l'agglomération, au point que la ville d'Occident apparaît, dans l'ensemble, comme fort peu adaptée à l'optimisation du confort de ses habitants; on ne peut y relever de tropismes manifestes, par exemple, de disposition préférentielle des ouvertures et des espaces semi-extérieurs, privés ou publics, en fonction des vents dominants, du soleil, etc. Gaston Bardet, cherchant à travers les tracés des villes mondiales une rationalité des orientations, n'en trouve en Europe, ni dans les cités du Moyen Age, au tracé complexe, disons libre, ni dans celles de la Renaissance ou de l'Age Classique, tracées par le fait du prince sur quelque figure géométrique volontiers rayonnante; ceci forme un contraste étrange avec la grande attention des urbanistes orientaux et antiques; périodiquement, certes, quelque théoricien a attiré l'attention sur ce point — Dürer, ou Marino[20] — mais en vain; il faudra attendre les temps modernes pour que le problème des climats urbains soit abordé de façon sérieuse.

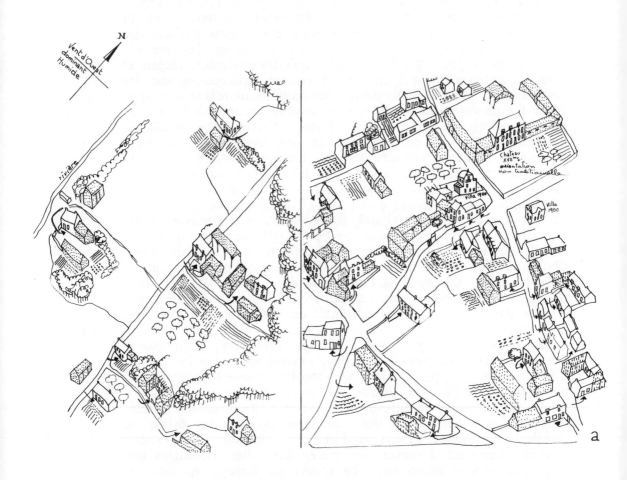

Vent d'Ouest dominant Humide

N

rivière

Château XVIIᵐˢ orientation non traditionnelle

Villa 1900

Villa 1900

a

23. Microclimats et agglomérations rurales.
*a - Orientations : tout percement est ici exclus face au nord et à l'ouest (ex. Bassin parisien);
b - choix du site, mise à profit du relief pour s'orienter au soleil et éviter le vent (Drôme).* ▶

b

Écosystème des zones froides et humides

L'écosystème de ces zones froides et humides a longtemps bénéficié de l'exceptionnelle capacité de régénération de leur couvert végétal. Ainsi peut-on dire que les civilisations qui, en Europe notamment, ont produit les habitations précédemment décrites, ont profondément modifié leur cadre naturel mais, tout au moins jusqu'aux débuts de l'aire industrielle, sans le dégrader.

Partant d'un couvert forestier général, les Européens ont néanmoins fortement attaqué ce patrimoine, du fait de leurs besoins très élevés en combustible, ce qui les a poussé, dès le Moyen Age[21] dans certains pays, à limiter l'usage du bois dans la construction. Mais la dépense pour le chauffage domestique n'en est pas moins restée énorme en dépit des critères de confort très bas. Quant à l'énergie à destination industrielle, elle ne devait qu'exceptionnellement recourir au bois, et fut jusqu'à la généralisation de l'usage du charbon, parfaitement assumée par les moulins et les machines hydrauliques et éoliennes. Objets de nombreux conflits, les droits sur les moulins devaient dans tous les systèmes sociaux européens archaïques tenir une place économique et sociale importante et cristalliser privilèges et revendications d'une façon aussi cruciale que l'économie de l'eau en Orient. Ces conflits étaient jusqu'à un certain point légitimes dans le cas des moulins et barrages fluviaux, dont l'édification ne peut se faire sans règles ni limites sur un même cours d'eau, mais relèvent de la dynamique de l'abus de pouvoir dans le cas de l'inépuisable puissance éolienne.

Ainsi, durant l'âge technique gothique et ses prolongements tardifs jusqu'au XVIIIᵉ siècle, les sociétés recouraient à une double source d'énergie, l'une de combustion végétale (ou fossile) pour leur chauffage et une partie de leur industrie, l'autre mécanique et inépuisable pour l'essentiel de leurs activités. L'habitation fut majoritairement marquée par sa fonction combustible, les moulins ne lui étant associés qu'exceptionnellement, dans les quartiers d'artisans ou les lieux de production centralisée comme les abbayes. Les abbayes cisterciennes en particulier, unités parfaitement réglées de production, de consommation, d'utilisation et de transformation du milieu naturel, constituent comme un résumé absolu du tissu de relations que nous appelons ici éco-système gothique (*cf.* troisième partie, chap. 14). Il faut noter que, sauf

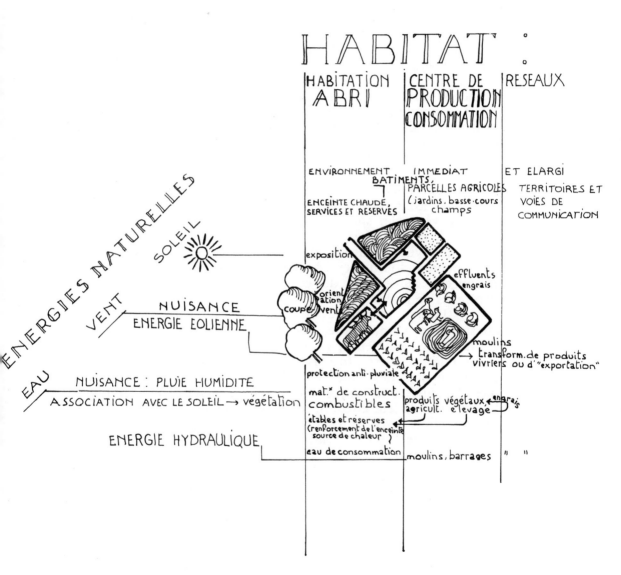

HABITAT :

HABITATION ABRI	CENTRE DE PRODUCTION CONSOMMATION	RESEAUX
ENVIRONNEMENT	IMMEDIAT	ET ELARGI
BATIMENTS,	PARCELLES AGRICOLES	TERRITOIRES ET
ENCEINTE CHAUDE, SERVICES ET RESERVES	(jardins, basse-cours champs	VOIES DE COMMUNICATION

ENERGIES NATURELLES

SOLEIL

exposition

VENT · NUISANCE
ENERGIE EOLIENNE

orientation
coupe vent

effluents engrais

moulins
transform. de produits
vivriers ou d'"exportation"

EAU · NUISANCE : PLUIE HUMIDITE
ASSOCIATION AVEC LE SOLEIL → végétation

protection anti-pluviale

mat.x de construct.
combustibles

produits végétaux
agricult. élevage

engrais

étables et réserves
(renforcement de l'enceinte
source de chaleur)

ENERGIE HYDRAULIQUE

eau de consommation

moulins, barrages   " "

24. Analyse écosystémique des habitats en zones froides et humides.

dans des cas particuliers comme les moulins hollandais voués au drainage, le moulin à vent était rarement associé directement au lieu d'habitation, alors que de nombreux barrages fluviaux ont associé en une bâtisse commune les massifs d'étranglement du courant, l'abri de la mécanique, les locaux et entrepôts industriels et l'habitation des artisans. Cette opposition tient peut-être au fait que les lieux très ventés n'étaient guère recherchés pour l'établissement des agglomérations, sauf pour des considérations directement liées à la défense militaire, alors que le voisinage des cours d'eau, même malsains, l'était presque toujours.

Les pouvoirs sociaux cherchèrent de tout temps à contrôler l'énergie productive, et instaurèrent aussi, à un degré moindre, un règlement du droit au combustible, parfois dans un souci de conservation d'un patrimoine périssable (nombreux édits princiers de protection des forêts), mais plus souvent à seule fin de tirer profit d'une ressource abondante et nécessaire par les taxes sur le petit bûcheronnage et même le ramassage du bois mort. D'une manière générale, sous les multiples réglementations féodales et royales, le droit à l'habiter même le plus précaire devait obéir à un lacis de privilèges, droits et limitations souvent exhorbitants, qui contribuèrent lourdement à maintenir les standards d'habitat des Européens au-dessous de ce qu'auraient permis les ressources naturelles de maintes régions.

Si l'usage immodéré du bois fut une caractéristique de la construction vernaculaire, les autres matériaux de construction courants ne semblent pas avoir présenté le même caractère de rareté relative; pierre, torchis divers des murs, chaume ou pierre de toitures étaient des matériaux inépuisables ou aisément renouvelables. La tuile et la brique, en revanche, menaçaient l'équilibre du bois du fait de leur cuisson, mais on ne saurait comparer la gravité de ces effets avec le cas des zones sèches étudiées plus haut. L'équilibre de l'eau ne semble pas non plus avoir été compromis en pays « tempéré » avant l'époque contemporaine. Au contraire, les actions d'assainissement opérées dès le haut Moyen Age, notamment par les grands ordres monastiques dans les zones marécageuses, tant pour étendre les terrains cultivables que pour permettre l'établissement des colonies d'agriculture, peuvent être considérées comme positives pour les équilibres naturels. Il en est de même de certaines façons agricoles comme le cloisonnement bocager, les bois ou haies coupe-vent, les murets, murs et terrasses, que les agriculteurs européens édifièrent durant des siècles comme complément de leur établissement. Un autre aspect positif de l'impact de l'habitat sur le milieu fut l'utilisation systématique dans tout le monde européen des déchets et effluents issus de l'habitat, tant domestiques qu'agricoles, aux fins d'amendement des terres. On sait que la rançon de ces usages, si rejetés dans l'Orient musulman, était une hygiène très basse, mais si le concept même d'hygiène était connu du Moyen Age occidental, il ne fut jamais assez puissant avant l'ère contemporaine, pour être opposable au confort thermique de base ou aux conditions de maintenance de la production agricole.

Ainsi, les établissements humains des cultures vernaculaires ne furent ni assez persistants, ni assez interventionnistes pour détruire leur milieu, lorsque, comme c'est le cas dans la presque totalité de l'Europe septentrionale, le climat humide et frais assurait à la végétation, en particulier arbustive, une capacité de renouvellement rapide. Leurs normes de confort étaient basses mais, dans la mesure où des calamités politiques ou des injustices sociales flagrantes ne venaient pas aggraver artificiellement les difficultés naturelles, une forme d'équilibre extrêmement pérenne a pu s'instaurer entre habitat et milieu naturel.

Place
des énergies naturelles
dans l'habitat
préindustriel

Milieu chaud

Milieu froid

Vent

Pour le confort
dans l'habitation

Toujours négatif
dans l'habitation.

Pour effectuer
un travail
(moulins)

Pour effectuer
un travail
(moulins)

Énergie solaire

Toujours négative
dans l'habitation

Positive, mais
très peu exploitée
dans l'habitation

Énergie hydraulique

Concourt parfois au
confort dans l'habitation

Nulle dans l'habitation

Effectue travail (moulins)

Effectue travail
(moulins)

Les enseignements
des habitats
vernaculaires

Les résultats de l'analyse qui précède sont déchiffrables à plusieurs niveaux : les uns totalement spéculatifs, les autres opérationnels.

Citons d'abord, bien que cela reste marginal par rapport à notre propos actuel, l'étude des habitats, dans leur relation au milieu naturel, effectuée pour parvenir à une meilleure compréhension des architectures existantes; celles-ci en effet sont généralement étudiées par des historiens ou des géographes, des ethnologues ou des sociologues, dont les approches combinées ne peuvent être qu'enrichies et complétées par l'intervention des concepteurs et techniciens du bâtiment, trop souvent absents de leurs équipes. Nous avons insisté sur le fait que les notions matérielles et concrètes de confort et d'activités productives ne devaient pas être privilégiées ni surtout séparées du contexte culturel déterminant un habitat; mais elles ne doivent pas pour autant être négligées, sous peine de réduire les analyses à une vision idéaliste et irréaliste.

Pour revenir à ce qui nous concerne plus spécialement ici, on notera tout d'abord que la notion d'habitation a été déconnectée, depuis des décennies, de celle de milieu naturel. Non que les agents et contraintes de ce milieu soient toujours et intégralement négligés par les architectes et constructeurs, mais parce que faute d'un corpus de connaissances réellement répandues et présentes à tous les esprits, il ne peut y avoir prise en compte globale, complète et opérationnelle des causes et des effets de ces phénomènes, et les bonnes adaptations de l'architecture au cadre naturel sont plutôt le fait d'initiatives personnelles que d'une doctrine cohérente. Or l'étude des habitats vernaculaires peut apporter énormément d'éléments de connaissances sur l'adaptation de l'abri, dans des conditions techniques données, à des gammes de climats demeurées inchangées. A condition de ne pas tomber dans l'erreur de confondre les notions d'habitabilité et de confort d'époques et de cultures irréductibles les unes aux autres, les concepteurs de l'habitat peuvent apprendre de ces analyses d'abris existants à retraduire en termes de perception thermique leurs options volumiques; c'est-à-dire s'accoutumer à prévoir les conséquences de leur design; ainsi peut-on prévoir, en cas d'ouvertures directement opposées, l'accélération de la ventilation transversale; en cas d'établissement de coursive, les convections de l'air interne et les modulations de la température des espaces intérieurs en résultant; en cas de positionnement central ou excentré d'un local source de chaleur, les conductions qui influeront (ou non) sur l'équilibre thermique des autres locaux, etc. Cette prévision devrait faire partie du « bagage professionnel » des architectes au même titre que l'évaluation a priori de l'impact réel de leur projet, une fois réalisé, dans son site d'implantation. Et dans la mesure où notre cadre bâti contemporain n'apporte plus de telles leçons, il faut les chercher, en opérant les transpositions nécessaires, dans les modes vernaculaires ou chez les architectes qui s'en sont explicitement préoccupés.

On a pu constater, dans les réalisations vernaculaires, que le climat, ses énergies et les contraintes qu'il implique, étaient ressenties, combattues ou exploitées dans leur globalité; c'est-à-dire, précisément, que les phénomènes éoliens et solaires étaient pris en compte simultanément, tant au niveau du choix des matériaux que de la morphologie et de l'implantation. Or, l'évidence du couplage vent-soleil pour définir un effet climatique a été généralement oubliée par les architectes et les urbanistes du XXᵉ siècle (comme on va le rappeler plus loin). Les ressouder en un concept unique d'énergie climatique nous semble essentiel, et ceci plus encore en architecture solaire, où les mirages de l'héliotechnique viendraient aisément faire oublier aux têtes faibles que la nature ne se divise pas.

La notion d'habitat elle-même ne recouvre pas exactement les mêmes aspirations selon qu'elle est formulée en termes d'architecture et de plastique, en termes de sciences humaines, ou en termes d'aménagement. A tous les niveaux existe le risque d'une vision passéiste où l'« appauvrissement » serait ressenti comme le résultat inévitable de toute espèce d'activité contemporaine. En ce sens, ou plutôt en réaction contre cette tendance, nous pensons que l'examen concret et matérialiste des habitats anciens dans leur confrontation à leur milieu naturel devrait plutôt infirmer que confirmer ce fantasme d'optimisation souveraine et de richesse permanente : il s'agirait en somme de démystifier l'habitat ancien, en substituant la conscience de sa réalité à la contemplation de notre propre désir tel qu'il s'incarne en lui. En termes plastiques en particulier, les jugements de valeur créditant tout objet et espace « ancien » au désavantage de ceux du présent relèvent d'un comportement auto-punitif, qu'il conviendrait d'examiner attentivement du point de vue psychologique, particulièrement en cette période de passéisme « historiciste » collectif.

En termes d'usage et de culture, il y a eu ces dernières années abondance d'études sur le comportement non conscient de l'homme moderne, et en particulier sur son investissement psychologique sur son habitat, et sa symbolique des espaces hors rationalité. Dans ces conditions, il est curieux que même des chercheurs spécialisés dans l'étude de l'habitat reviennent à des notions qui étaient auparavant l'apanage de quelques conservateurs invétérés, comme l'insignifiance de l'habitat contemporain, ou l'appauvrissement du contenu de l'environnement. Il est vrai que la dissociation de l'espace de l'habitation et de l'espace de travail, par exemple, ampute chacun de ces espaces des connotations de son complément; mais des éléments nombreux et nouveaux contribuent en revanche à une transformation inverse enrichissante : par exemple, connaissant les aspects riches et complexes de la symbolique de la voiture, on peut imaginer une évaluation de son rôle dans l'habitat qui sorte du rejet devenu traditionnel. Il semble ici que la condamnation esthétique prenne parfois le pas sur la rigueur philosophique (une confusion entre le contenant et le contenu, en quelque sorte...)

En matière d'aménagement et d'environnement, l'examen direct des équilibres entre habitat et cadre naturel — ou écosystème — serait à effectuer d'urgence et de façon aussi prospective que possible; c'est en effet à partir de l'étude de l'évolution de cette relation, dans un lieu donné, et de ses conséquences objectivement vérifiables sur le milieu « naturel », que des options prioritaires devraient être définies, telles que : définitions de densités souhaitables, choix objectifs d'implantation, association (prévue dès la conception des projets) des masses végétales et des masses bâties, etc.

La notion d'innovation peut donc être envisagée comme l'intégration d'éléments nouveaux à l'architecture de l'habitat tels que masses, volumes, enveloppes, appareillages destinés au captage et à l'utilisation de l'énergie solaire. L'intégration elle-même est alors comprise à plusieurs niveaux, complémentaires ou contradictoires.

Dans l'optique bioclimatique, la « leçon du passé » est maximale; la lecture des architectures vernaculaires donne aux concepteurs des exemples d'implantation dans le site, de volumétrie générale et d'orientation qui sont directement transposables; des rapports de masses bâties et d'échanges thermiques; des choix de matériaux; des jeux spatiaux modulant des relations variables avec les forces et contraintes du milieu naturel; bref, un langage cohérent et riche dans ses applications. L'illustration la plus franche de cette option est donnée par les architectures bioclimatiques d'adobe du sud des U.S.A.

Dans l'optique de « solarisation de l'habitat » la relation est un peu plus abstraite, moins apparente, dans la mesure où les habitats anciens et en particulier vernaculaires fonctionnent essentiellement de façon passive, et où la transformation radicale de l'aspect lié à des matériaux tend à occulter les analogies profondes. Nous considérons cependant que l'insertion des dispositifs solaires, appelés à se combiner avec les murs, toits, percements, volumes et éléments annexes de l'habitat, ou à en remplir les fonctions, doit se nourrir d'une réflexion, ou plutôt d'un réexamen de ces éléments architecturaux, de leur évolution, de leur appropriation fonctionnelle et formelle mono ou plurivoque par les habitants; nous avons tenté, tout au long de notre analyse des ethno-habitats, de mettre en lumière le caractère « innovant » qu'avait eu, dans des contextes donnés, l'introduction d'éléments architecturaux aujourd'hui admis comme évidents, et la dynamique (souvent lente, parfois accélérée) d'évolution des stéréotypes spatiaux; par exemple, l'élaboration en climats torrides sursolarisés de percements contrôlant de plus en plus étroitement l'admission de l'air et de la lumière; et l'introduction d'un captage du vent plus actif, par percement raisonné du massif-abri par des cours, des ouvertures adéquates et finalement des pièges à vent ou aspirateurs statiques. On peut citer aussi, cette fois en climats froids et humides, les « inventions spatiales » successives ayant permis l'utilisation fonctionnelle du volume intérieur circonscrit par l'enveloppe du toit. Cet examen « en dynamisme » des éléments spatiaux de l'habitat nous semble susceptible d'induire, au niveau de la conception d'éléments actuels, des comportements innovants.

En conclusion, le réexamen des architectures existantes peut se faire selon une analyse plastique de leurs volumes, tels qu'ils résultent des dynamismes des agents naturels. En d'autres termes, ces architectures sont présentées en tant que masses, formes et enveloppes ayant été conçues en tenant compte (sinon pour tenir compte) de ces agents naturels, et étant admises et perçues comme éléments d'architecture en sus de cette fonction. Plus concrètement, nous pensons que les architectures anciennes étaient pour la plupart en relation défensive plutôt que captrice vis-à-vis des énergies naturelles, et qu'elles s'organisaient bien davantage en fonction de leurs foyers à combustibles fossiles. Il y a lieu de reconsidérer attentivement le rapport entre foyer centralisant et ouvertures lumineuses tel que le vernaculaire évolué l'illustre, et tel que Wright principalement l'a transposé, pour cerner et résoudre les problèmes d'usage et d'agrément de l'habitation solaire; ceci sans négliger l'importance de la symbolique solaire et la fréquente assimilation entre ordre cosmique, ordre de la nature et pouvoir, qui sous-tend la plupart des grands styles passés.

2. Les temps modernes

Notre propos initial était de relier le courant architectural actuel, né de la reconnaissance des phénomènes écologiques et du recours aux énergies naturelles, aux habitats vernaculaires généralement supposés seuls dépositaires d'une tradition saine de relation à la nature. Or, en cours d'étude, il nous est apparu arbitraire, et pour tout dire inacceptable, d'effectuer un tel saut dans le temps et les modes de vie; que les idéologues le veuillent ou non, nous sommes, même en tant que réfractaires, héritiers bien plus authentiques des récentes générations, de leur mode de production, de leurs modes de conceptualisation, de leurs besoins et même de la façon dont ils vivent leurs angoisses, que des auteurs de ces habitats pré-industriels que nous scrutons avec une mentalité d'ethnologues torturés.

De plus un procès d'exclusion des temps modernes s'avère à la réflexion erroné : il n'est pas vrai que nous sortions tout armés d'un gouffre d'ignorance et de barbarie; il n'est pas équitable ni même scientifique de prétendre que la relation à la nature ait connu une éclipse culturelle totale de deux siècles et que notre génération ait tout à réinventer; laissons ces illusions aux néophytes ou cette imposture aux nouveaux prêtres de la nature, et remontons à nos sources d'Occidentaux surchargés de mémoire.

Du XVIᵉ au XXᵉ siècle, l'Europe et ses colonies ont vu naître et se confronter des courants successifs et contradictoires : courants dominants à vocation hégémonique, unificatrice, universaliste (académisme, internationalisme), et courants de résistance tendant à ressourcer l'homme et son habitat dans la diversité des natures et des cultures (architecture organique, œuvres de grands individualistes ou de collectivités marginales). Ces affrontements sont loin d'être apaisés et servent de contexte, ou mieux de substrat, au débat sur l'architecture solaire; c'est pourquoi nous ne pouvions éluder ce bref parcours d'écoles et d'œuvres très connues et maintes fois analysées, mais sous d'autres angles et pour d'autres desseins.

Vers les temps modernes

La fin du vernaculaire

Dès que se répandirent les progrès de la verrerie, les hautes classes rêvèrent d'introduire chez elles la lumière souvent défaillante. Les modèles classiques ramenés d'Italie connurent une vogue d'abord royale, puis noble, puis bourgeoise; le style français, à mesure qu'il s'affirmait, acheva d'éventrer ses modèles italiens, faisant entrer à flots le soleil affaibli, par des baies de plus en plus vastes, dans des halls de plus en plus minces et étirés. La maison gothique, elle aussi, avait auparavant conquis peu à peu la lumière du nord par ses multiples percements, mais sans que ses économes constructeurs aient en général songé à amaigrir ainsi sa masse pour mieux étendre ses façades; et elle recélait, au cœur de salles claires, un noyau chaud et mi-obscur qui défiait l'hiver. Le château classique, lui, ne cacha rien, se fit serre avant d'avoir conquis des moyens de chauffage à la mesure de sa demande, ripa son axe principal pour s'ouvrir en est et ouest, et dédia ses nobles enfilades à tous les feux du jour, à tous les vents du ciel. Un tel habitat inaugurait et institutionnalisait des rapports nouveaux au milieu naturel :

— Tout d'abord une relation d'ordre symbolique à la course solaire. A Versailles, pour prendre l'exemple le plus explicite de cette intention, la chambre du Roi est frappée par le soleil levant, tandis que les galeries de réception s'ouvrent au couchant, les rayons bas se faisant un chemin par la percée du tapis vert et du canal.

— Ensuite une relation essentiellement visuelle et scénographique, privilégiant la lumière sur tout autre apport naturel, et orientant masses et percées selon des lois plastiques et non plus pragmatiques.

— Enfin du point de vue thermique, on accepte une accélération des échanges intérieur-extérieur due aux percements considérables, symétriquement opposés sur des façades thermiquement différentes, disposition qui permet d'accueillir systématiquement les apports solaires d'été, mais très mal ceux d'hiver. On retrouvera d'ailleurs ce dilemme entre les orientations est-ouest et nord-sud à propos du logement du XXᵉ siècle.

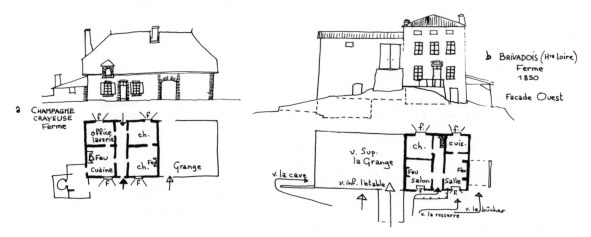

25. Introduction d'un plan standard dans l'habitat vernaculaire français.

Mais qu'on ne s'y trompe pas : si ces demeures de l'âge classique ont acquis une haute réputation d'habitabilité (du moins celles du XVIIIᵉ siècle), c'est que cette époque de perfection des métiers avait mis au point un second œuvre d'un raffinement sans précédent, auquel on peut sans hésitation attribuer le confort de ses grandes maisons-verrières. Le modèle s'étendit à la maison de maître, et l'on trouve en France, en Autriche, etc., des habitations de paysans riches calquées sur lui. Ce qui nous intéresse ici particulièrement, c'est de voir, tout au long du XIXᵉ siècle, se répandre dans toutes les couches sociales, et jusque dans les plus pauvres villages, un plan-type résultant de la réduction finale du château classique, et qui se substitue alors, du moins en France, aux maisons proprement vernaculaires. Il s'agit d'un ensemble de quatre pièces distribuées par un couloir central, avec ou sans étage habitable, dont toute agglomération possède de nos jours au moins un exemplaire, adapté aux matériaux locaux et aux activités productives de ses habitants, sinon aux suggestions du site. Le plus clair du gain apporté par ce modèle était d'assurer quatre pièces principales à l'habitant, là où la maison vernaculaire n'en offrait que deux ou trois. Ces quatre pièces indépendantes étaient également éclairées au mépris des lois ancestrales prudentes qui se défiaient d'un point cardinal sur deux (!), au mépris aussi des combinaisons spatiales à forte connotation hiérarchisante et symbolique. C'est ainsi que le « coin du feu » n'animait et ne privilégiait plus qu'un local ordinaire, le quart en fait de la surface habitable, qui de salle devenait une simple cuisine habitée, la fonction sociale éminente de l'ancienne pièce à feu se transmettant à un salon rarement occupé, encore que de nombreuses habitations paysannes du début de cette évolution aient placé leur cloisonnement transversal dissymétriquement pour ménager une grande salle et une annexe postérieure.

Que retenir essentiellement de cette substitution de modèle instaurée au cœur même de l'habitat « populaire »? Le modèle procède de la réduction d'un type noble, mais ceci n'est pas sans précédent, et les bâtisseurs locaux avaient, en d'autres temps, absorbé bien d'autres influences. Ce qui est ici spécifique et fatal au vernaculaire, c'est le principe même qui préside à l'élaboration du modèle nouveau et qui va le rendre profondément inassimilable, à savoir une conception géométrique, abstraite et simplifiée, relevant directement de la représentation graphique plane : angles (droits) prédéterminés par l'équerre; rapports dimensionnels automatiques (égalité des locaux et du percement), nés d'un tracé et non plus des orientations; usage d'axes impératifs; déterminations vérifiées sur l'espace plan du papier, dans la relation des cotes, mais sans prise sur la réalité de l'espace et du site (par exemple, deux chambres adossées tête-bêche peuvent bien être égales sur le plan, mais ne le sont absolument pas dans la réalité concrète, étant orientées à l'opposé). Nous touchons là, sur le vif, un changement profond dans la relation intérieur-extérieur, les données symboliques, ostentatoires et fonctionnelles prenant le pas sur les impératifs d'insertion au milieu naturel qui, dorénavant, ne vont plus cesser d'être négligés en construction courante.

La mort du vernaculaire n'est donc pas accidentelle, mais résulte de la volonté clairement exprimée des prophètes de l'unité et du progrès, tel Michelet qui, faisant l'éloge de la centralisation, écrivait en 1861 : « ... Ainsi s'est formé l'esprit général, universel, de la contrée. L'esprit local a disparu chaque jour : l'influence du sol, du climat, de la race, a cédé à l'action sociale et politique. La fatalité des lieux a été vaincue : l'homme a échappé à la tyrannie des circonstances matérielles... La société, la liberté, ont dompté la nature, l'histoire a effacé la géographie[1] ».

On pourra bien en retrouver périodiquement les signes extérieurs (maisons « rustiques », styles « régionalistes ») dans de simples habitations petites-bourgeoises ou de luxueuses villas : ce ne sont plus que des simulacres dès lors que le milieu qui les baigne ne les a pas directement déterminées, et que leurs bâtisseurs se font gloire de pouvoir le négliger. Nous nous demanderons plus loin (dans la troisième partie) si l'intégration des « énergies naturelles » peut être la clef d'un nouvel habitat vernaculaire. Mais il nous faut tout d'abord revenir sur cette architecture académique qui, en trois siècles, a liquidé les héritages et stérilisé les créativités divergentes de l'architecture mondiale, au point de constituer le premier courant véritablement international.

L'architecture classique

D'origine évidemment méditerranéenne, l'architecture qu'on appela classique fut une première fois déchiffrée dans sa théorie et sa pratique lorsqu'un livre de construction romaine, *De architectura* de Vitruve, fut traduit et imprimé en Italie, en 1486. On sait que *les Quatre Livres d'architecture* de Palladio, plus que tout autre ouvrage théorique de cette époque, répandirent la leçon vitruvienne, ou du moins son interprétation, aux confins du monde christianisé, et ceci pour quatre siècles; vers l'Europe jusqu'à ses limites nordiques, puis, par les voies des conquêtes coloniales, vers les tropiques (Caraïbes et Amérique méridionale; Indes orientales, etc.), et, dernier avatar, vers l'Extrême-Asie par les cheminements réalistes socialistes.

Une architecture si évidemment internationale ne pouvait être qu'a-climatique puisqu'au prix de légères modifications du second œuvre, elle était implantée simultanément à Rome, Saint-Pétersbourg, Bahia, Oulan-Bator. Essayons de dégager brièvement comment ce style, simultanément, nie les diversités climatiques et parvient tant bien que mal à s'en accommoder : tout d'abord, on ne peut qu'être frappé de la sélection qu'opère Palladio dans l'œuvre de Vitruve, car celui-ci englobe dans sa leçon tout ce que doit savoir un praticien, et en particulier l'attention scrupuleuse aux orientations (tant à l'échelle des locaux qu'à celle du tracé des villes), au vent, au soleil, aux effets de l'humidité, à l'environnement favorable ou nuisible à l'habitat; or de tout cela, il ne passe que peu de chose dans *les Quatre Livres d'architecture* de Palladio qui, comme plus tard ses émules, oriente indifféremment ses monuments, leurs cours, leurs galeries, aux quatre vents du ciel et déploie ses merveilleux espaces vides comme pour quelque éternel été; si le climat n'existe plus, le soleil demeure et triomphe, mais seulement comme signe visuel et révélateur de la perfection du dessin. Pourtant, l'architecture palladienne et ses dérivés s'adaptèrent à peu près aux divers lieux de leurs implantations; méditerranéenne et surtout a-climatique, elle pouvait néanmoins survivre aux rigueurs du gel, à la corrosion des moussons, ses incohérences même contribuant à la rendre partout partiellement adaptée : sa masse importante et ses percements mesurés la protégeaient du grand froid et des chaleurs sèches, tandis que ses portiques, galeries et corniches l'adaptaient à la protection solaire et pluviale; ses espaces de circulation et de cérémonie, glaciaux en région froide, devaient la rendre satisfaisante sous les tropiques. Cette structure éminemment véhiculaire, parvint, grâce à l'attrait de codifications simples, grâce aussi à un discours unifiant de l'ordre et du pouvoir et à sa souplesse fonctionnelle, à supplanter irrémédiablement des modèles localement adaptés et à consacrer la division entre architectures nobles et populaires.

L'architecture palladienne ne doit pas être considérée comme un phénomène historique clos, mais comme une interprétation potentiellement permanente de l'acte architectural; historiquement, sa survivance en plein XXᵉ siècle (académisme soviétique) puis sa récente résurgence avec les écoles historicistes, l'œuvre de Kahn, celle de Venturi, ou celle d'Aldo Rossi, en témoignent. Sur le plan conceptuel, surtout, nous constatons ici la permanence d'une conception abstraite, ou spiritualiste, de l'architecture qui se plaît à soumettre l'espace aux seules lois d'une composition volontaire, à le soustraire aux contingences particulières du temps et du lieu. A ce titre, et au-delà des époques et des conceptions constructives, le purisme spatial de Palladio et de ses émules rejoint le purisme de Mies Van der Rohe. Palladio était certes un constructeur opportuniste, qui ne se troublait guère de déguiser la brique stuquée en pierre, alors que l'Allemand étendra sa rigueur au traitement sans équivoque de tous ses matériaux. Mais le même idéal universaliste, la même vocation à l'hégémonie donne à leurs architectures, dont les héritiers respectifs aujourd'hui se déchirent, la même signification profondément antinaturaliste, aux antipodes exactes de toute démarche héritée du vernaculaire.

La place du soleil dans l'architecture académique (de la Renaissance et des grands pouvoirs monarchiques) a pris un caractère hautement symbolique, et d'autant plus ostentatoire qu'il s'intégrait dans les institutions. Nous avons évoqué le château classique. Revenons brièvement sur une série de signes solaires dans l'architecture et la décoration de cette époque.

Les ordres, eux-mêmes fondement de la composition et base du savoir de l'architecture classique, étaient figurés en géométral, avec toutes leurs ombres. Les règles de tracé des ombres, basées sur un soleil fixé théoriquement à gauche et selon une inclinaison de 45°, c'est-à-dire selon le seul angle non déformant, sont inséparables des règles de la modénature; c'est dire que la rythmique toute entière des façades est élaborée en fonction du soleil, qui la décrira dans sa course et révèlera une fois chaque jour la perfection de son dessin. La multiplication des niches, ouvertures fictives dans les murs aveugles, ne prend également son sens que par le jeu du déplacement des ombres qu'elle produit. Élément courant dans la composition des façades, la niche atteint son autonomie dans des programmes de prestige où elle vient à constituer des façades entières, trop gigantesques pour toute autre « fonction » que le symbole de la course solaire (Nicchione di Belvedere de Michel-Ange au Vatican). Le « mobilier solaire » — outre les cadrans solaires omniprésents, les obélisques, les gnomons et les pyramides — figure, dans la grande demeure noble, les concepts opposés de la lumière et de l'ombre; aux orangeries, terrasses, exèdres et belvédères orientés vers le sud s'oppose un Hadès symbolique : grottes, nymphées, figurations des zones infernales et de leurs dieux, ou des titans préolympiens. Ainsi les quatre points cardinaux orientent-ils la composition classique au terme de son élaboration en plaçant la demeure du prince au centre même des directions du monde :

— Est-ouest : course solaire symbolique, non climatique, scandant la journée du prince dans sa demeure de son lever à son coucher.

— Nord-sud : axe cosmique et climatique, le sud favorisant les étagements de jardins végétaux protégés (point fort : l'orangerie), le nord étant le lieu symbolique des enfers (la grotte, le nymphée).

A l'échelle des ensembles architecturaux et urbains, d'autres volumes donnent lieu à une véritable théâtralité solaire : les exèdres, quelle que puisse être leur orientation, c'est-à-dire leur rationalité climatique, scandent eux aussi au rythme de leurs ordonnances le parcours quotidien des rayons, et la fréquente implantation d'une obélisque en leur foyer transforme le dessin de leur plan en quelque cadran pour géants, dont les directions sont concrétisées par le tracé rayonnant des dallages. Notons que ces exèdres, et d'une manière générale les grandes places urbaines, furent souvent un don octroyé par le pouvoir à la population : percées majestueuses opérées dans la masse obscure de la ville, elles transmettaient le message unifié de la lumière et du pouvoir, et c'est tout à fait explicitement que, bientôt, la statue du souverain remplace à l'épicentre l'obélisque solaire.

Le passé immédiat :
XIXe et XXe siècle

Le XIXe siècle

Tandis que l'art de bâtir « vernaculairement » s'éteint en Europe, sous le coup des modèles nobles et bourgeois, architectes, ingénieurs et philosophes posent les bases de l'architecture de l'âge industriel et d'une nouvelle relation de l'homme à la cité. Si l'architecture classique avait confronté ses masses au rayonnement solaire, exalté de la façon la plus explicite ses valeurs symboliques et joué de ses fêtes visuelles, ces tendances vont se développer dans une partie minoritaire mais novatrice, de la production du XIXe siècle : non dans la production courante néo-classique, qui au contraire ne cesse d'alourdir et d'assombrir les modèles qu'elle rabâche, mais dans l'œuvre de quelques chercheurs. Nous nous demanderons ici tout d'abord ce que recouvre précisément la relation à la lumière de ces architectures d'exception (puisque le soleil est à cette époque appréhendé exclusivement sous l'angle lumineux); puis, quel rapport général au milieu naturel sous-tend cette relation. Il semble aller de soi que la pensée active des bâtisseurs du XIXe siècle concevant le solaire ne s'exprime absolument pas en termes d'énergie. La source d'énergie et de chaleur de l'époque est le charbon, et concepteurs et techniciens, se fiant entièrement à cette matière apparemment inépuisable et au perfectionnement technique d'installations de plus en plus satisfaisantes, ne se poseront guère le problème architectural de la relation thermique de l'habitat à son milieu. Le soleil, la lumière solaire font partie du vocabulaire de la grande pensée progressiste, dont ils magnifient les aspects les plus contradictoires; symbole des victoires militaires abondamment utilisé pour la gloire de quelques tyrans de haut vol, le soleil qui brille sur Austerlitz et quelques autres charniers figure, pour les philosophes, l'image de la vérité, le grand éveilleur des hommes à la liberté et au progrès. Est-ce à ce titre que les utopistes, sans exception, vont intégrer tant de lumière naturelle à leurs cathédrales collectives? De Fournier à Godin [1], tous ceux qui dessinèrent, et même réalisèrent des espaces voués à des modes de vie idéaux ouvrent abondamment à ce soleil espaces habitables et lieux de réunion; le vocabulaire architectural des cités utopiques abonde en verrières de toutes sortes : chassis éventrant largement les combles (le Familistère de Godin), cours vitrées (Godin, encore); trottoirs abrités de la pluie par des marquises (Cabet), ou rues totalement protégées (rues intérieures dans le Phalanstère fouriériste, ou grande rue circulaire du Great Victoria Way de Paxton); serres, enfin, volées aux châteaux des privilégiés; tout cela tirant systématiquement parti des techniques les plus nouvelles pour réduire les inégalités entre espaces privés, traditionnellement confortables, et lieux collectifs normalement livrés au déterminisme des saisons. Mais si les utopistes donnaient à cet usage du verre une signification profondément et explicitement moralisante, c'est un ensemble beaucoup plus étendu de constructions en verre et métal qui va répondre à de vastes commandes sociales, durant toute la seconde moitié du XIXe siècle, et la première moitié du XXe.

Ces constructions, fort connues pour la plupart, adaptent la verrière métallique à des problèmes bien distincts de la relation intérieur-extérieur :

— Soit à des problèmes d'éclairage pur, tel celui de locaux habituellement difficiles à éclairer (combles par exemple) et qui pourront désormais, grâce à des châssis étanches, être affectés à des fonctions requérant de grandes quantités de lumière (ateliers). Ou la couverture de très grandes surfaces, dont l'ampleur aurait, avec des matériaux opaques, induit un obscurcissement presque total (gares et marchés couverts principalement).

— Soit à la création d'espaces climatiques nouveaux, tels que des serres à vocation végétale spécifique, dont le plus prestigieux prototype demeure le Crystal Palace, ou d'autres vaisseaux hermétiques, généralement liés à des programmes de prestige, comme en fournissaient les expositions internationales (Galeries des Machines); ou encore des lieux urbains à vocation de commerce et de rencontre, illustrés dans maintes grandes villes européennes (Paris, Londres, Milan, Moscou, etc.) par les passages commerciaux.

Du point de vue thermo-climatique, il y a évidemment une très grande importance à distinguer les effets de ces diverses réalisations : alors que les verrières des gares ne jouent aucun rôle dans le microclimat des espaces qu'elles recouvrent, sinon par très forte chaleur un léger échauffement rendu négligeable par l'ampleur du volume d'air et des courants d'air afférents (et l'on peut en dire autant, à une autre échelle, des innombrables galeries et marquises flanquant de nombreux bâtiments publics du XIXe siècle, comme par exemple les promenoirs des écoles ou les quais des métros aériens qui n'assument que la mise hors d'eau d'un espace extérieur), il n'en est pas de même dès lors que la verrière constitue une enceinte close. Alors, et alors seulement, se pose la question des qualités thermiques obtenues.

En ce qui concerne les serres horticoles, les avantages obtenus grâce à l'emploi du verre ne se discutaient pas : seule la structure verre/métal permettait de dispenser aux plantes alternativement une masse d'air relativement protégée des mouvements du vent et susceptible d'être chauffée artificiellement, et l'indispensable rayonnement solaire; plus discutable (et plus discutée) était l'application de telles dispositions aux besoins des humains. Les espaces vitrés suscitèrent naturellement l'engouement du public, engouement bien légitime pour quiconque a parcouru l'un des passages commerciaux encore subsistants à ce jour : à la surprise de bénéficier de la lumière naturelle sans réellement « sortir », s'associe, du moins en hiver, un relatif confort thermique par suppression des effets de tuyère, inhérents aux percements étroits. Et ce luxe parut si enviable qu'il devint courant de couvrir non seulement des rues, mais des cours; outre les rotondes des grands magasins, rappelons la verrière du Grand Palais, ou à une échelle plus modeste la verrière du palais des Études de l'Académie des beaux-arts de Paris. Mais pour ces dernières, le programme se complique, car les énormes volumes sous verrières sont moins exposés qu'une nef isolée sur une esplanade ou dans un parc; en fait leur économie thermique est en étroite interinfluence avec celle des bâtiments qui les enrobent. On peut penser que l'énorme inertie thermique du pourtour corrige la trop grande sensibilité que toute verrière offre aux variations thermiques. Pourtant les jugements qu'Anatole de Baudot devait, vers 1900, porter sur les

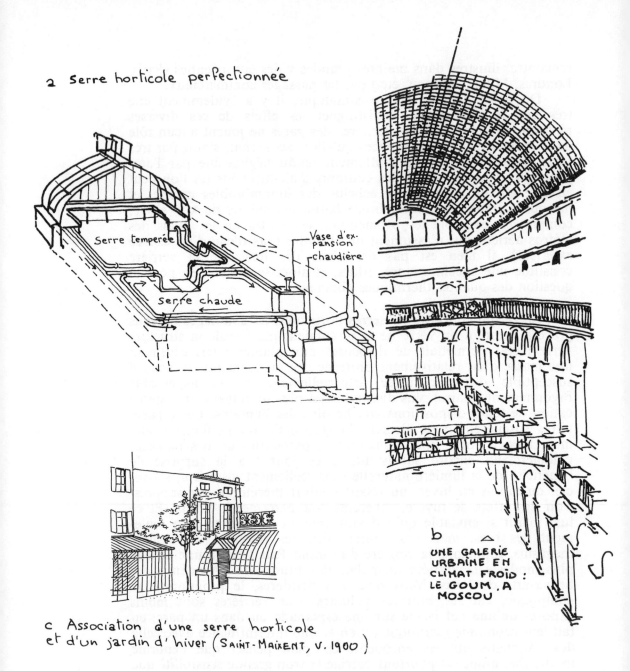

a Serre horticole perfectionnée

Serre temperée

Vase d'ex-
pansion
chaudière

serre chaude

b △
UNE GALERIE
URBAINE EN
CLIMAT FROID :
LE GOUM, A
MOSCOU

c Association d'une serre horticole
et d'un jardin d'hiver (Saint-Maixent, v. 1900)

26. Serres et verrières.

constructions métalliques de son temps, n'épargnent pas plus le Grand Palais que la Galerie des Machines [2]. S'il souligne, concernant cette dernière (beaucoup plus exposée), une corrosion consécutive aux condensations et aux efforts antagonistes liés aux trop brusques variations thermiques (corrosion assez considérable pour avoir, en dernier ressort, justifié la destruction de l'ouvrage), il dénonce dans le Grand Palais des inconvénients qui devaient être notoirement connus à l'époque : surchauffes en été entraînant l'obligation de protéger les expositions de belle saison par des vélums et des dépenses exorbitantes de chauffage en hiver. Cette question du chauffage et des condensations devait se retrouver, à l'échelle des constructions domestiques, à propos des serres et des jardins, et l'actuelle architecture bioclimatique montre que le problème du comportement thermique réel des serres et verrières hermétiques est loin d'être élucidé, des facteurs affectifs contribuant beaucoup à l'obscurcir.

Il reste que cette invention de la cour intérieure couverte d'une verrière a modifié profondément la conception architecturale des grands programmes de locaux collectifs, en permettant la réalisation de locaux à espace intérieur continu d'une épaisseur sans précédent; il n'est que de comparer la densité des quartiers des grands magasins à celle, par exemple, des hôpitaux de la même époque, pour apprécier l'économie d'espace urbain ainsi que la simplification et le raccourcissement des circuits rendus possibles par des plans épaissis. Par ailleurs, il faudrait établir systématiquement le bilan thermique de ces bâtiments, selon les échelles des verrières et leur mode de construction, pour permettre de déterminer objectivement le rapport des pertes provenant de l'important volume supplémentaire à chauffer, par rapport aux pertes supposées résultant d'un métré supérieur de façades, et ceci dans des cas volumiques aussi différents que, par exemple, la rotonde du Printemps et la cour oblongue des magasins Liberty à Londres.

Un autre aspect de la relation de l'habitat aux agents climatiques d'origine solaire est lié aux progrès de la pensée médicale et de l'hygiène sociale [3]. Vainqueur du rachitisme et de la tuberculose (et, par quelque bizarre voie de conséquence, du désordre moral et social), le soleil hygiéniste va induire, et ceci dès la fin du XVIIIᵉ siècle du moins dans les écrits théoriques, une nouvelle conception de l'habitat liée au concept très nouveau de « grand air ». Selon cette problématique, il est appelé à inonder de ses rayons purificateurs, non plus des bulles plus ou moins confinées, mais des terrasses, des toits-jardins balayés par le vent : l'Hygeia de Richarson, conçue en 1875, constitue probablement le premier modèle explicite de ce futur archétype de l'« architecture moderne ». La notion de « pureté de l'air », dès son introduction dans les doctrines de l'habitat, connaît en fait deux traductions contradictoires : les uns, considérant la pollution générale consécutive à l'industrialisation, préfèrent isoler les habitants dans des bulles transparentes, en confiant à la seule lumière le soin d'assainir ces enceintes; les autres se fient au vent et au froid associés au soleil pour balayer les miasmes. Un tel débat n'est pas encore fermé. Dans les deux cas, la présence de végétation complète l'action médicatrice et éducative de l'habitat : plantes de serre en culture continue, ou plantations arbustives et jardins de plein air; ce n'est pas le lieu ici de digresser sur les cités-jardins et toutes les formes systématiques que prit la végétation urbaine, mais nous retrouvons dans ces thèmes l'ensemble des problématiques de l'époque, morales, sociales, hygiénistes, humanistes, systématiques.

Sur le plan de l'équilibre thermique entre intérieur et extérieur, le XIXe siècle connaît un accroissement manifeste du confort avec l'extension de l'usage du charbon (déjà généralisé en Angleterre), le perfectionnement et la diversification des appareils de chauffage [4], enfin la vulgarisation relative du chauffage central [5]. Si les gens acceptent encore, en général, des normes de confort très basses, les classes riches accèdent à la fin du siècle à une véritable transformation de l'ambiance de leurs appartements; cumulant le confort hérité du XVIIIe siècle (lambris, menuiseries parfaitement hermétiques) et les appareillages nouveaux, desservis par une domesticité nombreuse, ces appartements autorisent une vie confortable en toutes saisons, ce dont font foi les collections de plantes délicates. La contradiction entre lumière et confort thermique, mal résolue par les architectures gothique et classique, se résoud ici dans l'abondance; c'est le temps des oriels, des jardins d'hiver, des orangeries, de l'exotisme domestiqué.

A la charnière du XIXe et du XXe siècle, on peut dire que, simultanément la majorité des constructions pallie de profonds défauts structurels au moyen d'une ingéniérie de plus en plus encombrante et complexe, et une minorité pionnière de concepteurs amorce des innovations globales dans la relation mode de vie-habitat-nature. Qu'il s'agisse de thermique pure ou d'une attitude générale, ces deux courants antagonistes vont cohabiter quelques temps sans trop de tapage, avant que l'ère des Écoles et des Manifestes n'oppose tumultueusement « habitat réactionnaire » et « vie moderne », « encroûtés » et athlètes de l'Esprit Nouveau, cocon douillet et « nature ». De l'époque des pionniers retenons encore l'apport prémonitoire d'Anatole de Baudot et de Henri Sauvage.

Baudot, dans la droite ligne des ingénieurs, des hygiénistes et des philosophes du XIXe siècle, a été tout à la fois un inventeur-constructeur, un architecte concepteur d'espaces neufs et un théoricien. Sa pensée critique, appliquée à la production récente, devait accabler la routine stérile des constructeurs académiques, sans pour autant accorder l'indulgence aux géniales innovations de ses prédécesseurs; de la construction métallique par exemple, il critique tout, sauf les objectifs (lumière et hardiesse) qu'il revenait, selon lui, au ciment armé de réaliser. Mais sa véritable contribution est d'avoir toujours cherché à démocratiser les apports du modernisme en appliquant ses innovations techniques et spatiales à l'habitation du grand nombre, qu'il voulait tout à la fois saine et économique. Est-ce à dire que, dès sa naissance, l'architecture rationaliste aurait résolu ses problèmes? Précurseur complet, Baudot anticipe sur cinquante années d'erreur thermique en appliquant à l'habitation la construction industrielle, la plus économique certes, mais la plus désastreuse : ses murs de brique sont doubles, bien isolants grâce à leur lame d'air centrale, mais insérés dans une structure porteuse métallique, dont rien ne corrige l'effet de pont thermique. L'architecture à structure métallique jusqu'aux plus modernes murs-rideaux va perpétuer cette erreur qui consiste à juxtaposer des éléments de construction totalement conductifs et des éléments surisolés, mais discontinus; et il est curieux de voir l'archétype de cette erreur naître d'un des théoriciens les plus acharnés de l'unicité de conception technique et architecturale, d'un des techniciens les plus méfiants vis-à-vis du métal. Telle est justement cette époque, où les innovations vont désormais pleuvoir, inventions techniques, théories de l'art et philosophies de l'habiter, semant aux quatre coins du monde une profusion sans précédent de bâtiments hétéroclites issus de rationalités en miettes et de prophétismes sans lendemain.

Henri Sauvage, dans les années précédant et suivant la Première Guerre mondiale, applique certains des principes de l'hygié-

27. Les immeubles à gradins de Henri Sauvage (ci-dessus).
L'immeuble de la rue Vavin présenté par la presse (ci-dessous).

Au profil d'une maison telle que le mode de construction en gradins permettrait d'en édifier dans une rue de 8 mètres, on a superposé, en ligne de traits (▬▬▬▬▬▬), le profil d'une maison ordinaire dans une rue de même largeur. Le grisé foncé correspond à la maison actuelle de la rue Vavin.

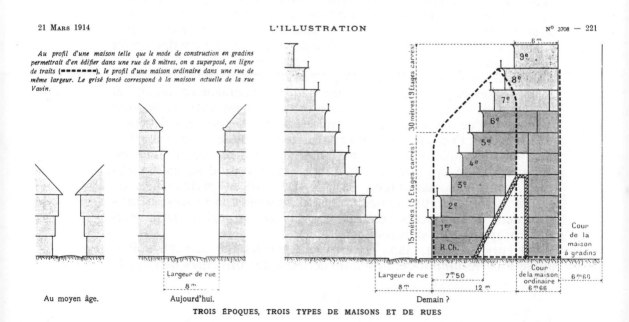

Au moyen âge.   Aujourd'hui.   Demain ?

TROIS ÉPOQUES, TROIS TYPES DE MAISONS ET DE RUES

nisme rationaliste à l'habitat social, et si nous le plaçons lui aussi en position charnière c'est que, précurseur de l'architecture urbaine moderne, il n'a pu cependant en influencer les grands courants dominants. Il porte l'appartement-terrasse à une perfection et à une ampleur nouvelles grâce au principe de l'immeuble à gradins qui parvient à concilier l'échelle urbaine et le rapport à la nature par la maîtrise des espaces de transition (balcons, loggias, bow-windows, galeries hautes, surplombs et bacs à plantes...). Les balcons-loggias de l'immeuble de la rue des Amiraux (Paris 18e), constituent l'un des compromis les plus brillants entre problème d'ensoleillement et intimité urbaine; la notion d'immeuble épais et la résolution des problèmes inhérents (l'utilisation du noyau) constituent une expérience climatique et urbaine dont les urbanistes des CIAM devaient bien malheureusement détourner pour longtemps l'attention.

Le XXᵉ siècle

Minoritaires, mais éloquentes, les pensées rationalistes et moralisatrices qui ont parcouru la pensée architecturale du XIXe siècle peuvent être résumées par les idées-forces suivantes :
— l'habitat peut et doit concourir à la régénération de l'homme et de la société;
— l'architecture trahit cette mission dès qu'elle s'éloigne de la franchise et de la rigueur spatiale et constructive;
— la relation de l'habitat à la nature est une condition de cette régénération et un garant de cette rigueur.
Ces postulats, et en particulier le dernier, vont ensuite évoluer : s'incarnant bruyamment dans les œuvres des maîtres et des écoles de la première moitié du XXe siècle, ils vont susciter par leurs excès, et parfois leurs erreurs, des réactions sournoises ou violentes, et sombrer corps et biens après 1950 sous le coup de l'organisation du profit et de la surabondance.

Wright et Le Corbusier, architectes présolaires

Héritiers du courant utopiste et rationaliste, Wright et Le Corbusier ont accompli chacun un important travail théorique et pratique, tout au long d'une trajectoire personnelle riche en contradictions, suivant ou contrecarrant alternativement l'évolution de l'architecture et des techniques de leur temps. Tous deux moralistes puritains, ils partagent bien évidemment des objectifs « éducatifs »; passionnés de technique, ils en illustrent avec plus ou moins de bonheur la volonté anti-académique qui vise à restituer l'unité entre architecture et structure, ou entre « production d'espace » et invention technique; ils se réfèrent, pour défendre leur doctrine, aux habitats vernaculaires, sans hésiter à mêler étroitement ingéniérie, plastique et utopie sociale; philosophes autodidactes et prolixes, ils prônent l'accord entre habitat, habitants et nature comme un moyen privilégié de restitution de l'intégrité individuelle et sociale. Les axes de leur réflexion qui nous intéressent ici vont porter sur cet aspect précis de leur doctrine, et permettre en particulier de mettre en évidence la grande confusion conceptuelle de l'idée de nature chez l'homme moderne; en effet, ces architectes, tout comme ceux qui suivront ou récuseront leurs préceptes, n'ont plus rien de commun avec les bâtisseurs vernaculaires : ne vivant pas réellement de la nature, ils y reviennent par choix, non par nécessité, même si Wright se réfère avec insistance à ses racines, à son enfance rurale, et rêve en permanence d'habitats autosuffisants. Leur relation physique au cadre naturel demeure du domaine du loisir, rêverie du promeneur solitaire chez l'Américain, promenade vivifiante chez le Suisse; les espaces ouverts dont ils vont enrichir leurs architectures seront toujours lieux de loisir, que ce soit sport ou méditation; enfin leurs rapports aux matériaux comme aux énergies naturelles demeureront plus d'ordre éthique et esthétique que matériellement et objectivement nécessaire. Même au niveau sensoriel, ils entretiendront une savante confusion entre ce qu'on appelle vulgairement le confort et la communion extatique! Par exemple, Wright décrivant Taliesin sous la neige, glisse de ce qui semblait être la description d'une enceinte thermique à la notion un peu saisissante de chaleur amenée par les grandes vitres et le lecteur, d'abord surpris, réalise qu'il s'agit de la « chaleur » visuelle de ces baies, apparaissant de loin, éclairées par le reflet du feu, au promeneur transi... On reviendra plus loin sur cette confusion intéressante entre la qualité de l'abri ressentie de l'intérieur et son aspect appréhendé de l'extérieur, car c'est une constante chez Wright. Chez Le Corbusier, on retrouve les mêmes ambiguïtés, entre chaleur et lumière notamment (du moins jusqu'à l'épreuve effective de la guerre et de ses restrictions), ainsi qu'entre masse visuelle et masse thermique [6].

160

Mais ce qui nous concerne ici plus spécialement, c'est la référence, aussi bien implicite qu'explicite, que font les deux hommes à ces mêmes critères qui ont guidé notre approche des habitats vernaculaires. Leurs options thermiques, liées aux choix et à la mise en œuvre des matériaux, à la détermination des volumes et aux apports relatifs d'énergie calorifique naturels et artificiels, seront durant toute leur vie objets de recherche et d'innovation, avec des bonheurs variables et sous des climats contradictoires.

Si Le Corbusier s'est cantonné, pour l'essentiel de son œuvre, dans l'emploi du béton armé conçu (à tort) comme un matériau à forte masse thermique et de comportement en somme égal à celui des maçonneries traditionnelles, F. L. Wright a tâté de types très divers de construction, généralement isolante : construction isolante légère dans sa première période (maisons de la Prairie), puis construction par blocs de béton enfermant un vide d'air pour la période californienne; enfin retour croissant à la maçonnerie en pierre ou en brique, voire au talus de terre, associés à des parois isolantes avant, pendant et après la Seconde Guerre mondiale (maisons usoniennes).

Dire que ces recherches, visiblement diversifiées selon les zones climatiques, ont répondu exactement à leurs promesses semble difficile, peut-être à cause de cette contradiction fondamentale et qui devait frapper à peu près toute production moderne, entre la conception d'enceinte isolée et l'abondance de verrières. Les maisons de la Prairie, construites essentiellement dans les États voisins des Grands Lacs, sont réputées glaciales, leur auteur s'étant beaucoup plus attaché à les préserver de la chaleur moite des mois d'été que de la rigueur pourtant extrême des hivers. La masse thermique de ces habitations est toute entière assumée par les sols, généralement dallés, et par les énormes cheminées, massifs de brique et parfois de pierre d'une variété et d'une complexité remarquables, à qui leur position à l'épicentre de l'éclatement des volumes assigne une valeur symbolique autant qu'effective de cœur du foyer et ultime enceinte de l'abri. Initialement, Wright souhaitait compléter l'ambiance thermique issue des feux de bois par un chauffage périphérique aménagé à la base des vitrages, et combiné avec certains apports solaires soigneusement mesurés. Mais ces systèmes semblent n'avoir jamais donné toute satisfaction à leurs usagers, et l'on peut penser que les radiateurs disponibles à l'époque n'étaient pas en demeure de compenser les énormes pertes thermiques induites par la vaste surface des fenestrages à simple vitrage; ce qui revient à dire que ces maisons ont principalement souffert d'anticiper sur les techniques de leur temps. Par la suite Wright, émerveillé par les chauffages coréens, incorpora des circuits à vapeur aux sols « radiants » de ses habitations, ce qui en améliora évidemment les performances; mais les maisons, trop ombragées, demeurèrent froides et humides au dire de leurs habitants (et de l'historien Giedion); c'est que les toitures aux débords gigantesques les assombrissaient au-delà de tout ce que semblait justifier le climat du Wisconsin et du Minnesota et Wright lui-même, plus tard, devait changer de doctrine lorsque, pour les maisons usoniennes, il rechercha plus de lumière, en particulier zénithale. Il reste que ces toitures, décomposées en plans d'une extraordinaire liberté structurelle, et toujours en étroite cohérence avec les percements différenciés, permettaient une gradation des ensoleillements et une maîtrise des éclairages et des surchauffes qu'on retrouve rarement aussi poussées : débords calculés en fonction des angles solaires d'hiver et d'été, en fonction des orientations, du désir de plus ou moins d'intimité ou d'ouverture, de lumière diffuse ou directe; l'analyse détaillée des fenestrages et des masques fait douter de la maladresse du concepteur à rendre ses maisons plus claires : ne s'agit-il pas plus simplement d'un goût pour la pénombre (la pénombre animée par le reflet du feu) hérité du mode d'habiter américain ancien, mais transposé dans une architecture avide de s'ouvrir à la vue? En tous cas, même s'il y eut erreur, c'est ici un exemple parmi beaucoup d'autres du drame de l'architecture moderne et de ses beaux vitrages : que de déceptions avant les brèves années où l'on connut à la fois la perfection des techniques verrières et le suréquipement en moyens de chauffage [7].

Mais revenons un peu plus longuement aux foyers, puisque Wright en a fait le signe le plus éclatant de l'habitation des terres froides de son Amérique. Leur situation sera d'abord tout à fait centrale dans les maisons de la Prairie, pour s'adosser plus tard, moins loin de la lumière, dans les maisons usoniennes. S'inspirant en cela des maisons vernaculaires d'Europe du Nord et des États-Unis anciens, Wright découpe dans les énormes blocs de maçonnerie deux ou plusieurs foyers, des niches, des rangements, des banquettes, des escaliers même, comme dans la maison Robbie; ainsi anime-t-il des salons distincts très individualisés exprimant fortement par leur architecture l'opposition de leur orientation (atelier d'Oak Park, 1895), ou plus souvent partageant en

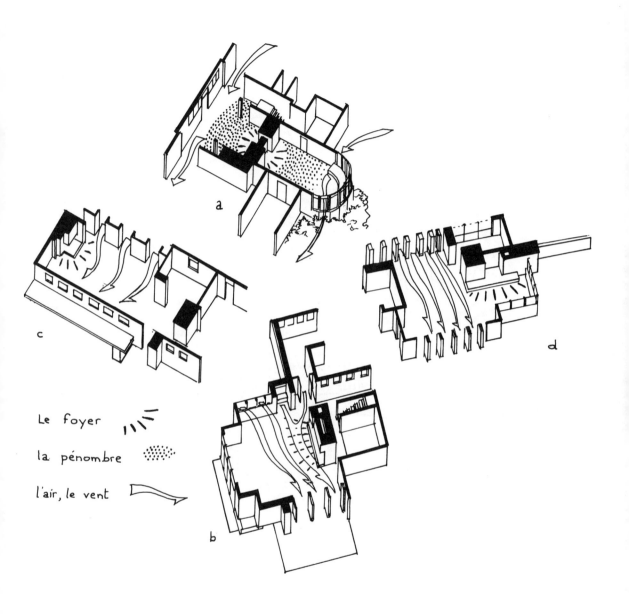

Le foyer 〟

la pénombre ⸭⸭⸭

l'air, le vent ⇨

28. *L'enceinte chez F. L. Wright : foyer, lumière, vent.*
a - Maison à Oak Park (1895); b - maison Brauner; c - maison usonienne;
d - maison Winkler - Goetsch (Michigan).

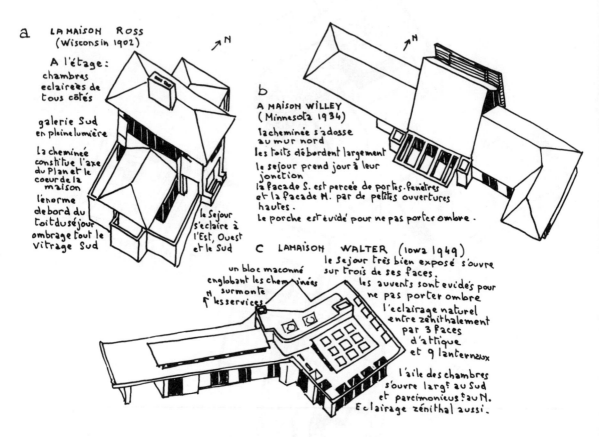

a LA MAISON ROSS
(Wisconsin 1902)   ↗N

A l'étage:
chambres
eclairées de
tous côtés

galerie Sud
en pleine lumière

la cheminée
constitue l'axe
du Plan et le
coeur de la
maison

l'énorme
debord du
toit du séjour
ombrage tout le
vitrage Sud

le Séjour
s'éclaire à
l'Est, Ouest
et le Sud

b   ↗N

LA MAISON WILLEY
(Minnesota 1934)

la cheminée s'adosse
au mur nord
les toits débordent largement
le séjour prend jour à leur
jonction
la façade S. est percée de portes. fenêtres
et la façade N. par de petites ouvertures
hautes.
Le porche est évidé pour ne pas porter ombre.

c   LA MAISON   WALTER (Iowa 1949)
le séjour très bien exposé s'ouvre
sur trois de ses faces.
les auvents sont évidés pour
ne pas porter ombre
l'éclairage naturel
entre zénithalement
par 3 faces
d'attique
et 9 lanterneaux

un bloc maçonné
englobant les cheminées
N surmonté
les services

l'aile des chambres
s'ouvre largt au Sud
et parcimonieust au N.
Eclairage zénithal aussi.

29. Plans et volumes chez F. L. Wright.

plusieurs zones le continuum d'un unique et vaste séjour. La relation aux sources lumineuses surtout donne lieu à d'extraordinaires variations; souvent, du fait de sa position centrale, le foyer des maisons de la Prairie émerge d'une zone de pénombre, où il détermine un « coin feu » plus ou moins confiné. Tout y est conçu comme pour permettre, en toutes saisons, la constitution d'ambiances différenciées : en s'éloignant de ces zones péri-focales, on trouve des espaces largement vitrés, soumis du moins en hiver au rayonnement solaire, et cette dualité très « gothique » entre la zone du feu et la zone de la lumière suggère un nomadisme journalier et saisonnier : en hiver, entre le refuge frileux au plus près du feu qui seul éclaire le sombre cœur de la maison, et les incursions frissonnantes vers le soleil bas qui frôle les vitrages; en été, entre les terrasses largement ventilées et le foyer éteint devenu source de fraîcheur; ceci concrétisant une sorte de vision idéalisée de la maison archaïque à feu central, enfin libérée de l'antique servitude des feux permanents.

La maison usonienne refusera cette opposition entre feu et lumière; d'une part la lumière envahira les volumes habitables de façon beaucoup plus homogène, les couvertures en terrasses permettant à l'architecte d'aménager un éclairage naturel zénithal abondant, par des attiques, des lanterneaux, et par les percements à claire-voie des débords et des auvents extérieurs; d'autre part la hiérarchie des espaces s'estompera au niveau de la distribution même des plans, perdant en particulier ce caractère de sanctuaire autrefois conféré aux foyers; ceux-ci, sans perdre de leur ampleur, s'incorporent avec plus de naturel à ces volumes unifiés; dans les séjours balayés par la lumière, l'air et le panorama, la souplesse infinie des articulations spatiales fait de ces cheminées massives tantôt des chicanes isolant une zone et la protégeant des vents et de la circulation rapide, tantôt d'orgueilleux seuils chauds dressés au plus exposé de l'enceinte, au vaste confluent de la nature et de la maison (les maisons Winkler-Goetsch et Keyes dans le Minnesota et les maisons Brauner dans le Michigan et Pew dans le Wisconsin). Ce qui frappe d'ailleurs dans cette dernière période de la production de F.L. Wright, c'est que, au fur et à mesure qu'il multiplie ses expériences, qu'il maîtrise des techniques modernes et affronte des climats variés, il semble se libérer davantage de ces mêmes règles qu'il édicte par ailleurs si impérieusement; comme si chez lui, par l'effet d'une vitalité perverse, le magistralisme débouchait sur un refus personnel de s'assagir... Ainsi, ayant expérimenté des habitats défensifs, adossés ou échancrés dans des talus de terre, il en réalise en même temps d'autres totalement offerts aux intempéries dans des sites aussi rigoureux; telle maison est une impeccable leçon d'orientation, et telle autre, fort semblable se retourne, béant vers le Nord, pour ne rien perdre de la vue d'un lac; telle architecture s'accorde miraculeusement à un site, et l'on retrouvera sa jumelle bien loin de là, sous un climat contraire. Tout se passe comme si, ayant pénétré intimement et souvent résolu les problèmes et les jeux de l'accord de la maison à son environnement, le vieil architecte s'était arrogé souverainement le droit de les enfreindre, reniant de fait la morale vernaculaire qu'il avait lui-même prêchée, ou la déclarant dépassée au nom d'un nouvel ordre détaché du « naturel », l'ordre de l'Usonie, gommant par l'unité de sa culture et la puissance unifiante de l'air conditionné la diversité des États-Unis. Dans les États du Sud, on sait que Wright, dès les années 20, avait conçu, grâce à ses « textile blocks », une architecture nettement différente de ses réalisations du Nord [8]; cependant, même si l'apparence évoquait les maçonneries mexicaines, et si les percements mesurés et les vastes pans de murs pleins suggéraient la masse thermique des styles vernaculaires de ces zones, le comportement thermique de telles enceintes n'était en réalité pas si éloigné de celui des maisons de la Prairie : là aussi, la construction demeurait finalement légère, isolante; il y a d'ailleurs lieu de s'interroger sur le comportement exact de ces vides d'air, parcourus par des liens de métal qui doivent transmettre en tous sens les flux thermiques quotidiens... Quoi qu'il en soit, les constructions tardives de Wright dans les États du Sud, les maisons usoniennes de l'Arizona, participeront de sa dernière démarche, consistant à refuser toute contrainte à l'expression de l'émotion esthétique et de la communion plastique avec le paysage, à « faire éclater la boîte » comme il l'écrit souvent, aidé en cela, dorénavant, par l'air conditionné. Si nous insistons ici sur les ambiguïtés de la pensée de Wright, c'est qu'elle véhicule et magnifie les thèmes majeurs de la grande pensée architecturale de notre siècle. Peu répandue dans le public, elle n'eut guère d'influence sur l'habitat du grand nombre contrairement à celle de Le Corbusier; ce qui est assez logique du reste, puisqu'il ne s'est guère intéressé qu'à l'individuel ou au patriarcal. Mais les courants importants ne sont pas exclusivement les plus répandus, et l'apport de F.L. Wright, par-delà ses outrances et ses erreurs, est peut-être le plus fertile en terme d'architecture climatique. Ses rapports équivoques à la nature, inextricablement conçue comme adversaire physique et complice mystique, au site, qu'il bouleverse en profondeur pour mieux s'y confondre et qu'il n'hésitera pas à morceler à l'infini (à « miter ») dans le délire individualiste du projet *Broadacre,* à la végétation qu'il conçoit tout autant comme source de subsistance qu'objet d'agrément et qu'en tout état de cause il a su respecter comme nul autre, au climat qu'il reconnaît sans vouloir s'y soumettre, à l'énergie qu'il aime à maîtriser sous toutes ses formes, des plus archaïques aux plus novatrices, en font une source de réflexion aussi périlleuse qu'inépuisable. Mais surtout, la dynamique de création est chez lui si généreuse, et l'imagination formelle accompagne si parfaitement le dessein intellectuel, qu'au-delà des doctrines discutables, il offre aux architectes, bien peu inventifs, qui se confrontent aujourd'hui aux jeux de l'héliotechnique, une leçon de conception et d'imagination particulièrement riche.

Le Corbusier [9] n'est pas moins ambigu, pour une toute autre raison, qui lui vaut ici une place privilégiée : il est à la fois un représentant fanatique du courant internationaliste (présentant l'air exact [10], il écrit en 1930 : « Un seul type de bâtiment pour toutes les nations et pour tous les climats »), un fervent adepte de l'architecture industrielle dont il reprend, par exemple, explicitement les vitrages dans les premières décennies de son œuvre, et un observateur passionné des architectures vernaculaires à qui il empruntera de nombreux thèmes et de très importants correcteurs climatiques. La relation de Le Corbusier au vernaculaire est d'ailleurs tout aussi complexe et indirecte que celle de Wright : tous deux, pour des motifs éthiques différents, n'hésitent pas à transporter des éléments et des concepts hors de leur aire de diffusion, en les mêlant à des éléments traditionnels issus d'autres cultures (mariage insolite chez Wright de références à la tradition des pionniers américains et d'une relation à la maison et à la nature typiquement japonaise) ou à des conceptions futuristes. Ainsi peut-on trouver chez Le Corbusier un mélange occulte et profondément subversif d'éléments d'architecture domestique orientale, turque en particulier, et d'une conception du monde violemment moderniste.

Si l'on considère « naïvement » le trinôme corbuséen « soleil-espace-verdure », et que l'on teste, dans cet ordre consacré, la relation des enceintes au milieu naturel, on voit que le premier facteur-clef de sa recherche est bien le soleil dont, d'un bout à l'autre de sa carrière, il a poussé la quête jusqu'à l'obsession. Si

Wright est avant tout homme de vent et d'horizons élargis, écartelant ses habitats à tous les points cardinaux, déboîtant les pièces et éclatant les fenestrages pour ne jamais rien perdre de la vue, du courant d'air possible, de la lumière de toute nature, allant jusqu'à investir le sommet exposé des collines par horreur du confinement, Le Corbusier va soumettre ses enceintes au plus rigoureux des tropismes solaires, juxtaposant jusque dans ses maisons isolées des murs aveugles comme des mitoyens, et des « murs de lumière », véritables oblations de l'abri tout entier au rayonnement solaire direct. Ainsi se satisfait-il pour toute la maison, et même pour toute la ville, de deux orientations, nord-sud, puis est-ouest, simplifications nées indissolublement (comment élucider de ces deux motivations, laquelle était la plus « vraie »?) de la volonté de tout ordonner rationnellement et de l'attraction du solaire direct; et même, cette orientation, dans sa rigueur, est-elle jubilation de la lumière, ou goût pour l'ordre astronomique et, finalement, justification au nom de celui-ci de son propre systématisme? Plus simplement, si toutefois il est quelque chose de clair dans le mode de pensée de ces grands architectes prophètes, il semblerait que, pour Le Corbusier, le soleil ait été avant tout machine « impeccable », puissante et fiable, machine qu'il revenait à l'homme de maîtriser, et à laquelle il devait donc s'accorder, l'acte utilitaire fondant les deux protagonistes dans une commune dimension cosmique. De ce mode de pensée devait découler une systématisation des apports solaires sans précédent dans l'histoire de l'architecture européenne.

Alors que Wright, au fond, semble rêver de se contenter du feu central pour chauffer ses enceintes, attitude européenne immémoriale, Le Corbusier, du fait de la rigueur de ses implantations, entreprend de réchauffer les siennes par la périphérie, ce en quoi il se montre réellement précurseur du chauffage solaire, et cela même au sens le plus technicien du terme. Il emploie sans complexe les autres sources de chaleur, mais il ne théorise guère à leur sujet, l'électricité étant plutôt sous sa plume un symbole abstrait du progrès qu'un véritable objet de recherche architecturale. Les cheminées à feu de bois sont présentes, mais traitées avec une sobriété systématique voire une indigence qui leur dénie toute signification symbolique éminente, soit rencoignées en quelque point du séjour, en fonction de la simplification des boisseaux (maisons Citrohan), soit se dressant erratiquement tels des poêles d'ateliers d'artistes comme à Pessac, où la proximité immédiate de

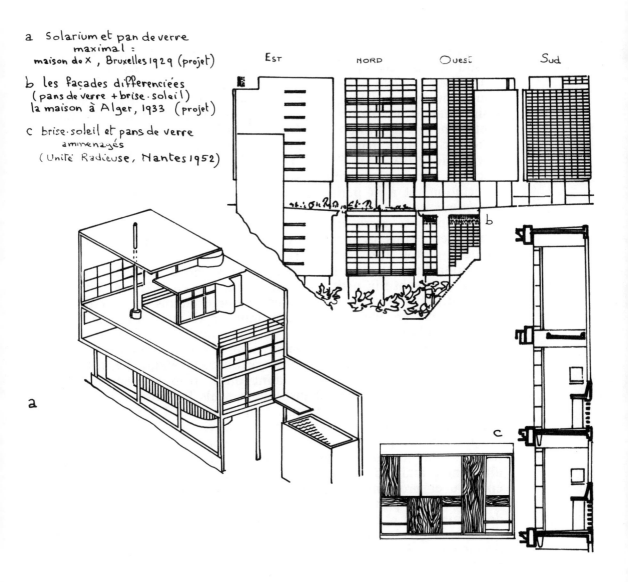

a Solarium et pan de verre
     maximal :
   maison de X , Bruxelles 1929 (projet)

b les façades différenciées
   (pans de verre + brise·soleil)
   la maison à Alger, 1933 (projet)

c brise·soleil et pans de verre
     ammenagés
   (Unité Radieuse, Nantes 1952)

Est   Nord   Ouest   Sud

30. Itinéraire solaire de Le Corbusier.

l'accès extérieur, très critiquée par les habitants[11], semble devoir décourager toute tentation de « coin de feu »; de proportions mesquines, ces cheminées sont bien plus marquantes par l'élan de leur tuyau souvent érigé sur deux niveaux, que par la chaleur de leur étroit foyer. Il faut noter toutefois qu'après la guerre, sur ce point comme sur d'autres, il assouplit sa dureté spartiate, complétant, dans le *Manifeste de l'urbanisme* de 1950, le soleil-espace-verdure par un autre triple concept, plus conforme aux traditions des pays froids : l'Abri, le Feu, le Foyer. Cependant, pour revenir à la doctrine initiale, la véritable source de chaleur, de lumière et de délectation est à la périphérie, à la frontière de l'intérieur et de l'extérieur, et l'intermédiaire est le pan de verre.

Le pan de verre apparaît dès le début de l'œuvre; d'abord timidement, sous la forme des premières fenêtres panoramiques limitées plutôt aux séjours, et des verrières d'ateliers d'artistes traditionnellement ouvertes à la lumière du nord; mais les tropismes se précisent : la petite maison du Léman, en 1925, en fait une démonstration exemplaire avec ses quatorze mètres de développement ouvert en face sud et son mur nord quasi aveugle. Les bâtiments plus complexes, villas ou immeubles, ne cesseront d'exposer au soleil des faces richement diversifiées, couronnées précocement par les solariums et les jardins suspendus hérités des précurseurs du XIXe siècle, et dont on a trop souvent oublié, depuis, qu'ils induisaient et justifiaient seuls la substitution de la terrasse au toit des anciens temps. L'immeuble de l'Armée du Salut constitue un tournant dans l'histoire du vitrage; moins pour sa remarquable ampleur, car vers la même époque des pans de verre impressionnants sont produits par les architectes soviétiques et allemands, mais surtout parce que, dès ce moment, Le Corbusier éprouve et proclame la limite de tels procédés et leurs risques thermiques, en particulier de surchauffe. On sait alors les déboires de l'« air exact », théorie qui se proposait d'envoyer, à l'intérieur d'une enceinte hermétique et au moyen d'une centrale de conditionnement, de l'air à température convenable (les fameux 18° valables pour tous les climats). Pour édicter cette température constante idéale, Le Corbusier se fonde sur une théorie médicale qui privilégie le rôle de la respiration pulmonaire par rapport à celui de la peau toute entière : de la même manière, il néglige le rôle du rayonnement des murs, et également les effets de contraste entre air intérieur et air extérieur qu'on a eu si souvent depuis l'occasion de déplorer, spécialement en pays tropicaux, avec les abus du conditionnement d'air. Quoi qu'il en soit, la première version de la « respiration exacte » prévoit l'envoi d'air à température contrôlée entre les parois des doubles vitrages, le système dans sa plénitude devant comporter, en outre, une autre injection d'air contrôlé (non seulement thermiquement, mais hygrométriquement et biologiquement) dans toute l'enceinte habitable. Pour maintenir absolument cet air à cette température, Le Corbusier avait prévu des enveloppes totalement isolantes, et avait même fait tester par Saint-Gobain un « mur neutralisant » qui devait rester sans avenir [12]. Avec les mêmes objectifs, les techniques américaines du conditionnement de l'air faisaient, à la même époque, une apparition déterminante pour l'avenir de l'« International Style ». Par la suite, Le Corbusier devait projeter encore une grande installation de « respiration exacte », au Centrosoius de Moscou, projet dont l'exécution trahit ses intentions; puis la Seconde Guerre mondiale et la crise de l'énergie consécutive le détournèrent de ces solutions délicates et trop artificielles, et, contrairement à Wright, que le fantastique enrichissement des États-Unis avait éloigné dans ses vieux jours de la prudence vernaculaire, il renoua sur bien des points, dans une Europe appauvrie et grelottante, avec l'attitude défensive des anciens bâtisseurs.

La conception corbuséenne des apports solaires a deux exigences : peintre, il cherche avant tout la lumière; ascète vigoureux, il envisage rarement la chaleur. Il faut réellement la guerre et la pénurie totale de combustible pour qu'il admette avoir « souffert en silence » de l'inconfort de son atelier; à propos de ses locaux de travail, ne disait-il pas d'ailleurs que le froid était favorable à la créativité des jeunes architectes? Le soleil, donc, qu'il introduit systématiquement dans le mode d'habiter de ses enceintes, est censé y apporter une richesse d'ordre plastique et spirituel plus que le confort; il peut même y apporter un réel inconfort, ce que l'architecte constate et prend en compte, d'abord et en toute logique à Alger et au Brésil, puis dans ses constructions septentrionales. La notion d'apport thermique solaire (envisagé de façon positive) sera principalement développée par Le Corbusier à propos de ses tentatives et de ses théories des années 30, et à propos de ces immeubles à « respiration exacte », qui utilisaient le pan de verre pour chauffage artificiel; il serait par conséquent inexact de traduire en termes thermiques les tropismes solaires qui régissent la totalité de l'œuvre; en fait, c'est principalement au moyen des solariums des toits jardins et, plus généralement, d'espaces extérieurs complémentaires aux enceintes, que les apports thermiques solaires sont manifestement exploités.

Le brise-soleil, par exemple, apparu à Alger en 32-33 sur le projet d'immeuble locatif et sur les ensembles Durand, puis utilisé à grande échelle en 1936 au ministère de l'Éducation nationale de Rio de Janeiro, se développe clairement comme complément logique du pan de verre, même en zone tempérée, à la manufacture de Saint-Dié; dans la même foulée de l'après-guerre, Le Corbusier restaure et rectifie la cité du Refuge et son propre appartement : « C'est en pays tempéré, à Paris, écrit-il bien plus tard, que j'ai ressenti les effets inamicaux du soleil à certaines saisons (l'été), derrière un vitrage de verre. Ce vitrage, qui est adorable pendant dix mois, devient un ennemi à la canicule. Il fallait donc inventer quelque chose. » Le tandem pan-de-verre/brise-soleil va connaître encore quelques vicissitudes; le bois se substituant au métal, et même le bois posé de champ, il deviendra tentant de rendre à ce matériau un caractère de menuiserie de plus en plus complexe, les bâtis évoluant en mobilier, et le pan de verre ainsi enrichi, en « quatrième mur de la maison »; de ce fait, le contre-jour, après avoir été violemment combattu avant la guerre devient un effet plastique systématiquement exploité. La transformation n'obéit d'ailleurs à aucune logique géoclimatique, puisque, paradoxalement, les nouveaux pans de verre menuisés seront érigés dans des sites de lumière médiocre (Nantes, Neuilly-sur-Seine). Mais surtout, Le Corbusier essaiera divers types de brise-soleil, plus ou moins rationnels d'ailleurs. Parfois, il différenciera leur dessin sur les diverses faces d'un même bâtiment, ailleurs non. Quand, pour des raisons d'optimisation de la rentabilité de la construction, il optera, dans les cités Radieuses, pour l'orientation à grand axe nord-sud, il équipera ses façades principales d'une grille de lames horizontales bien incapables, contrairement à ses dires, de protéger les cellules des soleils levant et couchant (fait particulièrement gênant à l'ouest où le fort ensoleillement du soir cumulé avec l'échauffement général du bâtiment en fin de journée provoque un grave inconfort); et pourtant il dénoncera avec virulence, chez des confrères, des erreurs analogues.

Mais nous ne nous arrêterons pas sur les erreurs pratiques qui abondent dans cette œuvre; elles sont assez négligeables au regard de l'enrichissement conceptuel qu'elle apporte à l'architecture contemporaine et dont témoignent, particulièrement au Brésil et au Japon, les architectes qui ont su la prendre pour réservoir d'inspiration, sans sombrer dans le dénigrement facile, ni dans la dévotion béate. Découvrant les excès solaires, Le Corbusier en effet devenait *de facto* le père de la grande architecture tropicale.

Il existait certes avant lui une architecture coloniale, très abondante dès avant le XXe siècle, et qui est trop injustement oubliée. Souvent réalisée par des non-professionnels, des militaires ou des administrateurs, il lui arrivait de ce fait d'échapper aux poncifs de l'académisme, et de répondre, avec des moyens empruntés aux traditions locales, aux problèmes posés par les climats tropicaux; des éléments d'architectures vernaculaires furent ainsi systématiquement employés, parfois même, suivant l'habituelle dérive des modèles, transplantés d'une colonie à une autre au mépris d'une vraie rationalité; il s'ensuivit une certaine formulation architecturale à base de toits de tuiles largement débordants, d'abondantes vérandas périphériques de murs-claustra en briques, de sols largement surélevés, d'enceintes closes de volets persiennés; le tout souvent très bien implanté dans des jardins judicieusement plantés en fonction des vents et autres agents climatiques, que l'on retrouve un peu partout dans les anciennes colonies, qu'il s'agisse des comptoirs maritimes ou de villes continentales. Ce modèle, qui remonte pratiquement au XVIIIe siècle (Indes orientales, Amérique centrale), avait le mérite de concilier les habitudes des colons, principalement méditerranéens, avec les climats tropicaux humides; il n'a évolué, surtout dans le choix des matériaux, qu'assez faiblement jusqu'au premier tiers du XXe siècle, et se révèle généralement supérieur à toutes les réalisations ultérieures courantes (excepté les constructions « sahariennes »), en tout cas d'un strict point de vue climatique. Mais Le Corbusier, appelé à officier en pays chauds, d'abord coloniaux (l'Algérie), puis dans les états libres, chercha des solutions qui fussent neuves, non seulement sur le plan du confort, mais sur le plan culturel; ceci impliquait des contenus idéologiques d'ailleurs bien contradictoires, puisque, par exemple, dans l'Algérie française, il voulait exalter la novation française et l'assimilation, dans les États d'Amérique du Sud, le concept de « jeune nation » ouverte à toutes les novations, et dans l'Inde indépendante, le ressourcement triomphant des plus antiques et superbes traditions. Le résultat de toutes ces démarches fut ambigu; dans un premier temps, les disciples étendirent les expériences du maître, les répandirent, les améliorèrent, puis vint le temps des dénigrements systématiques, sur lequel il faudra peut-être revenir dans les années à venir; en tout état de cause, et si l'on

173

admet les déboires qui étaient inhérents à l'emploi massif du béton, matériau aux propriétés thermiques déplorables, il faut retenir comme apports réellement prépondérants, non seulement l'écriture inédite des divers brise-soleil, mais des rapports d'espace intérieur d'une richesse sans précédent, et la réinsertion dans le vocabulaire architectural d'un grand nombre d'éléments et d'espaces empruntés aux diverses traditions de l'Orient.

Si l'on veut résumer la relation des architectures corbuséennes au soleil, on posera comme essentielle la relation à la lumière : une prédilection pour les jeux violents de l'ombre et de la lumière, sans exclure certaines modulations subtiles tel ce brise-soleil intérieur en face nord dans l'appartement de la porte Molitor, ou certains effets exceptionnels de réflexion diffuse; une vive horreur des surchauffes dans les enceintes fermées, doublée de recherches d'ambiances solaires extérieures (solarium); et surtout un accord systématique de l'habitat tout entier à l'ordre cosmique signifié par la course solaire diurne, accord matérialisé à l'échelle des cellules, des immeubles et même des villes tout entières. Le Corbusier n'est d'ailleurs pas le seul à faire cette recherche : l'urbanisme de l'entre-deux-guerres va se nourrir de la querelle de l'orientation idéale, apparue d'ailleurs dès la fin du XIXᵉ siècle (travaux du professeur Knauff à Heidelberg, de D. Sparato à Rome pour déterminer l'apport calorique sur des façades diversement orientées) avec à la base, les travaux contradictoires des ingénieurs hygiénistes Rey et Marboutin. L'axe héliothermique, déterminé par Rey, permet de recueillir le maximum statistique annuel de calories sur les deux faces des immeubles (axe déterminé par déviation de 19° vers l'est de l'axe nord-sud); il est illustré principalement par le tracé du plan d'Anvers en 1933, puis par de nombreux grands ensembles en France et ailleurs; à l'opposé, Marboutin avait préconisé, en 1910, à l'École centrale pour la restructuration des villes insalubres, en se basant sur des observations météorologiques, deux axes formant avec le méridien un angle compris entre 60 et 75 degrés, générant des trames losangées [13]. Pour en revenir à Le Corbusier et à ceux qui, avec lui, devaient devenir les protagonistes de la Charte d'Athènes, ils alternent l'utilisation systématique de l'axe héliothermique, ou simplement de l'axe nord-sud (cités Radieuses) avec l'emploi simultané d'axes orthogonaux (plan Voisin). Parmi les nombreuses réalisations composées d'immeubles minces et parallèles à des axes sensiblement nord-sud, citons celles de Gropius à Karlsruhe, d'Ernst May à Francfort, et d'une manière générale les villes nouvelles ou nouveaux quartiers d'Allemagne et de Russie soviétique (Magnitogorsk, Karaganda, etc.).

Ce qui est absolument fondamental dans ces recherches de l'urbanisme international qui devait, par l'intermédiaire des CIAM, se perpétuer jusqu'à ces dernières années, c'est le systématisme de la relation géométrique au soleil indépendamment d'une véritable relation au climat global : l'oubli du rayonnement diffus (que Marboutin, au contraire, prend en compte dans ces calculs), mais surtout l'oubli total de l'étroite liaison des effets soleil-vent, qui font de l'est et de l'ouest des orientations si notoirement différentes; ceci est très net chez Le Corbusier, et l'on sait que la symétrie qu'il semble supposer entre façade est et façade ouest, c'est-à-dire soleil levant et soleil couchant, le conduira toujours à pratiquer ces « jeux de loto », comme il disait lui-même, basculant tête-bêche des cellules identiques pour augmenter l'indépendance des logements en bande, mais annulant par là le concept même de tropisme. Architecte tropical, Le Corbusier eut l'occasion de magnifier l'expression de ses jeux solaires plus que d'en affiner réellement l'efficacité; son propos, certainement, n'était pas de domestiquer le soleil, mais plutôt de l'affronter en un jeu dangereux; ainsi écrit-il à propos de la section oblique qui termine la tour du Palais de l'Assemblée, et de ses équipements : « véritable laboratoire de physique... (il) se prêtera à d'éventuelles fêtes solaires rappelant aux hommes une fois l'an qu'ils sont fils du soleil (ce qu'ils ont parfaitement oublié dans notre civilisation...) ». Pas plus que les fonctionnaires de Chandigarh ne se soucièrent de vivre des fêtes solaires, les habitants de Pessac ne se réjouirent des vastes fenêtres panoramiques qu'ils ont préféré reboucher, ni des toits-terrasses, où ils ne semblent guère monter; restait à Le Corbusier à dissimuler ses rêves héliothéistes sous l'apparence de la raison, et à construire, avec son atelier, une très jolie grille méthodologique sur le climat, qui lui restitue son statut respectable de pédagogue et de chercheur rationaliste [14].

Le concept d'espace chez Le Corbusier, second terme du trinôme soleil-espace-verdure, est riche et contradictoire. Si l'on entend l'espace extérieur, tel qu'il baigne les architectures et régit leurs rapports réciproques, Le Corbusier, comme la plupart de ses amis de l'avant-garde européenne, écartèle les horizons, éclate tout ce qui est fermé, élargit tout ce qui était resserré, appelle hardiment les vents du ciel dans ses vastes paysages. Du Punjab à

Moscou, pas de microclimat qui ne soit ainsi « assaini », espace livré tout entier à la toute puissance du climat, scandé de bâtiments dressés comme des stèles et dont les abords même, souvent sous l'effet des tourbillons provoqués par leur masse, n'apportent à l'habitant qu'un rude abri démesuré. L'espace extérieur, l'espace climatique, vient en tempête assiéger « la maison ». La systématisation violente des solutions constructives inspirées des structures industrielles les plus frustes, substitue aux règles permanentes de la prudence constructive des simplifications drastiques : fenêtres métalliques au *nu* extérieur, suppression de tous les reliefs tels que corniches, bandeaux, larmiers, élaborés au cours des siècles pour des raisons qui n'étaient pas uniquement ornementales. De plus tous les espaces semi-ouverts, souvent transposés de l'Orient vers les pays d'Europe froide, ouvrent aux convections de terribles passages au cœur même des enceintes. Ainsi les habitations, même les plus cristallines, les plus apparemment hermétiques, sont le jeu d'un perpétuel transfert thermique; et nous n'entendons pas ici seulement les inévitables transferts par conduction à travers les grands pans de verre hermétiques comme ceux qui détruisirent le bel équilibre escompté de la cité du Refuge, mais réellement des échanges gigantesques et directs entre l'air extérieur et l'air des cellules, échanges amplifiés et rendus incontrôlables par la complexité et la perméabilité des enveloppes, par l'importance quantitative des parois par rapport aux volumes enclos, et enfin par le principe scénographique du continuum des espaces internes et la diversité des volumes ainsi communicants, tous facteurs qui concourront finalement à faire des enceintes tout entières de véritables turbines.

La composition spatiale interne des bâtiments de Le Corbusier, l'une des plus passionnantes à suivre sur le plan plastique et dynamique, induit en effet des conséquences thermiques que l'architecte, même s'il ne les avait pas entièrement prévues, assume hautement au nom de la fameuse salubrité. Les bâtiments des vingt premières années à eux seuls présentent une richesse inouïe d'imbrications spatiales internes, ceci (qu'il s'agisse d'immeubles ou de maisons individuelles) contrastant avec l'épannelage général, sobrement parallélépipédique. Non seulement les rez-de-chaussée sont crevés, évidés pour le passage rapide des voitures avoisinant les piétons, et les toits-terrasses sont tout entiers dévolus aux joies du sport et du plein vent, mais les niveaux intermédiaires s'éventrent de jardins suspendus à double ou triple niveau, voire

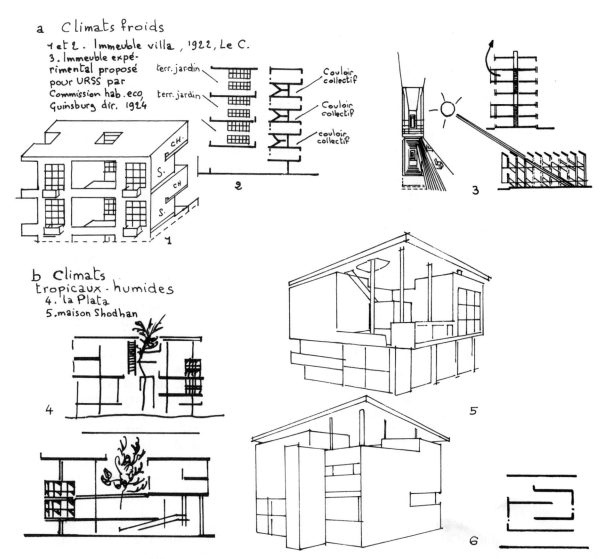

a   Climats froids

1 et 2. Immeuble villa , 1922, Le C.
3. Immeuble expé-
rimental proposé
pour URSS par
Commission hab.eco,
Guinsburg dir. 1924

terr. jardin

terr. jardin

Couloir collectif

Couloir collectif

couloir collectif

CH.
S.
CH.
S.

1

2

3

b Climats
tropicaux - humides
4. la Plata
5. maison Shodhan

4

5

6

c   Climat méditerranéen = la villa à Carthage , coupe shematique 6

31. Espaces intermédiaires chez Le Corbusier :
le climat irrigue les espaces habitables.
a - Climats froids; b - climats tropicaux humides; c - climat méditerranéen.

(immeubles-villas de 1922) de puits intérieurs reliant du bas en haut ces terrasses superposées. Il est vrai que Guinsburg proposait bien pour le climat de Moscou des immeubles collectifs sabrés, selon leur plus grand axe et sur toute leur hauteur, de cages d'escaliers éclairées zénithalement par des sheds et qui faisaient communiquer tous les espaces intérieurs! Pour ce qui concerne les grandes villas de la même époque, leurs programmes à la fois vastes et privés permettent le maximum de jeux spatiaux de cet ordre. A Garches, la terrasse bée sur trois niveaux, traversée de passerelles et partiellement masquée de vastes pans de murs ouverts au vent de l'ouest; la maison Cook, apparemment un cube parfait, s'évide de toutes parts, son rez-de-chaussée enclos se réduisant à la cage étroite de l'escalier d'accès, érigé entre deux vastes porches, son séjour gigantesque rejoignant, par sa double hauteur, le jardin suspendu et une sorte d'étrange et triomphale loggia perchée; la villa Savoy inscrit dans un quasi-carré un dédale de pièces dont pas une n'a moins de trois façades; là, pas de double niveau ni de continuum spatial interne à ces cellules, mais un nombre et une variété sans égale d'espaces semi-extérieurs s'interpénétrant avec les cellules, toutes violemment individualisées : le garage et le porte-à-faux sous les pilotis venteux, le jardin-terrasse avec son abri couvert, sorte d'*iwan* vitré vers le panorama; une terrasse de service entaillant profondément la face est, la double conque du solarium, et encore, à tous les niveaux, des terrasses accessibles par des escaliers plus ou moins acrobatiques. Et la maison La Roche, maison d'artiste et presque musée, présente sur ses trois niveaux des surfaces de vide (porches, terrasses, doubles niveaux, etc.) au moins deux fois supérieures à celle des planchers.

A Chandigarh et à Ahmedabad, vingt ans plus tard, de tels jeux d'espaces trouveront leur merveilleuse justification dans une quête des vents frais digne des moghols, dont l'auteur d'ailleurs s'inspirait manifestement. Ici, le problème est autre évidemment, et les problèmes de chauffage posés par de tels volumes sont sous nos climats quasiment insolubles. Car enfin, ces ensembles de pleins, de vides, d'espaces décalés, ces galeries qui franchissent des vides clos d'énormes vitrages pour desservir une petite chambre ouvrant sur trois terrasses, ne peuvent se comparer qu'aux complexes les plus déments de l'Inde musulmane ou du désert d'Iran : à des palais des vents...

Dans les habitations sociales, où la réduction des surfaces impose évidemment plus de sobriété, la démesure demeure pourtant, et ce goût extraordinaire du vide dont l'illustration la plus humble pourrait être ce porche d'une maison Citrohan réduit à une dalle étroite sur deux maigres poteaux, régnant sur toute la hauteur de la façade dont il ombrage les vitrages, mais qu'il serait bien incapable d'abriter de la pluie (Citrohan, 1922). A Marseille, où bien des jeux sont simplifiés du fait de l'énormité des problèmes, et où la si fameuse (si scandaleuse) notion de casier à bouteilles veut exprimer la compacité maximale tout en suggérant l'idée d'étanchéité absolue, les jeux volumiques viennent à s'introvertir complètement, mais ils demeurent et se combinent avec l'idéal maintenu de continuum spatial interne. On peut voir, à première vue, dans cette cellule une descendance des maisons primitives grecques (voir Skiros); la référence vernaculaire des espaces d'habitation corbuséens apparaît d'ailleurs dans toute l'œuvre, on ne l'a peut-être pas suffisamment souligné, dans le choix de mesures aussi proches que possible des mensurations humaines, choix qui, s'il s'était généralisé dans l'habitat, en aurait sans doute modifié énormément les dépenses énergétiques. Mêmes volumes, donc, à Marseille et dans l'île grecque; haut volume des « séjours », mêmes chambres en soupente au-dessus des cuisines minuscules et sombres; oui mais... à Skiros ce fond est un cul-de-sac, l'air chaud du foyer monte vers la soupente et s'y maintient; à Marseille, tout au bout des chambres du haut, il y a une autre façade, d'autres fenêtres... et comme le maître l'écrit clairement : « L'orientation intervenant est-ouest, une façon de tourbillon s'établit automatiquement entre une façade et l'autre, provoquant un renouvellement automatique de l'air. » Ainsi, comme toujours chez Le Corbusier, ce qui aurait semblé devoir jouer dans le sens de la chaleur est utilisé pour la disperser; la salubrité avant tout! Le texte cité partiellement ci-dessus est d'ailleurs intéressant dans son entier, car Le Corbusier y expose cette apparente opposition qui lui est si chère entre l'hermétisme impeccable et le balayage éolien sans limites : « Le logis, tel qu'il est réalisé à Marseille, est un prisme abrité des facteurs extérieurs par la contiguïté des quatre autres logis l'entourant; il n'offre prise aux intempéries, aux agents atmosphériques que par ses deux plus petites faces (les loggias brise-soleil) ».

On voit donc, dans la pensée de Le Corbusier, une double ambiguïté dans la formulation des rapports entre espaces internes et externes : sur le plan volumique et visuel, une forte opposition entre la rigueur géométrique de l'épannelage général tranchant brutalement sur la nature environnante et laissant présager une simplicité austère, et l'exubérance inégalée des intrications des volumes intérieurs; sur le plan thermique alors que nulle « boîte » (isolable) ne se distingue ni ne s'isole, la façade — sauf dans les cas bien particuliers des « murs neutralisants » qui sont d'ailleurs restés à l'état de projets — favorise et amplifie des échanges au mépris même du confort, et certainement des plus élémentaires économies d'énergie.

L'architecture de Le Corbusier ne peut s'appréhender totalement sans l'intégration du végétal qui en était le complément, et ceci au niveau urbain comme au niveau architectural. A l'échelle de la Cité, il a suffisamment écrit sur la ville verte pour inspirer toute la conception ultérieure des grands ensembles, et à ce propos on notera sa haine comique de toutes les formes traditionnelles de paysage agricole, que ce soit l'image rurale de la ferme traditionnelle, qu'il voudrait décoller de sa boue originelle, ou l'horticulture urbaine pour laquelle il n'a que des sarcasmes. Si le végétal se réduit, dans ses plans masses, à une flaque verte essentiellement abstraite, une sorte de nébulosité herbeuse censée dispenser chlorophylle et joie de vivre à l'urbain radieux, il retrouve, en revanche, au niveau de l'immeuble une réalité concrète et particulièrement heureuse. Comme sur les gradins de Sauvage, la plante escalade les murailles, déborde des jardinières, et surtout, plantée dans la terre des terrasses, participe de l'un des plus séduisants moyens de protection, associé au béton dont il corrige les insuffisances thermiques, conjuguant les qualités d'isolation et d'inertie. Cette contradiction entre l'excellence de la réussite architecturale et la faillite à l'échelle de l'aménagement urbain fait une fois de plus de Le Corbusier un modèle de son temps; et si on lui reproche aujourd'hui d'être l'un des pères des malencontreux « espaces verts », il faudrait tout de même méditer cette espèce d'équilibre idéal que représentaient, face à l'indigence de tant de façades modernes, ses grands jardins pariétaux inondés de verdure.

L'architecture internationale

Reprenant les lignes directrices de la démarche appliquée aux deux itinéraires monographiques qui précèdent, nous allons maintenant examiner certains aspects de ce que l'on a appelé l'architecture internationale, puis de l'architecture tropicale considérée comme une branche divergeant de celle-ci; enfin des architectures hétérogènes aux deux mouvements précédents. C'est donc un moment essentiel de notre réflexion, car nous allons toucher ici le substrat même de la culture architecturale d'aujourd'hui, tout concept actuel s'y référant, fût-ce inconsciemment ou même par une irrémédiable opposition; ainsi toute la pensée, la sensibilité, les doctrines et systèmes de valeur en jeu dans la conception et la critique de l'architecture solaire sont-ils plus ou moins influencés par des problématiques nées ou étouffées dans cette période.

D'un point de vue analytique, il est fondamental de rappeler que l'architecture internationale a connu deux périodes, dont l'une engendre la seconde, mais dont la seconde mutile la première en même temps qu'elle l'accomplit.

La première période entre les deux guerres (Bauhaus, constructivisme russe, avec pour principaux théoriciens Gropius et Hannes Meyer, Leonidov et les frères Vesnine auxquels s'ajoutent des individus plus isolés comme Mies Van der Roher et Le Corbusier) énonce des principes à charge idéologique prédominante, où le concept d'internationalisme recouvre une vision politique soutenue par un projet esthétique. Il est certain, pour ces « prophètes », que l'architecture doit être nouvelle pour abriter un homme nouveau; qu'elle se doit d'être unitaire pour une société sans frontière; et que son moyen, l'industrie, est capable d'assumer le bonheur de cet homme, de cette société, en dominant désormais la nature. Dans cette optique, les architectures du passé, en particulier vernaculaires (et l'on a vu, chez Le Corbusier par exemple, qu'elles sont loin d'avoir disparu totalement du bagage conceptuel des novateurs), sont appréhendées comme les témoins tâtonnants des recherches de l'homme ancien pour son mieux-être, recherches dont l'ère moderne peut recueillir des bribes lorsque celles-ci conviennent à son dessein, en les portant enfin à leur plein épanouissement dans un ensemble rénové. Ainsi, les espaces intermédiaires de nombreuses architectures méditerranéennes sont-ils insérés par Le Corbusier dans son projet mondialiste; ainsi, de façon occulte et permanente, presque tous les éléments de l'architecture domestique japonaise à l'exception du toit (« périmé » grâce aux techniques modernes), sont-ils retranscrits dans l'architecture puriste, etc. A ces éléments vernaculaires triés sur le volet, et connotés selon une grille très subjective, s'ajoute une autre banque de données fondamentales pour le projettement, qui est la problématique de l'art abstrait. La composition architecturale de l'entre-deux-guerres (ou du moins ses plus prestigieuses écoles) est totalement nourrie par des recherches plastiques qui n'apparaissent évidemment pas dans les théories pseudo-rationalistes résultantes, et ceci est absolument essentiel dans l'histoire des malentendus qui opposèrent dès lors artistes et public, concepteurs et producteurs, malentendus nés d'un hiatus entre théorie et pratique, aussi bien qu'entre utopie et réalité sociale. Prenons l'exemple des villas réalisées par Mies entre l'époque du pavillon de Barcelone et la Seconde Guerre mondiale : la schématisation des plans et l'épuration extrême des espaces relève d'une écriture architecturale poussée à un degré suprême d'abstraction, alors qu'explicitement, cela passe seulement pour une œuvre de technicité pure. Là est le malentendu, l'architecture moderne a, dans presque toutes ses écoles, fait référence à des signes, à la mémoire formelle; il serait plus juste de dire qu'elle soumettait ces signes à des traitements, des modifications, des métamorphoses, qui ne les rendaient pas immédiatement reconnaissables au profane, car à la manière du cubisme, des collages, ou en littérature des désarticulations du langage de Joyce, la réalité n'intéressait l'artiste que profondément bouleversée et recréée selon un ordre qui lui soit propre et auquel, souvent, il est difficile d'accéder sans clefs. Art, donc, en aucun cas insignifiant, mais certainement élitiste, et peu conforme à la tradition européenne. L'art moderne est, en effet, internationaliste, en un sens différent de ses deux sens courants, technique et idéologique : au sens où il traite un matériau arraché à des civilisations différentes, et par des procédés eux aussi exogènes. Bien entendu, ceci s'est surtout manifesté au niveau d'œuvres privilégiées; villas de haut standing, pavillons d'exposition, projets non réalisés. La production de série allait rapidement substituer des critères de rentabilité à ces conceptions ambiguës. Un second trait caractéristique de la première architecture internationale est que ses intentions précèdent ses moyens : qu'il s'agisse de la qualité des aciers, des verres, surtout des étanchéités, ou plus encore des moyens de contrôle thermique, le projet du Bauhaus ne s'accomplit, comme l'ont bien souligné les auteurs anglo-saxons, qu'avec l'extension de la climatisation; c'est-à-dire à partir des années 50. Face à des moyens insuffisants, les architectes tentent de faire la théorie des règles climatiques, inventent parfois avec succès des outils de contrôle architecturaux, mais échouent en fait à constituer des enceintes confortables et surtout capables de résister aux agents naturels de corrosion. On sait que les terrasses fuient, que les habitations sont froides en hiver, surchauffées en été, que les fenêtres jouent; les idéaux sportifs, et l'ambiance politique plus ou moins influencée par les ascétismes bolcheviste et fasciste simultanément, doivent théoriquement aider le public à supporter ces inconforts, et l'architecture internationale reste, dans les faits, marginale... La Seconde Guerre mondiale accentuera ces tendances austères, non seulement par les violences et les privations qu'elle imposa de fait, mais, en France par exemple, au niveau même des mentalités qui resteront marquées un certain temps par une sorte de complaisance dans l'autopunition.

Après la phase de reconstruction (marquée par cette tendance) tout va changer très rapidement. C'est la seconde période de l'internationalisme en architecture, impulsée désormais par les États-Unis, et qui débute par la diffusion rapide du conditionnement d'air. En moins de cinq ans, des techniques qui avaient végété durant des décennies prennent des formes commerciales : c'est le cas de la climatisation, mais aussi de l'éclairage au néon qui, utilisant moins d'énergie et dégageant moins de chaleur, autorise dorénavant l'éclairage permanent. Ceci ajouté à l'amélioration des matériaux isolants et verriers (thermopanes) rend enfin rentable le rêve des architectes des années 30. Les tours épaissies « anti-climatiques », intéressent dorénavant les industriels et révolutionnent l'architecture urbaine; puis la diffusion accrue et la miniaturisation des appareillages permettent leur insertion dans l'architecture domestique, même individuelle. C'est la fin des derniers régionalismes américains, et déjà se profile la maison « pour partout », branchée à son réseau et ne tenant plus aucun compte de l'environnement naturel. L'Europe tardera encore quinze ans à copier le modèle, mais dès 1947 les revues d'architecture le diffusent dans les milieux professionnels et estudiantins. Ainsi, le capitalisme américain, au faîte de sa puissance, accomplit-il les prédictions des bolcheviques des années 30. Mais cet accomplissement, réalisé par les voies commerciales, n'est évidemment plus tout à fait conforme au projet initial! Une génération d'architectes cependant s'y trompera, portant le purisme à des sommets et mêlant, de façon de plus en plus artificielle, l'évidente rationalité des financiers maintenant avertis et des ingénieurs constitués en puissants bureaux d'études, à un rêve esthétique usé avant d'avoir trouvé sa véritable audience. En fait, hors des États-Unis, l'architecture internationale de grande qualité technique se limite aux bâtiments de bureaux et aux nouveaux programmes de prestige (sièges de banques et de firmes industrielles, aérogares, etc.). L'habitat social, étranglé par des limitations budgétaires et réglementaires drastiques, additionnera alors les défauts inhérents à ces contraintes (insuffisance conjoncturelle de qualité technique, surtout sensible dans l'acoustique, le comportement thermique et la résistance du second œuvre) et les vices structurels de la pensée techniciste internationale (mépris du site, schématisme des plans). Cependant, il y a beaucoup à dire sur les habitats sociaux des vingt années de l'après-guerre, et on développera plus loin un certain nombre de points s'y rapportant à propos des tissus urbains.

Issues de l'expérience internationale, les architectures tropicales modernes en ont suivi l'évolution selon leur problématique propre. Dans la première période de l'architecture internationale, avant que la surabondance des moyens mécaniques n'ait fait caresser aux concepteurs le rêve de placer réellement n'importe quel type de bâtiment dans n'importe quel milieu climatique, ils eurent presque tous l'occasion de heurter leurs a priori à la dure réalité de la géographie. On ne reviendra pas sur Le Corbusier dont les élèves brésiliens allaient appliquer les leçons et certaines de ses recettes. Aux États-Unis, des architectes comme Richard Neutra transcrivirent le plan éclaté appris de Wright dans des milieux chauds, voire tropicaux (plan de développement social pour Porto-Rico, 1943-1944) en développant des recherches poussées sur la ventilation naturelle et le contrôle architectural de la lumière. Dans les grands empires coloniaux, français et anglais principalement, les conceptions nouvelles devaient se substituer progressivement aux bonnes vieilles recettes consistant en une évocation bétonneuse et boursouflée des silhouettes architecturales locales (on relève, dans l'œuvre de Calsat par exemple, la coexistence simultanée des deux tendances [15]). L'effort théorique pour appréhender le climat fut, cependant, sérieux et très général : les effets du soleil, du vent, de l'hygrométrie de l'air, furent systématiquement mesurés, simulés, calculés; prospects et orientations furent codifiés, engendrant des espaces urbains très rigides. Du point de vue des volumes, c'étaient ceux de l'esthétique internationale, mais « habillée » pour s'adapter au climat; le brise-soleil était l'élément architectural dominant, la variété de ses dessins, des matériaux, des orientations, de l'échelle de ses composants, constituait à elle seule, l'essentiel de la nouvelle modénature internationale tropicale; s'y ajoutait le traitement des espaces intermédiaires, pilotis, patios, loggias, brise-vent, doubles toitures, terrasses et combles ventilés, fragments d'architecture vernaculaire greffés sur les volumes occidentaux. Dans le meilleur des cas (au Brésil par exemple), la nature tropicale fut exploitée pour l'agrément des abords, mélangeant là aussi l'étrange et l'exotique à des conceptions spatiales sans précédents culturels.

La seconde période de l'internationalisme, bien vivante aujourd'hui dans tout le Tiers Monde, voit se développer l'abandon de toutes ces spécificités, et surtout la généralisation d'une « architecture d'exportation » principalement destinée aux pays riches du Tiers Monde, et cette fois rigoureusement conforme aux standards internationaux.

Après cette mise au point historique, il nous faut revenir sur le devenir de la notion d'enceinte et la relation intérieur-extérieur dans l'architecture internationale.

L'enceinte, selon les théories « internationalistes », est supposée soustraite au climat et conforme aux désirs de ses habitants, ceci grâce à la perfection des enveloppes et au recours hautement sophistiqué à des énergies abondantes et commodes. On ne reviendra pas ici sur les moyens techniques dévolus au chauffage, à la climatisation, au contrôle hygrométrique, à l'assainissement de l'air et à l'éclairage des enceintes, qui sont assez largement diffusés et paraissent, vers les années 60 à 70, pratiquement illimités : « L'efficacité mécanique d'un tel équipement est si élevé maintenant qu'il a banni toute restriction d'ordre pratique... Une petite maison ou une ville entière peuvent être entièrement commandées par un contrôle unique. N'importe quel environnement thermique peut être créé et maintenu n'importe où, à l'équateur, au pôle, même dans l'espace. Ceci est un accomplissement historique de l'évolution de l'architecture, permettant l'existence d'états thermostables comparables à l'homéostasis du corps humain » (J.M. Fitch, American Building).

La problématique des enveloppes est particulièrement intéressante et en même temps confuse. L'innovation la plus caractéristique est le mur de verre. Encore marié chez Le Corbusier (et plus tard chez divers brutalistes) à la masse plastique du béton, il va s'associer chez la plupart des internationalistes à la structure d'acier, produisant des enveloppes d'une conductivité thermique sans pareille. Les transmissions thermiques opèrent d'ailleurs non

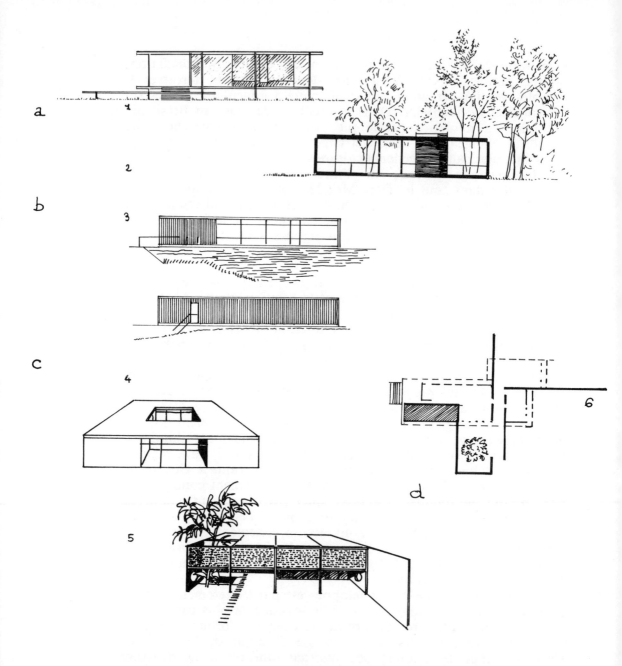

32. Enceintes et enveloppes dans l'architecture puriste internationale.
a - Maisons de verre, le climat est nié : 1) Mies Van der Rohe, 1950 (Illinois). — 2) Ph. Johnson (Connecticut);
b - les façades sont différenciées en fonction des orientations : 3) Jacobsen, 1955 (Copenhague);
c - des espaces intermédiaires sont réservés : 4) Ph. Johnson, 1950 (Connecticut). —
5) Curtis and Davis, 1960 (New Orleans);
d - interpénétration de l'intérieur et de l'extérieur : 6) Gunlogson et Nielsen, 1955 (Danemark).

seulement par la conductivité des surfaces vitrées, et celle des ponts thermiques de la plupart des supports et joints de métal, mais par les maçonneries même, du fait de conceptions structurales particulières à cette architecture. On se rappelle en effet que les plus belles architectures puristes, dans le but de souligner la structure et de relier intimement l'espace intérieur et l'espace extérieur, faisaient littéralement traverser l'enceinte à leurs structures porteuses : poteaux crevant la dalle, murs divergeant hors des limites cernées par les vitrages. Or, quel peut être le comportement thermique d'un mur de maçonnerie dont une partie est intérieure à une enceinte climatisée et l'autre extérieure, si ce n'est le transfert permanent des calories d'une partie à l'autre de sa masse? C'est d'ailleurs le problème de toutes les structures à murs de refend porteurs ou *box-frames,* quelle que soit la nature des parois de clôture.

Ces formules d'une esthétique élaborée allaient donc à l'encontre de l'intention déclarée de réaliser des enceintes hermétiques, parfaitement indépendantes du milieu. Et cette contradiction illustre bien la limite de la rationalité dans l'architecture internationale : jamais le désir de s'affranchir des contraintes naturelles n'a été si grand, jamais les moyens mis en œuvre à cette fin, si considérables, et jamais, simultanément la volonté de fusion avec le paysage ne s'est exprimée si follement. Le verre, appréhendé comme l'enceinte la plus parfaite, la plus hermétique, est aussi l'instrument d'un désir de non-enceinte, de totale ouverture : allèges et retombées disparaissent, les joints sont réduits aux limites de la prudence, meubles et tapis affleurent la limite transparente des jardins, des lits semblent toucher l'herbe ou la neige; si le climat est vaincu, jamais il n'a été tant « regardé » que depuis ces maisons de verre, à l'encontre des habitations vernaculaires, qui s'en coupaient, parce qu'elle le « connaissaient » assez pour s'en garder. La référence à l'architecture et au mode d'habiter du Japon sont explicites, avec toutefois la différence fondamentale que le Japonais ancien acceptait de payer sa relation à la nature d'un inconfort drastique. Ici, la relation à la nature est d'abord visuelle, puis symbolique, en aucun cas effective.

Autour des bâtiments (nous parlons évidemment des bâtiments bas, car tours et barres, on le sait, provoquent par leur masse des turbulences atmosphériques qui gênent l'usage de leurs abords), des espaces-jardins parfaitement domestiqués prolongent les espaces d'usage en saison clémente et sont d'ailleurs éclairés la nuit comme des pièces supplémentaires. Les patios, bassins, jardins de pierres ou de plantes, enrichissent cette relation intérieur-extérieur et en renforcent l'ambiguïté; les jeux des panneaux mobiles, les lames réglables, des murs en épine, des passages de sol naturel (sable, herbe, pierres, eau) sous les cloisons désorientent la perception de l'enceinte et confèrent à l'espace une qualité d'abstraction picturale. La diversité climatique entraîne essentiellement des traitements différents des enveloppes, une solution ingénieuse aux surchauffes consistant souvent dans l'établissement d'une résille de claustra, lamelles et brise-soleil, entourant l'enceinte vitrée au niveau du débord du toit-terrasse, et se constituant comme une péri-enveloppe continue (voir 32, 5).

On peut observer, tout d'abord, que la nature et le degré de perméabilité des enceintes dépendent presque totalement du vouloir des concepteurs, du fait que les problèmes d'enveloppes sont dissociés des problèmes de structure; du fait aussi que les matériaux isolants proches de la perfection, et capables de sélectionner l'isolation (dissocier le visuel du thermique, par exemple) sont appliqués à ces enveloppes, du fait enfin de l'abondance en correcteurs artificiels disponibles. Il faut ensuite remarquer que les concepteurs, tout en se maintenant étroitement dans les limites d'impératifs esthétiques et volumiques puristes, disposent d'un jeu architectural très varié portant aussi bien sur le volume des enceintes, les variations de relation entre la structure et l'enceinte, la différenciation, voire le dédoublement des enveloppes; tous jeux sciemment pratiqués en vue de renforcer ou d'atténuer la nature et l'échelle des relations entre l'enceinte et le milieu extérieur, naturel et climatique. Cependant, le courant principal de l'architecture du monde industriel avant la crise s'exprime dans l'exaltation du monde artificiel, souterrain et nocturne : épaississement des volumes bâtis urbains au-delà de toute possibilité d'éclairage et d'aération naturelle; façades boucliers; immeubles miroirs réfléchissant tout apport solaire; urbanisme souterrain; grandes surfaces totalement aveugles; généralisation de l'air conditionné relevant d'une débauche énergétique que revendique l'illumination nocturne : c'est là l'*architecture antisolaire*.

Un pas de plus est franchi dans le processus de dissociation de l'enceinte et du milieu par les tenants de l'*architecture-structure* (dont Nervi, Morandi, Frei Otto, Le Ricolais, Couëlle, etc.). Les recherches structurales n'étant plus inféodées à aucune tradition constructive, mais résultant d'études prospectives sur les propriétés mécaniques de tel ou tel matériau et plus généralement l'exploration de possibilités dynamiques et statiques liées à la nature de la matière, il va de soi que l'enceinte et, d'une manière générale, l'habitabilité sont un souci tout à fait secondaire. L'extension des raisonnements et des pratiques structurales aux mégastructures induit un divorce entre la pensée constructive et le concept global d'habitat, tant en ce qui concerne ses significations sociales et d'usage que sa relation au milieu où il s'implante.

Mais ce sont les *bulles* et les containers qui marquent le point ultime de la désolidarisation de l'enceinte et du milieu; structure et enveloppes étant ici généralement confondues, et leur traitement morphologique visant essentiellement à en renforcer l'homogénéité, l'« habitat » se trouve réduit à la juxtaposition, à la combinaison ou à la prolifération d'unités « étanches », insérables en n'importe quel lieu, qu'il soit défini en termes d'habitat (campagne, ville, etc.) ou même en termes géophysiques (haute atmosphère, comme dans le projet « nuages flottants » de Bückminster Fuller, surface de l'océan, voire fond des mers ou autres milieux « inhabitables »). Dans la pratique, nombre de projets de cette famille sont restés au stade de la proposition, leur échelle gigantesque et l'oubli de contraintes majeures en ayant condamné la viabilité, et les réalisations découlant de ces principes sont principalement des dômes de Fuller, d'une échelle variant de la bulle individuelle à un grand pavillon d'exposition (pavillon US à Montréal), ainsi qu'une prolifération de microstructures utilitaires telles que les mobilhomes, caravanes, et autres formes d'habitat minimum industrialisé.

Du point de vue de la relation au milieu ambiant extérieur, ces conceptions ont toutes en commun l'effort de rupture poussé à un degré sans précédent. Du point de vue des politiques énergétiques sous-tendues, il y a, en revanche, deux courants absolument antagonistes, l'un (la pensée théorique de Bückminster Fuller) reposant sur un fondement idéologique écologique et se proposant de réaliser l'autonomie énergétique optimale par une adéquation des relations géométriques même des volumes aux énergies naturelles; l'autre, plus courant dans les années 60, inspiré des techniques spatiales du moment, et posant le problème des équipements servant l'habitat en terme de surconsommation énergétique.

Critique de l'architecture internationale

Comment ces différents courants ont-ils été perçus ? On peut dire que dans son ensemble, l'architecture internationale a toujours eu mauvaise presse ; alors qu'elle continue à se produire en masse et sous la forme la plus étroitement commerciale et technicisante, elle est décriée avec une violence, disons une haine absolue, tant par le public qui ne l'a jamais réellement adoptée, que par les milieux architecturaux dans le vent. On peut schématiquement diviser les critiques qui lui sont faites en trois familles conceptuelles principales, que nous présentons ici dans leur structuration, mais non dans l'ordre historique de leur formulation, en particulier pour souligner leur permanence dans le déroulement des courants théoriques du xxe siècle.

— Le premier courant est d'ordre économique et politique. Il a essentiellement condamné la pratique impérialiste qu'implique un mode de production hautement technicisé et fortement centralisé, et la non-adéquation du produit résultant aux besoins et aux droits des usagers. Les définitions de l'« essence » de l'habitat selon ces doctrines conduisent à un retour aux techniques et aux valeurs de la construction courante, parce qu'elle seule peut être produite par de petites unités décentralisées et sans forte concentration de capital, et aussi, parce qu'elle n'impose pas un modèle culturel exogène considéré comme aliénant ; son corollaire limite est la valorisation de l'autoconstruction, et de tous les modes de récupération ou de détournement de l'habitat existant.

— Le second est d'ordre culturel. Il s'est principalement attaqué au caractère iconoclaste et à l'abstraction du style international. Son premier argument consiste à lui dénier tout contenu étranger aux rationalités techniciennes et financières : cette architecture serait « insignifiante ». On peut argumenter contre cette interprétation, qui revient à oublier ou à négliger l'étroite insertion de l'architecture puriste, en particulier, dans les courants de l'art abstrait, et à confondre figuration et signification. Son deuxième argument est que l'architecture internationale serait amnésique ; elle devrait être condamnée (« effacée »), parce qu'elle ne contient plus les signes mémorisés par toute société pour définir ses concepts d'habitat (ville, architecture, mais aussi maison, etc.). Les courants architecturaux découlant de ces critiques sont aussi bien les écoles baroques contemporaines de la plus grande domination du style international que l'historicisme, le néo-académisme, et tous les mouvements de conservation des sites et des monuments suscités par la vague de « modernisation » forcée qui a marqué la période de surabondance immédiatement antérieure à la « crise ».

— Enfin, le troisième courant relève étroitement de notre problématique et doit être développé ici bien davantage. Il s'exprime d'abord par le refus d'entériner la rupture entre habitat et milieu naturel, que cette rupture s'exprime en termes idéologiques (« le progrès »), en termes énergétiques et thermiques, ou en termes d'insertion au site et de prise en considération des espaces extérieurs. Alvar Aalto peut être appréhendé comme le pionnier, le maître et l'illustrateur exemplaire de ce courant, parce que son œuvre, contemporaine de la totalité de l'ère internationale (qu'elle « recouvre » intégralement, dans ses deux périodes, la « pionnière » et l'hégémonique), s'est affirmée en dissidence totale et explicite avec ce mouvement, tout en lui restant lié par une même modernité, et une même novation stylistique. Aalto a tout d'abord élaboré un mode de composition dégagé des tracés académiques, ce qui n'était pas toujours le cas dans l'architecture internationale, prenant notamment en compte des facteurs tels que l'insertion dans le site et l'orientation solaire; il s'est également dégagé de tout déterminisme structural, d'où une très grande souplesse dans le traitement des espaces, enceintes et volumes. L'accrochage de telles compositions dans les sites naturels, souvent assez tourmentés et boisés, n'est pas sans rappeler des modèles vernaculaires, auxquels Aalto s'est constamment référé, de même que les masses et espaces de ses compositions urbaines semblent puiser leur mode de génération dans la tradition des villes gothiques; dans un cas comme dans l'autre, la fluidité spatiale se prête à une interpénétration limitée aux dynamiques de l'intérieur et de l'extérieur : interpénétration moins codifiée que dans l'architecture classique, et bien plus organique que celle du style international; une relation en fait plus « gestuelle » que visuelle, qui restitue tout naturellement l'égalité de l'extérieur (la nature, la ville) et de l'intérieur (l'abri); cette égalité, toute naturelle dans les villes méditerranéennes par exemple, exige sous les climats où Aalto a coutume d'opérer une maîtrise sans faille des effets microclimatiques. La même fluidité spatiale, la même liberté structurale et la même attention au climat, ses pièges et ses dons, s'expriment au niveau des enceintes qui peuvent se différencier totalement d'un lieu à l'autre d'un même bâtiment; les parties nord offrent un maximum

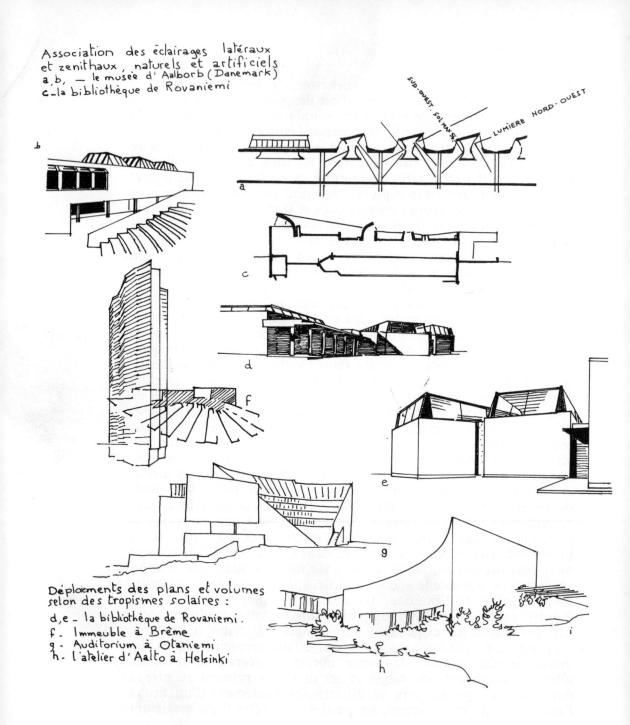

Association des éclairages latéraux
et zenithaux, naturels et artificiels
a, b, — le musée d'Aalborb (Danemark)
c _ la bibliothèque de Rovaniemi

SUD-OUEST. SOL MAX S/L

LUMIÈRE NORD-OUEST

b

a

c

d

f

e

9

Déploiements des plans et volumes
selon des tropismes solaires :

d, e - la bibliothèque de Rovaniemi.
f. Immeuble à Brême
g. Auditorium à Otaniemi
h. l'atelier d'Aalto à Helsinki

h

i

33. Alvar Aalto, ou la quête de la lumière.

de compacité alors que les parties bien exposées se développent, se déploient et s'épanouissent selon des tropismes solaires quasi végétaux; au point qu'il ne serait pas exact de parler de façade sud, tant cette orientation se diversifie et s'hypertrophie, mais plutôt de façade solaire, dont les faces brisées ou ondulées épousent tour à tour tous les moments de la trajectoire d'un soleil trop rare pour qu'on n'en laisse rien perdre.

L'autre spécificité que nous relèverons chez Aalto comme déterminante pour une appréhension climatique de l'architecture, est la résolution de contraintes contradictoires entre la compacité maximale des volumes et le recours constant à la lumière naturelle. Contradiction qui a donné naissance à un vocabulaire formel extrêmement riche et original permettant l'exploitation de la lumière zénithale comme des rayons les plus obliques, au moyen de lanterneaux, réflecteurs, pièges, fentes, comparables sous l'angle de l'inventivité aux pièges à vent des architectures islamiques, et dont la conception relève autant du détail architectural parfait que du parti volumique global. Le commentaire donné par Aalto lui-même à propos de la bibliothèque danoise d'Aalborg exprime bien la complexité des émotions sensorielles que le maître se propose explicitement de susciter : « La lumière du nord-est, venant d'en haut, éclaire les salles durant la journée d'une lueur diffuse. Les rayons solaires venant du sud et de l'ouest sont utilisés par la réflexion des surfaces horizontales et verticales du plafond et des parois. L'éclairage de la grande salle d'exposition est conditionné par la position du bâtiment et par son entourage : les coteaux tapissés de hêtres forment une haute paroi naturelle dont les reflets changent au gré des saisons [16]... » Ceci recouvre, concrètement, l'association de la lumière zénithale (réfléchie sur les parois internes) et directe, venue de tous les points du ciel ou même du paysage conçu comme partie prenante de la composition... A propos de cet extrait significatif, se repose la question du hiatus entre, d'une part la gratuité apparente des formes et leur profonde rationalité climatique, et symétriquement entre le fonctionnalisme accompli et le fondement en dernier ressort poétique de toute la problématique.

A côté d'Aalto, d'autres maîtres, d'autres écoles ont jalonné l'histoire récente de signes solaires ou climatiques, parfois rationnels, parfois simplement formels. Toujours dans les courants nordiques, nous citerons Ralph Erskine, d'abord pour son travail théorique sur l'urbanisme du Grand Nord basé sur l'association en contrepoint de grands « immeubles-murs » brise-vent et de micro-climats protégés par ceux-ci, ensuite pour sa conception des enceintes hermétiques, lisses comme des phoques pour minimiser les transferts thermiques, mais complétées par des structures légères de balcons, loggias et galeries d'été, greffées là pour compléter l'habitat sans léser l'homogénéité de l'enceinte. Ces conceptions, développements et affinements de la pensée de Fuller, restituent le concept de bulle, mais en le libérant du défaut d'insertion au milieu. L'Europe septentrionale entière a vu voisiner le courant international et des tendances spécifiques plus ou moins teintées de traditions culturelles transposées, et développant à des titres divers, plus ou moins explicitement, la relation climatique et sensorielle comme fait architectural structurant; ainsi l'œuvre baroque de H. Sharoun compose-t-elle avec les impératifs d'un climat rude (tropismes); l'illustration 34 montre les plans d'une tour de Hans Sharoun et d'une autre de Roger Anger, qui pourraient être ressenties par quelque observateur superficiel, comme un peu similaires, le bâtiment du Français passant à la limite pour plus « raisonnable » que le volume éclaté de l'Allemand; or, des deux compositions c'est la plus lyrique et apparemment gratuite qui tient compte des orientations, se fermant aux vents, accueillant le soleil, alors que la tour de Grenoble offre imperturbablement la même alternance de pleins et d'ouvertures au vent venu des Alpes et aux « bonnes » orientations : malentendu de l'amalgame, et démonstration que le climat n'est pas forcément l'ennemi de l'invention (voir 34, 4 et 5). De même l'école anglaise n'a repris vie qu'après des années d'internationalisme pataud qu'avec le réinvestissement simultané de valeurs culturelles (l'« école gothique ») et de reconnaissance de la spécificité climatique (soleil rare, pluviosité), ce qui s'est traduit par des options constructives réhabilitant l'enceinte délimitée de murs porteurs, généralement en brique, mais aussi le bow-window et les jardins d'hiver, de même que les jeux obliques propices au glissement des eaux... Ainsi, Stirling, un architecte dont les formes appellent le soleil, semble-t-il préfigurer en les unifiant toutes les tendances de l'architecture solaire! L'école anglaise, puis des courants américains un peu marginaux, consomment la rupture avec l'abstraction, leur interprétation du vernaculaire se faisant de plus en plus directe et leur volonté de se fondre dans la nature de plus en plus explicite; le Sea Ranch en est l'illustration la plus connue, mais elle n'est en fait ni la première, ni isolée, et s'insère dans une importante tendance développée dès

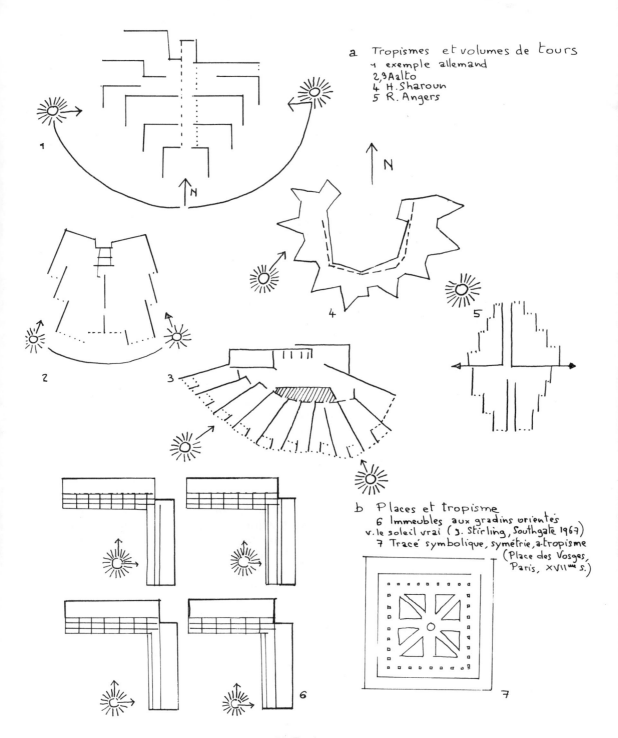

a Tropismes et volumes de tours
   1 exemple allemand
   2,3 Aalto
   4 H. Sharoun
   5 R. Angers

b Places et tropisme
   6 Immeubles aux gradins orientés
   v. le soleil vrai (J. Stirling, Southgate 1967)
   7 Tracé symbolique, symétrie, a-tropisme
      (Place des Vosges,
       Paris, XVIIᵐᵉ s.)

34. Tropismes.

les années 60. La pensée écologique devenue militante circule des courants réellement marginaux aux bureaux d'architectes : le bioclimatique naît. Quant à l'« architecture noble », elle va se détacher, elle aussi, des stéréotypes internationaux abstraits, sans pour autant admettre aucun déterminisme « naturel ». Il semble toutefois pertinent qu'une personnalité comme Louis Kahn, utilisé comme maître et drapeau de la renaissance de l'architecture intemporelle et du néo-académisme, ait longuement théorisé, non seulement sur les notions d'enceinte et d'enveloppes de l'abri, mais même sur l'habitat impliqué totalement dans son site spécifique et partie prenante d'un écosystème. Il est curieux, voire amusant, de constater que, lors des premières études consacrées à Louis Kahn en France, cette partie de son enseignement a été largement développée [17] alors que quelques années après ce n'est plus que l'aspect formel et historique qui semble intéresser ses admirateurs [18]; rappelons que Vitruve a connu le même sort en son temps, ce qui illustre assez bien la spécificité des analyses académiques et l'infléchissement particulier qu'elles font subir aux sources qu'elles se choisissent. Quoi qu'il en soit, nous conclurons ce chapitre par quelques lignes de force de la pensée de Louis Kahn qui font de lui plus qu'un dessinateur génial : il préconise la prédominance absolue des apports naturels (lumière, ventilation), canalisés par des moyens architecturaux, sur les apports artificiels, dans tous les programmes non spécifiquement techniques; pour lui, l'enceinte et ses espaces complémentaires doivent être conçus comme des organes différenciés de l'abri; l'habitat doit être élaboré dans la globalité de sa relation à son site, ceci comportant aussi bien la création d'effets microclimatiques que l'insertion des ressources « naturelles » indispensables à la vie de l'habitat : espaces agricoles, stockage et distribution de l'eau. Les conseils que donne Kahn pour une ville au Neguev [19] semblent préfigurer les plus modernes hypothèses des professeurs d'éco-habitat puisqu'ils concernent l'enchaînement entre la récupération des eaux pluviales au lieu même de l'implantation urbaine (notion d'auto-suffisance), l'effet volumique, spatial et même microclimatique de ces réservoirs dans la conception de la ville, enfin la constitution d'une végétation.

Sur ce message où le soleil, le vent, la lumière, les eaux, les plantes concourent à servir l'habitat humain lui-même magnifié par l'humilité splendide de sa logique, s'achève le tableau des antécédents de ce qui doit maintenant devenir architecture solaire.

3. L'intégration des énergies naturelles à l'habitat aujourd'hui

Cette troisième partie de notre ouvrage n'est plus une réflexion sur le passé de l'architecture et de l'habitat, mais une problématique d'intervention sur cet habitat aujourd'hui, et plus particulièrement sur les modalités et les chances de lui intégrer les énergies naturelles.

On a vu que, dans les sociétés pré-modernes, l'habitat élaboré lentement comme un tissu de traditions n'était, à de très rares exceptions près, jamais conçu « en dehors » du milieu de son implantation, d'où une adaptation au moins minimale aux potentialités de ce milieu. Puis, avec les temps modernes, la conception de l'habitat se décomposa en diverses disciplines étanches, et perdit, en même temps que sa signification unitaire, sa dépendance au milieu ambiant.

Nous savons que le raccordement des divers lieux de vie et d'activités à des réseaux, de plus en plus complexes et étendus, comme le recours à des techniques et à des sources d'énergies surabondantes, permit d'envisager un modèle dominant et quasi unique d'architecture. Ce modèle proposé à tous et partout, en théorie sinon dans les faits, reléguait les habitats anciens ou différents, quoique majoritaires, à une place marginale.

Des remises en question de cette hégémonie se sont enfin élaborées lors des dernières décennies : d'une part, au niveau de l'habitat hors norme du grand nombre, notamment du Tiers Monde; d'autre part, dans les pays riches, face aux ravages d'un habitat hyperconsommateur. Dans le secteur des énergies, qui nous concerne plus directement, on a pu reconsidérer les anciennes sources d'énergie sans passer pour obscurantiste; et parmi elles les énergies « naturelles », un moment négligées.

Cette reconnaissance, maintenant largement acquise, suppose cependant une reconversion assez profonde de notre approche de l'habitat, et ceci à tous les niveaux, que ce soit celui des habitants ou des intervenants, gens de pouvoir, techniciens, architectes. C'est ce que nous abordons maintenant.

La nature des énergies naturelles, ses conséquences

Choisissant de passer outre à l'inadéquation du terme « énergies naturelles » (on voit mal en effet comment une énergie serait non naturelle), nous l'appliquerons comme c'est l'usage général, exclusivement aux énergies non fossiles et renouvelables puisque produites directement par les effets du rayonnement solaire. Parmi ces énergies, nous laisserons en outre de côté des énergies improprement nommées « nouvelles » — les énergies géothermique, maréthermique, hydraulique et solaire centralisée — du fait que les moyens de leur captage ne sont habituellement pas intégrés à l'habitat, même dans le cas où leur consommation est domestique. En dernière analyse, seules seront prises en compte ici les possibilités d'intégration à l'habitat des énergies éolienne et solaire à production plus ou moins décentralisée.

Il faut noter en premier lieu que la recherche du captage de ces deux énergies, parfois appelées sauvages, ne se prête guère à une maîtrise contrôlable : il n'est pas possible d'agir sur leur source, donc sur leurs variations de fréquence et d'intensité, pas plus que sur leur caractère aléatoire. On est là en présence d'énergies de flux, nécessitant des analyses et des moyens de captage spécifiques, difficilement assimilables aux processus et aux contraintes habituels de l'industrie énergétique et des modes de calcul courants. Il est par ailleurs très difficile de monter en laboratoire une simulation à échelle réduite capable d'en restituer la nature et les caractères propres : par exemple, le rayonnement solaire a un spectre difficile à simuler, même au moyen de lampes spéciales, et quand bien même cela serait possible, l'angle d'ouverture du rayonnement et la distance de la source ne pourraient bien évidemment pas être simulés. On notera d'autre part la tentation, à fin d'expériences, de travailler à source d'intensité de rayonnement constante, ne rendant absolument pas compte des variations qualitatives du rayonnement solaire dues aux perturbations du milieu atmosphérique vrai. Ainsi, l'hypothèse simplificatrice de l'ingénieur et du physicien se voit prise en défaut, les phénomènes considérés étant statistiquement, mais non qualitativement simulables [1].

L'énergie éolienne présente les mêmes difficultés du fait de son caractère pulsatoire et des tourbillons causant parfois des destructions de matériel non repérables au stade des essais en soufflerie.

Face à cette nature cyclique et aléatoire, les premières études ont consisté à dépouiller statistiquement les renseignements météorologiques de façon à déterminer, pour une zone géographique donnée, les séquences prévisibles d'apports ou de manques. Ceci permet essentiellement d'évaluer les stockages et de révéler les interactions entre température de l'air, vitesse du vent, apports solaires; mais on se heurte toujours au problème plus général de la prévision du temps, et à la difficulté de réaliser des modèles physiques et mathématiques utilisables. Ajoutons que l'habitat, comme tout ce qui se trouve au niveau du sol, occupe des zones extrêmement différenciées spatialement et par conséquent soumises à des influences énergétiques perturbées, d'où la difficulté de faire des études, celles-ci rencontrant les mêmes aléas que celles des agronomes.

Une autre caractéristique des énergies naturelles est leur faible intensité énergétique : même des moyens de captage de grande surface permettent difficilement d'atteindre des rendements élevés dans tous les cas où l'on souhaite une conversion en énergie électrique. Cependant la dégradation de l'énergie rayonnante en énergie thermique à basse température s'effectue aisément avec des rendements relativement élevés (30 à 60 %) justifiant un large emploi potentiel au niveau du chauffage domestique. Dans la plupart des applications, le stockage de l'énergie sous forme thermique apparaît comme la seule solution permettant de supprimer les aléas de sa fourniture; cependant le stockage induit généralement des pertes et une dégradation de l'énergie par rapport à l'utilisation au fur et à mesure du captage.

Finalement, on peut dire que du fait de toutes les imprécisions inhérentes à la nature des énergies naturelles, leur utilisation, dans toutes ses phases, relèverait plus pertinemment d'un certain empirisme attentif tel qu'en ont connu toutes les techniques pré-industrielles, d'un « art » associant une connaissance prolongée et sensible des phénomènes en jeu à une recherche de moyens réellement adéquats.

Toutes ces caractéristiques « négatives » des énergies naturelles, ont suffi à bloquer leur développement dès l'apparition à grande échelle de sources d'énergies abondantes et stockables (combustibles fossiles). A contrario leurs avantages sont multiples : non-modification du bilan énergétique global de l'environnement quelle qu'en soit l'intensité d'usage, possibilité de symbiose sans nuisances avec l'espace habitable, caractère indéfiniment renouvelable et statistiquement régulier, possibilité de captage par des moyens relativement rudimentaires ou correspondant très bien aux possibilités techniques de l'industrie du bâtiment, et qui sont encore à ce jour extrêmement perfectibles. Enfin, et cette qualité est d'une importance fondamentale, les phénomènes mis en jeu appartiennent au patrimoine culturel et à l'inconscient collectif de l'ensemble des sociétés; ils s'insèrent dans une relation non antagoniste à la nature, qui recouvre simultanément un besoin profondément ressenti, au moins dans les pays industriels, et une nécessité objective.

Préalablement à tout développement sur la notion actuelle d'intégration des énergies naturelles à l'habitat, il est indispensable d'énoncer un ensemble de postulats et de règles pratiques (ou démarches) fondamentales :

1. Le premier postulat est, naturellement, que les moyens de captage et d'utilisation des énergies naturelles font, et vont faire, des progrès suffisants pour justifier une réadaptation des modes de production et de consommation de l'énergie domestique, et, corollairement, que l'impact actuel et futur de cette consommation domestique pèse assez lourd dans l'économie mondiale des énergies pour justifier cette réadaptation.

2. Le second est que l'habitat, par la nature de ses masses, et son exposition de fait au milieu naturel porteur d'énergies, est apte à assumer le captage et l'utilisation de ces énergies au lieu de les recevoir passivement d'un réseau de distribution comme c'est le cas pour les énergies à production centralisée utilisées actuellement.

3. Le troisième est que la conversion thermique directe pour l'habitat ne peut être frappée de désuétude par les modes de

conversion indirecte de l'énergie solaire (centrales) ni par le développement, même à bas prix, des photopiles.

4. La première démarche utilisée actuellement consiste à détecter et à chiffrer les « gisements » énergétiques naturels disponibles. Quoique inépuisables dans le temps, ces « gisements » sont soumis à des règles précises qui s'évaluent non seulement en chiffres moyens globaux, mais en unités séquentielles périodiques ou aléatoires. La couverture du « gisement solaire » en France est en cours et, en fait, existe déjà avec une approximation à peu près suffisante; la couverture des « gisements éoliens », initialement adaptée aux besoins de l'aviation, et très fragmentaire s'effectue peu à peu, de même que la couverture géothermique, ceci permettant à court terme de dresser des tableaux utilisables des quantités d'énergies disponibles en chaque lieu, compte tenu des techniques connues.

5. La seconde démarche, beaucoup plus balbutiante, consiste à inventorier les capacités d'adaptation de l'habitat aux impératifs du captage, du stockage et de l'utilisation des énergies répertoriées. Évidemment ces capacités varient considérablement en fonction de facteurs objectifs tels que :

— l'existence d'un patrimoine bâti se prêtant plus ou moins aux relations avec les énergies naturelles et, en ce qui concerne les habitats à créer, la disponibilité en sites appropriés, formes convenables, orientations favorables, etc.;

— les contradictions matérielles objectives pouvant opposer les qualités différentes d'une même énergie naturelle, en rendant l'utilisation déplaisante ou aléatoire;

— les contradictions beaucoup moins objectives et parfois difficiles à évaluer, relevant des coutumes, modes, a priori, désirs, fantasmes, qui affectent aussi bien les chercheurs, producteurs et promoteurs de l'habitat que ses usagers;

— les méthodes de captage (et de stockage) dont le perfectionnement, voire les transformations, peuvent évidemment changer du tout au tout les données précédentes. En effet, les trois premières catégories de facteurs exposées ci-dessus sont toujours évaluées en fonction de méthodes et de procédés techniques d'utilisation des énergies naturelles supposés connus; toute innovation peut en fait rendre caduque l'ensemble des évaluations; par exemple, l'évaluation qualitative et quantitative des qualités d'un « site » solaire varie suivant que l'on envisage le captage en ce lieu par corps noirs, concentration ou cellules; de même l'acceptabilité par le public des habitats solaires sera fortement influencée par les perfectionnements, les améliorations d'aspects et les abaissements du coût de capteurs évolués.

En tout état de cause, nous pensons que les innovations modifiantes peuvent venir de différents horizons, les uns en rapport avec la nature des énergies naturelles mieux comprises par les physiciens, les autres en rapport avec la nature des matériaux et matériels concourant à l'utilisation de ces énergies relevant de la science des ingénieurs, chauffagistes, bâtisseurs; d'autres enfin propres à la nature spatiale spécifique de l'habitat, et dont il semble bien que les architectes soient actuellement les seuls professionnels à peu près informés, du moins dans les pays industriels où l'ensemble des métiers du bâtiment leur a été pendant un certain laps de temps subordonné. Cette prise de position « architecturale » vise plutôt à définir une approche qu'à privilégier une profession.

L'approche « architecturale » que nous allons proposer n'a pas pour objectif de présenter l'architecte (suivant une optique caricaturale quoique trop souvent justifiée) comme arbitre souverain de ce qu'est ou n'est pas l'habitat, de ce qu'il peut ou ne peut pas intégrer; elle cherche à définir l'habitat dans sa complexité, dans la réciprocité fondamentale des trois agents : « habitant-habitat-milieu naturel ».

Dans le cadre précis de cet ouvrage, l'habitat des pays industrialisés se présente dans le désordre de sa situation actuelle.

Du point de vue de sa production, il échappe presque totalement à l'habitant, sauf dans les cas relativement marginaux d'auto-construction. L'habitant n'a en fait sur lui d'autre droit que de le payer; la complexité des techniques, en particulier celles du second œuvre, et leur juxtaposition hétéroclite font de l'ensemble une fois achevé, le lieu de pouvoirs et de savoirs assez incohérents (mode de production dominant et restes, ou adhérences, de modes de production plus primitifs). Il faut toutefois noter, dans le cas particulier du pavillon individuel, surtout réalisé par des entreprises locales, que l'usager français suit souvent de très près la conception et la réalisation de sa maison, et se tient informé du détail de ces techniques, quand il n'y intervient pas lui-même, ce qui fait peut-être l'essentiel de l'attrait de ce type d'habitation.

Du point de vue de la consommation, l'habitat est approprié suivant des critères fortement influencés par les mass media, mais réputés et revendiqués comme individuels, conscients et volontaires. La consommation affective d'habitat relève de strates successives et contradictoires de la conscience, avec néanmoins une forte prédominance conservatrice associée à une soif croissante de confort, qui font de la consommation domestique une variable en croissance constante, en matériels et en quantité d'énergie.

En bref, tant au niveau de la production que de la consommation, l'habitat est le lieu de contradictions et d'incohérences violentes, masquées par la permanence de sa signification symbolique unifiante.

Du point de vue technique, il a connu, au même titre que les autres secteurs de l'activité humaine récente, mais plutôt à un degré moindre, l'intrusion d'innovations multiples plus ou moins coordonnées. Les énergies naturelles et leur matériel spécifique de captage peuvent n'être qu'une innovation de plus. Et pourtant, elles sont ressenties chez certains responsables et dans une partie croissante du public, comme virtuellement capables de freiner la désintégration de l'habitat et de réunifier le tissu de l'environnement. Faut-il voir là un fantasme lié à la qualité « naturelle », supposée salvatrice, de ces énergies? En tout cas, dans le même temps où les professionnels et les usagers de l'habitat découvraient avec circonspection les énergies nouvelles et les nouveaux matériaux afférents à leur utilisation, se développait l'idée de revenir à une meilleure relation entre habitat et milieu naturel, ce qui allait totalement à contre-courant des habitudes contractées depuis la Seconde Guerre mondiale (cas de la France et de l'Europe) où l'architecture internationale indépendante du contexte naturel changeant représentait l'un des symboles du progrès. Les deux catégories d'attitudes actuelles vis-à-vis du milieu naturel — une attitude « captrice », ou d'optimisation active, consistant à s'« emparer » du potentiel énergétique de ce milieu et une attitude de « reconnaissance » ou d'optimisation passive, se bornant à tenir compte de ce milieu, tout en restant absolument tributaire des autres sources d'énergie — relèvent de problématiques différentes et sous-tendent des idéologies parfois radicalement opposées. Néanmoins, leurs composantes ne sauraient être considérées comme réellement et profondément antagonistes. D'un point de vue opérationnel, nous soutenons au contraire qu'elles doivent se compléter, et que seule leur synthèse ferait faire à l'habitat un réel progrès, tant pour sa qualité d'habitabilité intrinsèque que pour une meilleure prise en compte des équilibres de l'environnement humain.

D'un point de vue théorique, la manipulation de doctrines considérant comme « gadgets » tout appareillage d'origine industrielle, et magnifiant comme « intégré » tout dispositif passif ou purement architectural relève d'un manichéisme idéaliste, voire dépassé, en particulier si l'emploi du concept d'intégration implique quelque idéologie moralo-esthétisante de type ruskinien, tout à fait étrangère à notre problématique. L'histoire du bâtiment et de l'habitation témoigne, comme nous l'avons vu dans la première partie, d'« intégrations » qui constituèrent probablement en leur temps des innovations hasardeuses, parfois très peu évidentes. Le rapport de l'habitat au milieu et aux énergies climatiques est donc à la fois antique et pratiquement ininterrompu, et il a contribué à influencer la genèse des formes architecturales. Un certain nombre de facteurs climatiques souvent antagonistes co-agissent dans des « milieux naturels », et agissent sur l'habitat de façon soit favorable, soit défavorable, ce qui suscite de la part des habitants des comportements correspondants de défense ou de captage. Ainsi, en climat aride, cherchera-t-on à se défendre contre l'excès solaire et à capter les vents frais, alors qu'en climat tempéré froid, on se défendra contre les vents et l'on cherchera dans la mesure du possible à capter le soleil.

Même à l'époque moderne, l'architecture est empreinte de semblables démarches, bien entendu modifiées par la plus grande disponibilité des moyens hérités de la révolution industrielle, qui ont subsisté, même minoritairement, jusque dans les dernières décennies de triomphe technologique. Ainsi peut-on percevoir une relative continuité dans les filiations de l'architecture solaire. Cependant celle-ci, même pourvue d'une ascendance architecturale et technique, comporte des éléments profondément nouveaux, par la problématique énergétique à laquelle elle se rattache, et par les projets qu'elle implique.

En particulier, il faut insister sur ce fait : au contraire du vent, employé depuis toujours directement comme moyen énergétique (pas de rupture qualitative entre moulin archaïque et aérogénérateur), le captage du soleil a connu une transformation qualitative, non réductible à un changement de moyens. Ce n'est en effet pas le verre, moyen par excellence du captage solaire, qui a impliqué cette rupture : succédant aux utilisations archaïques de la chaleur solaire (toutes plus ou moins réductibles à des conductions et séchages), il a bien permis, une fois sa diffusion effectuée, le captage direct du rayonnement dans l'habitat, induisant d'abord lumière et, conjointement et secondairement, chaleur. Mais ce n'est qu'avec l'héliotechnique que s'explicite le projet de remplacer directement par le soleil d'autres sources énergétiques.

On sait que le projet solaire implique, d'une part la conquête des hautes températures (par concentration du rayonnement lumineux); d'autre part, la maîtrise de phénomènes d'ordre chimique et corpusculaire. Dans l'habitat, au contraire, exception faite de quelques techniques sophistiquées encore peu répandues, aucune technique employée n'est réellement nouvelle, seul le projet est inédit et seule la combinaison volontaire de phénomènes et de procédés connus affectée à ce projet constitue une novation dans le concept général d'habitat. Pour définir ce projet innovant de façon plus précise, il nous faut revenir sur la relation de l'habitat au milieu climatique (traditionnellement de défense) et notamment sur l'antagonisme entre le captage du rayonnement solaire à l'intérieur de l'enceinte et la défense de l'intégrité de celle-ci. Ainsi, dans les habitats vernaculaires des zones froides, les considérations de défense l'emportant sur le désir de lumière et de chaleur solaire, l'apport solaire direct demeurait minime, et dans l'architecture moderne avide de lumière les moyens de l'apport (vastes surfaces de vitrages) devaient être compensés par un recours considérable à des énergies de réseaux. En bref, la contradiction captage/déperdition ne se résolvait pas d'elle-même.

L'architecture solaire, du moins celle qu'on appelle active (terme défini plus loin), et qui implique, entre autres, le recours à des moyens héliotechniques, est nouvelle dans son projet par rapport à tous les autres modes architecturaux de captage direct, du fait qu'elle n'implique plus cette contradiction puisqu'elle sélectionne dans l'apport climatique extérieur la seule énergie du soleil, isolant cet apport et le maîtrisant. Univoque du point de vue thermique, cette maîtrise n'en est pas moins impliquée dans la problématique générale de la relation de l'habitat à son milieu, dont on a voulu montrer précédemment toutes les implications architecturales. C'est pourquoi, il faudra lui appliquer indissolublement des critères énergétiques et thermiques, constructifs et architecturaux (architectural au sens de l'usage comme de la forme) et, en dernier ressort, écosystémiques; ou en d'autres termes : il faudra réaliser simultanément la triple intégration énergétique, technique et architecturale dans le respect du milieu qui constitue l'habitat.

Nature et composants
de la maison solaire

Le terme de « maison solaire » est ce qu'on pourrait appeler une notation réductrice. Si nous choisissons de l'utiliser dans un premier temps malgré son caractère ascientifique et restrictif, c'est pour sa simplicité même, et la force de sa charge psychosociologique. Mieux que des termes exacts mais abstraits, comme par exemple « enceinte habitable », il peut évoquer ce qui est tout d'abord objet d'architecture et d'usage primordial, porteur de significations riches et communes en même temps, lieu de fantasme et d'utilité tout à la fois, concept polarisateur du désir collectif. Même s'il nous faudra plus loin dépasser absolument ce concept, de peur d'occulter la globalité du problème de l'habitat, il constitue au stade présent une sorte de garde-fou contre les abus du découpage analytique technicien.

Comportements thermiques des enceintes habitables

De plus, la division de commodité entre architecture et « architecture solaire » ne tient pas dès lors qu'on applique une approche thermique au bâtiment, ou plutôt elle se réduit à une différence d'ordre quantitatif. En effet, toute habitation organise la dégradation d'une énergie afin de ménager dans ses espaces des ambiances acceptables pour l'organisme. Et quelle que soit la source de cette énergie, l'enveloppe est un échangeur thermique entre l'intérieur et l'extérieur, les flux thermiques s'établissant simultanément ou successivement dans le sens extérieur-intérieur et intérieur-extérieur et le bilan de ces différences de flux étant constamment changeant (négatif ou positif), selon l'un des deux scénarios suivants :

209

1. La source principale d'énergie est un combustible et la dégradation énergétique s'opère de l'intérieur de l'enceinte vers l'extérieur (déperditions).

2. L'énergie solaire rayonnante se dégrade par dissipation thermique à basse température, réflexion sur les parois, transit au travers de l'enveloppe de l'extérieur vers l'intérieur, et enfin dissipation dans l'enceinte d'où elle s'évacuera finalement par transfert inverse intérieur-extérieur comme dans le cas de n'importe quel apport interne.

On notera immédiatement que toute réalisation d'enceinte habitable impose des pertes thermiques, non pour des raisons d'imperfection technique, mais pour des raisons liées à l'usage, les activités intérieures produisant de la chaleur qui induirait une rapide et intolérable élévation de la température d'ambiance et qui doit par conséquent être dissipée régulièrement à l'extérieur. Ce qui revient à poser qu'il n'existe pas de maison énergie zéro *stricto sensu*.

Modèles d'enceintes

Selon les modèles d'enceintes habitables, les comportements thermiques et dégradations énergétiques vont bien sûr varier. La série de modèles que nous décrivons ci-dessous recouvre l'ensemble des comportements possibles, qu'il s'agisse ou non d'enceintes explicitement solaires :

1. Dans le cas où l'enveloppe est lourde et homogène, et de conductivité thermique moyenne, les travaux du professeur Camia, (et du groupe ABC de Marseille-Lumigny) ont montré que sur une épaisseur de 50 cm environ, la dissipation d'énergie dans l'enceinte atteint environ 10 % de l'énergie solaire incidente avec un déphasage de 12 heures, ce qui suffit à maintenir, dans de nombreuses régions et durant une partie importante de l'année, l'ambiance intérieure dans une plage de confort acceptable sans apports énergétiques internes (pour le chauffage ou le refroidissement). De tels habitats, fréquents dans l'architecture vernaculaire, n'ont jamais été appelés solaires, mais mériteraient logiquement ce qualificatif puisque le comportement de leur enceinte tire parti du rayonnement solaire.

2. En contraste, les enceintes à paroi isolante, ou athermane,

dissipent de façon synchronique le rayonnement solaire sur leur surface extérieure. Certes, une partie très faible du rayonnement solaire passe dans l'enceinte, mais elle est totalement négligeable par rapport aux besoins de chauffage, ce qui impose de puissants moyens de chauffage ou de climatisation. Ce modèle de construction légère fortement isolée et sans inertie thermique est celui du chauffage électrique intégré; il ne peut bénéficier que très faiblement des apports solaires, qui induiraient rapidement une surchauffe.

3. Entre ces deux cas limites, on trouve la plupart des constructions « traditionnelles » semi-lourdes et à isolation moyenne intérieure. Dans ces cas-là, on peut dire qu'il y a une certaine capacité de recevoir et d'accumuler une part du rayonnement solaire; ce type de construction, généralisé jusqu'à la crise de l'énergie dans le secteur de la maison individuelle, consomme beaucoup d'énergie pour le chauffage mais n'induit pas, pour le climat de la France, d'inconfort d'été notable. Une variation de ce type courant s'est répandue récemment dans le nord de l'Europe : il s'agit de la construction semi-lourde précédente, mais avec isolation extérieure. Dans ce cas, il n'y a pas d'apports thermiques extérieurs (solaires) par les parois opaques, mais seulement au niveau des vitrages; les apports solaires sont alors emmagasinés dans la totalité de la construction, d'où une égalisation favorable de la température d'ambiance.

4. L'échangeur thermique maximum est évidemment l'enceinte à parois minces plus ou moins isolante par elle-même (tôle, amiante-ciment, planche, carton bitumé, bâche). La majorité des constructions précaires de basse qualité et des abris industriels entre dans cette catégorie : la maximation et le non-déphasage absolu des échanges lui confèrent des qualités de confort désastreuses. On sait que ces logements supplantent progressivement au Tiers Monde la totalité des habitats vernaculaires.

Version luxueuse du cas précédent, l'architecture de verre n'est habitable qu'au prix d'une dépense maximisée en apports énergétiques artificiels, indispensables pour corriger quasi en permanence les échanges contradictoires intérieur-extérieur. Ici on peut dire que, volontairement, rien n'est fait au niveau de l'enveloppe pour réduire les échanges (d'énormes ponts thermiques étant créés en particulier dans l'architecture de métal à ossature apparente); les isolants eux-mêmes, du reste fort discontinus, sont conçus plus contre l'incendie que comme protection climatique.

5. Au-delà de l'échangeur maximisé (par pénurie ou inintérêt), on trouve l'échangeur-capteur où le principe de l'échange consiste en une dégradation maximale du rayonnement solaire en chaleur au niveau extérieur de l'enveloppe isolante, puis en un transfert thermique contrôlé de cette chaleur dans l'enceinte, ce qui ramène au cas général de la dissipation de la chaleur interne. Ce principe est illustré par les maisons solaires à caloporteur.

6. Le deuxième cas de maison solaire est celui d'une enveloppe, conçue comme précédemment pour maximiser la dégradation du rayonnement solaire, mais lourde et conductive, d'où un transfert déphasé de la chaleur sans médiation par un caloporteur.

Cette série peut évidemment être enrichie et complexifiée, les habitations se composant habituellement d'une combinaison d'enceintes à comportement thermique hétérogène, mais ce degré de simplification permettrait des analyses de simulation sur ordinateur, continuant et complétant celles qui existent actuellement pour les cas 1 et 6 (travaux du professeur Camia et du professeur Trombe).

A l'examen, la totalité des maisons (explicitement) solaires existant à ce jour peut être rattachée à quelques modèles primordiaux à caractéristiques bien distinctes sur le plan du comportement thermique : la caverne, la serre, l'association caverne et serre, la bulle.

Au type de la caverne, peuvent se rattacher les habitations à parois très épaisses, ou celles se comportant comme ayant des parois infinies (résultat obtenu au-delà de deux mètres d'épaisseur de maçonnerie). Selon ce système, la variation thermique a une période égale à six mois, donc elle est inter-saisonnière. En Europe, c'est le cas de l'équilibre thermique des caves dont on peut dire à la limite qu'elles constituent un stockage implicite de l'énergie solaire, et de nombreux habitats vernaculaires totalement ou partiellement troglodytes. Dans l'habitat solaire, les maisons passives en adobe du sud des États-Unis, ou certaines *berm-houses* semi-enterrées sont conçues sur ce modèle, les apports solaires s'effectuant par des trappes et lumiducs en façade sud.

La serre n'a, quant à elle, d'autre masse thermique que le sol, le reste de l'enceinte étant dépourvu de toute inertie et, presque totalement, de pouvoir isolant. De par la transparence des parois, les apports solaires sont quasi instantanés; des surchauffes très rapides et des chutes de températures nocturnes importantes résul-

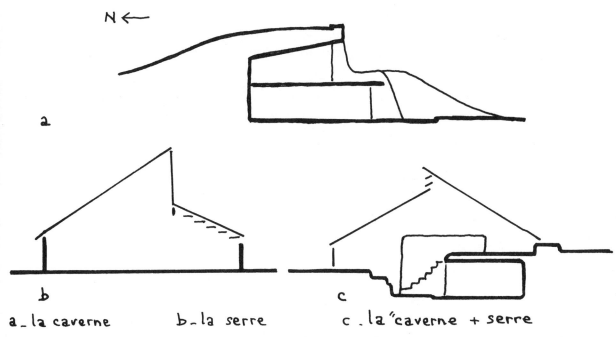

N ←

a

b

a _ la caverne   b _ la serre   c _ la "caverne + serre"

35. Architecture solaire : archétypes d'enceintes thermiques.

tent du fait que le verre notamment rayonne comme un corps noir.
Le champ classique d'application de ce genre de construction est la
serre horticole, qui nécessite sous nos climats un chauffage d'hiver
continu et des protections d'été, les bénéfices étant essentiellement
acquis à la mi-saison. De nombreuses maisons solaires se réfèrent
à ce modèle de base, l'enceinte habitable, fortement isolée, étant
établie à l'intérieur de la serre, dont les espaces plantés lui servent
d'espace complémentaire.

L'association de la caverne et de la serre consiste dans la mise
en contiguïté d'un volume massif à grande capacité thermique et
d'une serre (appelée chambre solaire par les auteurs anglo-saxons)
réalisant les apports solaires instantanés. Comme le précédent, ce
type d'habitation implique le nomadisme journalier des habitants.

La bulle, enfin, est radicalement différente puisqu'il s'agit
d'une construction légère très bien isolée et étanche, à petites

ouvertures et à masse thermique vraie nulle. Son équilibre thermique est basé sur les changements de température de l'air intérieur, répondant de façon quasi instantanée à tout apport d'énergie interne (très faible sensibilité aux apports externes). C'est le modèle généralement réalisé en France pour le chauffage électrique intégré [2]. Ce type de construction correspond essentiellement aux nombreux systèmes actifs solaires, ou habitats solarisés, où le captage est dissocié de l'enveloppe. On doit noter que la présence du stockage thermique à l'intérieur de l'enceinte tend à transformer le comportement thermique de cette enceinte légère (pour autant qu'il ne soit pas isolé) en comportement d'enceinte lourde : on a alors affaire à une « maison lourde fictive ».

Échanges entre l'enceinte et l'énergie solaire

Dans tous les cas l'enceinte (ici la maison) est toujours plus ou moins en relation avec la source d'énergie extérieure solaire, que ce soit par les transmissions plus ou moins amoindries et différées dans ses murs ou, plus directement par ses vitrages. La maison solaire est donc une enceinte conditionnée pour un double usage et soumise à un double jeu de contraintes : d'une part, l'habiter, dans toutes ses implications matérielles ou non; d'autre part, l'intégration de l'énergie solaire aux besoins de l'habiter.

Elle sera par conséquent en relation avec l'énergie solaire à la fois en tant que maison simple, et en tant que maison solaire. Disons qu'il y aura une relation implicite et une relation explicite.

La relation d'échange comporte trois phases, ou trois actions : captage, stockage et redistribution. Ceci doit être appréhendé comme un processus d'action commun à tous les échanges énergétiques, et non pas seulement comme un ensemble contraignant propre à l'héliotechnique. Pour ce qui nous occupe ici, ces actions sont rendues plus complexes d'abord du fait qu'elles s'exercent sur l'énergie solaire par l'intermédiaire de la maison prise à la fois en tant qu'enceinte habitable (composée de murs, fenêtres...) et en tant que maison solaire (pourvue d'un matériel spécifiquement héliotechnique); ensuite du fait qu'elles se produisent simultanément vis-à-vis de l'énergie solaire et d'autres énergies (moyens de chauffage classique notamment).

La combinaison des échanges implicites et explicites qui s'effectuent entre l'habitat et l'énergie du soleil se résoudra en termes de :

— substitution (exemple : vitrages substitués aux insolateurs [3]; murs lourds considérés comme stockeurs suffisants, etc.);

— addition (exemple : combinaison sur les façades favorables du captage direct par vitrages et indirect par insolateurs);

— opposition (insolateurs occupant la place normalement choisie pour les vitrages...).

Ces variantes, jouant sur la combinaison des moyens explicites et implicites de mise en relation, sont d'ordre spécifiquement architectural. La combinaison entre échange énergétique solaire et échange énergétique mettant en jeu d'autres sources d'énergie donnera lieu à d'autres variantes, en général plus techniques que les précédentes, et qui seront développées lorsque l'on évoquera les stratégies de l'appoint. Ces précisions indispensables apportées, il reste que le trinôme de l'échange énergétique captage-stockage-redistribution n'est pas très familier en architecture et en analyse de l'habitat, et qu'il est généralement compris comme caractérisant la maison solaire en tant que système. Il faut ajouter que la nature des énergies climatiques, solaire en particulier, étant d'être faiblement concentrées, périodiques et aléatoires, ceci induit, pour les objets destinés à l'échange, certaines caractéristiques particulières qui les différencient des objets adaptés à l'échange entre habitat et énergies de réseaux puisque celles-ci sont disponibles sans limitation imprévue d'intensité et de disponibilité. Les « objets » de l'héliotechnique ayant pour fonction de corriger à des degrés divers cette faiblesse, cette périodicité et cette incertitude, on parlera d'intégration de l'énergie solaire à l'habitat (et, partant, de maison solaire) à propos de systèmes et d'architectures très variés dans leurs performances, leur aspect, leur coût, leur projet même.

Il s'ensuit qu'il est très difficile d'aborder la présentation et la confrontation des « partis solaires » existants et théoriquement possibles. Pour la plupart, les classements sont trop descriptifs et laissent mal appréhender la logique interne des systèmes et leurs qualités spécifiques (positives ou négatives); parfois ils ont pour déterminant de base des prises de position d'ordre idéologique qui obscurcissent l'objectivité du chercheur; le plus souvent, ils se situent au niveau du simple catalogue de matériel. De toute façon, ils sont toujours réducteurs. Nous allons toutefois en examiner quelques-uns, parmi les plus valables.

Quelques définitions du concept d'intégration

Cette brève nomenclature permet de percevoir la diversité des conceptions et des objectifs de chercheurs les plus représentatifs aujourd'hui.

1. Termes insistant sur la notion de relation au climat

Architecture bioclimatique
On insiste par ce terme sur l'optimisation de la relation de l'habitation au climat, en vue de créer des ambiances « confortables » par des moyens spécifiquement architecturaux. Aux États-Unis, l'architecture bioclimatique est plutôt considérée comme une petite biosphère, incluant généralement des serres végétales.

Well-balanced house = maison bien équilibrée
Ou habitation à volumique appropriée et optimisée afin de minimiser la consommation énergétique de chauffage et de climatisation. Terme proprement thermique, et théorie selon laquelle à chaque climat correspondraient une forme et une orientation idéale (A. et V. Olgyay *Design with Climate,* Princeton University Press, 1969, 3ᵉ éd.).

Architecture climatique
Même regard que précédemment, mais insistant sur les dispositions spécifiquement architecturales (pentes de toitures, système de percement, masses thermiques, etc.). S'applique aux architectures vernaculaires.

Climate Shaped house = maison formée par le climat
Concept de relation positive et de prise en compte du climat dans l'établissement des plans et de la conception volumique (USA).

Plenar
Terminologie due à un groupe de chercheurs de Zurich, caractérisant simultanément des conceptions intégrant le plan, l'énergie et l'architecture, et liant intimement la conception de l'espace et l'économie d'énergie par extrapolation d'exemples vernaculaires.

2. Termes insistant sur l'utilisation de l'énergie solaire

Maison solaire
Terme général courant recouvrant toute habitation chauffée au moyen du captage du rayonnement solaire.

Habitat solaire
Terminologie CNRS-ANVAR; on peut dire que c'est un terme neutre, insistant uniquement sur la relation existant entre habitat et énergie solaire, celle-ci étant captée par des moyens adaptés et appliqués aux besoins énergétiques de l'habitat (aucune notion d'intégration).

Habitation à climatisation naturelle
Ce terme recouvrant la conception Trombe-CNRS s'applique à une conception mettant l'accent sur les qualités des parois traitées comme absorbantes (corps sélectifs chauds) ou comme émettrices (corps sélectifs froids) du rayonnement solaire, sans recours à aucun dispositif mécanique.

Architecture du rayonnement
Terme proposé par la COMPLES, insistant sur l'héliotechnique et sur les facteurs découlant de la nature propre du rayonnement solaire.

Solarchitecture
Néologisme de Harold Hay, définissant l'ensemble des solutions passives intégrées.

Solar oriented architecture = architecture orientée vers le soleil
Terminologie due à Yellot insistant sur un héliotropisme architectural et sur une analyse topologique des systèmes solaires.

Habitat solarisé
Le terme s'applique généralement à l'équipement a posteriori d'un type d'habitat conventionnel par des capteurs solaires et des dispositifs de stockage spécifique; en un sens polémique, il est parfois appliqué en France à toute architecture solaire mettant en œuvre des moyens spécifiquement héliotechniques.

Architecture solaire
Objectif plutôt que réalité, impliquant la prise en compte harmonisée de la totalité des objectifs d'une architecture véritable, y compris socio-économiques, mais aussi esthétiques et symboliques.

Urbanisme solaire
Plusieurs sens : soit la conception de la Charte d'Athènes (le soleil hygiéniste); soit la conception écosystémique globale, à connotations utopiques.

3. Termes insistant sur l'insertion dans l'écosystème

Éco-habitat
Terme insistant sur un ensemble de relations entre l'habitat et son milieu, au niveau de l'utilisation du sol (et partant des incidences des distances et réseaux), de l'utilisation des énergies disponibles renouvelables, des matériaux renouvelables, de la conservation de la couverture végétale, des espaces et façons agricoles [1]...

Maison écologique
Habitation généralement individuelle ou insérée dans un groupe d'échelle réduite, plus ou moins autosuffisante (sur le plan de la consommation énergétique), et d'impact minimum sur le milieu.

Habitat autonome
Conception affirmée de la précédente.

Habitat à bas profil énergétique
Concept recouvrant le principe d'économies d'énergie.

Zéro energy house = maison énergie zéro
Habitation autonome par rapport au réseau, tirant la totalité de son énergie du milieu et de la récupération effectuée sur sa propre consommation; généralement conçue comme objet de démonstration.

Partis, options, critères de choix des systèmes

Modes de classement des projets solaires

Plusieurs classements des projets « solaires » sont couramment utilisés; nous n'en citerons ici que quelques-uns :

La distinction entre le « passif » et l'« actif » est la classification habituelle des auteurs anglo-saxons, confrontant l'approche bioclimatique et l'approche de l'ingéniérie solaire. « L'habitat solaire passif » est relatif principalement aux recherches de serres habitables, ou d'intégrations d'espaces-serres à des enceintes à grande inertie thermique, parfois semi-enterrées. L'utilisation, comme capteur et stockage, de parois à forte inertie thermique, combinées à des serres héliothermiques, conduit parfois à rattacher à ce groupe la maison Trombe-CNRS[1].

Les systèmes de captage solaire par membrane sélective à transparence variable sont dits également passifs, à juste titre puisqu'ils ne font aucun recours, pour leur fonctionnement, à des mécanismes annexes; à la limite, on pourrait étendre cette terminologie à tous les captages à eau fonctionnant en thermosiphon. En bref, il faut distinguer deux modes de définition du passif :

— soit par absence d'équipement héliothermique spécifique, ou explicite;

— soit en présence d'équipement héliothermique explicite, par l'absence de mécanismes annexes motorisés.

L'« habitat solaire actif », par opposition, est celui qui gère, au moyen d'une technologie de type chauffagiste, les énergies naturelles (et, ici, le soleil) comme n'importe quelle source d'énergie. A la différence des systèmes passifs, qui sont directement soumis aux variations du climat et peuvent induire pour l'habitant des contraintes non automatiquement contrôlées (variations brusques dans le cas des serres, et réponse différée dans le cas des maçonneries inertes, donc ambiance thermique contrastée), les systèmes actifs produisent, grâce à leurs moyens spécifiques contrôlés, une ambiance homogène, modifiable à la demande indépendamment des aléas climatiques, bref conforme aux normes courantes actuelles du confort.

Un inconvénient de ce classement est qu'il recouvre, chez tous ceux qui l'utilisent pour « situer » leur action, un jugement de type polémique, et manichéiste, qui semble exclure l'idée de complémentarité[2].

Le classement selon le positionnement des insolateurs présente quant à lui l'avantage de se référer à une formulation connue, aisément perceptible, relevant de la représentation conventionnelle de l'habitation, avec deux grandes divisions : les capteurs muraux et les capteurs-toitures. En fait, il s'y ajoute, dans plusieurs réalisations, le captage sur des prolongements du logement qu'ils soient massifs, tels des murs ou des talus, ou qu'il s'agisse d'espaces intermédiaires comme les serres adossées, les combles-capteurs, les attiques, etc.

L'intérêt de cette typologie est qu'elle est ouverte en fonction de l'inventivité spatiale; sa faiblesse est qu'elle recouvre des degrés absolument hétérogènes au niveau des systèmes, de l'intégration, de la totalité, tout en imposant au public et aux concepteurs des a priori très forts, voire occultants.

On utilise également le classement selon la nature des fluides caloporteurs. Cette typologie est extrêmement courante, et bien qu'elle repose sur des données essentiellement thermiques, on peut la dire populaire; la division entre capteurs à air et à eau réduit, en effet, le problème de l'« installation solaire » à un problème de chauffage domestique familier à l'usager, impliquant d'emblée des évaluations de service et d'inconvénient, coût, maintenance, etc. C'est, en revanche, une approche extrêmement réductrice qui, si elle s'applique bien aux problèmes de solarisation de l'habitat existant, ne saurait suffire à définir des choix innovants.

Enfin, le classement ANVAR-CNRS a été mis au point au sein d'un groupe de prospective « Habitat solaire » ayant fonctionné en 1974 et réunissant des personnalités relevant de plusieurs disciplines ou services publics concernés sous l'égide de l'ANVAR. La formulation définitive, due à M. Lagarde, ingénieur à Creusot-Loire-Métalimphy, a le mérite de présenter sous une forme matricielle très lisible un nombre important de facteurs caractérisant un système héliotechnique donné (*cf.* annexe I).

Il est très difficile de préconiser l'un ou l'autre de ces classements. Si nous avons déjà déploré plus haut le caractère polémique du classement en systèmes passifs et actifs, et surtout le fait qu'il masque, par simplisme, la complexité de fait de l'intégration, il faut dire que les trois suivants, et probablement une foule d'autres très voisins, ne nous semblent pas non plus satisfaisants. D'abord ils sont trop restrictifs, portant sur l'habitation comme système fini, et même sur des sous-systèmes de l'habitation (le système de chauffage, comme dissocié des enveloppes et volumes architecturaux); ensuite, ils sont trop descriptifs pour se prêter à une interprétation prospective; enfin, dans le cas le plus complet (ANVAR), on risque en appliquant des critères simplificateurs à un objet en devenir, de stériliser la recherche et en particulier de fermer prématurément des voies insuffisamment explorées. La réduction du problème à ses dimensions de chauffagisme et de marketing (servie par des moyens offrant une apparence de très grande efficacité) nous paraît aller à l'encontre d'une conception correcte de l'habitat et de l'aménagement.

C'est précisément à l'inverse de ces types de classement que nous allons proposer des approches opérationnelles prenant en compte la problématique globale de l'énergie dans l'habitat, selon ses différents niveaux d'appréhension. C'est dire que nous allons entrer dans un processus d'évaluation critique non réductible à des méthodes descriptives. L'hypothèse qui sous-tend ce travail est qu'il n'y a pas de système préférentiel en soi — ni sur le plan architectural, ni sur le plan économique, ni sur le plan technologique — indépendamment d'options de politique énergétique et d'aménagement d'une part, des contraintes liées à l'aire d'implantation d'autre part.

Nous allons d'abord définir nos propres critères, fondés sur la présence d'un certain nombre de contraintes et d'objectifs.

Facteurs de diversification des projets

Les facteurs de diversification des projets solaires découlent, en effet, non seulement des contraintes inhérentes au site, mais aussi pour une large part de la diversité des motivations qui y président. Nous ne citerons ici que les trois principales telles qu'elles se dégagent de la lecture des réalisations existantes :

— Tout d'abord, les maisons-laboratoires ont été réalisées dans une optique expérimentale, généralement sous la direction d'universitaires (physiciens) ou dans des centres de recherche, avec pour objectif principal l'établissement de séries de mesures; la plupart de ces maisons ne sont même pas habitées, les occupants étant simulés thermiquement; ou bien elles sont habitées par les chercheurs eux-mêmes, qui adoptent un comportement de cobayes volontaires; l'acceptabilité, ou valeur d'usage, y est peu prise en compte; de même, l'objectif économique reste au second plan.

— Très différentes sont les maisons écologiques (auto-construction), qui sont le fait d'individus isolés, ou de petits groupes, déployant une très grande inventivité et recherchant des moyens en marge du mode de production dominant (récupération, production de légumes, autofabrication artisanale), un nouveau mode de vie et notamment une autre relation au milieu naturel appréhendé comme écosystème, ce qui se concrétise soit dans des formes architecturales non conformes au modèle courant (États-Unis, Grande-Bretagne), soit dans la réappropriation d'habitats anciens essentiellement ruraux (France notamment). Ces dispositifs réalisent souvent des performances qui satisfont leurs usagers, mais qui demeurent peu vérifiables faute de moyens de mesure officiels.

— Enfin, à l'opposé, l'introduction de matériel reproductible dans le mode de production dominant de l'habitat est principalement le fait d'industriels agissant dans le domaine du bâtiment ou de l'équipement thermique (chauffagisme), et encouragés par les services publics. Ils procèdent généralement par adaptation et ajout de matériels industriels à des bâtiments de type courant qu'ils cherchent à modifier le moins possible au niveau de la production, du coût et du vécu. C'est dans ce secteur, en voie d'augmentation rapide, que le concept de surcoût solaire a été élaboré et demeure dominant. C'est dans ce dernier cas que nous situons plus précisément notre problématique présente, la recherche de critères liés à l'habitat global et à l'aménagement ne s'appliquant guère aux deux autres, somme toute marginaux.

Pour ce qui concerne les contraintes inhérentes aux données du site, nous dirons qu'elles relèvent essentiellement de deux concepts :

— Le concept régionalisé d'énergie climatique[3] liée au micro-climat permet de réunir en une seule notion globale les phénomènes de degrés-jours, d'ensoleillement et de vitesse du vent, et de définir ainsi une situation microclimatique donnée. Selon les chauffagistes, la France (pour nous en tenir au cas national) est divisée en zones définies par les degrés-jours (= températures de l'air). En faisant des recoupements par rapport aux possibilités de l'ensoleillement (ou « gisement solaire »), on pourrait préciser des zones de conditions similaires[4].

— Le second concept, qui correspond aux possibilités d'ensoleillement des surfaces construites, est celui de gisement solaire au niveau local dans l'habitat concerné[5]. Le gisement est distinct de la surface des enveloppes bâties, celles-ci constituant le facteur principal d'échange avec le milieu extérieur, et conditionnant de ce fait par leurs déperditions la consommation énergétique; le gisement solaire (et par ailleurs sa relation aux surfaces d'échange) est très variable en fonction des différents types de tissus constituant l'habitat.

La définition, à partir de ces deux concepts, de régions climatiques permet, avant toute décision d'aménagement, de déterminer pour une politique de l'énergie et selon une conjoncture économique données, le degré d'autonomie que l'on peut raisonnablement envisager pour une construction. Cette notion de degré d'autonomie possible va donc être notre critère de base pour l'évaluation d'un système, ce qui induit de classer ceux-ci selon leur capacité de stockage pour la raison suivante : la plupart des systèmes de chauffage solaire étant établis en combinaison avec des systèmes classiques (on verra plus loin qu'il existe d'autres solutions, mais nous nous sommes placés ici dans le cas général de l'habitat courant), les chauffagistes appliquent à ce couplage les méthodes de calcul du chauffagisme classique : calcul de la consommation annuelle prévisible par degrés-jours, et calcul de la puissance nécessaire de l'installation en prenant pour base le jour le plus froid de l'année. Ce qui revient à dire que les installations sont toujours calculées par excès. En appliquant cette méthode à une installation solaire (et en se basant sur le jour le moins ensoleillé de l'année), on est amené à toujours surdimensionner le chauffage d'appoint. Or, on évitera cet excès coûteux dans la mesure où le stockage solaire garanti permettra d'élever la valeur solaire minimale.

Critères de choix d'un système : la notion d'autonomie

Les projets d'autonomie, et par là les systèmes, étant fonction pour une large part de la climatologie locale, on peut dire que dans tout microclimat, deux données présentent un caractère opérationnel pour les choix de système :

— La répartition annuelle du rayonnement solaire où sont notées en particulier les absences notables, les présences notables (y compris induisant des surchauffes) et corollairement la coïncidence ou non-coïncidence avec les fortes demandes thermiques.

— Les séquences prévisibles de jours consécutifs sans soleil; ou plus exactement, de jours où l'ensoleillement est en deçà du seuil de captage du système, ce qui se transcrit par l'inégalité entre pertes et apports[6].

Ceci étant, il serait trop mécaniste de croire que ces deux données déterminent impérativement le choix d'un système sur un autre. Si les séquences prévisibles de jours sans soleil sont un bon critère courant pour la détermination des volumes de stockage, la répartition annuelle du rayonnement induit deux stratégies possibles selon que l'on choisit de chercher d'abord à pallier les absences ou à capter tous les apports. Dans le premier cas, on est amené à augmenter la surface de captage, tandis que dans le second, on augmente le stockage, celui-ci par son volume étant empêché de s'élever en température au point de ne plus pouvoir recevoir les apports faibles. En général, selon le rapport CEA présenté en annexe II, on aura dans tous les cas un couple de choix théoriquement équivalents. Mais dans la pratique, la diversité des conditions locales donnera cependant, restant fixés l'investissement prévu et l'autonomie recherchée, certaines incitations de choix.

— Par exemple, dans le cas d'une région à apports d'hiver très faibles, si l'on se fixait un degré élevé d'autonomie, la surface de l'insolateur nécessaire pour pallier les absences serait telle qu'il deviendrait absurde de chercher à l'intégrer au bâtiment, ou même à son proche environnement (exemple : les études des pavillons EDF du Havre montrent que, pour une autonomie totale et en gardant le stockage de 5 m^3 d'eau, la surface des insolateurs par pavillon aurait dû atteindre 300 m^2 ce qui est impensable).

— Dans une région d'apports hivernaux importants et réguliers et d'apports d'été forts (zones méditerranéennes et voisines), un degré significatif d'autonomie serait atteint avec, simultanément un capteur de faible surface et un simple stockage journalier; mais en cas de recherche d'autonomie élevée, il vaudrait mieux s'adjoindre un stockage assez important pour utiliser les grands apports d'été plutôt qu'accroître la surface des capteurs ce qui induirait des surchauffes insupportables en été.

— Dans une région de climat océanique, à faibles contrastes climatiques et à nébulosité forte, une solution passive bien conçue avec adjonction de serres à l'enceinte serait une solution très économique (et de surcroît améliorerait la valeur d'usage de l'habitation), la serre présentant le double avantage de protéger les occupants des pluies fréquentes sans occulter une lumière souvent insuffisante; cet exemple, répandu en Grande-Bretagne et qui serait adapté dans l'Ouest de la France, met en relief des critères architecturaux et d'habitabilité pouvant guider les stratégies.

— Dans les régions à climat fortement contrasté, avec des ensoleillements d'hiver conjugués à de très basses températures et à de l'enneigement, la stratégie du capteur plutôt important et du stockage journalier l'emporterait vraisemblablement, etc.

Choix et positionnement des insolateurs

A partir de ces données schématiques, nous allons établir des relations entre les degrés d'autonomie liés au stockage et les modes de captage. La climatologie locale influence aussi bien le choix des matériels (insolateurs) que leur positionnement. Ainsi on optera pour des insolateurs à concentration, sans concentration ou à semi-concentration, en fonction de la qualité de l'ensoleillement et de la durée du stockage :

— Dans une région de l'est de la France (comme Nancy) à très faible ensoleillement hivernal et ensoleillement d'été important, on pourrait avoir à la rigueur un insolateur à semi-concentration à condition de l'associer à un stockage intersaisonnier.

— Dans une région caractérisée par des surchauffes d'été et des hivers froids et lumineux, les insolateurs doivent être protégés, en été contre les surchauffes, en hiver contre les déperditions nocturnes. Le stockage longue durée ne s'impose pas. Ce contexte définit les conditions optimales d'utilisation d'un insolateur-trappe automatisé.

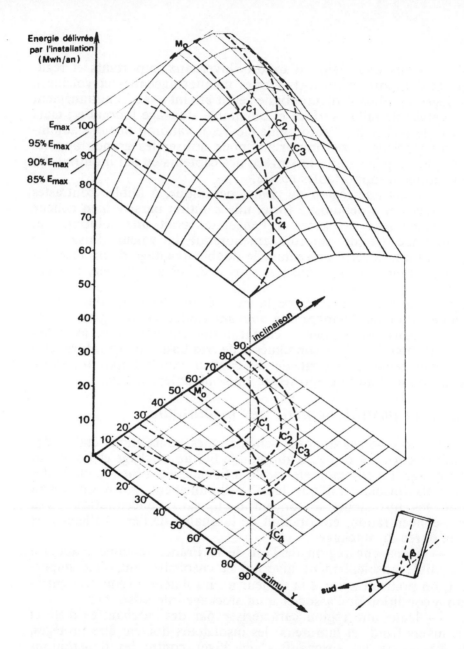

36. *Évaluation énergétique des apports solaires annuels couplés à un stockage longue durée, en fonction de la variation de l'azimuth et de l'inclinaison des insolateurs (région de Toulouse).*

— Pour un habitat de montagne méditerranéenne, on pourra envisager des insolateurs muraux lourds (Trombe) à condition d'enrayer les surchauffes d'été par un dispositif de ventilation efficace et un auvent; des joues latérales réfléchissantes formant coupe-vent réduiraient efficacement les pertes au vent; l'insolateur-trappe s'adapte également à ce genre de site.

En bref, on peut établir quelques relations-types entre durées de stockage et type et position des insolateurs ainsi qu'entre caractères météorologiques et type et position d'insolateurs[7].

Le positionnement des insolateurs est en effet déterminant : leur orientation est tributaire simultanément de l'optimisation souhaitée des apports en fonction de la saison et de la nécessité de protection efficace contre les surchauffes. Par exemple, le choix de l'insolateur vertical dans le Midi de la France ne vise pas à optimiser les apports d'hiver, mais plutôt à réduire ceux d'été qui sont indésirables. Dans le cas d'un stockage intersaisonnier privilégiant les apports solaires d'été, on pourrait avoir un insolateur en toiture à pente de 20 à 30° (analogue à celle des tuiles romaines), avec libération des façades au bénéfice des apports d'hiver par les fenêtres et de plantations caduques ombrageant les façades selon la tradition, ainsi que d'autres éléments architecturaux traditionnels tels que loggias, porches profonds, etc. Ce cas fait bien ressortir à quel point, dans une région donnée[8], l'option sur le mode de stockage modifie totalement les données du problème du captage.

Dans le cas le plus courant des stockages de courte durée (environ trois jours), et en excluant les zones méditerranéennes ou montagneuses, il y a convergence des pentes optimales d'insolateurs et de la construction courante des toitures (les pentes de 40 à 50 degrés correspondant approximativement à l'angle de la latitude du lieu), hasard imprévisible mais opportun, tandis que les façades ne se prêtent presque jamais à l'établissement d'insolateurs muraux, du fait de l'abondance de leurs percements aggravée par l'encombrement des volets dans de nombreux modèles traditionnels. Ceci milite fortement en faveur des insolateurs-toitures établis en versants sud, sud-ouest, ou sud-est.

Le choix d'insolateurs à air, ainsi que des capteurs passifs architecturaux tels que serres ou bow-windows, est dicté par une faible demande d'autonomie, et relève plutôt d'une doctrine d'économies d'énergie (protection, et quasiment isolation active de l'enceinte, par opposition à l'isolation passive par matériaux isolants). Ils sont donc plutôt adaptés à des sites très tempérés et peu contrastés (surtout dans le sens de la surchauffe) dont un bon exemple est la côte atlantique : morphologiquement, ils doivent également éviter les façades est et ouest, pour éviter les surchauffes.

Le rôle fondamental de la fonction de stockage

Comme on l'a vu plus haut, par nature, du fait de son intermittence, c'est-à-dire de son caractère cyclique et aléatoire, le captage du rayonnement solaire semble exiger a priori la résolution économique de la fonction de stockage, et de nombreux auteurs ont développé des recherches considérables en ce sens. Certes, on peut observer que la fonction de stockage destinée à déphaser le moment d'utilisation de l'énergie solaire, afin de répondre à la demande, n'est pas absolument nécessaire lorsque l'on ne se fixe pas un degré d'autonomie important. En effet, toute construction représente par elle-même (en tenant naturellement compte de son mobilier) une capacité de stockage permettant d'accueillir les apports solaires directs, ou apports gratuits, à travers les vitrages. D'autre part, il est souvent proposé d'utiliser des pompes à chaleur destinées à soutirer l'énergie du milieu ambiant (air extérieur, effluents, eaux de rivières, stockage thermique naturel dans le sol), ce milieu ambiant constituant alors simultanément le stockage et la source chaude permanente, et le coût de l'opération se réduisant à celui des échangeurs thermiques. Un habitat utilisant ce type de stockage extérieur à sa conception même, ne se caractérise pas architecturalement par rapport aux solutions conventionnelles, sur le plan visuel du moins.

Mais pour en revenir au cas général de l'architecture solaire, faisant appel à des stockages explicites, on peut envisager d'en faire l'étude en fonction de la variable « durée » ou bien de la variable « nature des calo-stockeurs ».

Classement selon la durée du stockage

Selon la variable « durée », les degrés d'importance du stockage peuvent être définis à partir de deux conceptualisations différentes :

— soit en fonction des interruptions de « fourniture » solaire qu'ils sont capables de pallier;

— soit en fonction des séquences positives, ou de « fourniture » solaire continue qu'ils sont capables d'intégrer aux fins de restitution ultérieure. Dans ce second cas, un mode de calcul fréquent dans les systèmes commerciaux consiste à tabler sur la séquence hivernale maximale la plus couramment observée au lieu de la construction, par exemple trois jours si l'on se trouve dans la partie méridionale de la France.

Le stockage « intersaisonnier » de l'énergie solaire peut être envisagé de la même façon et dimensionné en vue de capter la totalité du rayonnement solaire en période de non-chauffage par une étendue prédéterminée de capteurs dont l'utilisation optimale serait ainsi assurée. En fait, le terme de « stockage intersaisonnier » commode et frappant, s'avère trop simpliste puisqu'il recouvre, si on le prend littéralement, un véritable changement d'ordre de grandeur par rapport à tous les stockages courants. Dans le but d'atténuer cette impression d'irréductibilité des systèmes, courts et longs, on préfère parler actuellement de stockage longue durée, ou de stockage thermique de grande capacité, termes permettant de recouvrir une gamme étendue et continue de solutions répondant à des options économiques et énergétiques diversifiées.

Une remarque importante relative à la gestion du couple captage-stockage réside dans le fait qu'il serait toujours souhaitable de ne pas stocker, et d'utiliser immédiatement les calories d'origine solaire dans les systèmes de redistribution de chaleur, en priorité sur l'appoint-non-solaire, afin de maintenir la capacité de stockage disponible pour les moments de surchauffe. Malheureusement le type de montage nécessaire est rarement effectué (*cf.* Aramon[9]). Même dans le cas du stockage intersaisonnier, il est préférable d'utiliser directement l'apport solaire, en particulier en fin d'hiver où l'apport de l'été précédent est quasiment déstocké.

Classement selon la nature des calo-stockeurs

Si l'on envisage maintenant une classification selon la nature des calo-stockeurs, on peut dégager quatre catégories principales :
1. Dans les réalisations à caractère artisanal, on utilise des agrégats minéraux de granulométrie variable, allant du galet au grain de quartz finement divisé. Ces systèmes, de très grande surface d'échange, sont associés plus généralement à des capteurs à air[10].

2. Les containers, citernes, bassins de stockage d'eau sont des solutions associées habituellement aux capteurs à eau, avec ou sans échangeur spécifique (ce second cas correspond aux capteurs vidangeables[11]).

Ces deux premiers types sont dits « stockeurs à chaleur sensible », le niveau de température du stockage étant constamment variable, ce qui pose des problèmes de régulation au niveau du déstockage.

3. Le système de stockage à température constante utilise des produits chimiques à température de fusion constante. Le stockage est réalisé, dans la majeure partie de ces applications, dans des containers de petite dimension empilés afin de réaliser une surface d'échange maximum. Ces dispositifs sont généralement associés à des systèmes à air (*cf.* la maison Dover, de Maria Telkes, USA). Dans le cas de systèmes à calovecteur eau, un échangeur à nappes multiples est immergé dans le volume de stockage. Le procédé est fréquemment associé à l'utilisation d'une pompe à chaleur, et stocke l'énergie solaire aux environs de 30 °C.

4. On peut enfin utiliser le terrain lui-même comme stockage. Les volumes de stockage nécessaires pour le déphasage intersaisonnier étant très considérables (de l'ordre de plusieurs milliers de mètres cubes), il est possible d'associer à des réservoirs d'eau les couches de terrain, afin de faire jouer à celles-ci un rôle de stockage thermique. Il est possible également d'utiliser des terrains saturés de boue, de terre humide, comme calo-stockeurs (*cf.* l'étude de Brenda Vale, Grande-Bretagne).

La première étude de maison solaire, réalisée en Union soviétique en 1930 par le physicien Michelson, associait déjà capteur à eau en façade sud, capteur à eau en toiture, citerne à eau de grande capacité en sous-sol de l'habitation, pompe à chaleur et radiateurs. Bien que coûteux, ce système est devenu l'archétype de la maison solaire.

Volume de stockage et politique énergétique

Le coût des installations est évidemment inversement proportionnel à la durée du stockage thermique. L'utilisation des apports immédiats (« au fil du soleil ») permet, moyennant la réalisation d'un simple effet de serre, des économies substantielles, notamment en mi-saison, mais n'autorise en aucun cas la diminution de la puissance installée nécessaire à l'habitation elle-même, ce qui réduit beaucoup son impact sur la politique énergétique au plan national. Le stockage intersaisonnier de l'énergie solaire au contraire, dont la validité économique est encore à démontrer dans une politique énergétique inchangée, permettrait d'écrêter les consommations hivernales, c'est-à-dire d'agir en période critique, et par conséquent d'enrayer la tendance actuelle à l'augmentation constante de l'évaluation des puissances à installer dans le secteur domestique de la politique énergétique. Il va de soi que de telles réalisations exigeraient des études approfondies au niveau urbanistique afin de déterminer des échelles optimales; d'ores et déjà cette échelle devrait rester dans l'ordre de grandeur de petites unités d'habitation afin de raccourcir les circuits et de respecter les tissus habités, par opposition aux solutions gigantesques actuellement envisagées au niveau des stockages des eaux de rejet des centrales d'énergie. Une première étape de recherche nous permet d'avancer des chiffres de l'ordre de 1 000 à 10 000 m³, correspondant par exemple à des groupements de 10 à 100 logements.

Actuellement, de nombreuses équipes sont engagées, en France[12] et dans de nombreux pays, sur des études de modélisation de stockage longue durée.

Simplicité et complexité des systèmes

Dans la phase actuelle des recherches, un très grand nombre de systèmes[13] sont proposés et expérimentés, et du fait que l'usage n'a pas permis encore d'opérer une « sélection naturelle » permettant d'harmoniser économie, fiabilité et qualité d'intégration, l'observateur risque de se trouver dérouté au moment d'opérer un choix.

Nous allons essayer, à la suite de divers auteurs, de dégager des paramètres thermiques permettant la lecture des différentes propositions existantes ou en projet, selon leur degré de « complexité », c'est-à-dire selon le nombre d'échanges thermiques nécessaires pour assurer le transfert entre source et utilisateur (source/ambiance interne). Suivant les systèmes proposés ce nombre varie de 1 (exemple : cas d'un sol absorbant le rayonnement solaire, tel qu'un dallage sombre éclairé directement au travers d'une baie vitrée, et restituant la chaleur à l'ambiance interne) à 6, 8, ou 12 dans les cas de systèmes mettant en œuvre des fluides caloporteurs et calo-stockeurs différents, voire des fluides intermédiaires dans le cas de pompes à chaleur.

Il faut observer immédiatement que dans le cas du captage de l'énergie solaire, la complexité des circuits n'est pas un garant d'efficacité globale, du fait des caractéristiques discontinues du rayonnement solaire et des seuils d'utilisation de l'énergie thermique (par exemple 35° pour l'eau d'un plancher chauffant, ou 40° pour l'eau d'un ventiloconvecteur). On note qu'à la limite certains systèmes (comme ceux des maisons EDF du Havre) comportent un nombre d'échanges thermiques trop élevé et un seuil de restitution trop haut, induisant une très faible charge d'utilisation. Cependant, il faut admettre que le nombre des paramètres composant un système est élevé : captage-stockage-restitution-régulation-isolation-protection (occultation)-appoint, l'élément stockage pouvant lui-même se diviser en stockage spécifique et stockage par la masse totale du bâtiment et son contenu; l'isolation pouvant s'entendre comme isolation globale de l'enveloppe bâtie et isolation spécifique des capteurs, intérieure ou extérieure; et l'appoint lui-même pouvant être décomposé en appoint thermique et appoint destiné au fonctionnement des servitudes (circulateurs d'air ou d'eau, régulations). D'autre part, comme on l'a rappelé plus avant, les flux énergétiques sont toujours faibles, donc ils induisent des surfaces d'échange importantes pour ne pas trop diminuer leur rendement.

Par analogie aux modèles mécaniques industriels, ou même biologiques, on a l'habitude de considérer que la croissance en complexité s'accompagne d'une augmentation de l'efficacité et qu'elle est la preuve d'un degré d'évolution plus avancé, ou progrès. Cependant au stade actuel de la technique de l'utilisation thermique de l'énergie solaire, il semblerait bien que ce principe soit totalement infirmé, et seuls, à notre avis, des systèmes regroupant plusieurs fonctions (par exemple, un système intégrant captage, stockage et restitution comme la maison Trombe-CNRS, ou bien stockage et restitution comme à Blagnac[14] (voir 52, c), ou combinant des capteurs à deux seuils de température d'utilisation comme les capteurs à eau et capteurs à air combinés, ou encore des solutions spécifiques de captages volumiques) pourraient aboutir à des solutions minimisant les pertes par réduction du nombre des échanges, et permettant des plages plus étendues d'utilisation pour tenir compte des discontinuités et des variations qualitatives de l'apport. Cependant, dans le cas du stockage « intersaisonnier » de l'énergie solaire, des systèmes complexes peuvent avoir une justification économique, les investissements pouvant être mieux rentabilisés lorsqu'on allonge la durée d'utilisation des matériels au cours de l'année. Le nombre des transferts thermiques caractérisant un système est en relation directe avec le coût de ce système, du fait que les échangeurs de chaleur sont toujours de très grande surface et, sauf dans le cas où ils sont réalisés par des procédés rudimentaires (tels que lits de cailloux, galets, graviers, voire briques ou pierres concassées), d'un coût élevé (notamment lorsqu'on utilise le métal : tubes à ailettes, planchers radiants, etc.) et d'une complexité défavorable à leur fiabilité. La majeure partie des systèmes mettant en jeu un faible nombre d'échanges utilise les parois même de l'enveloppe bâtie, voire les distributions intérieures, pour réaliser ces échanges. Dans ce cas, la prédiction du fonctionnement est très difficile à établir[15].

De façon générale et sauf dans le cas de réalisations aberrantes (c'est-à-dire présentant des défauts flagrants de conception), la complexité[16] vise toujours une régulation plus fine et un contrôle plus poussé des flux thermiques, incluant même la régulation pièce par pièce au gré de l'usager avec des temps de réponse écourtés. On pourrait donc craindre, dans les systèmes utilisant les énergies naturelles, d'être pris en tenaille entre des systèmes complexes à faible rendement thermique et des systèmes simples à excellent rendement, mais d'une valeur d'usage un peu médiocre. La stratégie de l'énergie d'appoint intervient alors comme un des critères de décision.

Cette caractérisation des systèmes thermiques par le nombre des échanges doit être complétée, bien évidemment, par l'indication de la nature du stockage, et surtout de sa durée, comme cela a été montré précédemment.

Incidence de l'option de stockage sur l'architecture

L'option du stockage « longue durée » a, en effet, une incidence sur les systèmes et, par là, sur l'architecture. Pour montrer aussi clairement que possible les choix qui s'offrent aux concepteurs, nous prendrons pour exemple l'étude d'un petit collectif solaire à stockage intersaisonnier qui a été réalisée en Suisse, en 1975, faisant appel à des capteurs solaires verticaux en façade sud[17]. L'option d'orientation des capteurs peut paraître contestable si l'on remarque que dans l'étude CEA, c'est une pente de 45° qui

a semblé la plus favorable; mais dans le cas d'un collectif, il en résulterait une épaisseur excessive au rez-de-chaussée. Comment choisir alors la pente la plus favorable? Le problème posé est de capter l'énergie solaire de façon optimale au voisinage du solstice d'été, ou plus généralement pendant les six mois sans chauffage; il en résulte que l'orientation optimale des capteurs devrait être déterminée par la différence entre la latitude du lieu et la demi-déclinaison. Dans le cas de Zurich, on aurait donc :
$46° 30 - \dfrac{23° 27}{2} = 35°$, ramenés empiriquement à 31° 30 par les auteurs pour répondre aux conditions moyennes de l'été[18].

Cette inclinaison des capteurs suggère une implantation en toiture ou en terrasse libérant la totalité de la façade sud pour l'utilisation directe du rayonnement solaire d'hiver et de demi-saison, c'est-à-dire bas. Or une telle disposition n'assure une surface suffisante de captage que dans le cas d'immeubles peu élevés, par exemple R + 3 ou R + 4, et de plus le captage a l'inconvénient de ne pas être optimisé pour la production d'eau chaude sanitaire, qui est indispensable toute l'année et qui, toujours dans le cas de Zurich, nécessiterait une pente voisine de celle de la latitude du lieu; on est confronté ici au problème des systèmes mixtes de chauffage et de production d'eau chaude induisant peut-être une orientation différenciée des capteurs, la production d'eau chaude sanitaire étant découplée du stockage intersaisonnier proprement dit.

Outre le choix de l'orientation des capteurs, se pose le problème de la localisation du stockage. Dans la plupart des réalisations actuelles, le stockage est situé dans les fondements de la construction. L'un des premiers projets étudiés au Canada par E. Alcutt, à l'Université de Toronto (1955), pour une maison individuelle[19] consistait en une cuve approximativement cubique de 300 m³ environ, ce qui faisait descendre les fondations jusqu'à six mètres, l'auteur justifiant cette conception par le fait qu'il est nécessaire, au Canada, de fonder au-dessous du sol gelé. Mais il s'agit d'un exemple très en marge des dimensions raisonnablement employées dans les systèmes héliotechniques! (voir 37, a 1).

Dans tous les cas d'immeubles conçus dès l'origine en fonction de la solarisation et nécessitant par ailleurs des fondations profondes, le surcoût solaire serait minimisé par l'intégration du stockage thermique à la structure du bâtiment. En revanche, dans

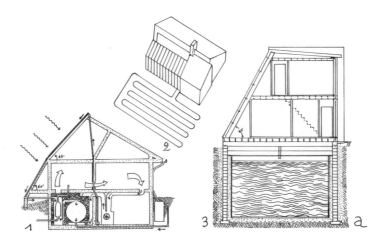

37. *Nature et positionnement des stockages longue durée.*
a - Stockages individuels : 1) maison 1 du MIT (Thomason). — 2) maison à Skive, Danemark.
3) projet Alcutt, université de Toronto; b - stockages collectifs :
4) 5) et 6) immeuble de Blagnac, les buses de stockage
pendant leur mise en place et l'état final.

tous les cas de solarisation a posteriori, la solution logique semble plutôt se trouver dans les stockages collectifs de grandes dimensions en bassins divisés, à gradient de température différent, utilisant les espaces libres restitués à leurs fonctions primitives en fin de chantier (solution CEA-Alexandroff de Buchère-Liebard à Blagnac) (voir 37, b). Actuellement l'optimisation de la gestion d'un stockage longue durée, ainsi que la détermination des circuits, reste du domaine de la recherche.

Différentes études sur le sujet doivent être entreprises (CNRS, CEE, CEA), ce qui manifeste l'apparition d'un certain consensus pour une orientation mixte entre l'optimisation passive de l'habitat (recherche de microclimat, architecture bioclimatique adaptée) et le captage actif de longue durée.

Choix des systèmes. Problèmes d'optimisation

De nombreux obstacles se dressent en effet qui limitent l'optimisation des choix des systèmes et c'est seulement au moyen d'appareils mathématiques lourds, permettant d'intégrer un grand nombre de paramètres d'un système donné, que le calcul des apports prévisibles dus aux énergies climatiques peut être maîtrisé, ceci du fait de la complexité et de la variabilité dans le temps des phénomènes mis en jeu; l'appel à des éléments informatiques permet de dégager assez rapidement des résultats; actuellement, plusieurs programmes de calculs existent, permettant d'intégrer les apports solaires captés par des insolateurs plans de différentes inclinaisons en fonction des fiches météorologiques. Ces calculs visent la prévision des performances afin d'évaluer les économies d'énergie réalisables par un matériel donné, et par conséquent ses possibilités d'amortissement financier. Du point de vue du concepteur, ils permettent de ne pas sur-dimensionner, ou sous-dimensionner, la surface des insolateurs ou des stockages thermiques. Mais si le calcul d'une installation de type élémentaire (par exemple destinée au chauffage de l'eau sanitaire) est aujourd'hui parfaitement maîtrisé, les calculs prévisionnels pouvant être confirmés très simplement par la mesure de l'élévation de la température de la masse du stockage, le cas du chauffage de l'habitation solaire est beaucoup plus complexe, et la somme cumulée des facteurs d'erreur prévisibles induit une marge d'incertitude importante, notamment dans les systèmes de type passif, à stockage diffus dans la masse du bâtiment toute entière. Par exemple, la seule analyse d'un système relativement simple dans sa conception et sa réalisation comme le système Trombe-CNRS a mobilisé des dizaines de chercheurs et promu un nombre considérable de thèses, pour arriver à des évaluations en fin de compte relativement grossières. Les raisons du caractère inévitablement approché de ces calculs tiennent, nous l'avons dit, au caractère cumulatif des sources d'erreur inhérentes aux systèmes étudiés :

— Un premier facteur d'erreur se situe au niveau de l'évaluation du G^{20} de la construction projetée. Le G calculé tient compte du coefficient d'isolation des parois en fonction de la nature de leurs matériaux; or la mise en œuvre de ceux-ci, dans la construction réelle, fait toujours apparaître des points singuliers, ponts thermiques, anomalies du degré hygrométrique des parois, etc. D'autre part la notion de degré-jour, commodité mathématique indéniable, induit par sa définition même un facteur de dérive par rapport à la réalité puisqu'elle ne reproduit pas la véritable répartition des irrégularités dans le temps. Ceci étant, on peut vérifier expérimentalement, par l'observation de constructions non habitées, que les calculs théoriques du G peuvent conduire à des prévisions ne s'écartant pas de la réalité au-delà de 10 à 20 %.

— Un second facteur d'erreur vient de l'évaluation du rendement des capteurs. En régime stationnaire du type de celui du laboratoire des Renardières (EDF), le rendement des capteurs peut être parfaitement maîtrisé (à 1 % près). Cependant, dans la réalité, la combinaison des facteurs de vent, et des problèmes d'étanchéité et d'hygrométrie interne des capteurs, cumulée avec l'irrégularité inhérente du climat vrai au lieu d'implantation, peuvent induire un facteur d'erreur atteignant 100 % (pour illustrer ce propos, on rappellera que les mesures par temps clair des performances de l'insolateur en béton à grande masse thermique COSTIC ont donné des rendements comparables à ceux des insolateurs en acier à lame d'eau mince, alors que, bien évidemment ces types d'appareils présenteraient des performances très différentes par temps variable). On peut donc constater que les définitions des rendements des capteurs entrant dans les calculs des installations peuvent être considérées comme exactes dans des conditions météorologiques « moyennes », ou favorables, et complètement fausses dans des circonstances météorologiques plus extrêmes, parfois fréquentes sur le site d'installation.

— Un troisième facteur d'erreur, certainement le plus important est dû à l'usager, car les choix d'ameublement, de revêtements de sols, etc. interviennent dans les facteurs d'isolation; d'autre part, les notions de confort individuel commandent des comportements différents vis-à-vis des ouvertures, et de l'usage du chauffage d'appoint, etc. On peut se référer ici aux études effectuées par EDF à propos du chauffage électrique intégré sur des pavillons identiques où apparurent des différences de consommation atteignant 100 % entre maisons voisines.

— Enfin, un quatrième facteur vient de l'évaluation du rendement de la redistribution de chaleur à partir du stockage. Les systèmes étant généralement de type conventionnel et leur rendement parfaitement maîtrisé lorsqu'ils sont intérieurs à l'habitation, le facteur d'erreur est normalement très faible (de l'ordre de 5 %); mais lorsque le stockage est détaché, les incertitudes liées à la nature du sol et au climat global peuvent induire des erreurs d'évaluation importantes à la moindre malfaçon (maison du Havre). Par ailleurs, le rendement des appareils de redistribution de chaleur (par exemple : planchers chauffants, ventilo-convecteurs, cuves ventilées, etc.) n'est évaluable de façon rigoureuse que dans le cas où la température des locaux à chauffer est fixée (par exemple à 18° ou 20°). Dans le cas où existent des fluctuations de température de l'ambiance interne, le rendement de la redistribution de chaleur, et par conséquent le rendement total du système captage-stockage-redistribution, deviennent incertains.

Calculs d'optimisation de la pente et de l'azimuth des capteurs

Les calculs d'optimisation de la pente et de l'azimuth des capteurs sont le sujet privilégié des programmes de calcul appliqués à l'héliothermie. Ces calculs font appel tout d'abord à des notions astronomiques connues et mesurées avec une précision absolue, et qui servent de base à l'optimisation des tracés; ensuite aux facteurs de troubles atmosphériques, actuellement pris en compte dans les programmes de calculs établis à partir des données météorologiques vraies. La combinaison de ces deux catégories de données présente l'avantage de faire apparaître des plages de fonctionnements possibles équivalents, assouplissant considérablement l'usage architectural des matériels héliotechniques (par exemple au Havre, des inclinaisons variant entre 45 et 70 % se sont avérées équivalentes); de même, en ce qui concerne l'orientation, des expositions sud-est et sud-ouest se sont avérées pratiquement équivalentes à l'exposition sud (des études d'évaluation fine sont en cours au CEA, contrat Collectif Blagnac). On peut, en résumé, dire que, dans ce domaine précis qui préoccupe souvent les concepteurs de façon prioritaire, le facteur d'erreur est faible. Précisons toutefois que ces observations ne valent que pour les capteurs sans concentration.

On a montré plus haut que, excepté dans le domaine relatif au positionnement des capteurs, les facteurs d'erreur pouvaient, par cumulation, rendre extrêmement aventureuse la prévision exclusivement théorique des comportements d'habitats solaires. A l'inverse, étant donnée une construction solaire existante et testée dans des conditions normales d'usage, il est possible d'extrapoler les rendements prévisibles de captage d'un système identique établi dans un lieu différent et donc dans des conditions météorologiques différentes (ceci ne résolvant évidemment pas le facteur d'erreur lié au paramètre indiqué plus haut des diversités de comportement des usagers). Ce qu'on peut déduire de l'expérience actuelle, c'est que, lorsqu'un nombre significatif de réalisations pourront être testées sur le territoire national, il sera aisé d'extrapoler les résultats connus, par un jeu de ratios, ou proportionnements, constituant un corpus simple de règles de l'Art, exprimé par des abaques analogues à ceux couramment employés dans les professions du bâtiment, et pouvant servir de base aux règles contractuelles.

Modélisation physique ou expérimentale

Le rôle de la modélisation physique ou expérimentale devrait également être développé : dans beaucoup de domaines techniques confrontés à des phénomènes physiques complexes, mettant en jeu la mécanique des fluides et des échanges thermiques (aviation, construction navale, travaux maritimes, etc.), l'approche mathématique est accompagnée d'analyses de comportement de modèles réduits mis sur bancs de simulation affectés de facteurs de similitude permettant l'extrapolation des observations à échelle réelle. A ce jour, hormis les études de Thomasson et de Steve Baer concernant l'expérimentation de maisons solaires en modèles réduits et la mise au point de facteurs correctifs permettant les extrapolations, la possibilité de ces dernières est habituellement contestée par les autorités scientifiques, qui leur opposent l'impossibilité de trouver des équivalents transposables aux phénomènes convectifs. Ce point, extrêmement important, devrait être précisé, car l'expérimentation en modèles réduits, qui a fait ses preuves dans des domaines industriels apparemment voisins, apporterait une simplification des processus de recherche et, par le fait de la visualisation, faciliterait le jeu des interprétations et des corrections. Notons que, dans le domaine du bâtiment, et plus précisément du confort dans l'habitat tropical, des études en soufflerie destinées à préciser les possibilités de la ventilation naturelle ont été effectuées aux États-Unis et en Grande-Bretagne voici déjà une trentaine d'années (Building Research Advisory Board, UK). Dans le domaine de l'habitat solaire, le Climatron du centre EDF des Renardières est un outil précieux : en permettant de faire varier la totalité des paramètres climatiques, y compris l'hygrométrie et la pluie, sur des éléments entiers de bâtiments à échelle vraie, il produit des simulations de comportement parfaites, à un prix malheureusement trop élevé pour le faible budget de la recherche solaire, en particulier expérimentale[21].

Éléments
d'architecture solaire

Au cours de ce chapitre, nous allons passer insensiblement de ce qui peut sembler une nomenclature de matériels et de techniques à une problématique proprement architecturale : telle est justement la dynamique de l'architecture solaire.

Insolateurs et bâtiment

Nous commencerons par l'analyse du rapport entre les insolateurs [1] et le bâtiment, d'une part parce que ceux-ci sont l'élément visible de l'ensemble équilibré constitué par le système captage-stockage-redistribution solaire; d'autre part parce que, même si pour nous ces classements ne sont que secondaires, dans de nombreux essais de classement typologique de maisons ou d'habitats solaires, c'est à partir des capteurs que s'ordonne l'analyse des systèmes ou de la volumétrie des enveloppes. Le premier et le plus ancien classement est celui des spécialistes scientifiques de l'énergie solaire définissant des insolateurs avec ou sans concentration; une autre définition, celle des thermiciens, divise les insolateurs selon qu'ils sont à basse température ou à moyenne température, avec ou sans effet de serre, avec ou sans surface sélective ou sans dispositif anti-rayonnant. Les calovecteurs servent également de base de classification entre capteurs à air, à eau, caloduc, etc.

Pour ce qui concerne strictement l'habitat et les possibilités d'intégration de l'héliotechnique au bâtiment, ces classements, malgré des implications profondes au niveau des appareillages de redistribution de chaleur, de la durabilité et de la compatibilité des systèmes et sous-systèmes choisis, ne sont pas premiers dans la recherche d'une typologie opérationnelle adaptée au concepteur de l'espace bâti. Par exemple, un capteur plan pourrait être constitué indifféremment de cellules à concentration tubulaire (capteurs Philips) ou d'une feuille de *Roll-Bond*[2] à surface sélective, ou d'une double tôle de bardage industriel, et poser des problèmes d'intégration exactement du même ordre.

Il n'en est pas de même lorsque l'élément de captage ou de stockage de l'énergie solaire est constitué par la paroi même du bâtiment et que le capteur solaire réalise une fonction multiple (exemple : la paroi porteuse du système Trombe-CNRS). Les recherches de capteurs solaires intégrés aux parois de bâtiments se réclament de deux démarches : l'une consiste à transformer les insolateurs solaires à partir de modèles expérimentaux en parois et en enveloppes architecturales, l'autre à transformer celles-ci en insolateurs; démarches diamétrales, mais aboutissant finalement à un objectif économique unique, à l'encontre évidemment de la majorité des dispositifs en vigueur qui ne sont que des montages expérimentaux redondants, juxtaposant sans intégration[3] des matériels et des éléments hétérogènes (respectivement héliotechniques et architecturaux).

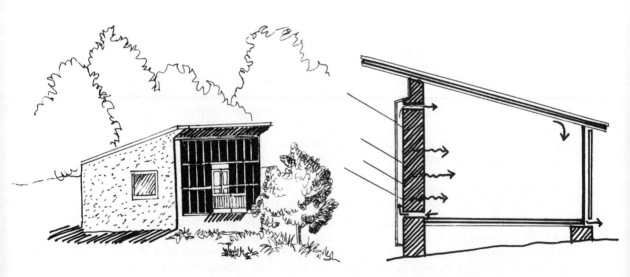

38. *Le système Trombe, la première maison CNRS d'Odeillo.*

La première démarche (la transformation des insolateurs en parois et en enveloppes) consiste par exemple à transformer des insolateurs en éléments de toiture assumant la totalité des fonctions d'une toiture (étanchéité, isolation thermique, clôture). De nombreuses conceptions sont envisageables pour réaliser cet objectif, utilisant les matériaux courants de la construction traditionnelle ou des produits semi-finis de type industriel :

1. On peut tout d'abord utiliser des éléments modulaires, une des composantes essentielles du problème étant alors la mise en œuvre et le dimensionnement des éléments. On a envisagé à ce jour la juxtaposition de produits finis emboîtables constitués de boîtiers (système CERCA au Havre, nombreux systèmes US). Cette conception exige une coordination précise avec les systèmes porteurs de charpente et d'une manière générale avec le dimensionnement du bâtiment à équiper; ce problème est bien connu et rejoint celui, plus général, de la préfabrication ouverte. D'autre part, il n'y a pas forcément compatibilité entre les dimensions les plus favorables pour les couvertures vitrées et celles des absorbeurs; cependant ce type de réalisation permet de gérer, par des éléments de série similaires, les problèmes de chauffe-eau solaires individuels et ceux de chauffage d'habitation; ils ont donc été les premiers à avoir séduit les industriels et à avoir connu un début de commercialisation. Dans le cadre de matériaux modulaires, une autre voie a été explorée récemment en Allemagne, en Suisse et en Angleterre, qui consiste à fabriquer des tuiles solaires de petites dimensions, réalisées en matériaux plastiques, emboîtables et dont le corps absorbant est constitué de petites billes de plastique carbonné enfermées dans une enveloppe transparente. Une troisième voie est envisagée dans le cadre de la préfabrication fermée de série : il s'agirait de réaliser un versant entier de toiture-insolateur de grande dimension, préfabriqué en usine, testé sous pression et monté d'un seul tenant sur le chantier; on réduirait ainsi considérablement les temps de montage et de raccordement, mais l'utilisation serait limitée à des systèmes d'habitat parfaitement définis (modèles sur catalogue). Dans cet ordre d'idée, on peut imaginer des éléments de murs-rideaux solaires intégrant captage (insolateurs/fenêtres), stockage, convecteur et protection solaire.

2. Une autre conception consiste à monter des composants par couches successives. Dans de tels systèmes, il n'y a pas de modulation entre les divers éléments, chacun de ceux-ci étant mis en œuvre au cours du chantier, dans l'ordre suivant :

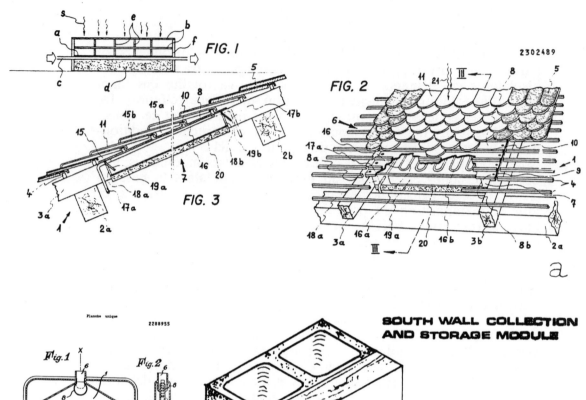

FIG. 1

FIG. 2

FIG. 3

2302489

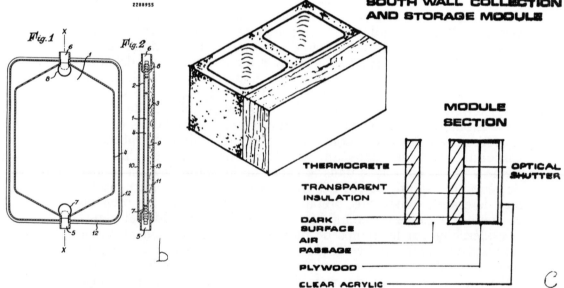

SOUTH WALL COLLECTION AND STORAGE MODULE

MODULE SECTION

THERMOCRETE

TRANSPARENT INSULATION

DARK SURFACE

AIR PASSAGE

PLYWOOD

CLEAR ACRYLIC

OPTICAL SHUTTER

39. Insolateurs industriels, éléments de construction.
a et b - Brevets de tuiles solaires en verre et en plastique;
c - le « thermocrète », élément de maçonnerie conjuguant captage et stockage.

— boîtier (par exemple, Canaletta, élément d'amiante-ciment autoporteur), isolant, absorbeur, vitrage [4];

— ou bien, sur une paroi murale : mur, isolant, absorbeur, plastique alvéolé transparent (cas d'Aramon).

Dans le premier cas, le module de base se trouve être le boîtier, dans le second, c'est l'élément de plastique transparent; dans d'autres cas encore ce serait l'absorbeur, le choix s'opérant en fonction des opportunités découlant de chaque matériau.

Ces systèmes non modulaires, ou conformes au mode de production des petites entreprises, facilitent la solarisation des habitats existants, s'adaptant assez bien à leur variété dimensionnelle. Divers autres procédés relevant de la même problématique, étroitement intégrés à la construction de toitures à charpentes conventionnelles en bois, à pannes et chevrons, ont été mis au point en Europe. Les corps absorbeurs sont établis entre les chevrons et dans leur plan, et des tuiles de verre de module identique à celui du reste de la couverture réalisent la surface transparente et l'effet de serre.

A l'inverse de ces conceptions transformant les insolateurs en parois et en enveloppes, nous avons évoqué la démarche qui consiste à transformer des parois en insolateurs. La plupart des matériaux de construction (béton, enduits de ciment, briques, tuiles, bardages) ont en effet des pouvoirs d'absorption du rayonnement solaire importants à l'état naturel; celui-ci peut être augmenté par le choix d'états de surface appropriés et de teintes sombres. L'adjonction d'une serre en avant de ces surfaces permet de piéger le rayonnement solaire et de produire à bon compte de l'air chaud. Dans ce cas, n'entrent dans le coût du capteur que le coût de la serre et celui des moyens de circulation et d'extraction de l'air chauffé. Lorsque la paroi est un mur d'une certaine épaisseur, on réalise du même coup le stockage de l'énergie solaire à déphasage contrôlé (études du Père Camia, système Trombe et apparentés). Il est possible d'après les mêmes principes de base d'envisager la dalle ou le plancher d'un bâtiment réalisé en construction lourde comme absorbeur et stockeur du rayonnement solaire, à condition d'éviter les revêtements de sol isolants (parquets, moquettes, etc.). Des améliorations considérables de ces procédés sont à l'étude actuellement en vue d'augmenter la capacité de stockage thermique des enveloppes de maçonnerie par insertion de containers plastiques remplis de sels eutectiques ou de bétons spéciaux contenant des sels dans leurs granulats (études de Day Charoudi, USA : thermocrète; en France, Schneider à Nice) (voir 39, c).

L'utilisation des parois mêmes débouche sur deux applications : les serres préfabriquées pour façades et toitures en vue de la solarisation de l'habitat existant et l'intégration de serres aux panneaux préfabriqués lourds modulaires.

La fenêtre comme capteur

Avant de décrire les différents types d'insolateurs, nous ferons ici une parenthèse sur les fenêtres dont on a souvent observé qu'elles étaient par elles-mêmes des « capteurs solaires ». Ce rappel nous renvoie à deux débats, l'un suscité par les premières réalisations héliotechniques, l'autre né avec la première architecture moderne.

L'un des acquis et l'un des signes conflictuels de l'architecture internationale fut en effet la fenêtre panoramique, non seulement étendue à des dimensions sans précédent, mais transformée en pan de verre sans discontinuité. Les détracteurs du « modernisme » attaquèrent principalement en elle l'effet extérieur diurne de « gouffre noir » et l'indiscrète transparence nocturne. Ses défenseurs, en revanche, firent de sa surface homogène un élément ornemental, allant jusqu'à la simuler, par exemple en faisant passer des vitrages teintés devant des éléments de maçonnerie pleine afin de respecter le continuum de façade (Lever House), ambiguïté qui n'est pas sans annoncer le malaise suscité par les insolateurs ressentis comme « fausses fenêtres ». Du point de vue de la mise en relation de la cellule habitable avec le milieu extérieur, on a vu que l'extension du pan de verre a affecté deux significations relativement contradictoires : symbole de la totale autonomie de l'enceinte par rapport à son cadre bioclimatique, grâce à des apports énergétiques importants, il se substitue à tout autre matériau protecteur, dans la maison de verre à continuum indifférencié de Mies Van der Rohe ou de Philip Johnson. Mais plus souvent, en plein âge d'or de l'architecture internationale, il se limite aux faces les mieux exposées de la maison, en contraste brutal avec les autres faces, maintenues aussi hermétiques que possible (immeuble de l'Armée du Salut, villas de Breuer); et dès lors, l'intention de captage direct de l'énergie solaire est explicitement revendiquée par les concepteurs, comme en témoignent les nombreuses maisons réalisées pendant et après la Seconde Guerre mondiale, associant le pan de verre en façade sud, son brise-soleil plus ou moins développé (généralement en bois) et les sols de dalles noires.

Dans la problématique actuelle de l'habitat climatique, les indéniables apports solaires directs recueillis au moyen de fenestrages bien exposés conduisent certains concepteurs ou observateurs à opposer fenêtres et insolateurs et, à travers la « concurrence » de ces éléments, l'architecture « bioclimatique » et l'architecture « solarisée » (terme à connotation nettement péjorative impliquant un « plaquage » d'éléments industriels sur une construction pas nécessairement bien conçue). Ce débat repose sur une notion d'architecture passive élaborée en doctrine, selon laquelle les apports solaires gratuits pénétrant à travers les vitrages des fenêtres dans des enceintes bien conçues, orientées, isolées, procureraient des économies de chauffage égales, voire supérieures, à celles actuellement acquises par les techniques solaires actives. Les tenants de cette proposition se font, en même temps, les défenseurs d'un nouvel art de vivre et d'une nouvelle conception du confort, voire de la sensibilité des usagers, impliquant le plaisir des contrastes thermiques importants et la réhabilitation du nomadisme intérieur (la fonction des pièces changeant saisonnièrement et au cours des journées, ou plutôt, les pièces se défonctionnalisant). La référence au vernaculaire est évidente, et les fourchettes de températures ambiantes considérées comme admissibles, beaucoup plus larges que celles communément admises actuellement. Ce conflit doctrinal, que seules pourraient clarifier des évaluations de réalisations assez nombreuses et éprouvées sur le public durant un temps suffisant d'observation, ne saurait se résoudre au seul niveau polémique sans nuire à la recherche de l'architecture solaire.

Comme la nécessité de respecter l'optimisation de la relation entre habitation et climat a été suffisamment développée dans cet ouvrage, nous ne reviendrons pas ici sur les indéniables qualités de l'« habitat bioclimatique », mais nous en énoncerons les principales insuffisances : des surchauffes d'été (parfois même en hiver par jours particulièrement clairs) et des déperditions importantes en périodes de non-ensoleillement. De nombreux dispositifs destinés à obvier à ces défauts ont été mis au point dans les maisons solaires proprement dites :

— Pour combattre les pertes thermiques par conduction et convection, on utilise des doubles et même triples vitrages à lames d'air inerte.

— On utilise aussi des protections thermiques intérieures mobiles (rideaux, voilages, contrevents), et des protections anti-solaires extérieures fixes ou mobiles d'une très grande variété, tant dans les architectures anciennes que contemporaines : volets, persiennes, stores, brise-soleil, auvents.

— On peut également prévoir une protection faisant partie intrinsèque du vitrage, au niveau du vide d'air interne : rideaux métallisés réflecteurs du rayonnement lumineux et infrarouge, stores vénitiens internes, dispositifs spéciaux d'injection contrôlée de particules isolantes [5].

Tous ces dispositifs sont, soit déjà répandus industriellement, soit aisément industrialisables; leur pénétration dans le domaine de la construction ne semble pas devoir faire problème à court terme, en particulier du fait qu'ils n'exigent pas de modifications particulières des habitudes des concepteurs.

Si la problématique de la fenêtre-capteur est bien connue, et relève simplement d'une bonne conception bioclimatique, elle ne résoud pas les types de problèmes thermiques qu'assume un insolateur *stricto sensu :* en particulier celui de l'association à un stockage. Une approche différente du captage par surfaces transparentes consisterait à réaliser l'absorption du rayonnement solaire dans leur épaisseur même. Par exemple, un mode de réalisation d'un pan de verre capteur pourrait utiliser du verre teinté absorbant une partie importante du rayonnement sous forme thermique, tout en en laissant passer une proportion donnée pour assurer l'éclairage des locaux. L'extraction thermique se ferait par exemple par circulation d'air dans le vide interstitiel compris entre la paroi interne de verre teinté et une paroi externe transparente assurant l'effet de serre. L'air échauffé, extrait du pan de verre capteur serait conduit vers un stockage comme dans n'importe quel type de captage à air [6].

On pourrait encore envisager de réaliser le stockage au niveau même du pan de verre en utilisant des masses liquides inertes teintées de couleur sombre, comprises entre deux parois transparentes, protégées par un vitrage extérieur et chauffant l'espace interne par rayonnement et conduction, ou par des produits à changement d'état par exemple une lame de paraffine entre deux vitrages (système proposé à Toulouse, présenté au colloque du

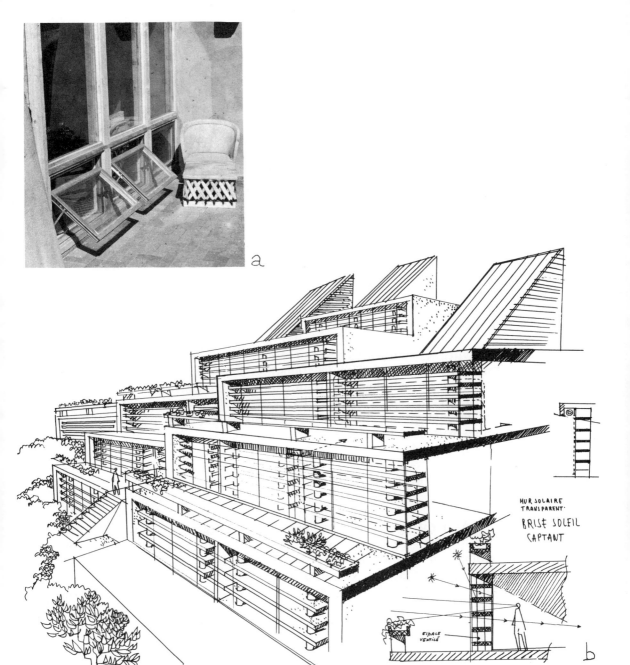

Labels within figure b:
MUR SOLAIRE TRANSPARENT
BRISE SOLEIL CAPTANT
JIDALE VENTILÉ

a

b

40. Capteurs fenêtres.
*a - La solution « passive » : détail des aérations de la serre
d'une maison passive d'adobe (Nouveau Mexique); b - brise-soleil-capteur.*

Groupe héliotechnique, à Orsay en 1975). On peut noter à propos de ce système une analogie profonde avec le capteur Trombe utilisant des lames d'eau stockeuses [7] avec toutefois la profonde différence de concilier captage thermique, éclairage et, souvent, vue.

Il faut également citer un capteur-fenêtre utilisant comme absorbeur un store vénitien interne à lames réversibles pouvant présenter soit leur face sombre (absorbeur solaire), soit leur face réfléchissante; l'éclairage se réalisant ici seulement dans l'intervalle des lames, ce capteur est en quelque sorte un capteur claustra [8]. Dans le même ordre d'idée, on pourrait envisager des brise-soleil de construction lourde, plus ou moins profonds et rapprochés, inclus entre deux pans de verre, réalisant par leur volume des possibilités assez étendues de captage associé au stockage : ce genre d'élément émanant d'une problématique proprement architecturale se prête à un design varié, induisant des éclairages et des modes de captage (à air, à eau) adaptés à différentes demandes, différents climats et même différents styles.

De telles structures, qu'elles se combinent entre elles ou avec des vitrages « normaux », ou encore avec des pleins, devraient permettre de diversifier les façades, et en particulier de faciliter l'insertion du captage à l'architecture contemporaine.

Pour aller plus avant dans notre analyse des insolateurs, nous en évoquerons ici différents types susceptibles de prendre chacun toutes sortes de formes.

Insolateurs volumiques

A la différence des capteurs solaires assumant simultanément une fonction thermique et des fonctions de parois, et épousant étroitement la morphologie des bâtiments auxquels ils sont intégrés, les insolateurs volumiques, véritables espaces de transition entre l'intérieur et l'extérieur, habitables ou non, constituent des entités spécifiques distinctes et complémentaires du volume principal auquel elles sont reliées par une paroi d'échange thermique. Thermiquement parlant, ils se rapprochent étroitement des serres, et architecturalement des bow-windows. Les volumes captants non accessibles sont à rapprocher de certains volumes ou éléments d'architecture vernaculaire, comme les tours de ventilation, les

combles ventilés, etc. D'un point de vue héliotechnique ces insolateurs, modifiant profondément l'aspect des bâtiments, sont ratta-
chés par de nombreux auteurs à la terminologie « captage passif »
bien que, dans de nombreux exemples, les moyens d'isolation
mobile les rendent en fait plus régulés et plus aptes à capter
sélectivement le rayonnement solaire que les capteurs lamellaires
présentés précédemment.

Une mention spéciale peut être faite du système de captage
volumique à concentration et à isolation par volet mobile de la
Société américaine Vormser, ou capteur pyramidal à concentration, et d'une des maisons de M. Missenard à Saint-Quentin.

Les serres incorporées accessibles et s'étendant en avant d'une
partie importante ou de la totalité de la façade sud des habitations,
sont particulièrement répandues dans les projets anglo-saxons;
dévolues à l'horticulture et intégrées dans un système global
d'échanges énergétiques et thermiques, elles constituent l'un des
signes majeurs de la maison écologique.

Cependant, il existe d'autres conceptions du captage qui, pour
relever sans ambiguïté de la problématique active, n'en sont pas
moins d'essence architecturale. Selon ces problématiques l'architecte, à la différence de l'industriel ou du physicien (qui raisonne
par sous-ensemble maîtrisable en usine ou en laboratoire et est
ainsi amené à concevoir le capteur comme un tout isolé), inventera
de nouveaux volumes et éléments capables d'optimiser le captage
ou l'ombrage tout en assumant « normalement » leur essence
architectonique et spatiale. Il n'y a pas de liste fermée de telles
innovations, et c'est à titre d'exemple que nous en évoquons
quelques-unes :
— Les insolateurs en attique (*cf.* Aramon), en retrait sur la
façade principale, et précédés, soit par un pan de toiture, soit par
une terrasse-solarium, soit même par une surface réfléchissante
destinée à renforcer le flux solaire capté.
— Les insolateurs talus (lorsque le terrain s'y prête par sa
pente).
— Les insolateurs muraux situés en soubassement et saisonnièrement ombrés par l'étage en surplomb.
— Les insolateurs-ébrasements ou niches.
— Les insolateurs-impluviums réservés dans le volume du toit
et partiellement ou totalement invisibles de l'extérieur, etc.

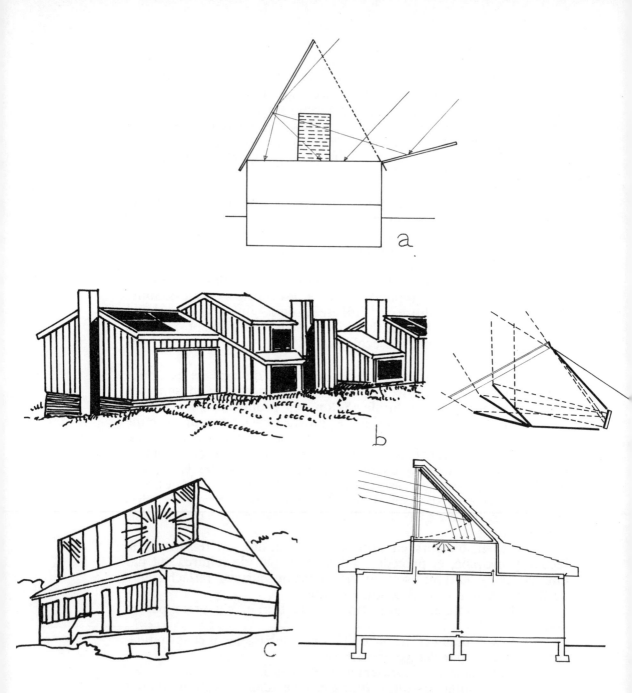

41. *Capteurs volumétriques : trappes solaires à occultation mobile.*
a - Solution Missenard; b - solution Livingston et Wormser (USA);
c - solution Alexandroff.

Trombe..

stève Baer...

a

b

42. *La grande diversité des insolateurs volumiques.*

Insolateurs dynamiques

A priori, il semblerait que la source solaire étant elle-même mobile, seuls des moyens de captage impliquant certains déplacements destinés à compenser ce mouvement solaire puissent être efficaces. Dans la pratique cependant, rares ont été les applications destinées au chauffage dans l'habitation qui ont proposé ou appliqué de tels dispositifs mobiles. On peut citer comme cas limite l'habitation tournante GIRASOL du professeur Nervi, ainsi que des maisons demi-circulaires légères sur rails établies sur des plates-formes permettant par évitement de contrôler totalement les apports solaires (États-Unis, France). Plus que comme des habitations, ces réalisations peuvent être considérées comme des curiosités, et elles n'ont pas connu à ce jour de postérité malgré l'indéniable élégance de leur adaptation à la nature même de l'énergie solaire. C'est dans le domaine astronautique que cette application trouve son contexte logique, et les capsules spatiales assurent leur équilibre thermique en exposant alternativement leur face réfléchissante ou absorbante au rayonnement solaire par rotation contrôlée. Mais dans la plupart des cas d'insolateurs dynamiques (au sens mécanique : mobiles), les moyens de captage seuls sont mobiles; ils sont en fait totalement dissociés de l'enveloppe bâtie, celle-ci leur offrant néanmoins support et contreventement.

Dans le cas des insolateurs plans, les morphologies les plus usuelles de ces sortes de capteurs sont :

— Des panneaux d'insolateurs posés sur un bâti réglable permettant des ajustements saisonniers de l'inclinaison. La quasi-totalité des chauffe-eau solaires établis sur terrasses sont ainsi constitués. Ces sortes de systèmes peuvent être perfectionnés au niveau des réglages (ajustement horaire continu ou discontinu du type héliostat); ils peuvent également, sur le plan architectural, assumer dans des contextes tropicaux, le rôle précieux de parasols.

— Des insolateurs en lamelles, volets ou persiennes mobiles, dissociés des enveloppes et enceintes mais pouvant être assimilés à des brise-soleil, claustra ou vérandas, et déterminant suivant leur distance aux parois des espaces intermédiaires protégés, accessibles ou non (simple lame d'air ou véranda). C'est dans cette catégorie que se range la maison solaire de Phoenix [9], Arizona, lauréate en 1958 d'un concours de maisons solaires, qui constitue le précédent historique des manifestations publiques d'intérêt pour l'application de l'héliotechnique à l'habitat. Dans cette maison, les trains de lamelles étaient horizontaux, ils prolongeaient le plan des terrasses en couvrant un patio intérieur et une véranda d'accès.

On peut dire de façon générale que le fait de déplacer ces insolateurs plans assure un renforcement de leurs performances pouvant aller jusqu'au doublement dans le cas des déplacements combinés, de l'inclinaison et de l'azimuth, ainsi qu'un moyen d'éliminer les surchauffes (dépointage ou basculement).

Un autre type de dynamisme des insolateurs résulte des impératifs inhérents à l'utilisation de systèmes à concentration optique. Ces systèmes, rarement exploités actuellement, mais susceptibles de développements intéressants tant sur le plan thermique qu'architectural dans les zones méridionales, présentent plusieurs variantes :

— Un dispositif à réflecteur mobile et à collecteur mobile présente des difficultés maximales d'intégration, et n'a par conséquent jamais connu d'application.

— Mais de nombreuses formes à réflecteur fixe et à collecteur mobile sont possibles, et il en existe quelques prototypes actuellement. On peut distinguer sommairement les morphologies suivantes : cylindres à facettes segmentées, portions de cylindres à directrice circulaire, calottes sphériques (projet CNRS — PERICLES). Ces réflecteurs à parois courbes peuvent s'intégrer aux bâtiments, soit comme toiture ou élément modulaire de toiture, soit comme paroi, conférant aux volumes architecturaux un aspect plastique spécifique intéressant.

— Enfin les systèmes à réflecteurs mobiles et à collecteur fixe sont aujourd'hui classiques; on peut citer dans cette catégorie les trappes solaires récemment présentées par la firme Wormser (USA).

Ces dispositifs ont en commun d'avoir été conceptualisés à partir de l'observation et de la prise en compte des mouvements solaires; leur coût de mobilité, ainsi que leur vulnérabilité aux irrégularités de l'apport solaire, est extrêmement variable et certains d'entre eux sont peut-être appelés à connaître un développement significatif, voire prédominant, à la suite d'études et de recherches actuellement nombreuses dans ce secteur.

Mais ce sont les semi-concentrateurs fixes, qui pour l'instant, sont les plus faciles à intégrer à l'architecture. Nous en donnerons pour exemple les miroirs de Winston (USA), les capteurs en spirale et volute de Ronald Smith, les capteurs prismatiques de

CONCENTRATING FLAT PLATE COLLECTOR

GLASS PANEL

COMPOUND
PARABOLIC
CONCENTRATOR

WORKING FLUID

CYLINDRICAL
BLACKBODY
RECEIVER

THERMAL INSULATOR

508

a

b

2 1 5

6b

4 6a

3

7 9

b

c

43. Insolateurs dynamiques ou insolateurs fixes à semi-concentration.
a - Insolateur Watson (USA); b - insolateur Touchais;
c - insolateur Canaleta (Chinguetti, Mauritanie).

Touchais (France), le capteur Canaletas Alexandroff-SOFRETES (France), le capteur Dow-corning corporation, le capteur Cups Absorber (dans un tube sous vide), l'insolateur Falbel (USA) collecteur plan à double face d'insolation.

Dans la logique du concept de dynamisme des capteurs, nous présentons ci-après diverses combinaisons associant des insolateurs plans et des adjonctions mobiles destinées au contrôle des variations climatiques et solaires. Deux types principaux de ces combinaisons existent actuellement :

— Selon le premier type, les adjonctions mobiles assument exclusivement l'isolation du système. Leur manipulation peut soit permettre simplement de protéger les insolateurs contre certains effets climatiques nocifs (refroidissement, surchauffe), soit mettre à profit ces mêmes changements climatiques pour permettre au système d'assurer alternativement chauffage et ventilation. Relèvent de ces problématiques, les palettes mobiles du groupe ABC, les recherches de Givoni en Israël [10], les panneaux mobiles montés sur glissière de Harold Hay, ainsi que de nombreux systèmes rustiques d'inspiration vernaculaire, notamment tropicale.

— Selon le second type, les adjonctions mobiles combinent isolation et renforcement du captage, comme par exemple les « portières » externes de Steve Baer [11], ou les « portières » intérieures de G. et J.M. Alexandroff (trappe), etc.

L'ensemble de ces systèmes peut être réalisé à tous les degrés d'automatisation, et relève de la catégorie architecturale et industrielle.

Insolateurs et esthétique

En dehors des soucis de rentabilité de l'énergie ou d'amélioration des performances, le problème de l'aspect des insolateurs solaires a été souvent évoqué comme un facteur défavorable vis-à-vis de l'acceptabilité de l'énergie solaire. Plusieurs solutions ont été proposées, allant de la recherche d'une dimension « harmonieuse » des modules de captage à celle des traitements de la surface vitrée des insolateurs par utilisation de verres martelés à impressions différentes, striées, dépolies, etc. Par exemple un procédé suédois propose l'utilisation de verres profilés autoportants, commercialisés en France par Boussois sous le nom de Profilit. On cherche ainsi à réduire la visibilité vers le corps absorbeur noir, aux dépens parfois de la transmission lumineuse (voir 52, b).

Une autre solution envisagée a consisté à « mondrianiser » les surfaces d'insolateurs, c'est-à-dire à créer un rythme combinatoire divisant et rythmant la surface captante suivant un dessin abstrait proche des productions picturales du mouvement de Stijl et de la peinture de Mondrian, voire de l'architecture traditionnelle japonaise. Les rares réalisations relevant de cette approche montrent qu'il serait possible d'atteindre une certaine esthétique contemporaine, surtout lorsque la totalité de la construction est conçue selon cette orthogonalité rythmique; cependant ces recherches restent prisonnières de la résolution d'un problème de vitrail de nature picturale, totalement dépourvue de justification propre.

D'autres suggestions se font jour, visant par mimétisme à reproduire la forme, si ce n'est la texture, des toits de tuile ou d'ardoise afin de réaliser une continuité entre couverture traditionnelle et surface de captage. La possibilité de teindre le verre ou le plastique dans la masse, en association avec un traitement de surface neutralisant les brillances, devrait permettre une « intégration discrète ». Ce type de solution est réclamé principalement par les vendeurs d'insolateurs évaluant les résistances du public français à toute modification d'aspect de l'habitat usuel.

Dans le même ordre d'idée largement commerciale, certains fabriquants envisageraient le moulage de plaques de plastique présentant l'aspect d'ensembles de tuiles ou ardoises. Ce type de pratique ne fait que rejoindre l'ensemble des copies moulées d'éléments constructifs tels que fausses poutres, faux moellons, etc., largement répandus sur le marché.

On citera en passant la décoration des absorbeurs, allant du simple choix de pigments sombres à des graphismes plus ou moins figuratifs apparaissant comme des « sous-verre ». Plus sérieuses sont les recherches de décomposition des surfaces captantes en lamelles, déterminant des effets d'optique suivant la position du spectateur, inspirées des recherches de peinture cinétique de Agam et de Soto, ainsi que des études du sculpteur R. Berks (USA), traitant d'une intégration inventive des capteurs solaires [12].

En résumé, ont peut distinguer deux types d'attitudes des concepteurs, selon qu'ils désirent affirmer décorativement la présence, sinon la nature des insolateurs, ou la masquer, en l'estompant, ou en la déguisant. Cette double famille d'attitudes exclut les solutions franches relevant d'une esthétique architecturale contemporaine que le public a rejetée majoritairement en France. Lorsque la réaction de refus est rédhibitoire (« zones sensibles ») ou lorsqu'elle conduit à des expressions caricaturales, nous proposerons de recourir plutôt à des solutions volumiques globales tendant à « intérioriser » les insolateurs en jouant de la perspective, des masques; par exemple, on pourra prévoir les toitures en forme de dièdre ou de pyramide inversée, ou le retrait du capteur derrière des acrotères, la création de volumes captants...

Comme on l'a noté par ailleurs, la recherche future dans le domaine des insolateurs pourra faire intervenir un héliotropisme des surfaces transparentes et des absorbeurs permettant des variations sensibles et quasi immédiates d'aspect, de couleur et de transparence; que ces variations soient d'ordre chimique (cristaux liquides, gels colloïdaux, verres variants, filtres interférentiels) ou d'ordre mécanique (microlamelles, injection contrôlée de particules isolantes), elles induisent simultanément un meilleur rendement et une expression spécifique de la fonction solaire pure de toute connotation décorative déviante. L'acceptabilité de ces techniques prospectives serait vraisemblablement plus aisée, le déroulement visible des phénomènes en jeu constituant par lui-même un spectacle. Il reste que la problématique que nous avons exposée ici est caractéristique d'un esprit du public extrêmement timoré d'une part, d'une gamme de matériels et de techniques limitée d'autre part; de nombreux exemples montrent que les insolateurs peuvent affecter des volumétries très différentes du corps noir plan (empilage de bidons colorés, colonnes, demi-cylindres horizontaux, semi-concentrateurs prismatiques, lentilles, etc.), à savoir toutes formes potentiellement porteuses d'une esthétique alliant « la forme et la fonction ».

Intégration du captage solaire à l'architecture

La recherche de volumes héliotropes n'est pas encore d'actualité immédiate, du fait de l'importance numérique du parc immobilier existant (ou déjà prévu) à adapter et des freins au changement. Cependant, ce type de recherche volumique serait certainement ce qui correspondrait le mieux au concept d'architecture solaire, et permettrait de renouer avec les grands courants novateurs de l'architecture internationale. Le volume architectural y est en effet conçu comme synthèse de l'espace habitable, de la dynamique cosmique de la source solaire fixée immuablement au lieu de la construction, et du paysage où celle-ci s'insère. Une typologie non exhaustive permet de distinguer en ce domaine certaines familles de formes et de partis architecturaux :

— L'ordre oblique, ou la façade basculée, s'élevant généralement parallèlement à l'axe polaire.

— L'enveloppe écliptique, permettant d'épouser par des enveloppes courbes ou à facettes multiples la course solaire apparente (voir 42).

— Le Crescent et le Pueblo, accueillant en creux le rayonnement solaire de l'hiver.

— Les structures en nappe ou méga-toitures (Piet Bloom : la casbah d'Ungerloo, et « villages solaires » ruraux projetés ou réalisés par G. et J.M. Alexandroff pour la SOFRETES).

— Les modénatures composites associant capteurs plans et semi-concentrateurs.

— Les volumes à enveloppe minimalisée et à captage maximisé, tels que les coupoles géodésiques.

— Les volumes à surfaces interréfléchissantes.

— Les lumiducs.

Le projet est toujours issu de la recherche d'un compromis optimal entre la surface enveloppe et l'exposition solaire la plus judicieuse, de la recherche d'un volume s'auto-ombrant de façon efficace en saison sur-solarisée, enfin de la prise en compte du site total déterminé par l'interaction des volumes et des espaces de l'habitat.

La partition interne des volumes habitables affecte, elle aussi, notablement la gestion thermique des apports solaires dans les systèmes passifs. En effet, dans la majeure partie de ceux-ci, le captage se fait en façade sud et la thermo-circulation interne des masses d'air, seul moyen de répartition des apports caloriques, peut être facilitée, gênée, ou même totalement bloquée par les partitions de l'espace intérieur (murs, cloisons). En conséquence, le plan le mieux adapté à cette répartition serait celui qui grouperait les locaux principaux d'habitation en façade sud, les services (circulations, blocs-eaux, rangements), étant au nord; disposition qui entraînerait immanquablement le choix d'immeubles minces, en contradiction avec la loi de compacité maximale servant de règle aux économies d'énergie, mais qu'une habile disposition de ces services, et un traitement approprié de la façade nord (isolations renforcées) corrigeraient assez aisément (exemple : la maison de Chauvency-le-Château et les maisons anglaises en bandes équi-

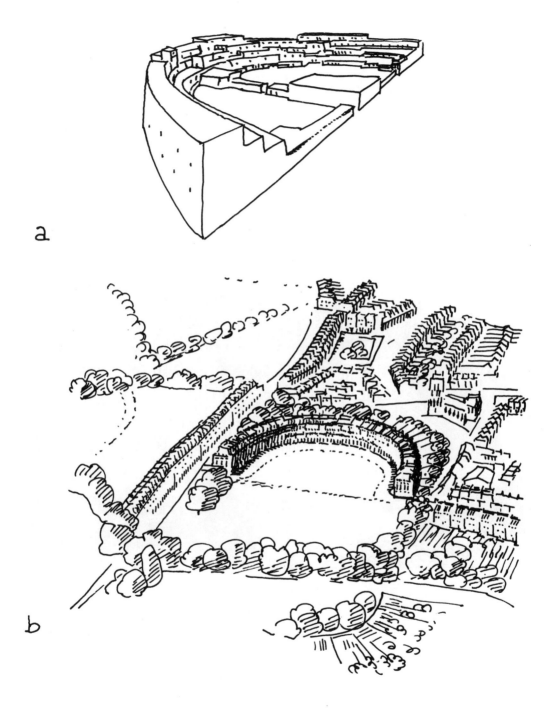

44. Volumétries solaires.
a - Pueblo hopi; b - le Royal Crescent à Bath.

45. *Modénatures solaires : ordres obliques, modénatures composites.*

ORDRE SOLAIRE

pées de serres). On peut dire, d'ailleurs, que tout immeuble collectif à étages orienté au sud connaît les mêmes problèmes, du seul fait de l'ensoleillement direct par les fenêtres, et rappeler les nombreuses controverses sur l'« orientation idéale » du logement, notamment les travaux de Rey et Marboutin (*cf*. deuxième partie), et les avantages respectifs de l'exposition nord-sud et est-ouest de bâtiments de forme allongée : l'exposition nord-sud présente l'avantage sous nos latitudes, de maximiser les apports solaires d'hiver et de minimiser les apports d'été, tandis que les volumes à exposition est-ouest reçoivent de faibles apports en hiver et une exagération des apports d'été, notamment en façades ouest. Malgré ces défauts, cette deuxième disposition a été largement exploitée dans le logement social économique, du fait qu'elle permettait des immeubles épais à quatre appartements par palier, ou même à coursive centrale (exemple : l'immeuble Le Corbusier à Marseille ou les immeubles d'Europe centrale et d'URSS, *cf*. deuxième partie). Mais la barre, quoique prédominante dans le secteur de l'habitat économique, en particulier industrialisé, n'est ni la seule ni la meilleure solution volumique, en fonction des facteurs que l'on vient de citer (apports solaires, compacité) et moins encore sur le plan de la perméabilité des enceintes aux ventilations non contrôlées, où elle s'avère désavantagée en fonction de sa minceur. Beaucoup plus favorables sont les dispositions « en éventail », surtout développées dans l'Europe du Nord (Alvar Aalto, Hans Sharoun), articulant des locaux souvent non orthogonaux selon un mode de composition dynamique relevant de recherches climatiques tout autant que formelles (*cf*. deuxième partie). Si l'on se rappelle que les insolateurs jouissent d'une relative liberté d'orientation, autorisant sans perte notable des variations de 20 °C de part et d'autre de l'azimuth, et des pentes allant de l'horizontale (bassins, ou decks solaires) à la verticale, et si l'on combine ce souple tropisme solaire avec les contraintes de vents dominants et de masques, il devient possible, selon les options choisies (en particulier durée de stockage) et certaines spécificités climatiques locales, de s'adapter aux formes de parcelles, aux voieries et alignements, aux pentes, et aux préférences créatrices. Les problèmes de l'héliotechnique s'insèrent ici dans la problématique proprement architecturale des plages sensibles et des marges de libre-arbitre qui, quel que soit l'effort de rationalisation scientifique qu'on lui applique, ramènent toujours, heureusement, l'architecture au domaine de l'art.

Le positionnement des volumes de stockage, toujours relativement importants dans les espaces habitables est souvent délicat. Ces volumes peuvent se présenter, soit de façon compacte, soit sous forme quasi lamellaire de faible épaisseur (dans ce cas, ils réalisent souvent simultanément une double fonction de captage et de stockage). D'une façon critique, on peut observer dans de nombreuses réalisations une non-intégration à l'espace habitable : par exemple l'établissement d'une cuve analogue à une fosse septique dans le jardin; ou bien dans une annexe de la maison extérieure à l'enceinte chauffée, par conséquent étrangère à l'économie thermique de l'enceinte, d'où des pertes thermiques et l'allongement des circuits. Ces systèmes, qui se justifient dans le cas de stockages communs à des groupements de bâtiments, ne nous semblent pas satisfaisants à l'échelle individuelle.

De même que dans la construction vernaculaire la localisation optimale des massifs de cheminées est la position centrale influençant l'ensemble des locaux adjacents, il est souhaitable d'intégrer les stockages en position aussi centrale que possible, quel que soit leur degré d'isolation (*cf.* l'exemple donné en annexe de cuve centrale à enveloppe ventilée). Une telle intégration ne relève plus de l'addition a posteriori d'un matériel à un plan conçu par ailleurs; au contraire, et peut-être plus encore que les capteurs, une parfaite intégration des stockages au volume habitable suppose une conception formelle spécifique, influant sur le vécu : en bref, c'est un agent architectural déterminant, au même titre que, par exemple la contrainte de bloc-eaux, bloc-gaines, cages d'escaliers communes, etc.

Soleil et structuration de l'espace urbain

Au-delà des problèmes de distribution de l'espace habitable de la maison se pose celui de la structuration de l'espace urbain. Les architectes formulent souvent la crainte que le captage solaire n'achève de le déstructurer, et ils sont fondés dans cette crainte par le souvenir récent de la Charte d'Athènes, urbanisme explicitement lié au soleil. Ceci pourrait advenir si, comme à cette époque, on s'en tenait à la conception mécaniste et réductrice du rayonnement solaire isolé du concept global d'énergies climatiques. La crainte des masques (calculés au solstice d'hiver) conduisait à élargir encore les prospects. Or, nous avons montré au chapitre 8 que les apports d'hiver sont généralement trop faibles pour justifier de telles contraintes et qu'une véritable politique de l'énergie solaire de base reposerait bien plus efficacement sur l'optimisation du captage d'été associé à des stockages importants, option s'accommodant de prospects moins étendus. D'autre part, pour en revenir au concept essentiel d'énergie climatique, l'ensemble des contraintes climatiques (le vent en particulier) peut être maîtrisé par la création d'espaces architecturaux dont la morphologie, l'échelle et l'orientation soient adaptées à la création d'un bon microclimat urbain. Cette création induit une cohérence spatiale en même temps que thermique, les espaces extérieurs cessant d'être un champ vide partiellement barré de volumes isolés, pour se constituer en lieux intermédiaires différenciés selon le climat. Il n'existe peut-être qu'un type de climat dont la prise en compte mène à la désarticulation spatiale : c'est celui des pays de mousson, tropical humide, où il devient impérieux de ne faire aucune entrave au passage des brises rafraîchissantes. Nous avons vu également, par exemple en Europe du Nord ou en montagne, certaines formes urbaines tout à fait septentrionales conçues pour éviter l'entassement de la neige, et par conséquent ouvertes au passage de vents dominants, mais ce sont des cas tout à fait extrêmes.

Dans l'ensemble des climats, la cohérence spatiale urbaine, même dictée par d'autres lois, favorise plutôt l'adaptation climatique. A la façon, si l'on ose la comparaison, d'une maison à forte masse et espaces intermédiaires, une ville resserrée et ses espaces ouverts (rues, places, cours) constituent un « échangeur thermique » acceptable en soi, et porteur d'améliorations potentielles diverses : au niveau des espaces publics, par les galeries couvertes, arcades, verrières, passages, exèdres, passages plantés; au niveau privé, par les différenciations des façades.

Tout cela semble ramener à une notion de classicisme urbain (Léon Krier); mais une analyse plus fine et une prise en compte effective des vents, apports solaires, effets dus au relief, détruiraient la rigidité des schémas. Les villes de Ralph Erskine en Laponie constituent peut-être le seul cas d'urbanisme du milieu du XXe siècle illustrant des recherches en ce sens.

En bref, le problème des climats urbains consistait autrefois à ouvrir quelque peu une structure tendant, par ses lois mêmes de génération, vers la compacité maximale; le problème aujourd'hui se révèle inverse puisqu'il s'agit cette fois de s'opposer à des forces centrifuges, tant au nom de l'économie trop négligée de l'espace (réseaux, problèmes de gestion équilibrée des sols), qu'au nom de la restructuration architecturale et de l'amélioration thermique de l'habitat. La gestion de la ville climatique est donc celle qui résulte de la conjonction de l'optimisation des apports solaires utilisables captables par les enveloppes et des protections bénéfiques du microclimat urbain.

Problématique solaire et théorie architecturale

L'examen d'une novation comme l'intégration des règles et des matériels héliotechniques aux espaces bâtis offre l'occasion d'aborder la question fondamentale : qu'est-ce qui, ici, est profondément d'ordre architectural? Question évidemment épineuse puisque l'existant architectural lui-même se fait et se défait au fil des doctrines contradictoires.

Quoi qu'il en soit, nous allons essayer d'aborder le problème de l'architecture solaire avec des critères analogues à ceux que nous avons appliqués à l'architecture vernaculaire; tant il est vrai que des éléments de l'habiter, comme par exemple les cheminées et autres moyens de chauffage, les tours à vent et autres dispositifs de ventilation, les porches et loggias, et autres espaces semi-extérieurs, ont constitué en leur temps des novations techniques qui ont été progressivement intégrées aux espaces bâtis, les ont modifiés et ordonnés en même temps qu'elles se tranformaient, et ont été considérées à ce stade comme éléments d'architecture.

Les objets et volumes réalisés répondent à des fonctions, mais ne peuvent se réduire à la seule détermination conceptuelle de ces fonctions. La fonction est suffisamment déterminante pour que le groupe social intéressé à sa résolution produise des modèles qui lui soient plus ou moins appropriés, les confronte, les modifie, opère des choix et des sélections; ces choix, d'ailleurs, pouvant tout aussi bien opérer dans le sens d'une accentuation simplificatrice de la finalité fonctionnelle annoncée que dans le sens de la complexité. L'épurement formel indéfini serait censé, s'il était réellement appliqué, amener à un modèle terminal unique, parfait, ou à une famille de modèles répondant chacun parfaitement à des variations de fonction; or il n'en est rien, les principales causes d'ambiguïté relevant de différents facteurs dont la prise en compte nourrit et reproduit la plupart des procédés et des dynamismes architecturaux :

— Facteurs de transferts, transferts de modèles plus anciens, ou adaptés à d'autres conditions, ou même à d'autres fonctions, mais dont le mode de transmission masque la profonde irrationalité.

— Facteurs d'enrichissement implicite, ou résolution simultanée de problèmes et fonctions transparentes et non transparentes (le plus souvent une fonction pratique et des fonctions symboliques sous-jacentes).

— Facteurs de dynamisme réciproque entre le nouvel élément et les espaces où il vient s'intégrer, dynamisme amenant des modifications et innovations non initialement prévisibles.

— Facteurs de difficultés extrinsèques, pouvant provenir de contradictions dans les contraintes de fonctions, de contraintes techniques d'ordre constructif, inhérentes à la nature et aux propriétés des matériaux mis en œuvre; de contraintes d'ordre économique, ou culturel, etc.

Appliqués à l'architecture solaire, ces facteurs rendent bien compte de la genèse et de l'évolution des modèles existants, des attitudes des premiers concepteurs et des possibilités d'évolution induites; ils ne sauraient embrasser tout le champ de la problématique, mais doivent restituer l'architecture solaire comme une branche « normale » de l'architecture, subissant des contraintes analogues et les résolvant par des processus de même nature.

Dès la conception des archétypes solaires les chercheurs ont exploré et tenté de résoudre les difficultés techniques résultant de la confrontation, dans un champ expérimental bien déterminé, des matériels héliotechniques (essentiellement captage et stockage) et du rayonnement solaire, périodique, mobile et aléatoire. Dans ces premières expériences, des variations étaient provoquées et leurs performances analysées, ceci par le truchement d'objets en nombre limité (tels que le mur capteur-stockeur-diffuseur de Trombe, ou le capteur-métal à air ou à eau) placés dans des situations relativement figées, par exemple plein sud, ou bien verticaux, ou encore inclinés d'un angle égal à la latitude du lieu. Les cellules expérimentales n'avaient le plus souvent pas vocation d'habitation : les expériences de Purdue ou celles des Renardières (EDF) dont l'ambiance est totalement simulée (contraintes thermiques isolées et simplifiées) ce qui permet une investigation exclusivement quantitative, en sont l'illustration. Même lorsqu'elles sont conçues pour être habitables, voire réellement habitées, elles demeurent internes au milieu scientifique; leurs concepteurs-habitants (des chercheurs, enseignants et étudiants) se comportent en cobayes et, partant, laissent au second plan les considérations étrangères à leur expérience. Ces maisons-laboratoires, fréquemment reproduites dans les manuels d'héliotechnique et de vulgarisation, ont certainement contribué à répandre la crainte d'une nouvelle forme du totalitarisme des ingénieurs. Il serait néanmoins léger de prétendre qu'elles n'ont rien d'architectural; le seul fait de concevoir un élément d'un contenu aussi complexe que le mur Trombe de la première maison d'Odeillo par exemple (simultanément mur, insolateur et stockeur) constitue selon nous un geste architectural élémentaire de même nature que ceux qui enthousiasment les analystes de l'architecture archaïque, et tout aussi architectural que les aménagements exécutés, dans les modèles ultérieurs, pour le fractionner et y insérer des fenêtres. Il reste que sa complexité demeure d'ordre technique et constructif, et que ses implications spatiales sur les enceintes qu'il enclôt ne sont pas précisément enrichissantes. Ceci étant, les écoles d'architecture ont élaboré concurremment des théories et institutionnalisé des attitudes si contradictoires que, même une cellule apparemment anodine comme cette maison d'Odeillo peut être soit condamnée comme non architecturale pour sa trop flagrante technicité, soit investie d'une dignité architecturale absolue comme expression particulièrement franche d'un parti.

Si l'on revient aux quatre archétypes solaires de base dégagés au premier chapitre (la caverne, la serre, la bulle et l'association de la caverne et de la serre), on verra qu'ils peuvent, selon les doctrines, les styles, les écoles et les programmes, être soit complexifiés, assouplis, combinés presque à l'infini, soit exprimés dans toute leur rigueur. Par là, nous voulons exprimer quel matériau brut ces archétypes, simple concrétisation de quelques lois physiques (d'ailleurs depuis longtemps empiriquement maîtrisées), offrent à l'architecture solaire.

En mettant en regard les facteurs relevés plus haut, on voit que ceux-ci enrichissent, en les brouillant, les épures fonctionnelles nées de la règle initiale. Le facteur de transfert de modèles joue ici en divers sens sur lesquels nous passerons rapidement : transferts de modèles héliotechniques s'opérant un peu dans tous les sens, résultant surtout de l'inexpérience des bâtisseurs solaires néophytes, qui intègrent des systèmes héliotechniques trouvés dans les manuels à des bâtiments destinés, par exemple, à des climats différents; il est en général difficile de voir là une progression créative, mais en tout état de cause ce genre d'erreur a bien des précédents dans l'histoire de l'habitat et illustre clairement la marge qui sépare la simple reproduction des formes de la compréhension de leur genèse. Plus intéressante sur le plan de la création architecturale est la conception et la mise en forme des insolateurs et des stockages à partir de processus associatifs à des éléments architectoniques connus, tels que les lucarnes et autres accidents des toitures, les fenestrages, niches, talus et contreforts; ces processus ont d'ailleurs pour répondant symétrique l'adoption, dans des architectures non solaires, de formes caractéristiquement héliotechniques.

Mais les facteurs les plus intéressants et les plus féconds sont de beaucoup les deux derniers, et d'abord celui d'« enrichissement implicite » qui compose la fonction pratique apparente et les fonctions symboliques. L'habitat solaire est en effet en butte à une contradiction de base : alors que son ouverture aux apports solaires directs est revendiquée sur le plan visuel au moins autant que thermique, l'interposition d'insolateurs conduit à sa fermeture. Il s'agit là d'un problème difficile à résoudre, brillamment négligé par la plupart des scientifiques, mais tellement pris à cœur par les architectes que certains, poussant loin l'esprit de système, se sont déterminés contre l'architecture active. En fait, la production architecturale récente, en particulier américaine (ce que l'on peut appeler la deuxième génération des maisons solaires), indique une nette prise en compte de cette contradiction et permet de poser les hypothèses suivantes : l'architecture solaire « active » initiale, née des archétypes scientifiques, négligeait totalement l'apport solaire sensible (principalement visuel et porteur éminent de symbole), pour ne le traiter qu'en termes d'apports caloriques, ce qui constitue un processus réducteur intolérable, compte tenu de la place immense du soleil dans la sensibilité, la sensualité et l'inconscient humain. On voit, à propos de cet exemple, le danger potentiel de la notion, si typiquement académique, de « franchise de parti » : appliquée ici dans sa rigueur, elle conduirait à renforcer la dominance de l'opacité des insolateurs considérée comme un signe digne d'être perpétué, alors que la nature même de la relation entre le soleil et l'habitat implique contradiction et devrait interdire de trancher entre ces deux valeurs solaires égales, la lumière et la chaleur. On peut en déduire que le véritable parti solaire ne sera jamais simple, sous peine de sacrifier l'une de ces deux valeurs, et qu'une expression stylistique épurée de la primauté des insolateurs ne pourra s'imposer qu'au prix de l'appauvrissement global de l'habitat.

Rappelons à ce propos que le captage thermique des calories solaires n'est qu'un aspect, mais un aspect significatif et en quelque sorte pédagogique, de la relation entre habitat, milieu et climat, et que, de ce point de vue, la prise en compte de tous les apports solaires dans l'habitat réactive l'ensemble des exigences oubliées d'insertion aux sites naturels, d'attention aux vents, à l'humidité, de prise en compte des effets de masse végétale ou bâtie, de constitution de microclimat; toutes conséquences de l'action du soleil dans l'habitat qui constituent autant de facteurs d'enrichissement des formes architecturales et urbanistiques.

Nous en arrivons au quatrième facteur, peut-être le plus stimulant pour les concepteurs, qui est celui d'interrelation, ou de dynamisme réciproque, des « objets héliotechniques » et des espaces qu'ils équipent : espaces et volumes extérieurs exprimant les tropismes de l'architecture captante; espaces internes suivant les flux thermiques involvés autour des stockages comme autour des anciens foyers, contournant avec fluidité les insolateurs pour piéger les apports directs; espaces surprenants, plus proches dans leur dynamisme du véritable vernaculaire que des espaces « fonctionnels » modernes.

La richesse et l'ouverture de l'architecture solaire sont aussi liées à la diversité des choix et des styles que toute autre architecture. Il y a, en effet, dans l'architecture moderne des courants contradictoires, ou tout au moins divers, tels que purisme, plasticisme, baroquisme, historicisme, régionalisme, etc. que l'on peut ramener en gros à des tendances principales néo-rationalistes et néo-formalistes (ceci pour ne parler que des courants explicitement architecturaux, la production courante d'habitat de série se partageant entre un modernisme de rentabilité et un pseudo-traditionalisme). De telles tendances, les doctrines qui les sous-tendent et les « styles » qui les expriment, passent dans l'architecture solaire, dictant et inspirant des directions de recherche, et des règles de jeu assez diverses et structurées pour intégrer les lois et les techniques solaires à des écritures multiples. A titre d'exemple, on peut citer des tendances puristes, exprimant la plastique austère des insolateurs dans sa plénitude, accentuant leur géométrie par des modénatures obsessionnelles; des architectures baroques, violemment rythmiques, exprimant la dynamique des tropismes par des accumulations de facettes accordées à la diversité des heures et des saisons;

des architectures maniéristes formalisant l'accord paradoxal des moyens « passifs » et « actifs » en ordonnances savamment bizarres; des architectures néo-vernaculaires, hésitant souvent entre le respect vétilleux pour le bâti traditionnel et l'intuition encore discrète de nouvelles possibilités...

Les jeux auxquels se livrent les « architectes solaires » dès qu'on leur laisse un peu de liberté, et confrontés aux facteurs de contradiction évoqués plus haut, vont de l'esquive à l'expressionnisme; jeux des volumes et de leur intégration au site naturel ou construit, qui se met plus ou moins facilement en compatibilité avec les lois d'orientation; invention de volumes nouveaux adaptés aux divers apports solaires; traitements des façades résolvant les diverses contradictions de la relation climatique intérieur-extérieur; tout ceci ne saurait, d'ores et déjà, être inventorié, ni surtout codifié, mais doit être regardé, analysé, éprouvé au double critère de la rationalité et du ludisme. Ce qui revient à dire que l'architecture solaire est une architecture comme les autres, nourrie de l'ambiguïté (résolue avec plus ou moins de bonheur) entre les problématiques avouées des concepteurs et leurs motivations cachées. Sa qualité sera, en fin de compte, étroitement dépendante de la qualité de l'architecture dominante, qu'elle ne saurait ni amoindrir, ni malheureusement métamorphoser.

C'est ici le lieu de se remémorer la production architecturale récente appréhendée dans sa relation au milieu naturel et au climat (cf. deuxième partie), et particulièrement celle des chefs de file qui ont influencé tour à tour les dernières générations de concepteurs. Nous avons appelé architecture « présolaire » la production architecturale moderne à tropisme solaire impliquant un traitement différencié des espaces, des masses et des enveloppes, et l'élaboration de dispositifs architecturaux nouveaux permettant le contrôle de la relation au soleil. Nous avons illustré ce type de recherche principalement par les œuvres de Franck Lloyd Wright, celles de Le Corbusier et d'Alvar Aalto; ce dernier est probablement l'architecte au monde qui a le mieux pris en compte dans son écriture formelle le milieu naturel et le climat; ici encore subsiste une certaine ambiguïté, entre la gratuité apparente que suggère toute innovation dans le vocabulaire formel (angles insolites, courbes inhabituelles des toitures, percement non classique, compositions en éventails, en amphithéâtres, en gigognes) et la logique climatique réelle.

Avec les architectes protosolaires, nous allons entrer dans des problématiques totalement différentes et, elles, exclusivement formelles. Leur intérêt dans le cadre de cet ouvrage, n'est plus de retrouver sous l'invention formelle la logique profonde, mais d'examiner, dans le domaine architectural, la préfiguration spatiale d'une architecture solaire active.

Autour des années 60, en pleine domination du courant orthogonal, apparaissent des « signes » solaires, transpositions architecturales de formes issues, par l'intermédiaire de l'église de Ronchamp, du vocabulaire formel des observatoires : Oscar Niemeyer au Brésil; Kenzo Tange au Japon; José-Luis Sert à la Fondation Maeght; en France, Andrault et Parat utilisent la coque inversée plus comme élément expressionniste de liaison avec le ciel que comme élément fonctionnel statique.

L'apparition des ordres obliques dans l'architecture brutaliste (Claude Parent), la décomposition en volumes cristallins (Stirling), ou parfois même la reprise pure et simple d'appareillages techniques solaires (composition de la fermeture de l'axe de la Défense reproduisant le four solaire d'Odeillo) semblent anticiper, sans aucune intention captante ni bioclimatique, sur de très belles possibilités volumiques d'une architecture solaire très diversifiée, contemporaine, et ne faisant pas appel à des connotations néo-historicistes. Dans ce dernier courant, l'œuvre de Louis Kahn marie le phantasme du pouvoir architectural et le contrôle rigoureux des forces climatiques par l'architectonique : doubles enveloppes murales, ébrasements monumentaux, portiques, tours à lumière.

Pour en revenir maintenant à un point de vue plus technique, nous observerons que les contraintes (ces contraintes dont l'architecture peut jouer pour les tourner à son profit) ne sont pas aussi rigides que pouvaient le laisser croire les premières expériences et le sempiternel bagage de règles minimales inlassablement rabâchées par des vulgarisateurs peu exigeants. Elles sont en effet d'un champ d'application beaucoup plus différencié qu'on ne le croit parfois, ne concernant pas tous les cas et variant selon le programme énergétique posé, les conditions climatiques locales, etc. De plus, elles ne sont pas aussi impératives qu'on l'a cru d'abord comme le montre par exemple le choix des angles de pente et la diversification des orientations. Enfin, elles ne constituent pas un corps de doctrine fermé, et tout concepteur quelque peu rompu à la géométrie en même temps qu'aux règles de base thermiques peut inventer de nouvelles réponses aux problèmes posés par la nature des énergies naturelles et les contraintes de son programme, son site, etc. Là aussi, l'hélio-architecture témoigne, dans les exemples de ces dernières années, de potentialités spatiales libérées par ces prises en compte.

Il est à noter que nous n'avons pas opposé ici « passif » et « actif »; outre notre répugnance constante à opposer ce qui, à nos yeux, devrait se conforter, nous estimons que l'on rencontre aussi bien ces marges de liberté et ces stimulants à l'inventivité dans une problématique bioclimatique que dans le domaine de l'architecture proprement héliotechnique.

46. Formes d'architecture solaire, actives ou passives.

Conception architecturale solaire

Au-delà de l'accumulation des lois et des contraintes (très incertaines d'ailleurs), l'architecture solaire est en réelle symbiose avec la mouvante géométrie du système solaire, et avec les lois sensibles de la chaleur. Nous avons rappelé, à propos de F.L. Wright, quelle relation passionnée à la nature sous-tendait ses conceptions. Un architecte solaire qui ne serait qu'un chauffagiste, ou qui au contraire ne ferait que tolérer avec hargne les diktats de son ingénieur-conseil héliotechnicien, aurait toutes les chances de faire une triste architecture.

Cependant, s'il se met à concevoir fortement la lumière basse du matin, le reflet pâle de ses rayons rosissant un mur de verre noir, puis l'élévation du soleil qui contourne peu à peu, de plus en plus haut et de plus en plus fort, les aspérités de ses façades sud, battant sur les brise-soleil, flamboyant sur les grands capteurs, enfin s'immisçant par toutes les issues dans les pièces de l'ouest protégées des bourrasques et sur les derniers isolateurs qui reflètent le rougeoiement des nuages bien après le couchant; si, à chaque moment du jour, comme un musicien développe un thème et le change un peu plus à chaque reprise jusqu'au final effondrement sonore, il dresse sur le chemin divers des rayons l'appel lisse d'un capteur, le refus apparent d'une lourde maçonnerie, l'invite sournoise d'une fenêtre biaise; s'il se plaît à marier le mat et le brillant, le verre et l'enduit, le brut et le fini, à heurter des contrastes forts ou à déguiser le passage de l'aveugle au transparent; s'il incurve ses façades comme de grands gnomons ou les projette comme des écrans de radar, s'il unifie ses vitrages comme de sombres lacs ou les fractionne en mille petites lumières de bidonville, s'il éclate des boîtes de bois, d'air, de verre, ou préfère serpenter le long des jardins pour esquiver l'ombre d'un arbre; s'il éclôt dans le verre la prolifération des serres aux grands éclats cubistes, ou les cintres en galeries edwardiennes; s'il retrouve, exaltant le jour, la pureté de Mies, piégeant les rayons, la ruse patiente d'Aalto, modelant les ombres sur des espaces follement théâtraux, la plasticité de Le Corbusier; s'il marie le capteur et la baie, la cuve d'eau tiède et le feu de bois, si ses capteurs se mettent, aux mouvements de l'astre, à palpiter comme des ailes lentes, à pencher comme des pirogues, à s'allumer de véritables moirures; si toute la maison se fait plante épanouie de jour, il aura joué un jeu très antique avec des outils d'aujourd'hui.

Même si nous avons montré plus haut les éléments de l'architecture solaire, l'objet architectural ne se réduit pas à une somme, et l'architecture solaire n'assemble pas mécaniquement. Que les concepteurs soient des professionnels exécutant une commande ou des autoconstructeurs réactivant le processus des anciens bâtisseurs pour rêver et réaliser leur propre maison, que le jeu parte de rien ou s'applique à changer un patrimoine existant, que la réalisation soit isolée ou qu'un ensemble soit en jeu, ces éléments d'architecture et de technique sont riches et divers, et leur richesse s'accroît d'un supplément d'ambivalence.

Nous reposons ici pour acquis de la théorie architecturale que tout ensemble et ses éléments composants assument simultanément des significations diverses; et c'est la soumission de cette pluralité, souvent diffuse, à une contrainte prééminente et exclusive de rentabilité, réduisant même la qualité sensible à un argument de vente, qui suscite aujourd'hui la haine, parfois injuste, vis-à-vis de la totalité de l'architecture moderne amalgamée à l'architecture internationale marchande; cette haine pousse le public et les esthètes, pour une fois d'accord, à chercher l'évasion, qui dans le retour au vernaculaire en achetant « l'âme » de la maison puisqu'on sait qu'elle en a une, qui vers l'historicisme par l'acquisition d'une « mémoire » capable de conjurer l'amnésie commerciale, sans avoir conscience de faire alors commerce de mémoire, ou bien en ajoutant un doigt de dérision pour se dédouaner.

Mais l'architecture moderne ne peut être réduite à ces jeux de marchands. Nous avons essayé, au chapitre de l'histoire architecturale récente, et malgré le biais restrictif de notre problématique, d'en restituer un peu la poétique. L'architecture solaire permet aisément de rappeler à soi la richesse de ces recherches, puristes ou baroques; de réveiller le plaisir des traitements du verre, ses reflets ou ses transparences, et l'ambiguïté qu'il suscite entre dedans et dehors; et le droit à la forme inventive, et la liberté des volumes échappés au corset du classicisme occidental.

Ainsi pouvons-nous dégager quelques thèmes majeurs de l'architecture solaire :

— Tout d'abord, l'opposition maximisée de la lumière et de l'opaque, premier thème de la spatialité interne des habitants solaires. Si les capteurs arrêtent le rayonnement pour leur compte, celui-ci s'insinuera dans l'enceinte par des fentes, des percements d'une diversité (dans les conceptions, les découpes, les positions) infiniment supérieure à ce que fournissent les modèles traditionnels, populaires ou académiques.

— Ensuite, la liberté des plans et des masses favorisera tous les tropismes solaires en même temps que l'optimisation des implantations dans le respect des sites; tous les traitements sont permis, ripages, déboîtements, ondulations, effacements, surplombs, fluidités... capteurs et autres enveloppes s'imbriquant en une multitude de combinaisons où gratuité et nécessité peuvent trouver accord.

— L'interpénétration entre intérieur et extérieur est aussi marquante : les serres, jardins extérieurs, patios, toutes sortes d'espaces intermédiaires aux vitrages fixes ou amovibles, avec leurs plantes, leurs bassins, la diversité de leurs sols, s'organisent aux flancs de l'enceinte, et parfois jusqu'en son cœur, pour restituer, quelles que soient les contraintes de l'implantation, la meilleure orientation solaire.

— Enfin, il est un autre aspect, lui tout à fait original (ou du moins réveillé après des générations d'oubli) de la démarche architecturale solaire. Nous voulons parler de l'appréhension simultanée des éléments du bâtiment et de leur thermique sensible. Ceci implique un mode de composition très différent de la plupart des autres en vigueur actuellement, où les éléments conceptuels premiers ne se définissent pas en terme de fonction, mais en terme d'ambiance et de qualité matérielle physique (par exemple : lieu sombre et frais; lieu en relation avec l'extérieur; lieu déterminé par une paroi à masse tiède, etc.), la composante résultante étant une séquence de lieux plus ou moins homogènes ou diversifiés, où s'organise le programme. Selon cette démarche, une maison bioclimatique, comme celle de David Wright en Arizona par exemple, peut se définir fondamentalement comme un étagement doux de paliers non cloisonnés, enveloppés d'épais murs frais (adobe, sol lourd) et unifiés par une grande façade de verre striée de lames de bois.

La célèbre maison Davis (Nouveau Mexique) ne se perçoit correctement que si l'on suit les convections de l'air et les intrusions du soleil dans toute la structure interne, à travers les différents espaces, vérandas, espaces habitables principaux, soupentes, mais aussi stockages, fondations étagées, capteurs et fenestrages. Une maison imaginaire pourrait être constituée de l'association d'un groupement de volumes serrés formant une enceinte quasi vernaculaire opposée aux vents froids, et d'un ensemble épanoui de pièces très vitrées multipliant les faces de contact avec le climat et l'espace extérieur vers toutes les directions solaires. Bref, il s'agit de la conception d'un véritable organisme, et c'est vers la mémoire de F.L. Wright que nous ramène notre périple.

De même qu'il n'existe pas de moyen plus adéquat de décrire correctement l'urbanisme lapon d'Erskine (une structure basse intriquant étroitement habitat et végétation, abritée par un grand habitat-muraille opposé aux violences du nord), de même la ville solaire se concevra en termes d'ambiances; on ne dira (on ne dessinera) plus : deux cents logements plus leurs équipements, mais par exemple une séquence d'exèdres de hauteurs décroissantes pour ne pas se masquer, repliés sur un continuum de jardins abrités et reliés par des rues couvertes de service, etc. Un immeuble à gradin repensé en ces termes ne pourra jamais plus être érigé au mépris du microclimat et de l'orientation, bien des symétries perdront tout sens autre que pervers; un nouveau vernaculaire sera alors susceptible de se développer pour une vie contemporaine, corrélativement à la réanimation de la notion de parti architectural... Car ce concept premier d'ambiance se nourrit de la conscience permanente, réellement intériorisée, du site et de ses contradictions; la direction des vents froids dicte la défense, le refus ou le redoublement de précautions; l'est et l'ouest, lieux des rayons obliques et des ombres longues, sont totalement différents du comportement solaire du Midi, et différents entre eux par rapport aux pluies; masses, façades, services, clôtures, mitoyennetés et masses végétales s'orientent en conséquence, et tous les moyens architecturaux de faire obstacle ou de s'ouvrir...

Les protagonistes
de l'intégration

Le processus d'intégration de l'énergie solaire à l'habitat est lié à différents facteurs relevant de la problématique de l'« acceptabilité », d'où l'importance des attitudes des divers protagonistes : essentiellement le public, les architectes, les industriels et les pouvoirs publics, mais aussi les différents corps de chercheurs, scientifiques et techniciens, ainsi que les commerçants diffuseurs des produits industriels.

Ces attitudes sont sujettes à des fluctuations, les idées comme les intérêts divergeant ou convergeant au gré de la conjoncture économique et des courants de pensée.

L'architecture solaire, comme nous l'avons montré, est très loin d'être unitaire, tant dans ses formes que dans ses procédés techniques; certaines oppositions « d'écoles » sous-tendent des conflits profonds quant à la finalité des buts poursuivis et en vérité il s'agit de bien autre chose que d'économiser de l'énergie ou de se rendre moins dépendant d'un cartel pétrolier. L'opposition des tenants de l'actif et du passif recouvre le vieux conflit entre civilisation machiniste ou techniciste et courants écologistes et naturalistes. La relation entre les hommes et la nature est envisagée, soit comme domination de celle-ci par captage de ses sources vives, soit comme soumission acceptée et heureuse à ses rythmes et à ses contraintes : l'idéologie bioclimatique de l'espace habité considère les rigueurs elles-mêmes comme bienfaisantes pour l'organisme tandis que l'excès de régulation thermique est censé créer un confort plat et monotone.

Ainsi, l'expérimentation écologique, celle du bon sauvage ou du Robinson volontaire, trouve-t-elle des défenseurs convaincus,

279

arguant de la qualité réelle ou supposée du mode de production rural et des habitats populaires du passé. Les États-Unis d'Amérique passent souvent pour être le berceau de cette civilisation agrarienne, et il faut admettre que l'Europe ne possède pas de personnalités telles que Franklin, Thoreau, Witman, Richardson ou Frank Lloyd Wright; en revanche, en remontant en France à l'école pré-révolutionnaire romantique, on peut trouver les origines d'une vision idyllique accordée au sentiment de la nature : la pensée de Rousseau porte déjà en germe la confusion et l'idéalisme de maints courants écologistes; également les petits penseurs infatigables du XVIIIᵉ siècle, délaissant le libertinage urbain, tentent avec plus ou moins de bonheur de se mêler de la remise en valeur de leurs domaines en puisant dans les publications et les traités d'agriculture (par exemple, l'édition française des *Annales d'agriculture* ou des *Éléments d'agriculture,* d'origine anglaise) et en s'insérant dans des cercles et des sociétés savantes. Dans cette mouvance apparaissent, outre les principes de nouveaux défrichements et de méthodes d'assolement, la mode des retraites et des « ermitages », les laiteries et les ménageries, les cabinets d'histoire naturelle et les serres de plantes exotiques. Tout se mélange, le réalisme et l'art de vivre. On entrevoit le remède aux famines grâce à des plantes nouvelles comme la pomme de terre; tout témoigne d'une curiosité extraordinaire, profondément libre et expérimentale, totalement opposée aux routines et au dogmatisme religieux qui continuent à paralyser le pouvoir. Le botaniste et l'architecte amateurs du siècle des Lumières s'indignent des privilèges scandaleux des fermiers généraux et s'extasient sur les arts et les techniques divulgués dans l'*Encyclopédie,* véritable ancêtre équivalent du célèbre catalogue de l'Amérique marginale, *Whole Earth Magazine.* Plus paradoxalement, au moment où, déjà, en Angleterre, la rationalité agricole et industrielle commence à s'installer, l'intérêt manifesté par l'élite française éclairée demeure stérile dans les faits. Les expériences s'enlisent et le résultat concret d'un authentique courant de pensée se limite pratiquement à la réalisation de bergeries d'opérettes, de fabriques fictives, de fausses ruines et de chinoiseries.

Même si l'idée de similitude entre cette génération de la fin de l'Ancien Régime et la nôtre ne peut être que superficielle, n'est-il pas significatif que l'intérêt de l'avant-garde culturelle parisienne se passionne à nouveau pour ces épi-phénomènes longtemps négligés, comme pour un retour aux sources? Bien des écologistes récuseront légitimement une filiation si compromettante, mondaine dans les pires cas, et de toute façon aristocratique; la méfiance des partis politiques « sérieux » et des syndicats reflète sans doute quelque chose de telles accusations : si pour eux l'amour des ruines et des produits biodégradables exprime l'angoisse métaphysique d'un oisif « contemplant » la nature en son triomphe, si la maison solaire est un caprice de nouvel ermite occasionnel, et l'énergie solaire un jeu de salon, il n'est pas étonnant que les véritables travailleurs se déclarent non concernés.

Aujourd'hui, le courant utopique connaît un nouveau développement alors que la notion même d'utopie avait à peu près disparu du système de vie et de pensée européen, en particulier français (sinon avec une connotation familière nettement péjorative) depuis approximativement la Première Guerre mondiale. Aux États-Unis d'Amérique, où les courants dissidents ne s'éteignent jamais tous simultanément, il subsistait une tradition sur le mode mineur, mais ce n'est jamais cet aspect de la pensée américaine qui retenait l'intérêt de ses disciples européens.

Le renouvellement des modes de pensée utopistes se nourrit d'un double courant se ressourçant réciproquement :

— La reprise en compte philosophique des grands penseurs utopistes du XIXe siècle (y compris Marx, mais resitué dans son contexte et donc considérablement réexaminé).

— Le mode de vie et de pensée de groupes contestataires, nord-américains à l'origine qui, d'abord totalement marginaux, se sont ensuite mêlés sans se renier (sur des sujets précis) à des mouvements du courant dominant, jusqu'à constituer des dynamismes significatifs de la culture agissante actuelle. L'habitat, dans la pleine signification du terme, constitue précisément l'un des points d'impact des pensées marginales et utopistes sur le courant général, et la problématique de l'intégration des énergies naturelles ne peut se comprendre en l'absence de toute référence à ce système de pensée qui l'a nourrie.

De façon générale, les principaux « thèmes négateurs » de ces mouvements peuvent se rapporter à la méfiance vis-à-vis de l'hyperrationalisme, reçu (à partir d'ailleurs, d'analyses ou de comportements très différents, voire irréductibles) comme une agression douloureuse, réductrice et comme une imposture, une pseudo-rationalité dissimulant ses insuffisances sous une apparence d'objectivité : un système de pensée en fait tout aussi aléatoire que les créations culturelles qu'il prétend supplanter.

Deux négations découlent directement de cette « perte de foi » dans le système dominant rationnel : la méfiance vis-à-vis de l'optimisme triomphaliste technocratique, et la répugnance pour l'hypercentralisation.

Au plan plus précis de l'habitat, cet ensemble que nous allons appeler commodément le courant utopique contemporain met au jour des thèmes novateurs, qui imprègnent de façon active, mais à des degrés variables, la pensée courante :

● La reprise en considération de l'ensemble du milieu habitable comme un écosystème menacé à plus ou moins brève échéance par les récentes habitudes de gaspillage et d'usage incontrôlé;

● La remise en question des échelles souhaitables des groupements humains (la famille nucléaire plus l'ensemble social national, sans véritables groupements relais) et la recherche de nouveaux types de groupements sociaux aptes à assumer les responsabilités et à assurer le bien-être et l'épanouissement de leurs membres;

● La méfiance vis-à-vis de la grande ville, voire de la ville tout court (cette tendance permanente dans l'histoire de la pensée nord-américaine a été longtemps limitée, en Europe et en tout cas en France, aux systèmes de pensée ultra-réactionnaires, mais s'est trouvée récemment replacée dans des courants totalement nouveaux, comme par exemple le courant anglais très vivace);

● La redécouverte d'un rapport non exclusivement marchand des lieux et des objets de la vie domestique;

● Le réapprofondissement de l'appréhension sensorielle du milieu naturel, impliquant en particulier une conception plus active et modulée du « confort », et par conséquent une autre conception de l'habitation-abri.

Dans la pratique, les manifestations de ce courant novateur se sont répandues de façon inégale, tant quantitativement que qualitativement; la remise en question de l'écartèlement des individus entre une cellule trop restreinte et vulnérable (famille nucléaire) et une entité sociale trop vaste s'exprime, non seulement au niveau marginal des communautés, mais dans toutes les recherches de structures de décentralisation des responsabilités. La méfiance vis-à-vis de la ville, très générale, n'implique pas forcément la prise de conscience du caractère d'écosystème du milieu comme l'ont très bien montré les auteurs de la *rurbanisation*[1], à propos de cette prolifération d'un habitat urbain dans l'espace rural qu'il désagrège sans s'y mêler. La « démarchandisation » de l'habitat a été récupérée par les industries du kit, et demeure marginale par rapport à l'essor du commerce de l'habitation dite à bon marché, mais il est difficile d'évaluer les conséquences de l'augmentation du coût de l'habitat corrélatif à celle de la vie en général, au rythme auquel elle se poursuit. Quant au réapprofondissement du rapport physique à la nature accompagné de la diminution de l'exigence de confort inconditionnel, il reste du domaine de la marginalité et ne se répandrait sans doute que sous l'impact de graves perturbations économiques.

Au niveau des comportements individuels, désirer « se brancher » sur les énergies naturelles pour couvrir ses besoins vitaux procède, soit d'un besoin de sécurité que ne procure plus absolument le réseau conventionnel établi, soit du désir global d'un autre type de sécurité, d'un autre mode de consommation et de production, ces deux types de motivations pouvant aller de pair ou rester irréductibles. Pour ce qui concerne le besoin de sécurité, nous apporterons les précisions suivantes : c'est le caractère inépuisable de la source d'énergie qui est ici le facteur principal; le niveau de service que l'usager peut attendre d'une « installation solaire » par exemple, c'est-à-dire le degré de dépendance qu'il devra conserver vis-à-vis du réseau, est ensuite évalué en termes de surcoût plutôt que de sécurité, ce qui revient à dire que, pour le public moyen, le « tout solaire » est moins fréquemment envisagé que l'« économie d'énergie » par rapport au réseau existant. A l'opposé, les mouvements communautaires, en particulier anglo-saxons ou nord-américains, posent comme impératif absolu le rejet du réseau et la mise en œuvre de toutes les sources de chaleur et d'énergie disponibles au lieu de l'habitation pour rendre celle-ci totalement autonome, c'est-à-dire symboliquement en marge du mode de production et de l'idéologie dominante, et potentiellement à l'abri d'une catastrophe mondiale.

Cependant, si l'on revient plus attentivement au comportement « de protection » courant, on ne tarde pas à constater que la notion de l'« autonomie totale » attire le public « normal » (c'est-à-dire celui qui ne se définit pas contre le mode dominant) aussitôt qu'il cesse de la croire inaccessible. C'est ainsi que le concept de stockage total intersaisonnier a rencontré, dès sa diffusion publique, un intérêt passionné dans des milieux fort peu contestataires[2]. Nous voyons là une confirmation de l'aspiration très forte du public actuel à la notion de sécurité : le soleil apporte la sécurité de base de son indéniable surabondance, le stockage intersaisonnier corrige sa dangereuse irrégularité, l'objet conceptuel résultant accomplit donc la concrétisation d'un rêve collectif d'abri domestique sûr, dressé face à l'incertitude de l'avenir. Or, l'un des premiers corollaires du stockage intersaisonnier est le retour au (petit) collectif; cette notion, à peine exposée, rencontre elle aussi un consensus assez général (rencontres de Charleroi, 1975), et l'on voit rapidement, au fil des interventions, pointer la vieille pensée utopiste du groupement idéal à échelle humaine.

Est-ce à dire que la crise et ses conséquences (y compris le chômage) vont nécessairement battre en brèche le mode de pensée individualiste et surconsommatrice à pouvoir de décision exclusivement centralisé? Nous ne pouvons nous avancer si loin, mais il nous semble important de rappeler que, au niveau politique et social, la demande de partage des responsabilités, d'autogestion et de prise en main de l'habitat par des habitants responsables ne peut plus être considérée comme la chimère d'une poignée de rêveurs quand elle fait l'objet de revendications massives.

Le rôle des pouvoirs publics

Au niveau du gouvernement, les préoccupations ne peuvent évidemment être exactement les mêmes qu'au niveau des aspirations individuelles, les freins à l'innovation jouant à fond du fait de l'« acquis » antérieur difficile à perturber de fond en comble, fusse à bon escient. Deux objectifs ont été imposés en France depuis 1973, mais ils prennent en fait leur source quinze ans plus tôt avec le développement massif du nucléaire : ils concernent d'une part les économies d'énergie et d'autre part le développement de la recherche sur les énergies nouvelles.

La recherche impérative d'économies d'énergie dans tous les secteurs d'activité et de consommation nationale en vue de diminuer le déficit de la balance des paiements, notamment, pour rester dans le cadre de cette étude, par la diminution de la consommation énergétique de l'habitat, a conduit à prendre différentes mesures. Les premières furent d'un caractère strictement réglementaire, ou de gérance des systèmes existants : adoption de l'heure d'été, mesures de contrôle des températures maximales autorisées dans les lieux publics, exigence d'une meilleure régularisation et d'un meilleur pilotage des installations existantes, avec pour corollaire des encouragements financiers et fiscaux facilitant les investissements dans le domaine de l'isolation des locaux; pour les bâtiments, disposition réglementaire définissant un coefficient d'isolation G par zone géographique. D'autres mesures, du domaine de l'urbanisme, consacrent la disparition des types d'immeubles répandus durant la période « de gaspillage » : immeubles lamellaires élevés, tours et même, plus récemment, tentatives contre l'extension pavillonnaire pointilliste destructrice de sites (« mitage ») et coûteuse en déperditions thermiques tout comme en VRD. L'interdiction de la publicité pour le tout-électrique a même été promulguée par l'Agence nationale pour les économies d'énergie, mettant un frein à l'encouragement systématique de la consommation électrique répandu jusque là.

Le développement de la recherche et des applications sur les « énergies nouvelles » est un des prolongements de ces actions qui s'est concrétisé tout d'abord par la réouverture de dossiers mis à l'écart à l'époque précédente du fait d'un contexte économique trop défavorable et qui furent soudain réactualisés; ensuite, par le lancement de programmes de recherches et de démonstrations nouvelles visant à stimuler les secteurs industriels potentiellement concernés en même temps que les structures de recherche et les professions impliquées.

Cependant, parallèlement à ces efforts, non négligeables sinon suffisants, on enregistre une pression accrue et volontariste de l'industrie nucléaire à très grande échelle et mettant en œuvre des technologies efficaces, mais de plus en plus universellement critiquées; programme qui, s'il était appliqué comme annoncé, marginaliserait absolument toute extension des autres recherches énergétiques. Le fait, cependant, que les services publics poursuivent et accroissent leur programme « énergies nouvelles » (même en France), permet d'espérer, au cas où celles-ci tiendraient rapidement leurs promesses, que leur pénétration massive dans le chauffage domestique et la fourniture d'eau chaude sanitaire (associée à une meilleure conception et exploitation du parc bâti) induirait une diminution importante du programme électronucléaire sans pénalisation des besoins essentiels du public[3].

On peut arguer que de telles mesures, même couronnées d'un succès maximal, ne constituent pas les fondements de l'utopie sous-jacente à la notion d'énergie naturelle, et il est de plus en plus évident que le mode de production dominant imprime son caractère aux procédés et aux techniques d'exploitation de ces énergies au fur et à mesure qu'il s'y confronte; espérer le contraire eût été d'ailleurs singulièrement naïf, une technique n'induisant jamais à elle seule un changement de société. Néanmoins, par leur nature même, les énergies naturelles, en particulier solaire et éolienne, offrent en s'intégrant à l'habitat, un champ de possibilités à des mutations désirables telles que :

— l'alimentation énergétique d'habitat à échelle humaine et d'activités économiques décentralisées;

— un large champ d'activités nouvelles à forte composition organique capitalistique;

— un renouveau éventuel de l'intérêt du public pour son habitat et les critères de « qualité architecturale »;

— un stimulant de la prise de conscience de notre interrelation avec notre « milieu naturel ».

Les réactions du public français

Les réactions du public français face à ces perspectives et même aux réalisations existantes sont difficiles à cerner car on ne dispose pas à ce jour d'une information cohérente; la documentation potentielle se limite à des bribes, des extraits de presse et des rapports rédigés principalement à l'occasion des expositions, congrès, journées, qui s'organisent maintenant un peu partout en France et fourniraient certainement, si elles étaient regroupées et systématiquement dépouillées, un dossier de base utilisable; la presse écologique publie un certain nombre de témoignages, mais émanant de convaincus et par conséquent insuffisants pour autoriser toute généralisation.

Une enquête simplifiée a été lancée en 1975 par le CNRS (équipe PIRDES) afin de sonder les motivations psychologiques, sociologiques et architecturales; mais elle a été rapidement abandonnée sans publication (les enquêtés n'en ayant retenu que l'aspect financier et submergeant les enquêteurs de demandes pratiques) et ne semble pas actuellement reprise sous une forme ou une autre. La source de renseignements la plus valable aujourd'hui serait sans doute l'analyse des réactions des usagers des premières maisons solaires; mais cela aurait supposé une approche scrupuleuse et tolérable, donc clairement compréhensible aux intéressés. Dans l'état présent, faute d'une matière bien définie et d'un traitement adéquat, les éléments obtenus se réduisent à un ensemble de propos relativement flous recueillis par les architectes auteurs de projets d'abord, par la presse locale ensuite; l'ensemble reste peu significatif dans la mesure où la lassitude de servir de cobaye et de répondre toujours aux mêmes questions, d'être sans cesse dérangé dans son intimité, tant par les curieux que par les spécialistes venant régulièrement relever des mesures, interfère sur les réactions des questionnés; à ce propos, il est intéressant de prendre au sérieux le hiatus entre les relations souvent très positives apparaissant entre les « clients » et leur architecte et la maussaderie du bilan que donnent de leur expérience ces mêmes clients questionnés ultérieurement; et plutôt que de conclure hâtivement (ce que nous entendons souvent à propos de réalisations déjà vieilles de quelques années) que l'architecte a enjolivé les réactions de ses clients, nous concluons en première analyse que le possesseur d'une maison solaire est partagé lui-même sur l'évaluation qu'il doit faire de son expérience, et que son jugement sélectionne les éléments positifs de son expérience lorsqu'il se sent conforté par la présence de son architecte ressenti comme complice, les éléments négatifs reprenant le dessus face à des questionneurs hostiles ou simplement importuns.

En présence donc d'éléments suffisants et valables d'informations, nous allons tenter de dégager sur le plan théorique les directions dans lesquelles on doit pouvoir recueillir le maximum d'enseignements sur la psychologie de « l'habitant français ». Et tout d'abord la comparaison des attitudes du public face à deux novations architecturales — l'architecture moderne, et l'architecture solaire — nous a conduit à formuler l'hypothèse de l'importance à ses yeux de leur justification « objective ».

On peut en effet constater que le public n'a jamais bien accepté l'« architecture moderne », surtout dans le domaine domestique, et que d'ailleurs sa culture architecturale contemporaine est très faible (même à l'intérieur des classes par ailleurs cultivées), ce qui entretient l'effet de rejet par l'inaccoutumance.

La résistance s'est structurée entre les deux guerres, principalement contre les peu nombreuses et luxueuses réalisations « cubistes », qualifiées de non françaises (« allemandes », « bolcheviques », « juives ») et évidemment contre les prétentions cataclysmiques des urbanistes d'avant garde (plan Voisin). Plus tard, après la Seconde Guerre mondiale, ces sortes d'arguments durent s'intérioriser sans pour autant disparaître complètement; mais la prolifération, lente puis considérable, des HLM permit d'assimiler le mouvement moderne au « logement ouvrier », terme pouvant recouvrir selon les cas une reconduction occulte des anciennes critiques (« bolchevisme ») ou une critique « progressiste » contre les déportations des classes laborieuses dans un sous-habitat excentré. Les critiques ont toujours été ambiguës, portant simultanément sur les formes, les matériaux, l'usage urbain, les intentions réelles ou supposées des décideurs et des concepteurs. Mieux acceptée d'abord dans le domaine des bâtiments publics et des équipements tertiaires, l'architecture internationale a provoqué une nouvelle forme d'opposition axée passionnellement sur « les tours », et mêlant, elle aussi, les problèmes de fond (destruction du tissu préexistant et bouleversement de la vie urbaine consécutive aux nouvelles conceptions urbanistiques) et les problèmes de forme (la tour comme agression visuelle, la tour mal vécue par ses usagers sur le plan psychosensoriel, etc.).

Ainsi, l'habitant français moyen, utilisant sans cesse des concepts logiques, accepte-t-il assez facilement de passer outre à ses répugnances esthétiques si la modification lui paraît résoudre correctement ses problèmes matériels (antennes de télévision, parking, lignes électriques en nombre pratiquement infini). Et les premières observations sur le comportement des publics de séminaires et d'expositions sur l'architecture solaire laissent apparaître

47. Le public d'un colloque sur l'énergie solaire
(château royal de Collioure, 1977); photo Basile Alexandroff.

ce double mouvement de jugement esthétique catégoriquement négatif et d'acceptation de cette contrainte au nom de l'utilité de l'énergie solaire, considérée comme raisonnable.

Un autre facteur d'évaluation positive de l'architecture solaire est la réduction courante du concept d'« énergie solaire domestique » à celui de « maison solaire ». Or, on sait la force du signe « maison », et l'usage qu'ont su en faire les marchands de maisons individuelles. On sait également que le goût de la maison individuelle recouvre simultanément une revendication d'individualité complètement assumée impliquant également le goût d'aménager et de modifier soi-même son habitation, voire de la concevoir totalement, pour ceux qui en ont la possibilité, et un fort conformisme au modèle dominant qualifié de traditionnel même si la tradition à laquelle il se réfère est récente et artificielle. Le dualisme singularité/conformité nous apparaît comme un des déterminants de l'attitude passionnelle de l'habitant à l'égard de sa maison, et la clef de certaines de ses attitudes relevées vis-à-vis des architectures (maisons) solaires : une attraction très vive à l'égard du concept d'autonomie (relative, du moins); une forte conception du « droit au soleil »; une très grande satisfaction de s'être singularisé, d'avoir en quelque sorte sauté le pas et montré par là, dans son logement, son sens de la responsabilité et sa prévoyance, la maison et la façon dont on l'a choisie, conçue, améliorée étant en dernier ressort la marque d'un comportement « normal » et socialement responsable.

En corollaire de cet intérêt actif pour l'habitation individuelle, la négligence ou l'aversion pour tout ce qui est collectif semble avoir encore crû ces dernières années, et ceci maintenant tant dans les milieux « progressistes » que dans le reste de la société française, avec tous les risques que ce comportement implique pour l'habitat en général. Un piège assez redoutable serait donc que le caractère autonome, ou autotrophe (même relativisé), de l'énergie solaire ne vienne conforter les tendances centrifuges et les comportements isolationnistes, chacun appliquant sur « sa maison » des appareils héliotechniques, et demeurant indifférent à l'ensemble des relations et des améliorations qu'appelle l'habitat actuel.

La charge symbolique de la maison croissant lorsque sa fonction d'abri se trouve renforcée, la maison solaire est de ce point de vue très satisfaisante sous certaines conditions : degré d'autonomie suffisant, matériel fiable, énergie d'appoint bien choisie et gérée. Le sentiment de ne plus dépendre exclusivement d'un réseau et d'un approvisionnement lointain, parfois la conscience des nuisances consécutives à l'extension indéfinie de ce réseau, le sentiment gratifiant d'investir durablement (notion d'économie à moyen et long terme), confortent les habitants dans la satisfaction de s'être acquis un « supplément d'abri ».

Mais au niveau formel de « l'image de la maison », apparaissent des points plus négatifs, bien que souvent tolérés :

— L'aspect *froid* (= noir, vitré, ou surface de glace) des différents capteurs, aggravé souvent par les cadres d'aluminium à « lumière froide », qui illustre bien l'antagonisme entre la perception visuelle et la réalité physique. Ce facteur devrait être absolument corrigé par l'adoption pour le reste du bâtiment de polychromie recourant aux teintes des matériaux naturels, ou des couleurs chaudes habituellement associées à la maison dans les pays nordiques.

— L'aspect *fermé* du capteur, véritable fausse fenêtre dont l'ambiguïté engendre un sentiment de frustration, qui doit être corrigé par l'accentuation systématique des fenêtres véritables (encadrements clairs) et par l'aménagement d'espaces de « captage solaire direct » tels que balcons vitrés, bow-windows, micro-serres plantées, tous éléments chargés d'une connotation chaude et lumineuse.

— L'intégration des insolateurs à la toiture, en revanche, ne semble pas poser particulièrement problème (toujours si l'on se réfère aux propos relevés informellement au cours de séminaires et de rencontres); on sait l'importance du toit comme signe visuel de l'abri familial, or les modifications de la texture de ce toit ne semblent pas jouer du tout contre la pérennité de ce signe, ce qui fait que le « toit solaire », particulièrement « choquant » dans le paysage aux yeux des défenseurs des sites, semble l'élément d'architecture solaire courante actuellement le plus facilement adopté par l'habitant.

En bref, à observer les réactions des habitants ou des postulants-habitants de maisons solaires, on a l'impression que le facteur psychosocial positif (abri accru-sécurité accrue-responsabilité assumée dans une démarche innovante) l'emporte rapidement sur le facteur visuel négatif né du changement d'image de la maison. L'aspect « noir », par exemple, est bientôt dénié, avec vivacité, par les résidents, qui parlent des reflets du ciel dans leur insolateur (observation juste d'ailleurs, les capteurs formant miroir surtout lorsqu'ils sont observés de près et en contre-bas);

l'« encombrement » des capteurs est revendiqué comme figurant la puissance du captage et donc directement lié à la qualité de l'abri; en fait, ce qui semble ressortir des discussions — informelles et trop partielles, nous nous en sommes déjà excusés, pour justifier une interprétation réellement solide — c'est que les « défauts » de la maison solaire, sur le plan du conformisme visuel, sont plutôt ressentis par les habitants comme des faiblesses sans gravité, aisément pardonnées, voire niées, mais susceptibles d'attirer des difficultés de l'extérieur; ainsi l'apparence du capteur n'est-elle réellement évoquée que par le récit des difficultés redoutées ou déjà rencontrées, avec la commission des sites, avec la municipalité pour le permis de construire.

Au niveau du vécu et du confort d'ambiance, la relation à la nature rétablie, jointe à l'appropriation très forte d'un système volontairement et consciemment choisi, s'exprime en termes parfois lyriques, les habitants jonglant avec des notions de thermique et énumérant les qualités acquises ou supposées des différents espaces de leur maison. La relative simplicité des lois et des systèmes impliqués facilite leur appropriation, et conduit les plus capables à inventer des améliorations : on relève même des notations de plaisir à entendre le ronronnement de la pompe de circulation en moments d'ensoleillement! La relation à l'extérieur et au microclimat local est également un point de force de la présentation de la maison.

On sait que des maisons de série sont en cours de réalisation; leurs habitants auront, eux aussi, choisi d'habiter des maisons solaires, mais n'auront pas été impliqués aussi directement dans leur conception que ceux (dont nous rapportions quelques propos plus haut) qui ont modifié leur habitat ancien ou élaboré le nouveau avec un architecte. Il faut certainement attendre les réactions de ce type de public pour acquérir des idées plus précises. En l'état actuel, le public[4] semble beaucoup plus ouvert que ne le prévoyaient les spécialistes; certains éléments mal aimés de l'architecture moderne sont parfaitement acceptés dès lors qu'ils deviennent solaires, le hiatus maison noire — maison blanche semble plus artificiel que réel, la notion de confort également un peu plus élastique que prévu. Bref, en discutant avec le « public », on a l'impression que les obstacles tiennent bien plus aux contraintes économiques (évidemment dominantes) et administratives qu'à un quelconque blocage des mentalités.

Mais si les facteurs d'acceptabilité habituellement pris en compte en problématique d'habitat solaire sont essentiellement l'économie (y compris tous les problèmes techniques de maintenance et de durabilité des matériels), le consensus social, d'ordre principalement visuel, et le confort thermique, il en est un autre qui ne fait qu'apparaître timidement, mais qui risque de prendre de l'importance au fur et à mesure de la multiplication des réalisations et du déroulement de leur histoire; il s'agit des aspects proprement hygiéniques de l'habitat solaire. On sait que toute conception d'habitation pose ce problème de la santé de ses habitants, et qu'en particulier il fut et reste l'une des causes principales du rejet des habitats vernaculaires, le facteur microbien lié à des pratiques telles que par exemple la cohabitation avec les animaux, la proximité de vastes dépôts de matières organiques, donc sujettes à décomposition et à fermentation (fourrages, fumiers), la mise en œuvre de certains matériaux favorables à la nidification d'insectes, rongeurs et autres vermines, l'insuffisance fréquente de lumière et de ventilation sans parler du péril fécal et de la pollution de l'eau, ayant motivé l'abandon de types d'habitation par ailleurs satisfaisants, en Europe d'abord, et de nos jours dans le Tiers Monde.

Or, l'introduction de certaines techniques nouvelles induit parfois des problèmes de cet ordre alors même qu'on les croyait définitivement éliminés : on connaît dans la construction contemporaine les effets pathogènes fréquemment liés aux gaines et autres réseaux non contrôlés (gaines d'air conditionné répandant des microbes dans les enceintes, pollution par les vides ordures, aussi bien que d'autres nuisances découlant de la décomposition de certains matériaux, le cas le plus célèbre étant celui de fibres isolantes attaquant l'organisme). On a coutume jusqu'à présent de penser la maison solaire comme particulièrement saine; or l'examen de certains prototypes actuels révèle la naissance de problèmes qui devront être très sérieusement pris en compte lors des options de large diffusion, sous peine de mécomptes sanitaires graves. Par exemple, dans les systèmes utilisant l'eau comme caloporteur, la présence d'antigels ou de fluides organiques (exemple : gilotherm) dans les circuits pose le problème de la pollution du circuit secondaire d'eau sanitaire en cas de fuite sur les échangeurs. Par ailleurs, les « volumes héliotechniques » insolateurs ou stockeurs à air ou à eau sont le lieu où se trouvent réunis des facteurs de croissance de micro-organismes recréant des conditions assez analogues à celles de milieux tropicaux humides; notamment dans les stockages constitués de masses de cailloux ou de galets, on note la croissance rapide de flores microbiennes et de champignons ainsi qu'une rapide multiplication d'insectes parasites, qui risquent évidemment, dans certains types d'installations recyclant directement l'air des circuits solaires dans les enceintes, de se répandre dans les espaces habitables; des observations similaires effectuées dans des serres font également présager ces sortes de désagréments dans les cas d'architecture passive intégrant étroitement les serres aux enceintes (fourmis, par exemple). Certains médecins commencent à s'inquiéter des effets pouvant résulter de la communication de ces « espaces tropicaux » non contrôlables et de l'habitation. De telles observations conduiront peut-être, à la limite, à l'abandon de certaines techniques, mais dans tous les cas, elles nous ramènent à la pratique courante du bâtiment et à l'obligation de maintenir des conditions de contrôle et d'entretien de la totalité des espaces en relation directe avec l'enceinte habitable.

L'habitat solaire et les architectes

Si une partie des réactions du public français peut se résumer dans la conjonction d'une passion pour le « bâtiment » doublée d'une méfiance extraordinaire pour l'architecture (ressentie comme la chose des architectes), il est courant, même après des années d'effort pour modifier leur comportement, que de nombreux architectes aient en quelque sorte un comportement symétriquement inverse et fondent leur légitimité sur une coupure quasi métaphysique entre l'immense domaine de l'habitat et de la construction et une sorte d'empyrée qui constituerait seule leur domaine, et serait seule architecture. Nous avons, dans toute la partie historique de notre travail, tenté d'illustrer une conception inverse, restituant la pleine dignité architecturale à des processus créateurs agissant dans des habitats innombrables et souvent bien humbles; et sans prétendre développer une théorie de l'architecture, nous traiterons des architectes comme étant simultanément les acteurs potentiels privilégiés de la novation solaire, et les spectateurs réticents, et souvent décevants, d'un enrichissement de leur domaine et de leur rôle.

La conception sociale dominante de la production du cadre bâti veut que l'architecte assume et revendique la responsabilité initiale de la mise en forme spatiale de l'habitat, définissant les espaces bâtis et non bâtis (plan masse), formulant les volumes et leurs enveloppes, mais abandonnant le plus souvent l'initiative technique au bureau d'étude et acceptant les contraintes constructives définies par celui-ci. Aussi toute initiative technique est-elle généralement acceptée à contrecœur et même entravée, au nom de la liberté de composition, par la majorité professionnelle, qui ne fait d'ailleurs que refléter l'inertie du public en matière d'innovation dans l'habitat. Or la notion d'intégration des énergies naturelles dans l'habitat constitue indubitablement un ensemble conceptuel astreignant, relevant simultanément des techniques nouvelles à intégrer, et d'un corpus de connaissances anciennes, totalement négligées dans la formation professionnelle actuelle.

Les facteurs fondamentaux de cette formation furent, à l'époque académique, « Le Vrai, le Beau, l'Utile » selon Guadet se référant au platonicisme, pour se réduire en « Stabilité, Durée, Économie » (cours de construction de F. Vitale aux Beaux-Arts); puis la pensée fonctionnaliste (« La forme suit la fonction », Sullivan) fit éclater, après plus ou moins de résistance selon les écoles, le concept de beauté, qui connut dès lors un certain nombre de vicissitudes, tantôt assimilé au « vrai », ou à « l'utile », tantôt lié à des concepts abstraits de l'art contemporain, tantôt au contraire réinséré dans la formulation historiciste. On nous excusera pour la brièveté de cette évocation, notre objet se limitant ici à examiner l'insuffisance, voire l'absence méprisante, du concept de milieu naturel de l'habitat, qui depuis la Renaissance, c'est-à-dire depuis la scolarisation des architectes, cesse d'être pris en compte en Europe occidentale. La dernière étape de l'enseignement aux Beaux-Arts devait aboutir au dialogue exclusif de la fonction et du procédé de construction. Le rapport de cette pensée « fonctionnaliste » à l'Académisme, voilé par la disparition des signes (de l'« ornement »), subsiste cependant dans la mesure où l'enveloppe bâtie demeure arbitraire, le type de construction retenu tenant souvent du tour de force; dans la mesure aussi où le geste humain, de l'architecte ou du constructeur selon les cas, reste premier déterminant, le milieu naturel n'étant jamais appréhendé globalement.

Seules les conceptions successives de l'habitat social avec la prise en compte « hygiéniste » du soleil dans l'habitat, et le cas particulier de l'architecture tropicale (qui, sous la pression de contraintes inhabituelles et dans le sillage de réalisations coloniales émanant de non-architectes tels que militaires, missionnaires, médecins, assume la totalité des contraintes et apports bienfaisants du milieu) constituent de relatives exceptions dont rien ne transparaissait dans l'enseignement des Beaux-Arts.

Paradoxalement, la relecture du premier traité d'architecture connu, celui des *Dix Livres d'architecture* de Vitruve, permet des constatations d'une actualité entière, en redéfinissant la somme des connaissances et des pratiques concourant à l'exercice de l'architecture et de l'urbanisme en tant qu'« art social », intégré à la nature, et en restituant par conséquent l'intégralité du concept d'habitat. Dès l'introduction de son ouvrage, il est dit que, pour être complet, un traité d'architecture doit contenir trois parties : *aedificatio, gnomice, machinatio.* Les deux premiers termes de cette trilogie restituent à l'« architecture solaire » ses origines et sa place éminente dans l'éducation de l'architecte. Le troisième est placé de pair et situe la nécessité de la prise en compte par l'architecte des dispositifs techniques associés à l'habitat (Vitruve s'étend par exemple largement sur la fabrication des conduites d'eau et les dispositifs mécaniques de pompage, comme partie intégrante du savoir architectural). Pour en revenir à la *gnomice,* ou fabrication des cadrans solaires, celle-ci exige de l'architecte une connaissance approfondie du savoir astronomique, ce savoir intervenant dans l'implantation des volumes architecturaux, la disposition des plans et la distribution en fonction des variations d'intensité et de direction du rayonnement solaire en un lieu donné. Dès le livre I qui détermine les principes fondamentaux, il est enseigné que les chambres à coucher et la « librairie » doivent être exposées à la lumière de l'est, les bains et les appartements d'hiver étant exposés à l'ouest; au nord, ce sont les galeries de peinture qui jouissent ainsi d'une lumière égale à toute heure de la journée. Un chapitre entier du livre VI est consacré au « climat comme déterminant du style de l'habitation en relation avec la course solaire ». Par ailleurs, au chapitre VI du Livre I où il est question d'implantation urbaine et de détermination des directions les plus favorables d'un réseau de rues, on peut lire que celles-ci sont déterminées en fonction de la direction des vents, une réflexion globale étant formulée à cette occasion sur l'interaction complète de la salubrité et de l'implantation urbaine et, règle si souvent oubliée, sur la complémentarité qualitative entre le tracé des espaces publics et l'habitabilité des volumes intérieurs.

Rappelons qu'à la Renaissance, les architectes en redécouvrant Vitruve à la suite de Fra Giacondo, d'Alberti, de Palladio et de Vignole, n'ont retenu de son enseignement qu'un ensemble de règles (les Ordres, les proportions idéales) leur permettant d'élaborer leurs œuvres dans la continuité supposée de l'harmonie antique, oubliant précisément, dans leur imitation toute formelle, le facteur de relation au milieu, et, d'une manière générale, le contenu pragmatique de cet enseignement. Ceci serait finalement sans gravité, ces architectes étant eux-mêmes des praticiens complets, si ne s'y ajoutait le fait que leur retransmission réduite du Vitruve est devenue le code architectural dont les carences marquent jusqu'à nos jours l'enseignement des architectes. Cette digression nous paraît illustrer de façon assez frappante la permanence du problème de la globalité du savoir. En ce qui concerne la situation présente des études d'architecte, il ne faudrait pas que la relation entre l'habitat et son cadre naturel et plus précisément l'intégration des énergies naturelles, soit considérée par l'ensemble des enseignants et praticiens, comme devant relever d'une spécialisation optionnelle complétant éventuellement un cursus qui n'y ferait lui-même aucune allusion. Il nous semble au contraire que ce savoir devrait être intégré comme l'un des facteurs fondamentaux de la mise en forme architecturale dès le premier cycle des études au même titre que les facteurs plastiques, constructifs, mathématiques, socio-économiques. De même l'étude des architectures vernaculaires ne devrait pas être abordée de façon marginale dans une optique uniquement géographique ou ruraliste, et (encore une fois) de spécialisation, mais comme la forme privilégiée de l'initiation à l'habitat et à l'architecture, dans la mesure où cette forme d'architecture illustre l'ensemble des forces (naturelles, économiques et sociales) appliquées à un habitat donné, et des solutions architecturales répondant à leur incitation.

Cependant, il existe, on le sait, une autre conception de l'architecture et, partant, de son enseignement. La tendance à l'académisme, que l'on croyait éteinte, ressurgit dans l'instant où ce travail s'achève... Le soleil y a sa place, mais combien différente! Même si certains d'entre nous souhaitent de toutes leurs forces ne jamais retrouver l'architecture réduite à cette pompe étrange, elle est un fait de culture et trouve ici sa place comme clef d'un moment d'histoire de l'art.

Soleil et académisme ont en effet partie liée. Le tracé des ombres, vieux complice des architectes, permet de donner corps et

48. Le Nichione del Belvedere.

vie à la muraille, en la creusant, la gonflant, la striant, de la totalité du répertoire des ordres. A contrario, l'absolutisme idéologique d'Ingres, de Poussin et de Perrault, rejette le gothique qui joue des découpes et des transparences colorées dans son style membraneux et végétal, accrochant la lumière avec moins de vigueur et surtout de clarté. Selon le discours académique, la « vérité » architecturale ne peut venir que des pays solaires, la Grèce et surtout la Rome impériale et vaticane. Le tracé d'ombres, ou plutôt le tracé de lumière, immobilise à 45° la vérité du répertoire de Vignole; les rendus y acquièrent un véritable caractère tridimensionnel; dessins d'architecture et envois de Rome sont inséparables de l'éclairage solaire dit « blond ». Les derniers concours de Rome, en exaspérant l'opposition ombre-lumière jusqu'au « rendu au poché pur », mettent le point final à l'institution, alors que, par ailleurs, depuis longtemps déjà, la machinerie des ingénieurs avait perdu ombres et lumières au profit de la géométrie cotée. La véritable haine du mur de verre vient peut-être pour les architectes académistes de cette impossibilité de « rendu », destructrice de l'objet architectural, ne pouvant plus exprimer son existence d'opacité lumineuse. Le soleil, ou plutôt le tracé d'ombre, est le compagnon de toutes les compositions d'école, implantées comme il se doit sur des terrains en pente vers le sud afin de permettre le déploiement de terrasses et de gradins, portiques et frontispices, exèdres et colonnades, dans les meilleures conditions de théâtralité solaire. Le soleil est donc académique, au sens où Le Corbusier, rivalisant avec les despotes de l'École sur leur propre terrain et les écrasant de sa Cité radieuse héliocentrée et de sa nouvelle modénature de béton, disait : « L'architecture est le jeu savant, correct et magnifique des volumes assemblés dans la lumière. »

Académiques sont aussi l'hégémonie de la pierre (« blondeur » inimitable, réflecteur parfait, créateur d'ombres et de contre-ombres veloutées), le rejet du métal appelé « fil de fer » par les virtuoses du lavis, le rejet de la polychromie même là où les modèles antiques l'avaient pratiquée (scandale à propos de la reconstitution de Paestum par Labrouste). En l'absence de soleil, pour l'architecte académique, toutes les formes architecturales sont transformées : nymphées et salles fraîches s'incrustent de coquillages marins, se surchargent comme sous l'action malsaine de l'ombre et de l'humidité; alors que les formes de plein jour tirent de cette confrontation permanente à la lumière leur rectitude inorganique.

Ainsi peut-on comprendre qu'au niveau de la sensibilité des architectes, et peut-être du public longuement imprégné par leurs diktats, se soit instituée l'idée de ce qu'est une architecture solaire : une architecture déterminée par des matières, des textures, des vibrations, qui n'ont en fait strictement rien à voir avec des qualités d'usage et qui font paradoxalement d'une structure transparente de métal et de verre une architecture moins « solaire » qu'un mur quasi aveugle animé d'une modénature inspirée de la Grèce. En fait, du point de vue objectivement climatique, l'académisme a magnifié l'ombre et la lumière par ses colonnades, et a inventé, avec les orangeries, l'un des plus magnifiques pièges à soleil de l'architecture mondiale; tout le reste n'est que poésie, désir, transposition d'un souvenir dans un dessin et d'un dessin dans un édifice. Soleil imaginaire du té, de l'équerre et du lavis.

Recherche architecturale et économies d'énergie

Quelque peu en marge de la scène professionnelle, la recherche architecturale est, elle aussi, perturbée par l'objectif d'économie d'énergie : une réflexion critique sur la production des années soixante et l'enseignement traditionnel des Beaux-Arts avait abouti à des recherches volumiques en rupture avec celles de la période productiviste, caractérisées par un enrichissement des imbrications d'espaces résultant de combinaisons modulaires (diversification des logements, multiplication des espaces intermédiaires), et avait réveillé l'attention sur les problèmes d'échelle des ensembles réalisés d'un seul tenant. Or, on peut soutenir que la récente crise de l'énergie risque de porter un coup à ces recherches, du fait des pertes thermiques accrues que peuvent induire des volumes extrêmement découpés par rapport aux volumes compacts et lisses de la période précédente (d'où les réticences de certains organismes comme le CSTB). A cela s'ajoutent les difficultés économiques de financement actuelles et des prochaines années qui risquent de peser lourdement sur toute complexification, même améliorante, de la construction. En fait, c'est l'ensemble des bâtiments largement vitrés qui se trouve pénalisé par l'augmentation du coût de l'énergie. Et finalement, au plan professionnel comme au plan du public, c'est la notion d'abri thermique qui réapparaît comme le déterminant principal de l'espace habité. Au niveau des textes réglementaires, les calculs du coefficient d'isolation apparaissant maintenant comme un point central du coût du logement, traduisent cette nouvelle orientation, qui peut être ramenée conceptuellement au seul impératif de conservation de l'énergie.

Les moyens de cette conservation sont :

— au niveau urbanistique, de nouveaux critères de choix des types de logement, éliminant les tours;

— au niveau architectural : une compacité maximum et la réduction des ponts thermiques (donc de tous espaces intermédiaires, comme balcons et loggias, pilotis et porches, etc.) et des percements;

— au niveau construction, des isolations renforcées et des bardages extérieurs;

— au niveau chauffagisme, un affinement des régulations;

— au niveau bioclimatique, VMC, une étanchéité accrue à l'air et le recyclage de la chaleur de l'air extrait.

49. *Ville et symbolique solaire. Avec ou sans la nature...*
a - La conception classique (Carlsruhe);
b - l'âge moderne (banlieue de Leipzig); c - l'utopie solaire (dessin de G. Alexandroff).

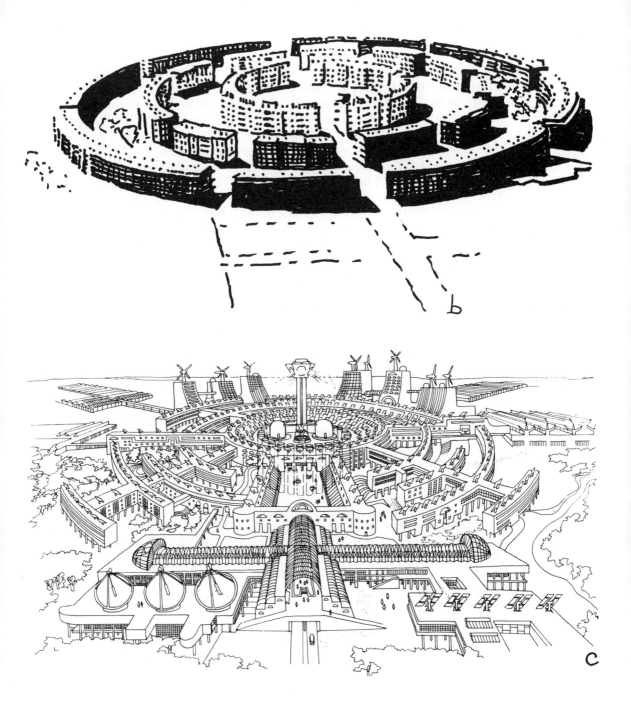

Cet ensemble de contraintes induisant pour la plupart des effets restrictifs risque, s'il est mené à ses conséquences extrêmes, d'appauvrir la valeur d'usage de l'habitat, même par rapport aux pires exemples de l'époque productiviste. Il revient aux architectes de résoudre ce problème contradictoire, que l'histoire de l'habitat civil européen a maintes fois superbement illustré.

La recherche d'économies d'énergie heurte certainement la conception traditionnelle selon laquelle l'architecture se définit en dernier ressort par une sur-dépense, cette sur-dépense pouvant caractériser à elle seule l'art monumental, par opposition absolue à l'habitation courante, qui, elle, doit se réduire à organiser méticuleusement l'économie. Dans l'inconscient collectif, il ne peut exister d'architecture économique, l'architecte étant considéré comme l'homme de la sur-dépense. Quoiqu'on en pense, c'est là une conception difficile à déraciner et qui est à l'opposé évidemment des théories développées ici (et qui ne sauraient évidemment se réduire aux arbitrages maussades du CSTB).

Les opérations expérimentales entreprises depuis 1973 se réfèrent à des concepts, des systèmes et des matériels de mise en œuvre de conceptions déjà anciennes, expérimentées notamment à l'étranger (États-Unis) et ayant déjà prouvé, malgré leur intérêt certain, un manque de vitalité économique, la seule augmentation du coût de l'énergie ne permettant pas d'envisager à court et moyen terme leur application à grande échelle. Les maisons-démonstrations EDF du Havre et d'Aramon, par exemple, sont une application directe des maisons du MIT; celle de Blagnac, déjà beaucoup plus économique, une dérivation du procédé Thomason; la quasi-totalité des stockages thermiques perfectionnés, une application des travaux de Maria Telkes[5]; on notera par ailleurs que, dans le domaine de la conversion thermodynamique, le phénomène est identique, les centrales solaires proposées ayant la même configuration et les mêmes rendements thermiques que celles réalisées ou projetées bien antérieurement. De même les modèles de chauffe-eau et cuiseurs solaires actuellement diffusés, exploitant l'engouement du public, sont généralement plus chers que des appareils créés vingt ans auparavant et sans rendement supérieur. Les recherches fondamentales et scientifiques proposées par les laboratoires nouvellement promus dans le solaire, ont le même caractère de redite et de reprise de travaux antérieurs, notamment étrangers (exemple : études de couches sélectives[6]). Pour ce qui concerne les moyens de calculs et de modélisation des systèmes (simulation de fonctionnement), le seul élément nouveau est l'utilisation de moyens de calcul lourds et très coûteux, capables de donner des résultats très affinés, mais ne rendant pas compte de la totalité des problèmes spécifiques aux énergies naturelles et qui en conditionnent profondément l'emploi (par exemple, pour les capteurs solaires plans, condensation interne, pertes d'étanchéité, mouvements de l'air, neige, gel, vaporisation interne, salissures, etc.).

Un autre élément de blocage de l'innovation est la diffusion précoce à caractère semi-publicitaire de renseignements erronés ou incomplets[7] et de performances non vérifiées (par exemple : un procédé de capteurs solaires recevant et captant 7 kWh/jour, en décembre), ainsi que la diffusion systématique à l'usage de professionnels (chauffagistes en particulier) de description de procédés n'ayant aucune validité économique. A priori le rôle d'associations à but non lucratif (telles que l'AFEDES et la COMPLES) devrait être d'évaluer de façon plus objective les matériels et procédés exploités afin de renseigner les organismes publics et privés. En effet, les organismes de recherche, même relevant du secteur public ou nationalisé, sont actuellement peut-être trop partie prenante pour des raisons politiques et économiques pour constituer l'élément de contrôle adapté en la matière. Les organismes, qu'ils soient publics ou privés, sont en réalité confrontés prématurément à des impératifs de vente, notamment à l'étranger, qui pénalisent la recherche réelle, et la situation est aggravée par la faiblesse des structures universitaires due à la pénurie de moyens, phénomène d'autant plus regrettable que la population universitaire est dans l'ensemble infiniment plus motivée par les énergies naturelles que de nombreux secteurs actuellement subventionnés sur ce sujet.

Au niveau de l'application, ou de la synthèse des systèmes, on observe dans la majorité des travaux, des transferts trop mécanistes de connaissances, de doctrines et même de matériels relatifs à d'autres secteurs industriels; parfois ces transferts sont justifiés : ainsi pour le captage géothermique observe-t-on le transfert de technologies des forages pétroliers et des échangeurs à plaques en acier inoxydable mis au point pour les besoins du secteur nucléaire. En revanche, dans le domaine du captage de l'énergie solaire, le transfert du matériel de chauffagisme, souvent couplé aux pompes à chaleur, elles-mêmes retombées du secteur technique frigorifique, est très peu satisfaisant : rendements bas du fait du nombre d'échanges thermiques cumulés, faible facteur de charge, prix élevé, et souvent vulnérabilité aux agents extérieurs. En fait, le problème qui se pose est maintenant la mise au point de systèmes et de matériels intégrés à l'habitat, conçus en fonction de la nature même des énergies naturelles — soleil et vent — et réalisés selon des technologies adéquates, c'est-à-dire tenant compte de leur caractère diffus, aléatoire, cyclique, d'intensité et de périodes variables dans le temps et également selon des modèles régionaux différents. Ces caractéristiques, justement, avaient long-temps rebuté la majorité des scientifiques et des industriels. La phase actuelle de développement des « énergies nouvelles » les trouve impliquées dans cette voie, mais sans modification suffi-sante de leurs outils de travail. La phase suivante, ou de « décol-lage » réel, est tributaire d'une nouvelle conceptualisation prenant en compte la spécificité des problèmes posés, et provoquant l'innovation.

Afin d'illustrer ce concept d'innovation adaptée, nous men-tionnons ici les principales catégories de brevets récents déposés à l'Office de la propriété industrielle, et qui sont relatifs :

— à la récupération des énergies perdues en couplage avec le captage solaire;

— au captage de l'énergie solaire au moyen de capteurs non conventionnels d'une catégorie intermédiaire entre les capteurs plans et les capteurs à concentration;

— à des parois à transparence variable permettant de contrô-ler les apports solaires et les déperditions au moyen de systèmes physico-chimiques;

— aux matériaux à pouvoir absorbant variable (phénomène photochromique);

— à des propositions de capteurs poreux ou à liquide calo-porteur absorbant;

— à des matériels spécifiques au domaine de la construction (par exemple tuiles solaires); briques ou parpaings stockeurs à capacité thermique augmentée et à niveau constant;

— à des volumétries architecturales spécifiques utilisant des volumes captants;

— à des procédés de stockage longue durée utilisant le terrain comme capacité thermique, etc.

On peut observer, à la lecture de ces documents, qui ne recouvrent évidemment pas la totalité des recherches poursuivies à ce jour, que, si une partie seulement de ces propositions d'innova-tion se révélait viable, le problème de l'habitat solaire en serait totalement modifié, les termes mêmes du problème recevant des solutions différentes à tous les niveaux : économie, souplesse d'utilisation, aspect, élargissement du champ d'utilisation. Certains de ces systèmes ont dépassé le stade initial de la proposition, et sont soumis actuellement à expérimentation (par exemple, le capteur à ruissellement dans des tissus fibreux Duchesne[8]). D'autres font l'objet de contrats en cours : contrats ERDA[9] aux États-Unis, contrat de la CEE, contrats du ministère de l'Équipement. La rapide multiplication des propositions de recherche, notamment ces trois dernières années, et la réponse des services, permettent d'envisager à court et moyen terme le remplacement des systèmes solaires dits classiques.

Une direction de recherche qui n'apparaît pas ici, mais qui est absolument fondamentale procède de l'amélioration de la durabilité et des performances ainsi que de l'abaissement du coût des matières plastiques, ce que les héliotechniciens faisaient déjà remarquer au congrès de Mont-Louis en 1958. De même que, pour les photopiles et les couches sélectives, des progrès réellement déterminants relèvent de la recherche industrielle de pointe.

Une autre approche intéressante est la combinaison d'énergies naturelles. L'utilisation combinée et complémentaire de plusieurs énergies renouvelables dans des systèmes intégrés a été souvent proposée, mais rarement étudiée et simulée à une échelle supérieure à celle des nombreuses *zéro energy houses,* maisons autonomes ou habitats autarciques[10]. Ces habitations, souvent marginales dans le système économique, ont néanmoins fait l'objet de tests dans des cadres[11] universitaires étrangers, qui en soulignent bien l'intérêt. Elles se caractérisent par l'utilisation simultanée du soleil, du vent, de la photosynthèse sous serres, du recyclage des déchets avec la création de bio-fuel et de la récupération des calories du chauffage et des eaux usées. Ces études sont recouvertes généralement par le terme d'éco-habitat. Dans la mesure où, comme les habitats vernaculaires précapitalistes, elles doivent assumer, non seulement la totalité de leur consommation énergétique, mais souvent un rôle productif (surplus énergétique, et surplus agricole dans les cas non urbains), elles doivent réaliser un bilan énergétique positif, ce qui en fait des modèles-limites. Dans l'hypothèse d'économies d'énergie poussées, des recherches devraient être menées sur la conception de ces habitats; sur l'optimisation de tel ou tel système ou sous-système afin de dégager les combinaisons les plus viables, ainsi que sur leur échelle d'application dans des contextes socio-économiques différents. De telles recherches pluri-disciplinaires seraient extrêmement intéressantes dans le contexte universitaire.

Constructions solaires et institutions

Le développement de la construction solaire est encore soumis à d'autres aléas du fait des problèmes d'acceptabilité au niveau institutionnel. Cette question n'a pas été abordée, à notre connaissance, par l'ensemble des chercheurs et des organismes qui font autorité au niveau international, du fait du caractère scientifique et pragmatique de leurs travaux, ainsi que des doctrines fondamentalement libertaires qui, la plupart du temps, leur rendent inintelligible le concept d'un règlement autoritaire de l'esthétique.

En France, cependant, la multiplication des instances chargées de protéger l'aspect de l'habitat selon une doctrine strictement conservatoire tendrait à rendre purement et simplement impossible tout développement de l'intégration des énergies naturelles à l'habitat en dehors de secteurs d'ores et déjà réalisés suivant un mode de production industrialisé : logement social, zones industrielles, Éducation nationale, tous types de réalisations considérés généralement comme dénués de qualité architecturale. La commission des Sites, les nouvelles instances de protection du paysage, les délégations régionales de l'Urbanisme et de l'Habitat, les organisations de sauvegarde du paysage, les Affaires culturelles (Beaux-Arts), notamment les Monuments historiques et Sites classés, les associations locales à caractère non lucratif, les ateliers d'assistance architecturale abordent tous la protection du paysage sous l'angle conservatoire, et établissent des spécifications de plus en plus précises définissant matériaux, couleurs, matières, volumes, implantations autorisées en vue de l'harmonisation imitative, voire mimétique (ce dernier cas constituant en général un critère idéal) avec l'habitat ancien régional. Ce fonctionnement d'instances n'empêche pas pour autant le dynamisme accéléré de détérioration, notamment écologique, du paysage français urbain comme rural du fait de la double action des grands travaux d'utilité publique (EDF, Ponts et Chaussées, Génie rural, Eaux et Forêts) et des dérogations. Une première contradiction de la politique actuelle réside dans la coexistence d'un mode d'action public ou semi-public, privilégiant les besoins de la modernisation, fût-ce au détriment de l'équilibre vital à court et moyen terme des sites « naturels » ou construits, et d'interventions conservatoires ponctuelles, mais nombreuses, reposant sur des critères subjectifs et sur l'arbitraire des instances décisionnelles. Il est à craindre que des innovations ayant un impact visuel inhabituel tombent sous le coup des interdits conservatoires, propres à décourager les concepteurs et usagers et même à bloquer la politique énergétique préconisée, précisément, au nom de la protection profonde de la nature et de l'équilibre entre habitat et milieu. Par exemple, une fausse maison provençale à chauffage électrique intégré, sera a priori acceptée sans problème par les divers contrôles, sous réserve qu'elle respecte une série de prescriptions stylistiques (choix des tuiles, nature des enduits, etc.), alors qu'une maison solaire proposée pour le même site se trouverait confrontée au bon vouloir de l'appréciation de sa qualité architecturale, définie soit arbitrairement, soit par référence automatique à l'obligation de mimétisme. Ce problème structurel est absolument fondamental puisque les pouvoirs publics sont de fait divisés, certains services donnant les moyens d'interdire ce que d'autres sont en train d'impulser. Ainsi, le terme de « pollution visuelle », déjà répandu pour faire équilibre au concept plus objectif de pollution industrielle et thermique, semble symboliser les capacités de rejet de certaines instances décisionnelles à l'égard des énergies naturelles; et c'est à notre avis beaucoup plus de ce côté que de celui du public que sont à redouter les blocages les plus décisifs.

Du point de vue de l'« acceptabilité visuelle », et si l'on excepte l'énergie géothermique où le problème ne se pose pas par définition, c'est l'énergie éolienne qui est le plus directement frappée, bien que paradoxalement le pays ait été par le passé animé par un immense réseau de moulins à vent caractérisant le paysage au même titre que les clochers; pourtant, l'impact visuel des aérogénérateurs est inférieur à celui des pylônes haute tension, et, du fait de la décentralisation des productions énergétiques, le système n'induit pas de réseaux supplémentaires.

L'énergie solaire semble d'une acceptabilité plus aisée, du moins dans les régions où les bow-windows, les serres et, plus généralement, les vitrages, sont bien intégrés aux habitudes, et même au style de l'habitat (habitats gothiques et classiques de l'Europe du Nord et habitat du XIXe siècle, en particulier anglo-normand). Cependant, il faut admettre le caractère fondamentalement nouveau, et irréductible à tout style du passé, du toit-capteur, ou toit-solaire, ainsi que plus insidieusement du mur solaire plus ou moins connoté comme faux pan de verre et d'une modénature souvent agressive (grande trame de montants d'aluminium).

Le problème n'est pas l'apparition d'une « architecture solaire de qualité », car d'ores et déjà divers modèles semblent en indiquer les prémices, mais le fait qu'une référence constante aux modèles et aux matériaux du passé occulte chez les spécialistes détenteurs du jugement esthétique jusqu'à la capacité d'envisager cette qualité. On se trouve ici au cœur d'un débat sur la nature de l'architecture et de l'habitat; débat opposant l'appréhension visuelle, ou formelle, nourrie de connotations mémorielles et culturelles, conduisant au désir de répéter le patrimoine culturel ou plus exactement son image, et l'appréhension du dynamisme de l'habitat dans son ensemble d'équilibres.

On a longuement parlé, dans la première partie de cet ouvrage, de l'habitat vernaculaire : envisagé dans son dynamisme de conception, de production, et dans son réseau de relations diverses au milieu et au paysage, il nous semble en relation directe avec la conception écologique où s'insère l'intégration des énergies naturelles, ce qui nous a conduits à réintroduire la notion de régionalisation des habitats, de prise en compte des microsites et microclimats. Du point de vue visuel et stylistique en revanche, c'est justement au nom de l'habitat vernaculaire considéré comme un objet stabilisé, objet de conservation arrêtée, que cette intégration est la plus rejetée. La conséquence pratique de cette dualité de points de vue est qu'il sera toujours possible de réaliser une « image de maison vernaculaire », habitat objectivement relié au mode de production et de consommation de la société industrielle et notamment à une politique énergétique qui nie et détruit le cadre qu'elle prétend respecter; alors qu'il semble a priori impossible de camoufler l'aspect de la maison solaire, et d'exprimer par une apparence rassurante le respect du site qu'elle implique en réalité.

Pour lever partiellement les obstacles énumérés, il serait souhaitable que les ateliers d'assistance architecturale se concentrent particulièrement sur le problème de l'assistance architecturale solaire, afin d'établir une relation dynamique de résolutions créatives des problèmes, région par région, notamment en ce qui concerne l'association des matériaux et les typologies formelles. Si la doctrine du mimétisme interdit toute extension de l'architecture, ces jeux de contraste et d'association entre l'élément contemporain solaire et les formes et matériaux différents peuvent donner lieu, suivant l'imagination ou la prudence des concepteurs, à des « compromis acceptables » ou à un dégel de l'habitat en France.

50. Éléments héliotechniques de série.

L'industrie solaire dans le bâtiment

En prolongement des recherches et des expérimentations se pose aujourd'hui la question du développement d'une industrie spécifiquement solaire dans le bâtiment, susceptible d'abaisser les coûts de production de cette « nouvelle » énergie. Jusqu'à présent, elle se limite pratiquement à la correction des effets néfastes dus aux ouvertures larges dans la construction : vitrages anti-reflets ou antithermiques, vitrages isolants, vitrages miroirs, verres thermopanes... Le captage thermique de l'énergie solaire intéresse indiscutablement l'industrie du fait de l'existence d'un marché potentiel extrêmement important et non frappable d'obsolescence par l'avènement des photopiles. Mais certains obstacles restent à surmonter :

— Le coût solaire est encore important et limite la demande solvable.

— Les techniques ne sont pas encore « figées », la sélection des matériaux, des systèmes et des composants n'a pas encore été sanctionnée par l'expérience. La variété des solutions élaborées, aux combinatoires nombreuses, évoquée antérieurement, semble démontrer à l'industriel, si ce n'est à l'architecte, que le problème n'a pas trouvé de solution satisfaisante généralisable, ce qui l'incite à l'attentisme, voire à une simple veille technologique.

— Les crédits d'études sont dispersés nécessairement sur un grand nombre d'équipes concurrentes et d'ailleurs sous-utilisées.

— La recherche du monopole industriel à travers la découverte de procédés nouveaux spécifiques à chaque groupe industriel mène à une surenchère technologique souvent non justifiée; ainsi l'utilisation du potentiel existant et du savoir-faire de chaque industriel le pousse-t-elle à créer à tout prix une variante solaire de son matériel de base, l'exemple le plus évident étant celui de la reconversion de radiateurs ou corps de chauffe en insolateurs ou celui de la reconversion de tubes à vide en enceintes pour caloducs.

— Du fait de la variété des climats, l'aire de diffusion optimale est nécessairement limitée pour un matériel donné, ou une conception donnée de l'enceinte habitable, ce qui va à l'encontre de l'universalité recherchée dans les problématiques industrielles. Dans cet ordre d'idée, les industriels s'évertuent à réaliser des « packages solaires » associés à des pompes à chaleurs réversibles chaud froid, assurant le summum de l'ubiquité possible au coût maximum.

— L'industrie solaire, dans l'hypothèse de son avènement, se trouverait en dernier ressort tributaire de l'industrie du bâtiment, de ses caractéristiques et de ses défauts bien connus. On notera la tentation de s'en affranchir chez certains auteurs tels que Meinel (Solar farms), ou, en France, grâce aux centrales de chauffe.

La crise actuelle de l'industrie du bâtiment tend à réduire les marchés répétitifs conditionnant l'élaboration des séries. L'occasion manquée des grands ensembles ou des constructions scolaires, voire celle des programmes d'équipements communaux (comme le concours des mille piscines), rend pénible l'examen d'une intégration après coup, qui aurait pu s'effectuer facilement dès la conception originelle. L'industrialisation solaire n'est bien entendu pas l'apanage des procédés dits actifs : le passif s'industrialise également et trouve ses matériels spécifiques intégrables au gros œuvre de la construction, sous forme par exemple de containers incorporés à la maçonnerie, ou de vitrages à isolation variable.

En France, on observe une résistance remarquablement faible dans les faits, si ce n'est dans les écrits, à la pénétration d'une industrie solaire qui décourage l'effort des autoconstructeurs et des autoconcepteurs : en effet, les codes divers et le manque de cadre juridique incitent public et architectes à attendre la solution toute faite, comme cela s'est produit par le passé lors de l'introduction des produits de second œuvre.

Une sélection de matériaux solaires qui prenne en compte l'abaissement des coûts, la fiabilité et le rendement du captage s'est avérée nécessaire. Cette sélection reste extrêmement délicate du fait de l'apparente simplicité des problèmes, que peuvent résoudre notamment de nombreux matériaux ferreux, non ferreux, plastiques. On notera cependant, à travers une lecture critique des documentations étrangères et notre pratique personnelle, l'émergence du Lexan comme matériau à effet de serre; de l'acier inoxydable dans la réalisation des absorbeurs, de l'Hypalon et du Butyl comme containers de stockages thermiques, du chrome noir comme surface sélective chaude, du poly-carbonate en double paroi alvéolaire (ou « sun-glass ») comme vitrage isolant plastique. L'abandon probable de l'aluminium sous toutes ses formes est pronostiqué par beaucoup. On peut noter également une progression de l'idée des capteurs à ruissellement et l'apparition prochaine sur le marché de capteurs industrialisés de ce type.

Les recommandations des congrès des spécialistes de l'énergie solaire ont toujours insisté sur les espoirs qui pouvaient résider dans l'apparition de matériaux spécifiques du captage de l'énergie solaire. Aux environs de 1960, on insistait notamment sur les propriétés du Tedlar et du Mylar en remplacement des produits verriers, lourds, coûteux et fragiles. De l'avis de nombreux auteurs américains, une amélioration du rendement du captage est peu probable, seuls les problèmes d'intégration industrielle et de fiabilité restant déterminants. La pratique industrielle est soumise à des règles draconiennes de propriété des brevets certainement difficiles à dépasser; cependant l'abondance et la multiplication des dépôts de brevets, tant français qu'étrangers, dans ce secteur semble marquer plus qu'aucun discours une volonté industrielle caractérisée.

Critères d'évaluation économique des systèmes utilisant l'énergie solaire dans l'habitat

Le captage des énergies naturelles, et notamment de l'énergie solaire, induit des coûts de premier établissement et de maintenance relativement importants par rapport à l'installation et au coût des énergies « classiques ». Mais le prix du combustible est par définition nul. Par conséquent, et il importe de le souligner avant toute interprétation économique, il s'agit ici de comparer des phénomènes non comparables par définition. Ainsi le caractère inépuisable de ces énergies, ou l'absence de nuisances susceptibles d'entraîner des frais ultérieurs ne sont pas pris en compte, et d'autres facteurs tels que les retombées de la pollution par les systèmes relatifs aux énergies « classiques », ou le caractère convivial et impulsant des énergies « naturelles » ne peuvent même pas être abordés par ces calculs. Cependant, il est indispensable que les problématiques et les stratégies d'intégration des énergies naturelles entrent dans le cadre d'une rationalité économique minimale, parfois même immédiate; c'est le cas, notamment, des chauffe-eau solaires, qui d'ores et déjà, tant du fait de leur simplicité que de l'accueil du public, sont irréversiblement sortis du bercail de la recherche subventionnée protégée.

Il faut aussi remarquer qu'en matière d'étude économique deux optiques sont possibles : ou bien on cherche l'amortissement de l'investissement initial sur un certain laps de temps (par exemple en allongeant au maximum la durée de vie du matériel), ou bien on décide de minimiser cet investissement initial. Ces deux problématiques opposées se trouvent illustrées dans les conceptions respectives des matériels adaptés aux services publics et au marché privé. Dans le cas de l'intégration au bâtiment des matériels de captage, il sera sans doute nécessaire de prendre comme seuil d'amortissement garanti une durée de dix ans recoupant celle de la responsabilité décennale.

Tandis que les premières études de maisons solaires, simples curiosités ou instruments de mesure scientifiques, visaient essentiellement des objectifs à très long terme dont la non-validité économique était couramment acceptée, les projets actuels visent une certaine réalité économique, fondée essentiellement sur la hausse apparemment irréversible du coût des énergies fossiles. La plupart des concepteurs tablent sur une croissance rapide de ces coûts pour justifier le niveau élevé des investissements initiaux solaires. Il s'ensuit (*cf.* les études américaines NSF[1]) que, selon les évaluations divergentes des pentes de croissance de ces coûts, les seuils de rentabilité varient d'une étude à l'autre, entre cinq ans et un siècle! Il faut aussi évoquer le problème, très complexe, de l'interaction de l'élévation du prix des énergies conventionnelles et des coûts de production de l'habitat et des matériels solaires eux-mêmes, qui infirme la corrélation de l'acuité de la « crise » sur la faisabilité des énergies alternatives.

En revanche, l'extension du marché (séries) est un facteur d'abaissement des coûts. Des évaluations ont été effectuées aux États-Unis sur l'abaissement du prix des capteurs en fonction de la quantité fabriquée sur une période d'environ quinze ans : des capteurs revenant à 59,20 dollars le m^2 en 1975-80 reviendraient dans les années 1985-2000 à 21,50 dollars (analyse de la NSF).

Toutes ces observations, de type économique classique, convergent vers la conclusion que, seule, l'intégration à l'habitat permettrait une justification économique, notamment par la double fonction des organes de captage qui est toujours prise en compte dans ces calculs.

Néanmoins dans le cas français actuel, le seuil de la rentabilité économique est encore loin d'être atteint, notamment dans le cas des systèmes actifs. Dans le cas des systèmes passifs (style Odeillo-Trombe) le CNRS revendique une rentabilité économique à court terme.

Plusieurs facteurs sont susceptibles d'influer sur l'évaluation économique de systèmes ou de sous-systèmes solaires.

— Tout d'abord la présence ou l'absence de réseaux (exemple : EDF), quoique le cas de l'absence de réseau ne se présente plus en France, où l'on ne parlera donc que de suffisance ou d'insuffisance. L'installation de systèmes solaires (ou autres énergies naturelles) est d'autant plus désirable que le réseau est insuffisant ou obsolète. Mais la présence d'une fourniture même faible d'électricité est nécessaire à la fiabilité technique de systèmes relativement économiques (par exemple, capteurs à ruissellement, stockage à court terme et capteur à air pulsé). La variable « dépendance au réseau » est donc un facteur premier de toute évaluation économique d'un système solaire.

— Des facteurs socio-politiques interviennent également. Le simple coût n'est pas suffisant pour rendre compte au plan national de l'intérêt des techniques de captage des énergies naturelles. Il faut prendre en compte leur incidence potentielle favorable sur le marché de l'emploi. Ces études ont été effectuées en Europe, notamment en Angleterre et en Belgique; il ressort de leur analyse des possibilités importantes pour les petites et moyennes entreprises aux niveaux régional et local, ainsi qu'une impulsion dans le secteur de la réhabilitation du logement ancien et de l'amélioration de l'habitat[2].

— Il faut enfin noter que tout investissement solaire, en diminuant considérablement la demande énergétique thermique dans le domaine de l'habitat, réduit d'autant le facteur de charge, donc de rentabilisation, des réseaux et des installations établis. Cette objection est atténuée dans le cas où le combustible est importé et où l'abaissement de consommation est souhaité au plan national.

Le coût d'un système est déterminé par les éléments suivants :

1. La durée annuelle de fonctionnement, ou durée d'utilisation pour une statistique déterminée d'insolation, ou ensoleillement type qui dépend bien entendu du lieu d'implantation.

2. La puissance moyenne utile, fonction du rendement thermique du système choisi (captage-stockage-redistribution).

3. L'énergie annuelle extraite, maximum potentiel découlant des deux premiers points.

4. La durée de fonctionnement effectivement requis, ou la durée de chauffage nécessaire en fonction du confort requis.

5. La surface, ou l'encombrement, de l'appareillage de captage ramenée à l'unité de puissance captée.

6. Le prix unitaire de l'appareil en F/kW, ce prix se décomposant en : prix des matériaux de base, prix du matériel, prix de la pose, prix de l'étude.

7. Les frais d'exploitation et d'entretien en F/kW.

8. La durée de vie, ou la longévité du système.

La somme de ces composantes du coût d'un système permet de définir le degré de désirabilité de ce système par rapport à un contexte socio-économique donné, et au coût de l'énergie dominante.

A titre d'exemple d'utilisation de ces éléments (conduisant d'ailleurs à un résultat à première vue paradoxal), si l'on compare le degré de désirabilité d'un chauffage solaire pour une habitation en Suède et à Nice, on constate que la durée d'utilisation de cet équipement sera de neuf mois en Suède, contre seulement trois mois à Nice; ce facteur (élément précité 4) suffit à rendre la solarisation plus désirable en Suède, malgré la quasi-inexistence du rayonnement solaire pendant quatre mois d'hiver (élément 1).

Pour concrétiser la notion de seuil de rentabilité[3], nous donnerons ici quelques chiffres :

— d'après EDF-Renardières, les frais de captage-stockage-redistribution, ramenés au prix du mètre carré de capteurs, ne devraient pas excéder 1 000 à 2 000 F/m^2 (chiffre 1977);

— pour le Professeur Olgyay, une installation solaire serait compétitive si son coût d'investissement ne dépassait pas deux, trois fois le coût d'une installation classique à fuel, l'amortissement se faisant sur 20 ans (le prix du fuel étant celui de 1961, date de l'estimation);

— pour le CNRS, les serres murales à 300 F/m^2 (système Trombe) amorties sur vingt ans donneraient un coût de l'énergie fournie analogue à celui du courant électrique.

Il est évident que le coût actuel de l'énergie solaire est trop élevé pour son application généralisée à l'habitat du plus grand nombre.

Certains facteurs de coût seront abaissés, par le fait de la série (coût de calcul et de conception, qui pèsent lourdement dans la phase initiale actuelle); malheureusement il faut noter que le prix de fabrication des capteurs actuels ne montre pas d'abaissement proportionnel à l'échelle des entreprises qui les fabriquent. Le prix de pose est pratiquement égal à celui des éléments à poser; le prix des branchements est également très élevé. On peut espérer qu'un abaissement notable de ces divers coûts apparaîtra lorsque les techniques solaires seront tombées dans le domaine public et pratiquées par un plus grand nombre d'entreprises. Mais pour l'instant, dans tous les calculs de coût de l'intégration de l'énergie solaire à l'habitat en vue d'effectuer des économies d'énergie, on avance la notion de surcoût solaire, à amortir dans un délai raisonnable. Cette notion implique en elle-même la notion d'un coût, considéré comme normal, de construction, d'isolation et de chauffage.

En premier lieu, on peut observer que les notions de construction d'isolation ou de chauffage définies comme références, par rapport à l'innovation qu'est supposé représenter le chauffage solaire, sont en fait extrêmement variables d'une classe de construction à une autre suivant les coûts et les prestations de celle-ci (par exemple logement social ou habitat de haut standing). En second lieu, les notions de coût de l'énergie sont constamment à réévaluer en hausse. Enfin l'interaction entre le captage de l'énergie solaire et la modification de la construction « support » est souvent difficile à évaluer dans le cas d'une intégration totale, du fait de la difficulté de distinguer les parts respectives du coût de la construction et du coût lié à l'utilisation de l'énergie solaire. Cette distinction est au contraire très facile à faire dans les conceptions de chaufferies solaires isolées et dissociées de l'habitat (cas de Méjanne-le-Clap); la comparaison économique s'effectue aisément dans ce cas avec un mode de chauffage conventionnel, qu'il soit individuel ou collectif, et le « surcoût solaire » et sa durée d'amortissement se déduisent automatiquement.

Il faut encore souligner que le surcoût solaire d'un système intégré se définit actuellement sur des bases qui ne peuvent s'appliquer qu'à l'habitat conventionnel dominant à un moment donné, incluant la notion de cadre réglementaire (prix plafond, durée de prêt-financement, amortissement). La majorité des études économiques (américaines par exemple) se limitent au cas des pavillons de série et mettent en regard le coût d'un modèle particulier et le coût du même modèle équipé d'un matériel de captage, de stockage et de redistribution spécifique de l'énergie solaire. Le surcoût du prototype est défini dès la fin de sa réalisation; on détermine ensuite les surcoûts dégressifs prévisibles en fonction de l'échelle de la diffusion. Afin d'évaluer sommairement ce surcoût, des opérations ont été lancées, portant sur la solarisation d'habitats conventionnels (par exemple, en France, les cinq maisons du foyer havrais).

A la limite, la notion de surcoût solaire peut être assimilée à celle de « surcoût architectural » liée à l'idée, implicite ou explicite, chez la plupart des décideurs en matière d'habitat, que l'intervention de l'architecture est une sorte de luxe facultatif. D'autre part, le « surcoût lié à la qualité architecturale », dernier concept impliquant une augmentation de la valeur d'usage et, plus particulièrement, de la qualité de site résultant (variations dans les volumétries), se réfère implicitement à la notion d'une « normalité » prise en référence et reconnue peu satisfaisante.

Mais l'addition de ces « surcoûts » divers ne permet plus de réaliser que des opérations par définition exceptionnelles et risque de conduire à une impasse.

L'intégration architecturale vise l'annulation des surcoûts. Soit par la répétitivité industrielle (proposition de Maria Telkes), soit par création de modèles relevant entièrement de l'innovation et impliquant, à l'instar de l'habitat vernaculaire, qualité architecturale, qualité d'usage, qualité thermique, qualité écologique, reproductibilité économique. Une amorce de cette approche a été réalisée par l'architecte Jacques Michel, dont la maison de Chauvency-le-Château a été effectuée dans la limite des prix HLM, le surcoût solaire ne pouvant pas être dissocié dans l'enveloppe des crédits. L'architecte, dans ce cas, a exploité l'une de ses prérogatives consistant à jouer de réductions (cachées) de prestations dans certains corps d'état afin de dégager, sans réduction de qualité générale, une disponibilité financière suffisant à la réalisation de serres captantes (en particulier dans le domaine des parements de façade, dont les dites serres assumaient le rôle). Le corollaire de ce type d'intervention est bien évidemment la difficulté de « jouer » dans le cadre de l'habitat économique où l'ensemble des prestations est déjà réduit au minimum, et souvent proche d'une schématisation totale de la fonction d'habitation (maisons Phénix par exemple).

En revanche, dans les cas de conception intégrée autoconstruite, la notion même de surcoût solaire n'a pas de sens.

De façon générale, il reste que l'essentiel de l'abaissement des coûts ne résidera que dans l'assimilation complète de l'héliothermique dans la technologie du bâtiment au moyen de procédés spécifiques (exemple : préfabrication de parois composites, éléments de toiture normalisés) et d'un meilleur design des systèmes (simplification et raccourcissement des circuits, intégration des composants en ensembles monoblocs).

Les terrains
de l'intégration

La notion d'intégration des énergies naturelles à l'habitat n'est pas une donnée : une tendance actuelle vis-à-vis du captage de ces énergies tend à lui préférer la recherche des moyens de production centralisée à l'écart des sites habités (production d'électricité réinjectée sur le réseau); ceci se traduit par des projets d'aéro-générateurs, de centrales solaires à champ d'héliostats pouvant couvrir plusieurs dizaines, voire plusieurs centaines d'hectares, et même (projet Glaser) de stations spatiales solaires géostationnaires. C'est évidemment en opposition à cette conception que s'inscrit l'ensemble d'une recherche visant l'intégration à l'habitat, c'est-à-dire une véritable « domestication » au sens étymologique du terme, de nombreux arguments plaidant en faveur de l'intégration étroite entre énergie et habitat :

1. La proximité entre lieux de production et d'usage réduit les pertes induites par la distance entre les centrales énergétiques (quelles qu'elles soient) et les lieux de consommation.

2. Le facteur d'échelle de rendement des installations croissant corrélativement à leur ampleur, qui joue dans toutes les installations conventionnelles, n'existe pas ici puisque la quantité d'énergie interceptée est pratiquement proportionnelle à la surface de captage indépendamment de son morcellement.

3. Le facteur de coût est abaissé par l'intégration, d'abord par économie de terrain, ce qui est déterminant en Europe et dans tous les territoires à peuplement dense et à valorisation généralisée du sol, ensuite par le fait des doubles fonctions qui s'établissent entre matériel de captage et élément bâti. Nous en donnerons trois exemples :

319

— La maison Trombe-CNRS, où captage et stockage sont pris en compte par le bâtiment lui-même.

— Les aérogénérateurs établis sur les terrasses de bâtiments élevés, annulant le coût des pylônes.

— Le stockage thermique décentralisé de moyenne importance (stockage intersaisonnier de l'énergie solaire à l'échelle de groupements d'immeubles) enterré sous des zones à fonction d'espace public.

4. Dans l'état des techniques actuelles et sur le plan de la fourniture d'énergie sous forme thermique, il y a convergence entre la consommation thermique d'une enveloppe habitable d'un volume donné et les apports solaires qu'elle reçoit (cette convergence étant également prévisible en ce qui concerne la fourniture électrique par photopiles).

5. La mise à l'écart des moyens de production de l'énergie se justifie habituellement du fait du caractère polluant ou dangereux de cette production; cet éloignement ne joue plus du tout dans le cas des énergies solaires et éoliennes; le maintenir relèverait de la routine.

6. Enfin, on peut parler d'un effet social de l'intégration. La décentralisation, dans le domaine énergétique, comme dans tous les autres, soulève en effet des problèmes beaucoup plus nombreux et s'insère moins aisément dans le court terme que des actions centralisées, relevant de décisions quasi confidentielles et de modes d'application autoritaires; mais exigeant une très large participation et une adhésion active du corps social dans son ensemble, elle peut stimuler des secteurs de décision et d'activité à des niveaux souvent lésés par l'hypercentralisation : pouvoirs locaux, petites et moyennes entreprises; et elle permet une adaptation beaucoup plus fine et souple, et par conséquent plus étendue à moyen et long terme aux besoins et moyens réels de son champ d'application.

Processus d'intégration

Les processus d'intégration possibles dépendent évidemment du « terrain » où elle s'effectue :

— Lorsque les bâtiments préexistent à la solarisation, les moyens de captage et de stockage viennent se juxtaposer ou s'incorporer aux volumes ou aux parois existants; par exemple rénovation de toiture, l'ancienne couverture étant remplacée par

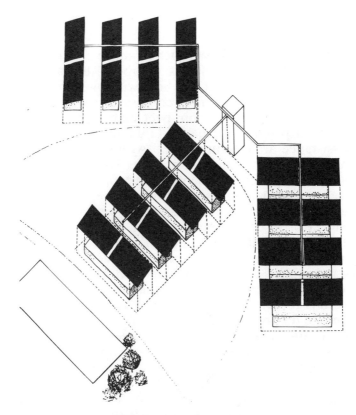

51. Habiter sous des capteurs :
les parasols solaires SOFRETES pour le Tiers Monde.

des capteurs choisis en conséquence; autre exemple : rénovation de façades insuffisamment isolées équipées de capteurs; ou encore établissement de serres et de bow-windows améliorant la valeur d'usage en même temps que le comportement thermique de façades dépréciées; dans ces cas, on peut parler d'« architecture solarisée »; c'est à proprement parler le domaine de la petite entreprise, de l'Assistance architecturale, de l'Agence nationale pour l'amélioration de l'habitat, et de celle pour les économies d'énergie.

— S'il s'agit de bâtiments nouveaux, les moyens de captage-stockage et l'espace bâti sont conçus et réalisés simultanément, en symbiose complète, aboutissant à un véritable design homogène incluant la prise en compte de toutes les contraintes et possibilités au niveau du groupement, des éléments architecturaux et de la construction. Ce type d'intervention, actuellement préfiguré par les concours publics d'innovation architecturale (HOT), relèvent d'un type de financement mixte et d'une étude pluridisciplinaire. Nous réserverons le vocable d'architecture solaire aux réalisations issues de ce mode de production.

— Enfin, la solarisation peut préexister aux bâtiments. Dans ces cas, les moyens de captage, optimisés quasiment sans contrainte, sont destinés à être investis après coup, constituant une structure d'accueil, ou d'adossement de l'habitat qui viendra ultérieurement s'y incorporer. Nous en prendrons pour exemple les capteurs en nappe continue édifiés sur des structures métalliques légères déterminant des aires couvertes qui seront cloisonnées ensuite en maçonneries non porteuses, tels que ceux des villages agricoles solaires édifiés au Tiers Monde par la SOFRETES (San Juan de La Paz, au Mexique; Diré au Mali; Bakel au Sénégal).

La préexistence de la fonction héliotechnique de cette troisième option joue en fait, et de façon peut-être un peu excessive, de la très grande souplesse de la fonction habitat, le raisonnement implicite étant le suivant : puisque de nombreuses possibilités formelles sont à même de satisfaire un problème donné, pourquoi ne pas choisir d'emblée une forme optimale pour le captage solaire, et y adapter tant bien que mal les impératifs du programme? Il faut bien admettre que cela conduit parfois à des résultats spectaculaires, et même parfois très efficaces, tels que le laboratoire du four solaire d'Odeillo adossé au paraboloïde concentrateur, la maison Trombe incorporée à un mur-stockeur et bien d'autres maisons conçues par des thermiciens.

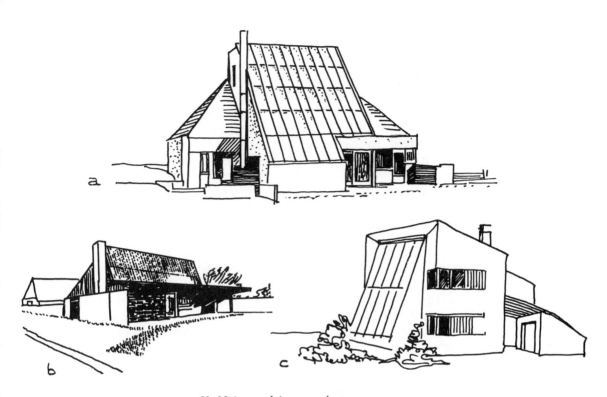

52. Maisons solaires européennes.
a - La maison de l'Université de Eidhoven (Hollande); b - la maison Euroc à Malmö (Suède),
c - la maison Hot à Blagnac, A. Liébard, architecte (France).

En revanche, dans l'architecture solaire (terme recouvrant le second mode de conception, ou conception simultanée) le compromis, si ce n'est le conflit, seront de règle. C'est là la voie la plus fertile et très certainement la plus architecturale, qui a déjà donné quelques résultats intéressants comme les architectures de bois de la côte est des États-Unis (exemple : Sea Ranch), les maisons nord-européennes (Belgique, Hollande, Danemark) en brique associée à des toits capteurs aux formes inventives, les maisons d'adobe du Nouveau-Mexique, des maisons associant des captages en toiture au shingle ou aux bardeaux et les maisons de Crother à base de matériaux industriels, mais de formes sculpturales (Denver, Colorado); on peut citer pour la France les maisons de Gerber qui allient la construction vernaculaire du Sud-Ouest avec des serres et sont très intégrées au site, l'école de Chavin (Savoie) à capteurs-shed qui témoigne d'une intégration sans problème au style français contemporain, le groupe des maisons d'Odeillo de

Jacques Michel, décomposant le mur Trombe pour l'adapter à l'habitat... Il n'est pas toujours évident, au stade actuel, que l'augmentation de la qualité architecturale aille forcément de pair avec celle de la qualité thermique, et on risque, dans une première phase, d'en rester souvent à des conceptions hybrides ne satisfaisant pleinement ni l'usager, ni l'architecte, ni l'héliotechnicien; c'est là un problème assez normal lié à la nouveauté et, en particulier, aux relations mal rodées entre des participants peu accoutumés à s'unir et même à communiquer (cas des maisons EDF du Havre et d'Aramon). A contrario, on observe une qualité globale souvent élevée dans des maisons réalisées par un unique concepteur réunissant de façon plus ou moins autodidacte la nécessaire pluridisciplinarité (maisons de Steve Baer); on peut se demander, à propos de ces maisons souvent marginales, si, plus profondément, l'éthique libertaire et non conformiste de leurs auteurs (qui sont généralement également leurs habitants) ne confère pas à ces habitations, a priori, un dynamisme accordé aux rythmes naturels, et que le mode de production dominant permet difficilement d'égaler.

Pour en revenir maintenant à la solarisation après coup, nous dirons que c'est probablement celle qui, selon toutes les enquêtes et prévisions (et avec une logique certaine dans un pays aussi abondamment construit que la France) devrait connaître à court terme le développement le plus considérable, notamment dans le cadre de la rénovation de l'habitat collectif social ou des grands ensembles de maisons individuelles (plans courants, chalandonnettes). Bien que ce type d'application ne soit pas spécifiquement du domaine de la conception architecturale, il demandera beaucoup d'inventivité et pourra donner lieu, s'il ne se borne pas au plaquage simpliste de matériels plus ou moins bien choisis sur les bâtiments, à des innovations intéressantes tant sur le plan d'un traitement nouveau des façades et des espaces privés annexes que d'un remodelage des espaces collectifs, souvent inappropriés ou laissés inachevés. On sait en effet que de nombreux projets et d'intéressants débuts de réalisations se multiplient ces dernières années dans le but de réactualiser notre énorme parc immobilier, plutôt que de le détruire sous le prétexte, généralement fallacieux, d'améliorer les conditions matérielles d'existence de ses habitants. C'est là un secteur d'activité qui déborde largement les énergies naturelles, mais où elles peuvent trouver une large place.

Gisement solaire et tissus construits

Quel que soit le processus d'intégration, celle-ci sera fonction de l'environnement construit et naturel aussi bien que de l'enveloppe habitable considérée, le gisement solaire[1] étant pour partie fonction de leur interaction, et variant d'un tissu habitable à un autre du fait du phénomène d'auto-ombrage. La surface des enveloppes bâties constitue le facteur principal d'échange avec le milieu extérieur et conditionne donc par ses déperditions la consommation énergétique. Ces deux facteurs — gisement solaire de l'habitat et surfaces d'échange — croissent simultanément du fait statistique des variations de disposition et d'orientation. Il est évidemment possible d'améliorer le rapport entre surface du gisement solaire et surface totale des enveloppes, en orientant favorablement les bâtiments nouveaux. On peut noter par ailleurs, que les surfaces construites des enveloppes habitables augmentent en raison directe de l'accroissement de la population et de son niveau de vie.

L'importance du gisement varie bien selon les différents types de tissus construits :

1. L'habitat rural dispersé, qui correspond sociologiquement à des exploitations paysannes, à des réoccupations permanentes par des ex-urbains, ou à des résidences secondaires, est généralement bien adapté bioclimatiquement et présente également un gisement solaire et éolien important. Les surfaces de captage potentielles atteignent théoriquement jusqu'à 50 % de l'enveloppe, nombre idéal dont il faut évidemment extraire les percements, les ombres autoportées diverses, etc., d'ailleurs minimes en ce qui concerne les locaux d'exploitation (hangars agricoles ou industriels annexés à cet habitat).

2. L'habitat rural groupé, ou tissu villageois, est vivant et soumis à des modifications fréquentes. Sa morphologie souvent resserrée (exemple : le Midi) et densifiée verticalement (R + 1, R + 2) conduit à une augmentation des ombres portées, sauf dans le cas d'effets d'étagement liés à des topologies particulières (montagnes). L'évaluation du gisement solaire de tels tissus dépend des modes de groupement, très différenciés d'une région à l'autre, et relève au premier chef de la régionalisation des études. Plus

encore que pour l'habitat isolé, l'intégration devra tenir compte de la qualité du site et de l'architecture existante.

3. L'habitat urbain ancien (antérieur à la Première Guerre mondiale), compte tenu de l'augmentation de l'auto-ombrage et du percement dense, comporte un gisement solaire minimum, pratiquement réduit aux versants des toitures « bien exposés » (moins de 50 % de la surface des toitures).

4. Les tissus suburbains du XIXᵉ et du XXᵉ siècle relèvent principalement des grands ensembles (du moins dans ce qui en constitue la spécificité), soit de l'habitat pavillonnaire, soit du tissu industriel. Le tissu pavillonnaire, constitué de constructions à dominante R + 1 ou R + 2, ponctuelle ou semi-dense, présente en principe un gisement solaire optimal dans la mesure où les plantations d'arbres ne le réduisent pas fortement; le captage par les toitures est possible essentiellement pour l'eau chaude sanitaire, le captage direct par serres et bow-windows étant souvent réalisé dès la conception.

Pour ce qui concerne les tissus industriels, on peut dire que pratiquement la totalité des entrepôts et des constructions à sheds peuvent être rééquipés solairement; on peut noter l'orientation rigoureuse des sheds (face vitrée au nord) qui en fait un support idéal de capteurs sud.

En matière de logement social, il faut noter la différence radicale entre les HBM des années 30 et les réalisations des années 60, HLM notamment. Par opposition aux tissus continus anciens, caractérisés par l'hétérogénéité des prospects, le tissu HBM, notamment celui de la ceinture de Paris (vers 1930), présente des configurations par îlots relativement isolés les uns des autres, mais chacun surdensifié (compositions en redans autour de cours étroites). Densité, prospects faibles et architecture accidentée, tant en plan qu'en éléments de façades, rendent ce tissu pratiquement insolarisable; en fait, toute son architecture est déjà conçue pour assurer l'éclairage réglementaire dans un cadre de rentabilisation des sols poussée à outrance.

Les tissus HLM, fondés quant à eux sur des règles d'orientation solaire appliquées systématiquement, présentent une volumétrie et un gisement solaire entièrement différents. Les prospects sont toujours déterminés en fonction de la hauteur des immeubles afin de maximiser les apports solaires; les volumes sont simplifiés à l'extrême (immeubles en bandes à corniches uniformes), les ombres portées soigneusement étudiées (notamment dans les combinaisons d'immeubles en barres et en tours, dispositions que l'on retrouvera dans la quasi-totalité des ZUP à partir de 1960). Par définition ces tissus présentent un gisement solaire optimal, doublé d'un gisement éolien maximum.

Le grand ensemble horizontal, composé de maisons identiques et où les seules diversifications s'opèrent au niveau des groupements et notamment de l'orientation, présente un gisement comparable quantitativement à celui du pavillonnaire « libre », mais avec une volumétrie plus homogène du fait de la standardisation. De ce fait, il se prête plus aisément à l'intégration des éléments capteurs industrialisés.

La méthode de prospection précise du gisement solaire sur un tissu donné consiste à réaliser des maquettes que l'on teste sur héliodons, à effectuer des calculs d'ombrages à partir de photo-stéréo, enfin à mettre en perspective des tissus au moyen de calculatrices, le point de vue de la perspective étant placé à l'infini dans la direction du soleil.

A titre indicatif, on peut considérer que le gisement solaire dans l'habitat et ses annexes correspond à 5 à 10 m² par habitant, soit 500 000 000 m² dans l'habitation et 1 milliard de m² au total national. Ce chiffre moyen, obtenu par pondération entre les différents rapports entre surface habitable, enveloppe extérieure et nombre d'habitants, constitue en fait une limite supérieure plausible, prenant en compte les différents tissus précités. Pour établir la valeur énergétique de ce gisement solaire moyen, on peut tabler sur une énergie incidente moyenne annuelle, journalière et saisonnière, de 0,17 kWh/m² ce qui correspond à une puissance installée moyenne[2]. La valeur vraie de la puissance installée, compte tenu d'un rendement de 50 % du système de captage, de stockage et de redistribution, doit être ramenée à 0,085 kW/m² ce qui, multiplié par un milliard (total national estimé du gisement) donne 85 000 MW. Ceci constitue la limite absolue du potentiel solarisable à usage thermique composé par le parc bâti français contemporain. Il ne constitue nullement la limite des possibilités solaires françaises, si l'on y incluait l'établissement de centrales solaires dans des zones stériles appropriées, de toute espèce de capteurs non intégrés au domaine bâti, et les conversions non thermiques, photovoltaïques et thermodynamiques, qui sortent du cadre de la présente étude.

Forme urbaine et consommation d'énergie

Le phénomène mondial d'urbanisation nous amène bien sûr à envisager tout spécialement les possibilités d'intégration de l'énergie solaire en milieu urbain. A priori et par définition, une forme urbaine exige, pour l'entretien de son existence même, des réseaux de transport et des moyens de stockage d'énergie : énergie sous toutes ses formes, comprenant les apports alimentaires au même titre que les combustibles proprement dits, le phénomène du réseau, ou de l'augmentation des distances, résultant du caractère artificiel du groupement urbain. Des études récentes mettent en évidence les relations d'interdépendance entre énergie, économie et société[3] puisque la disponibilité en énergie et le niveau de consommation sont à la fois fonction des types de sociétés, de l'aménagement de l'espace, de la forme architecturale et enfin des matériaux et des technologies.

Ce sont les trois derniers points qui font l'objet du maximum d'études en vue de réaliser le plus rapidement possible des « économies d'énergie » par meilleure adaptation de l'habitation au milieu, et de sélectionner les matériaux les moins coûteux à produire (énergétiquement). Cependant, si la relation entre énergie et types de sociétés fait l'objet d'études théoriques, elle est plutôt du ressort de choix politiques et éthiques, dont se font les défenseurs les tenants des mouvements écologiques. Quant à celle entre énergie et aménagement, qui fait plus particulièrement l'objet de la présente étude, elle concerne directement les responsables de l'aménagement, au niveau du choix des sites, des plans d'occupation des sols (POS), et du choix de leur coefficient d'occupation (COS). Les options dégagées en vue de choix d'aménagement devraient être évaluées en coûts énergétiques globaux, non seulement au niveau de la consommation d'énergie domestique, mais également au niveau de la consommation d'espace, et du coût de distribution de l'énergie ainsi que des transports et voieries induits.

On peut prévoir que la recherche d'une utilisation importante des énergies climatiques ou géothermiques conduira à privilégier certains sites et types d'occupation de l'espace permettant de maximiser les apports gratuits, et de minimiser les pertes thermiques par création de microclimat, mais aussi de minimiser l'ensemble des coûts énergétiques induits évoqués ci-dessus. La comparaison des coûts globaux de certains modèles ferait apparaître au plus bas de l'échelle le village de type urbain des sociétés rurales de

328

zones tropicales, véritable écosystème du « tout-solaire »; et au plus haut, les mégastructures urbaines associant enfouissement, verticalité et contrôle climatique artificiel total.

Certains ont pensé que les formes urbaines, telles que nous les connaissons, pourraient être frappées d'obsolescence au profit d'une dispersion de l'habitat, ou désurbanisme, les inconvénients de cette dispersion pouvant être compensés par une meilleure circulation de la téléinformation. De façon plus actuelle, on retrouve les thèmes de l'autarcie domestique et de la maison autonome, maximisant la relation entre habitat et milieu naturel, et par conséquent les capacités de captage et de recyclage. Cependant, l'extension à l'échelle des grands nombres d'unités autonomes consommerait rapidement l'espace, et s'avèrerait d'un coût énergétique global nettement prohibitif par rapport à des structures semi-urbaines établissant leur cohérence dans l'utilisation collective rationnelle de moyens autonomes de captage et de stockage d'énergie à échelle moyenne. Par exemple, l'utilisation d'un doublet de forage géothermique nécessite mille à deux mille habitations groupées à son voisinage. De même on observera que, dans le passé, les économies de matériaux et d'énergie ont orienté de façon plus ou moins volontaire la forme et la topologie des cités, agglomérations cellulaires enfermées dans un rempart protecteur imposant une minimisation du périmètre; ces deux exemples, apparemment sans rapport, en ont un en réalité, au niveau de la relation entre échelle et énergie, dès lors que l'on considère le rempart de l'exemple ancien comme un accumulateur de l'énergie employée à son édification et à sa défense. Les mêmes types de considération pourraient permettre l'analyse des réseaux hiérarchisés de voierie interne, les arborescences ayant une morphologie quasi biologique minimisant la surface d'impact, par comparaison avec les voieries à tracé géométrique systématique de type *iron grid*[4]. Par récurrence de la forme urbaine, se produisent des effets de microclimats, modulant le climat naturel et répercutant sur le plan thermique les économies ou gaspillages d'énergie induits au niveau du tracé.

Ainsi l'agglomération dense, véritable signe urbain, minimise les possibilités d'intégration climatique active par les effets de masques qui participent justement de sa qualité d'usage; à l'inverse, les tissus diffus ou systématiques à faible densité des cités-jardins, des tissus pavillonnaires, des grands ensembles sociaux, désastreux sur le plan de l'économie d'espace et d'énergie, sont plus favorables au point de vue du captage actif des énergies climatiques. La recherche de formes d'aménagement urbain à bas profil énergétique correspondant aux aspirations et aux contraintes contemporaines et utilisant de façon appropriée les énergies climatiques est aujourd'hui particulièrement importante du fait du phénomène mondial d'urbanisation. Il sera peut-être nécessaire de réexaminer les possibilités offertes par des aménagements spatiaux « rubannaires » permettant des alternances de bandes urbanisées denses et d'espaces libres nécessaires au captage et au stockage des énergies solaire et éolienne, et plus particulièrement aux dispositifs de recyclage biologique.

Plus généralement, il faut donc faire l'étude de la morphologie urbaine globale en fonction de son incidence sur la création de microclimats : ainsi l'agencement des masses des immeubles en fonction du vent peut-il conduire à leur faire jouer le rôle de barrières ou de masques contre les vents nuisibles, ou au contraire de déflecteurs ou de guides pour les vents favorables. Des exemples de ce mode d'organisation des espaces urbains existent dans différents contextes géographiques : pour les villes du Grand Nord, nous citerons les études de Ralph Erskine en Laponie et, en Union soviétique, les immeubles-barrières abritant au sud des quartiers moins élevés réalisés en Sibérie[5]; pour certaines villes côtières du littoral hollandais, des immeubles-enveloppes ont été étudiés par Bakéma; pour des villes du désert, à protéger contre les vents de sable, ont été proposées des cités horizontales de type casbah environnées de bâtiments plus élevés formant rempart en périphérie (Alexandroni, villes pour le Neguev); dans les climats tropicaux humides ont été effectués des essais de structure spiralée pour la cité d'Auroville. Il est intéressant de rappeler aussi que dans les anciennes villes coloniales africaines, étaient créés des microclimats dans les quartiers résidentiels, grâce à des plantations abondantes judicieusement établies, tant dans de vastes jardins que le long des voieries, procurant l'ombrage sans entraver la ventilation naturelle d'habitations largement espacées; ces microclimats contrastent d'ailleurs violemment avec les « quartiers indigènes » surdensifiés et pratiquement dépourvus de végétation (Bamako).

En fait, l'étude systématique de l'interaction des volumes et des tissus urbains, complétée par celle de l'influence des plantations, nappes d'eau, etc., et de la genèse des microclimats en site artificiel, n'en est qu'à ses débuts. On peut dire que les travaux les plus poussés, pouvant être rapprochés de cette problématique, sont le fait des agronomes et des ingénieurs forestiers, héritiers d'ailleurs des cultivateurs traditionnels, qui savent créer des microclimats par composition de masses, écrans, combinaisons entre essences végétales différentes, de façon systématique et contrôlée.

Le tissu urbain possède des caractéristiques particulières vis-à-vis de l'absorption du rayonnement solaire. On enregistre, en effet, des différences d'ambiance et de températures relativement importantes (2 à 5°) entre les milieux urbains minéralisés et les espaces avoisinant moins construits et de couvert végétal plus important. L'un des facteurs pris en compte pour justifier ces écarts est, bien évidemment, le dégagement de chaleur des activités propres à la ville, telles que chauffage, éclairage, circulation urbaine, etc. Cependant, le rôle du rayonnement solaire est très important, du fait du coefficient d'absorption élevé des matériaux constituant les voieries, pavages et divers sols artificiels, les toitures, et plus généralement la totalité des enveloppes bâties. On peut considérer la totalité de l'espace urbain comme une macrostructure présentant une très grande rugosité et un pouvoir anticonvectif important. D'autre part, la masse thermique de la totalité du construit joue un rôle de stockage permettant d'amortir les fluctuations journalières et saisonnières. Dans tous les cas, il est enregistré des températures constamment supérieures en moyenne, de jour comme de nuit, été comme hiver, entre l'espace urbain et l'espace avoisinant.

Le phénomène de captage de l'énergie solaire par le tissu urbain est renforcé par l'effet de serre que constitue la couverture de pollution, formant un filtre sélectif vis-à-vis de la réémission de chaleur de grande longueur d'onde. Ce phénomène est mis en valeur par James Marston Fitch dans son ouvrage *American Building*. Ces notions générales permettant d'envisager l'espace urbain comme un modèle physique d'un comportement particulier, que certains auteurs ont pu assimiler au comportement des zones désertiques, ne rendent bien évidemment pas compte des profondes discontinuités et des changements permanents d'ambiance au sein même des tissus, dus notamment aux variations d'orientation des surfaces réceptrices du rayonnement solaire; on connaît par exemple les différences d'ambiances globales de confort d'une rue étroite au débouché d'une esplanade; on a observé des modifications de climat sensibles à la suite de la construction de semis de bâtiments élevés dans les quartiers d'affaires par rapport au tissu antérieur, notamment du fait des effets de ventilation forcée et du rabattement des vents, rendant parfois impraticables les zones urbaines piétonnières au pied des immeubles élevés. On notera que ces effets sont moins perceptibles dans le cas de tels immeubles insérés isolément dans un tissu urbain « normal » (par exemple l'ensemble des macro-ensembles (La Défense, ZUP). Le cas des ZUP en particulier illustre fréquemment des phénomènes de climats nouveaux non contrôlés et non désirés. Autre exemple : la création, au niveau de l'espace automobile, de très grandes surfaces minérales d'un seul tenant (parkings, etc.) modifie considérablement le microclimat des habitations qui les environnent.

Une étude des phénomènes physiques en jeu devrait faire intervenir une modélisation tenant compte des échanges mutuels entre les parois différentes; par exemple dans le cas de l'utilisation d'une façade-miroir, l'avantage thermique pourrait être totalement perdu si un bâtiment lui faisant face se trouvait équipé du même dispositif.

Le végétal intervient essentiellement comme correcteur des surchauffes urbaines d'été, par deux effets simultanés : ombrages, horizontaux ou verticaux et abaissement de la température ambiante par absorption et évapo-transpiration. Il suffit de rappeler les dispositifs traditionnels des mails arborés des villes méditerranéennes, le rôle des jardins à pelouses continues et les plantations urbaines de la voierie haussmanienne. Il faut aussi noter que, du fait de sa fonction de climatiseur naturel et d'épurateur biologique, le végétal ne peut être remplacé en aucun cas par un mobilier urbain quel qu'il soit. D'autre part, sur un plan strictement biologique, l'espace urbain ne retient pas les eaux en surface et modifie les données hygrométriques naturelles du milieu.

L'organisation architecturale des plans d'eau et des fontaines a été souvent dictée par le désir d'établir non seulement un décor à forte incidence psychologique (vision de l'eau jaillissante), mais également la réalisation effective de réfrigérateurs actifs par effet évaporatif, balançant efficacement les tendances à l'assèchement du milieu minéral et établissant des microclimats extrêmement sensibles, dont les exemples les plus fameux seraient les fontaines des villes italiennes ou les jardins andalous. L'architecture du XXe siècle a usé parcimonieusement de ce moyen classique d'établir des conditions de bien-être urbain, que les squares du XIXe siècle avaient popularisées. A titre d'exemple, le Paris du XXe siècle, après quelques réalisations remarquables de l'entre-deux-guerres (jardins du Palais de Chaillot, parc Montsouris) n'a pas bénéficié, lors des grandes opérations monumentales qui l'ont modifié récemment, du minimum d'aménagements hydrauliques publics.

A la différence des deux éléments précités, verdure et eau, qui visaient le confort d'été, la verrière urbaine est destinée à établir des microclimats permanents. L'espace public urbain est par définition un espace résultant, notamment selon les conceptions spatiales préexistant aux données de l'urbanisme contemporain. Il a semblé, au XIXe siècle, extrêmement intéressant de couvrir par des verrières des portions de rues, principalement à usage commercial. Plus récemment, divers projets (par exemple en Angleterre) prévoient l'établissement de rues couvertes conçues comme axes de composition, créant des microclimats diminuant considérablement les déperditions thermiques des immeubles latéraux et étendant l'usage des espaces publics aux saisons de l'année où le froid les réduit habituellement aux circulations obligatoires.

Intégration des énergies nouvelles aux collectifs HLM des années 60.

L'intégration des énergies nouvelles est bien sûr fonction des divers types de tissus et de bâtiments où elle s'effectue.

Le secteur collectif HLM, construit aux environs des années 1960 dans le cadre d'ensembles planifiés d'un seul tenant d'au moins mille logements, possède pour sa part des caractéristiques tout à fait favorables à l'insertion des techniques de captage des énergies naturelles. D'une part l'utilisation de la géothermie, intéressante du fait de son faible impact, est devenue récemment opérationnelle grâce à l'utilisation d'échangeurs thermiques en aciers spéciaux et à l'abaissement du coût des forages.

Par ailleurs, les compositions habituelles des plans de grands ensembles, généralement à base de barres et de tours accompagnées de prospects suffisants pour éviter tous masques importants, sont souvent paradoxalement conçues comme de véritables souffleries naturelles. L'utilisation du vent donnerait un sens positif à ce phénomène plutôt nuisible, et devrait permettre la fourniture d'énergie électrique à bon compte afin de couvrir la totalité des charges communes pesant lourdement sur les loyers et sur la gestion des Sociétés HLM. Les aérogénérateurs canadiens de type à axe vertical sont aisément intégrables en terrasses. Leur coût par rapport à des aérogénérateurs sur pylônes non intégrés à la construction serait très considérablement abaissé et l'énergie électrique produite pourrait être couplée à des pompes à chaleur.

Enfin, la fourniture d'eau chaude sanitaire devrait pouvoir être assurée en totalité au moyen de chauffe-eau solaires de grande dimension, de conception spécifique. Dans le cas où les façades seraient particulièrement défaillantes (manque d'étanchéité, trop faible isolation thermique), il serait possible de doubler celles-ci d'une seconde «peau» assurant, sous forme de bow-windows généralisés, un tampon climatique et spatial permettant d'augmenter la surface habitable, l'agrément et l'économie thermique, particulièrement dans les cas de surfaces manifestement insuffisantes. Bien évidemment les façades sud seraient utilisées en priorité (cas des HLM minces); pour celles exposées à l'est et à l'ouest, des systèmes de bow-windows en redans ou dents de scie permettraient d'augmenter l'exposition sud tout en se protégeant des surchauffes d'été, notamment sur les façades ouest. Les ouvertures des façades nord en revanche seraient traitées par double-vitrage, voire par rebouchage partiel de percements parfois excessifs. Dans le cas fréquent des constructions du type *box-frame,* l'amélioration serait obtenue sans modification du gros œuvre, et menée par étape. Il serait évidemment souhaitable que l'ensemble des nouveaux « éléments de façade volumiques » fassent l'objet de concours auprès de concepteurs appropriés groupant maîtres d'œuvres, plasticiens et héliotechniciens.

Pour ce qui concerne l'utilisation des espaces libres extérieurs du tissu HLM dont le procès a déjà été mené maintes fois, nous noterons ici plusieurs voies de réinvestissement.

Une densification (relative et précautionneuse, évidemment) pourrait s'opérer, selon divers processus architecturaux, soit en « rebouchant » certains interstices entre des bâtiments très rapprochés (cas fréquent d'une barre approchant perpendiculairement une autre barre, jusqu'à une distance égale au prospect réglementaire); ce qui aurait pour effet de restructurer un lieu extérieur et d'améliorer notablement le microclimat. Soit en épaississant, voire en doublant la base des immeubles (établissement de nouveaux logements, ou de petits services annexes, sur les façades bien exposées; soit par la transformation radicale de la structure des plantations. Celles-ci ont été généralement établies selon un modèle (appauvri à l'extrême pour des raisons d'économie) dérivant du tapis vert ou du moins de l'idée de parc; la végétation, insuffisante au départ pour raison d'économie, est souvent en conséquence dispersée équitablement çà et là, et incapable d'assumer la moindre structuration spatiale, la moindre protection climatique; les circulations permises étant souvent insuffisantes, le « gazon », s'il est assez sévèrement gardé pour subsister, ne peut être ressenti que comme espace d'interdiction; en fait, son entretien dépasse la plupart des budgets d'HLM, ce qui fait qu'il ne procure même pas de plaisir visuel en compensation de sa contrainte spatiale. Dans ces conditions, il vaudrait mieux renoncer à la généralisation de l'espace vert public, et établir sur les surfaces libérées des jardins clos à vocation horticole explicite. L'intégration horticole dans l'habitat social a été développé plus particulièrement en Angleterre et aux Pays-Bas. En effet, les recyclages immédiats de déchets et effluents ainsi que l'utilisation proche du gaz carbonique de l'humidité de l'air vicié de l'habitat favorise la croissance des plantes et les rendements horticoles. Enfin, les serres jouiraient d'un microclimat constitué par les écrans des masses bâties. L'aqua-culture par ailleurs pourrait utiliser les eaux chaudes de rejets par l'intermédiaire d'échangeurs.

Les applications horticoles de l'énergie solaire ne semblent pas a priori au premier plan des préoccupations en Europe du fait des méventes fréquentes des produits; elles répondent plus à des préoccupations concernant le Tiers Monde. Cependant la quasi-totalité des opérations HLM péri-urbaines ont été effectuées sur des terres horticoles riches au détriment de l'équilibre écologique et économique local (Antony, Argenteuil, Fontenay-sous-Bois, Massy, etc.).

Le type d'appropriation sociale de ce nouveau genre d'espaces verts partiellement productifs donnerait lieu à de nombreuses variantes, notamment celles de potagers individuels à l'histoire déjà longue, combinés naturellement à des espaces entièrement accessibles de jeu et de détente.

Intégration des énergies naturelles aux équipements et bâtiments publics

Les possibilités d'intégration des énergies naturelles aux équipements et bâtiments publics sont également nombreuses. Dans le domaine de l'Éducation nationale en particulier, les bâtiments scolaires, étant pour la plupart de type industrialisé tramé et à exposition déterminée, nord-sud pour les plus anciens, est-ouest pour les plus récents (dérogations), représentent un support privilégié d'application solaire. La demande thermique de ce type de locaux, d'occupation diurne, permet de simplifier considérablement les appareillages solaires en les réduisant à la fourniture d'apports quasi-instantanés. Les systèmes de captage à air chaud peuvent avoir là une application très économique s'ils sont disposés en allège et en terrasse, à condition qu'une régulation et une protection adéquates permettent de s'affranchir de surchauffes en mi-saison.

On pourrait envisager la réhabilitation par modification totale des façades à mur-rideau des CES récents dont on connaît les défauts; les terrasses de ces immeubles barres rarement très élevés, se prêteraient également parfaitement à l'établissement de batteries d'insolateurs de type shed; il est à noter que la majorité des bâtiments de classes est orientée pour présenter ses façades à l'ouest et à l'est; les traitements des façades par capteurs-claustra ou capteur-auvents atténueraient un peu les surchauffes du matin et du soir, et le choix de capteurs de toiture établis en batterie perpendiculairement au grand axe du bâtiment seraient donc bien adapté et se prêterait même, comme la majorité des constructions solaires récentes, à normalisation.

Les autres bâtiments publics relèvent soit de l'État, soit du domaine des collectivités (municipalités en particulier). La proposition de solariser en priorité des bâtiments relevant exclusivement de l'État, tels que prisons, casernes, postes, services fiscaux, a été faite récemment; il faudrait toutefois prendre garde à ne pas rendre le soleil totalement répulsif en suscitant à son égard des associations fâcheuses dans l'esprit du public. Mais, les bâtiments municipaux, très nombreux, semblent un terrain très approprié sous réserve d'une aide publique au premier investissement, les charges d'entretien et de chauffage étant souvent accablantes pour de petites collectivités.

Maisons industrialisées

Dans le domaine de l'habitat, et en marge des applications de recherche fondamentale (comme celles des ATP[6] du CNRS) et de la recherche d'un habitat véritablement solaire ou « naturel », il est possible d'insérer rapidement, dans les processus d'industrialisation du logement et d'amélioration de l'habitat existant, des

53. Soleil et habitat courant.
a - Étude pour les pavillons EDF du Havre; b - étude pour les pavillons EDF d'Aramon, 1974.

matériels solaires à vocation industrielle. Ces matériels seraient issus de perfectionnements apportés à des technologies connues, par exemple l'association de chauffe-eau solaires à des blocs thermiques industrialisés groupant les fonctions de stockage, d'appoint, de redistribution de chaleur, de ventilation mécanique contrôlée et de recyclage d'air vicié.

On pourrait en faire l'application immédiate dans le domaine de la maison industrialisée de série. Ce type d'habitation couvrant la majeure partie de la commande privée et contrôlant au plan européen, au moyen de circuits financiers et bancaires, un important secteur de la demande, est extraordinairement peu réceptif à la notion de modification de fond de l'« image maison » qu'elle a réussi à imposer au public. La typologie spatiale, quoique extrêmement réductrice, se prête aisément à des moyens d'intégration de captage en versant sud de toiture et en pignon; l'adoption de maisons sur catalogue du type solaire semble déjà fortement engagée (maison Philips en Allemagne, Maison Okal, procédé canadien au foyer Havrais). A brève échéance, il est prévisible que la quasi-totalité des fabriquants de maisons industrialisées, très critiquées sur le plan architectural (médiocrité et gaspillage), trouve dans l'application solaire un refuge contre ces critiques. Le tout électrique plus le solaire intégrant les coûts d'étude sur des séries importantes, permettrait d'amener le « surcoût solaire » au niveau le plus bas. Cette application ne peut être en tout état de cause qu'une réponse temporaire d'adaptation du solaire dans l'attente de bouleversements plus profonds des habitudes de consommation du public et de son image de la maison[7].

Résidences secondaires

Les résidences secondaires sont un cas particulier car elles sont soumises à des dégradations du fait qu'elles demeurent inoccupées une grande partie de l'année, et plus particulièrement pendant la partie climatiquement rigoureuse. Durant la période qui précédait la crise, la coutume de laisser un chauffage bas, mais continu, tout l'hiver dans les maisons vides avait commencé à se répandre; mais, outre qu'elle demandait une surveillance minimale, c'était là un type de dépense d'énergie difficilement justifiable et qui a dû perdre du terrain ces dernières années. L'énergie solaire répondrait parfaitement à un problème de ce genre, qui ne dépasse pas la mise hors gel, résultat facile à obtenir avec une surface réduite de capteurs. Deux types de solution seraient, par exemple :

— Un mur Trombe, protégé pour éviter les surchauffes d'été par un pare-soleil en auvent arrêtant les rayons, par exemple d'un équinoxe à l'autre.

— Un système d'insolateurs à eau fonctionnant par thermosiphon (un circulateur, en effet, induirait une dépense électrique minime, mais interdirait de couper le courant électrique ce qui reposerait le problème de la sécurité), circuit qui pourrait être aménagé pour assurer, en hiver la mise hors gel des locaux, et en été l'eau chaude domestique.

Centrales solaires de chauffe

Enfin, la solution de centrales solaires de chauffe, destinées à la production centralisée et au stockage à basse et moyenne température d'un fluide caloporteur, pourrait convenir dans de nombreux cas tels que petites agglomérations denses, sites sensibles... Et cette solution pourrait constituer une approche valable (sous réserve de conception paysagère soignée : établissement de clos, barrières végétales diverses) de l'intégration de l'énergie solaire à un habitat en maintenant totalement son aspect architectural d'origine. En effet, alors que les moyens de stockage sont, de préférence, enterrés et permettent une réutilisation du terrain en surface, la concentration des moyens de captage a bien entendu comme inconvénient de mobiliser du terrain, ce qui la rend impropre à l'intégration urbaine dans la majorité des cas.

Le concept de centrale thermique pose évidemment le problème crucial de redistribution de la chaleur sans pertes excessives, ce qui nécessite une intégration à courte distance. Aux États-Unis, les laboratoires Sandia à Albuquerque ont avancé le concept de « communauté solaire », groupement d'habitations individuelles établies autour d'un champ de capteurs plans constitués en centrale de chauffe, véritable parking à capteurs solaires. En France, l'opération de Méjanne étudiée par le COSTIC et le CEA relève de cette conception. Bien que l'argumentation financière de ce type d'approche de l'habitat solaire paraisse actuellement relativement favorable face aux surcoûts excessifs de la plupart des conceptions d'architecture solaire intégrée, la réponse schématisée à l'extrême et volontairement réductrice supprime en le niant le problème de

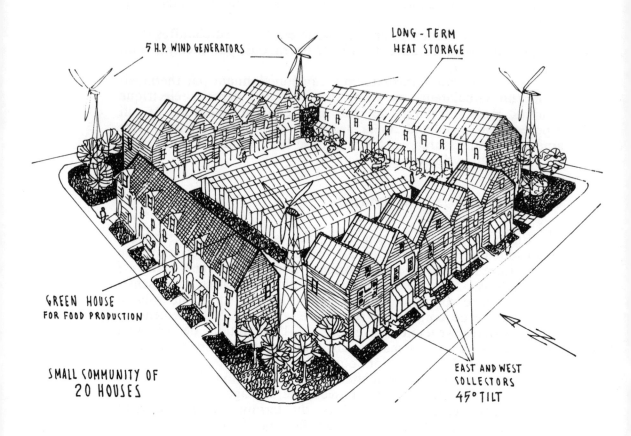

54. Centrale solaire de chauffe adaptée à un habitat existant
(Proposition présentée au congrès UNESCO de Londres en 1977 par les auteurs).

la collaboration entre architecte et héliotechnicien. On aboutit ainsi à la juxtaposition d'un habitat compact, fermé, très fortement isolé, et d'une centrale de chauffe solaire indépendante, avec d'ailleurs tous les avantages juridiques découlant d'une séparation nette des fonctions, et de la disparition des réticences des protagonistes de l'opération (public, architectes, sites...); un autre avantage des centrales de chauffe est qu'elles s'inséreraient dans un éventail de possibilités plus larges des moyens de captages : insolateurs plans, bassins solaires, insolateurs à orientation variable, insolateurs semi-concentratifs et à concentration linéaire... (certains de ces matériels n'étant jamais intégrables à l'architecture). Elles pourraient se combiner également à des surfaces de serres et elles seraient superposables aux volumes de stockage thermique.

Leur développement pourrait être rapide dans le cas où des organismes comme, par exemple, la Caisse des Dépôts s'y engageraient; leur implantation poserait un problème inhabituel d'urbanisme et d'aménagement puisqu'il faudrait ménager les réserves foncières nécessaires et assurer une protection rigoureuse contre les masques; néanmoins ce serait plus facile à résoudre que le droit individuel au soleil; même l'immobilisation de terrains situés à proximité des agglomérations devrait être relativement aisée comme le montre l'analyse de nombreux POS.

A titre d'exemple, si l'on compte qu'un hectare d'insolateurs représente l'équivalent des surfaces captantes de deux cents logements tout-solaire, le stockage longue durée étant enterré dans le terrain, ceci équivaut, selon le POS d'un village de la région parisienne (Yvelines, région d'Houdan), à la surface de trois parcelles constructibles à la périphérie de l'agglomération (3 000 m² chacune conformément à l'actuelle COS). On sait par ailleurs que la plupart des communes possèdent dans ces zones périphériques des terrains, généralement très sous-employés (exemple dans le village cité, un terrain communal de 5 000 m² uniquement affecté au puits de la commune).

Ce processus de centralisation semble aller dans le sens de la déstructuration spatiale consécutive à la séparation forcenée des fonctions; cependant, l'examen des villages traditionnels montre des exemples très satisfaisants d'imbrication de zones d'habitation et de zones agricoles spécialisées (clos, vergers); et l'implantation d'un champ de capteurs bien enclos ne constituerait certainement pas une nuisance visuelle plus grave que les nouveaux tissus pavillonnaires qui flanquent aujourd'hui la plupart des agglomérations françaises.

A l'opposé de cette conception de dissociation habitat/captage, on notera la solution inverse du champ de capteurs habité[8], où la logique du captage et du stockage imposerait la forme et la répartition des espaces habités, cas où l'on se retrouverait dans des impératifs du même type que ceux dictés par l'industrialisation du bâtiment, chemins de grues, trames répétitives, voieries systématiques, etc. Ce type de conception ne se justifierait réellement, du fait de ses lois drastiques, que dans des situations de nécessité objective (*cf.* projets de développement rural SOFRETES).

Modèles théoriques d'habitat

Ayant examiné l'état actuel des tissus existants, nous avons été conduits à construire des hypothèses prospectives, ou modèles théoriques d'habitats, dont on pourrait évaluer le degré optimum d'autonomie énergétique en fonction d'un ensemble de paramètres incluant, notamment, l'investissement économique possible et l'intégration à un système social donné. S'ils ne sont à ce jour que des sujets possibles de recherche, ils pourraient, selon nous, constituer le support d'actions globales sur l'habitat, destinées à le réinsérer dans le milieu suivant un mode de relation moins dévastateur, et ayant recours aussi peu que possible aux énergies exogènes. L'aspect énergétique ne serait d'ailleurs pas pris seul en compte, d'autres nuisances ou déstructurations seraient pareillement réévaluées, notamment le gaspillage des terres cultivables et des couverts végétaux lié à des types d'urbanisation irraisonnée. Les modèles que nous proposons ici ont donc vocation à être des écosystèmes[9].

1. Un habitat dense en zone nord-européenne, avec pour objectif essentiel la conservation des sols encore agricoles. Une réponse possible est l'habitat tour (on se référera à la proposition de M. Aureille, ingénieur EDF, posant l'hypothèse d'un habitat-donjon, ou habitat éolien, tirant la quasi-totalité de son énergie d'aérogénérateurs importants intégrés à la structure habitable).

2. Un habitat horizontal en zone centre-européenne[10] qui combine le captage solaire en toitures, le stockage intersaisonnier recouvert de serres horticoles, et de petits aérogénérateurs sur pylônes dispersés.

3. Un habitat méditerranéen incluant l'ensemble des zones géographiques intermédiaires entre l'Europe froide et les zones tropicales. On peut ici envisager un habitat solaire passif mettant en œuvre des dispositifs architecturaux purs ou héliotechniques, combinés avec des capteurs actifs, des centrales solaires à conversion thermodynamique associées à des aérogénérateurs.

4. Un habitat désertique associé à l'agriculture en économie d'eau (référence : les serres-distillateurs du CNRS), c'est-à-dire un habitat adapté associé à des dispositifs de captage solaire thermodynamique et des aérogénérateurs (*cf.* étude de l'UNESCO, congrès de New-Delhi, par le professeur Golding).

5. Un habitat dense en zone tropicale et subtropicale caractérisé par la surdensité (contextes urbains); l'habitat est réalisé par autoconstruction associée à une agriculture urbaine; cultures hydroponiques; pisciculture; biogaz, épurateurs biologiques et captage solaire et éolien selon les capacités des sites (*cf.* les études sur l'habitat aux Philippines, à Manille, présentées au Congrès de Vancouver).

Dans ces modèles, on pourrait aussi faire mention de la conversion photovoltaïque de l'énergie solaire, qui peut s'insérer éventuellement dans des capteurs à double fonction de production thermique et électrique (*cf.* maison de l'université de Delaware, études du professeur Palz, CEE, études du professeur Baum, Krijanowski Institut, URSS, sur les abaissements de coût à attendre du développement industriel des photopiles).

Les modèles proposés sont évidemment théoriques, aucun ne recouvrant une réalité concrète déterminée dans tous ses aspects.

Retour aux écosystèmes

Les modèles théoriques d'habitat que nous avons proposés au chapitre précédent débordent largement les politiques du coup par coup, et situent très explicitement notre recherche dans la problématique des écosystèmes qui sert d'arrière-plan à tout notre travail. Nous nous y sommes référés à plusieurs reprises et nous y revenons maintenant pour insister sur l'importance de ce fil constant qui texture nos analyses et nos propositions, à savoir l'étude des relations des termes du trinôme milieu-énergie-habitat dont nous rappelons les définitions précises : le « milieu naturel » est pris ici dans le sens de milieu climatique résultant des agents actifs que sont le soleil, le vent, l'eau en ses différents états, conjugués avec la morphologie du site en interaction avec le milieu végétal; le terme d'énergie recouvre les formes d'énergie produites par le milieu climatique, activées en son sein, et l'influençant en retour (énergies solaire et éolienne reçues directement sous forme rayonnante ou aérodynamique, captées intentionnellement ou non; énergies hydraulique et géothermique au niveau des sites); enfin le terme d'habitat recouvre l'ensemble des lieux utilisés et mis en forme par les sociétés humaines, selon des modes de production spécifiques, à des fins matérielles, éthiques et symboliques déterminées.

L'analyse écosystémique fait envisager dans chaque cas :

— La relation entre habitat et énergie, notamment entre la configuration spatiale des établissements humains et les réseaux énergétiques, c'est-à-dire entre le niveau général d'activité d'un groupement donné (impliquant production, consommation, désirs et nécessités) et la quantité d'énergie requise y correspondant.

— La relation entre milieu et habitat, que la mise en œuvre de quantités croissantes d'énergies exogènes avait permis d'éluder jusqu'à la crise, mais qui redevient prédominante dans le contexte de l'utilisation des énergies naturelles au niveau de l'habitat. (Par exemple un hiver froid et peu ensoleillé cumulerait l'accroissement de la demande de chauffage et la diminution des apports attendus, spécialement en contexte de chauffage solaire.)

— Enfin, la relation entre milieu et énergie qu'illustre par exemple l'énergie hydraulique. Même dans le cas des énergies fossiles, l'action du milieu est prépondérante au niveau de la source froide des systèmes thermodynamiques (centrales, quel qu'en soit le combustible).

Le milieu agit en outre sur l'énergie par l'intermédiaire de l'habitat, ou plus précisément, il agit sur la quantité d'énergie requise par l'intermédiaire de besoins qu'il provoque au niveau de l'habitat. Ceux-ci correspondent aux « pointes » et « plages » de demande, cycliquement prévues ou exceptionnelles, qui sont bien connues d'EDF, et dont le contrôle reste à perfectionner : ainsi est-il prévu un suivi météorologique continu par observation satellite, destiné à renseigner les usagers sur la durée de perturbation afin de leur permettre d'ajuster à l'avance leur conduite de chauffe.

Les expériences écosystémiques menées actuellement en matière d'habitat, généralement dans le cadre d'initiatives privées notamment en Grande-Bretagne et aux Etats-Unis, tentent de constituer des milieux économiquement clos mettant en jeu une interrelation totale du trinôme habitat-énergie-milieu (réalisations du New Alchimist et de Barry Commoner notamment). Il s'agit d'ensembles habités, implantés sur des terrains ruraux, mettant en œuvre des méthodes de culture intensive (pisciculture, culture sous serre, apports d'engrais par compostage), les apports énergétiques étant exclusivement le soleil, le vent et les bio-fuels, et l'habitation étant conçue comme un abri bioclimatique, c'est-à-dire que son implantation dans le site, ses volumes, la nature de ses matériaux, ses percements visent globalement à optimiser les échanges thermiques avec le milieu (minimisation des pertes, optimisation des apports, stockage thermique). On notera que les répercussions sur le mode d'habiter sont la frugalité d'une part et un haut niveau d'activité palliant la réduction de la mécanisation d'autre part. Ce type d'expérience vise à réaliser des modèles reconductibles, mais leur échelle demeure très réduite du fait que les options dominantes de la société actuelle leur sont étrangères, voire hostiles.

A l'opposé, le cas de construction de modèles « officiels » à grande échelle peut être illustré par la réglementation et l'organisation de l'étape agropastorale du plan de la révolution agraire algérienne. Celle-ci stipule, en fonction d'un milieu donné (la steppe), caractérisé lui-même par la météorologie, l'échelle des troupeaux, leur aire de pâturage, le réseau de puits motorisés et des réservoirs d'eau, la dispersion et l'échelle des centres de peuplement, la répartition et la programmation des cultures sèches afférentes ainsi que la constitution de cultures irriguées complémentaires en fonction des possibilités locales. Mais par rapport aux modèles agropastoraux traditionnels, il faut remarquer qu'ici l'apport énergétique (pétrole pour la motorisation des puits) est exogène, et que d'autre part le système est intégré, en particulier par le moyen des coopératives, à une économie nationale débordant le milieu considéré.

Il peut être intéressant de comparer ce système actualisé à des systèmes traditionnels de la région des steppes totalement nomades, donc exclusivement pastoraux à l'exception de points de culture réduits à des micro-sites privilégiés et d'ailleurs précaires, ou encore à des systèmes mixtes combinant l'agriculture relativement sédentaire et l'élevage nomade à déplacements limités dans des zones à pluviométrie légèrement supérieure (exemple : le Sahel). L'examen des différents niveaux de cultures complémentaires assurant l'équilibre vivrier de ces villages révèle un affinement de leur éco-milieu : mélange de cultures différentes sur des parcelles communes; associations de « jardins de case » (irrigués et fumés avec les effluents de l'habitat) aux cultures sèches; jachères et assolements ayant permis la reconduction d'un modèle agricole entièrement tributaire de la pluviométrie (aucun système d'irrigation ni de stockage d'eau); aucune source d'énergie autre qu'humaine. Mais ce système est frappé d'une double précarité : d'une part cyclique, car en sus des rotations de culture les villages se déplacent périodiquement pour se rapprocher de sols « neufs » ce qu'exprime et concrétise leur architecture à durée de vie brève, quasi-biologique; d'autre part liée aux accidents météorologiques plus ou moins périodiques (sécheresses).

A ces modèles archaïques presque totalement fermés, où le trinôme milieu-habitat-énergie voit son terme énergie réduit à la combustion du bois, et, pour toutes les fonctions mécaniques, à l'énergie humaine sans mécanisme multiplicateur (levage, portage, broyage, etc.), on opposera des systèmes dont le terme énergie s'enrichit, par domestication des animaux de trait, élaboration de mécanismes, mise en œuvre ordonnée de masses sociales considérables permettant notamment la maîtrise de l'eau, d'où une action renforcée sur le milieu (exemple : grands ouvrages hydrauliques de l'empire Khmer, utilisation de l'énergie hydraulique par des moulins en Chine et à partir de là dans toute l'Asie Centrale, utilisation de l'énergie éolienne par des moulins à axe vertical et horizontal), l'habitat devenant absolument sédentaire dès que l'irrigation valorise les sols et y fixe la population. De tels systèmes, caractéristiques des plus hautes civilisations de l'Antiquité orientale et du Moyen Age oriental et extrême-oriental, s'avèrent vulnérables à des secousses politiques; par ailleurs, sur le plan technique, elles soumettent le milieu à des usures qu'elles n'ont pas les moyens de compenser (salage des sols, colmatage accéléré des grands ouvrages...). A la différence des systèmes précédents basés sur la symbiose entre habitat et milieu, l'habitat des grands empires sédentaires se clive en architecture somptuaire, non dégradable, édifiée avec les surplus de temps et de richesse prélevés par la classe dominante sur l'ensemble du corps social, et en habitat courant, aussi sommaire que celui des sociétés primitives. On peut noter que l'habitat populaire, une fois les grands empires écroulés, se maintient à un niveau relativement élevé, associant les formes d'énergie les plus primitives à une mécanisation artisanale, mais sophistiquée (Asie du Sud-Est, oasis, etc.).

En Europe, l'écosystème gothique se caractérise par un maillage de petits et moyens centres d'activités associant agriculture céréalière, arboriculture, industrie forestière, élevage, artisanat, dans un paysage divisé fonctionnellement selon des vocations régionales variées; la charpenterie très développée permet la maîtrise du vent et de l'eau à très grande échelle, multipliant les sites d'exploitation de force motrice; le trinôme milieu-habitat-énergie atteint, dans les intervalles des troubles politiques majeurs, un équilibre, ou plutôt des séquences d'équilibre se rétablissant constamment, assez stables pour avoir marqué le paysage européen intégralement jusqu'aux grands travaux de la révolution industrielle et, sous forme de réduits de plus en plus marginalisés, jusqu'à la période contemporaine. Notons au passage que la totalité des « traditions populaires », à commencer par l'habitat, relève de ce continuum, plus particulièrement de son apogée au XVIIIe siècle, et continue de nourrir, à des niveaux de conscience plus ou moins claire, la conceptualisation que se font les Européens de la maison, du paysage, du rapport au milieu, les formes « modernes » de ces notions étant ressenties comme utilitaires et, finalement, de qualité inférieure. Malheureusement, cette persistance d'un modèle objectivement caduc n'a rien à voir avec les écosystèmes, qui constituent des systèmes cohérents et reproductibles. De ce qui a été, en son temps, un écosystème à son apogée ne subsiste aujourd'hui qu'un catalogue d'images et de désirs, recouvrant et reproduisant des contradictions insolubles : l'image de la maison occidentale d'aujourd'hui et de son archétype foisonnant — le pavillon « traditionnel » — qui permet tout juste de rassurer l'habitant désormais irresponsable, en lui laissant croire qu'il perpétue l'équilibre avec le milieu (alors même qu'il le détériore gravement), ce qui le conduit à esquiver toute mutation vers de nouvelles adaptations.

Il est de fait qu'à notre époque les écosystèmes anciens ont éclaté, et qu'on a pu jusqu'à présent soit les laisser se détériorer sans recours (cas de nombreuses régions du Tiers Monde), soit ajourner leur destruction par des correctifs coûteux et dangereux.

Les hypothèses écologiques, à l'inverse, impliquent simultanément une mise en garde contre la destruction de notre milieu de vie et la recherche active de solutions alternatives. Dans cette optique, l'habitat ne peut plus se développer au détriment du milieu et l'intégration des énergies nouvelles est un des facteurs nécessaires (mais non le seul) pour trouver un nouvel équilibre entre ces deux termes actuellement dissociés. Intégrer ces énergies à l'habitat, ce n'est pas seulement obéir à une mode (forger une nouvelle image rassurante), c'est réapprendre la nature profonde de l'habitat en général.

Nos travaux sont à comprendre en ce sens : les éléments que nous manipulons ne sont jamais des objets isolés, mais les termes de relations complexes et vivantes.

Ainsi des options apparemment de pure technicité, comme le choix des insolateurs, stockeurs, etc. doivent-elles s'opérer en relation avec des objectifs plus amples : adaptation à un milieu climatique précis, mais aussi option énergétique consciente, notamment choix du degré d'autonomie recherché, des énergies complémentaires à intégrer, etc. Dans cette optique nous ne pouvions considérer que comme oiseuse et dangereuse l'opposition d'école entre systèmes passifs et actifs : c'est une polémique nuisible à l'avenir de l'architecture solaire et il est dommage que le corps des architectes, en commençant à s'intéresser à l'énergie solaire, s'enferme aujourd'hui dans ce piège. Enfin il paraissait normal, parlant d'écosystèmes, que nous débordions largement l'échelle de la « maison solaire », ou même du groupement autarcique cher à de nombreux écologistes militants, pour aborder l'habitat dans son ensemble, y compris l'existant, le courant, le banal : ainsi avons-nous élaboré la méthode d'évaluation de gisements solaires dans l'habitat et esquissé des modèles théoriques d'écosystèmes contemporains.

Ce travail n'est qu'une petite part de la recherche actuelle, de plus en plus répandue en dépit des routines et des obstacles, qui se propose de mobiliser un corpus cohérent de sciences et de techniques pour adapter l'environnement naturel aux besoins modernes des hommes.

Il y a aujourd'hui une nécessité solaire, et une nécessité de faire jouer au mieux et très vite toutes les ressources d'un milieu trop longtemps malmené.

Notes

A — Notes des pages 9 à 14.

1. Au-delà du bâti et de l'individuel, l'habitat sera ici appréhendé comme l'ensemble, pour un groupe social donné, d'espaces aménagés (clos ou non, couverts ou non, permanents ou non, connotés ou non par des signes matériels) servant de cadre, de support, d'abri et d'outil à la vie quotidienne.

2. C'est-à-dire, pour reprendre la claire définition d'Edgar Morin, une « notion qui englobe l'environnement physique (biotope) et l'ensemble des espèces vivantes (biocénose) dans un espace, ou niche, donné », notion qui « renvoie à ce que recouvraient déjà les mots bien connus de milieu, d'environnement, de nature : mais il ajoute de la complexité au premier, de la précision au second, et retranche au troisième de la mystique, voire de l'euphorie... Ces trois notions oublient le caractère le plus intéressant du milieu, de l'environnement, de la nature : leur caractère auto-organisé, et organisationnel ».
Extraits de l'« An 1 de l'ère écologique », un entretien avec Edgar Morin, dans le *Nouvel Observateur,* numéro hors série, juin-juillet 1972 : « La dernière chance de la terre ».

3. Contrat ATP du CNRS : Habitat solaire; « La notion de confort thermique. Dimensions psychologiques du concept; confort thermique et stimuli visuels. Interaction éventuelle entre la perception du confort thermique et celle d'autres facteurs du confort global ». Responsable scientifique du projet : M. Levy-Leboyer (psychologie industrielle et clinique). — « L'étude du confort thermique en ambiances hétérogènes », ATP Hale, *Solaire 77,* F. Grivel. — « Évaluation du confort. Inconfort thermique déclaré en situation réelle », Barth et Grivel, ATP 77. — « Rôle de la température interne sur la perception du confort thermique », M. Cabanac, ATP 77.

4. *American Building* par J.M. Fitch, Schocken Books éd., 2e éd., New York, 1975.

5. Exemples d'échanges mesurables : transmissions amorties, retardées ou favorisées des variations thermiques à travers les parois de l'enceinte, enveloppes extérieures et intérieures; à travers ses masses volumiques, leurs formes, leurs proportions, leurs distances, etc., entre ses masses volumiques et les masses avoisinantes (autres bâtiments, relief, masses végétales, etc.).

B — Pages 15 à 66.

1. *La terre et l'évolution humaine* par Lucien Febvre, éd. Albin Michel, L'évolution de l'humanité 4, Paris, 1949.

2. *Tour :* terme simplificateur recouvrant ici les enceintes circulaires.

3. *Stone shelters* par Edward Allen, the MIT Press éd., Cambridge (Mass), Londres, 1971.

4. Jéricho I correspond à la plus ancienne des villes superposées retrouvées sur le site de Jéricho.

5. *Histoire générale de l'architecture,* ouvrage collectif réalisé sous la direction de B.P. Mikaïlov, pour le ministère de l'Enseignement supérieur et des facultés d'Architecture, éd. d'État d'ouvrages de construction et d'architecture, Moscou, 1958 (ouvrage en russe. Titre traduit par les auteurs).

6. *Histoire de l'humanité,* publication de l'UNESCO, éd. R. Laffont, Paris, 1967.

7. « Si les portes d'une maison s'ouvrent vers l'est, le maître de cette maison vivra vieux; si les portes d'une maison s'ouvrent vers l'ouest, le maître de cette maison ne vivra pas vieux; si les portes d'une maison s'ouvrent vers le sud, le maître de cette maison connaîtra la paix du cœur; si les portes d'une maison s'ouvrent vers le nord, le maître de cette maison ne connaîtra pas la paix du cœur... » Ce rituel mésopotamien extrait de la série divinatoire Sûmma âlu (bibl. d'Assubarnipal à Ninive) est cité dans *La Mésopotamie* par J. Nougapol et J.M. Aynard, éd. Bloud et Gay, coll. Religions du Monde, Paris, 1966.

8. *Çatal Hüyük* par J. Mellaart, éd. Jardin des Arts, Tallendier, Paris, 1971.

9. Littéralement la « grande salle », le mégaron est la pièce principale de l'habitation grecque, généralement ouverte sur la cour par l'intermédiaire d'un vestibule, et distincte des autres locaux par sa hauteur importante.

10. *Maisons traditionnelles de Turquie et leur déclin vers l'architecture occidentale* par Hasan Özgüle, mémoire UP 6, Paris, juin 1977.

11. *Cités anciennes de Mauritanie* par D. Jacques-Meunie, éd. Librairie Klincksiek, Paris, 1961.

12. *Étude pour un projet d'habitat au Caire* par Ahmed Nourag, mémoire UP 6, Paris, juillet 1976.

13. *Iwan* : *cf.* définition p. 41.

14. *Histoire de l'architecture* par Auguste Choisy, éd. Vincent-Fréal, Paris, 1964, 2 vol.

15. *Architectures — formes d'habitat — espaces et groupements urbains traditionnels au Yémen du Nord* par M. Hirshi et S. Trampczynska-Hirshi, mémoire UP 6, Paris, juin 1978.

16. *Architecture in the hot arid zone* par M. Tavassoli, diplôme de Téhéran et diplôme d'UP 6 : « Une petite ville iranienne : Natanz. Habitat traditionnel alternative — énergie solaire » par Bijan Rafii-Serechki, mémoire UP 6, Paris, juillet 1976. — *Changement de structure rurale et reconstruction des villages iraniens* par Georges Dupont, mémoire UP 6, Paris, juin 1975.

17. *Inde islamique* par Andreas Volwahsen, éd. Office du Livre, coll. Architecture universelle, Fribourg, 1971.

18. *Fondouk* : place plus ou moins publique entourée d'ateliers.

19. *Medressés* ou *mederseh* : centres d'enseignement religieux.

20. *Hossénieh* : places ou édifices propres à la religion chiite, servant à la commémoration théâtrale (ou *Takieh*) de la mort de Hussein.

21. *Architectural monuments of Middle Asia : Bokhara, Samarkand* par V. Voronina, éd. Aurora, Leningrad, 1969, (ouvrage russe bilingue anglais-russe).

22. Ici, comme dans toute étude portant sur les écosystèmes, il faut prendre « paysage » au sens du géographe, et non du décorateur.

23. *Cf. op. cit.,* note 15, p. 49.

1. Soulignons à ce sujet notre adhésion à un certain nombre d'études et de recherches menées à partir du travail sur le terrain, consacrées à l'Asie du Sud-Est et réunies sous les auspices du CEDRASEMI (Centre de documentation et de recherche de l'Asie du Sud-Est et du monde insulindien : CNRS et École des hautes études en sciences sociales).

2. Nous tenons à préciser que, si la notion de confort peut sembler bien hasardeuse, appliquée par des Européens à des primitifs « endurcis », le critère de conservation des aliments stockés, ou autres biens plus ou moins périssables, est garant de la légitimité d'un jugement sur la qualité d'abri de l'habitat observé.

3. Quelques ouvrages sur l'habitat dans ces zones : *Shelter in Africa* par Paul Oliver, Barrie and Jenkins ed., Londres, 1971. — *Maisons africaines. L'art traditionnel de bâtir en Afrique occidentale* par René Gardi, éd. Elzevier-Sequoia, Bruxelles, 1974. — *Architecture in Nothern Ghana* par Labelle Prussin, University of California press ed., Berkeley and Los Angeles, 1969. — *L'Habitat au Cameroun,* publication de l'Office de la Recherche scientifique d'outre-mer, éd. de l'Union française, 1952. — *Les Paysans du Sénégal* par Paul Pelissier, éd. Imprimerie de Fabrègue, Saint-Yrieix, 1966. — *L'Habitat rural Baoulé,* extrait d'une étude régionale de Bonaké 1962-64, étude ORSTOM pour la République de Côte-d'Ivoire, ministère du Plan.

4. Ouvrages intéressants sur cette zone : *L'architecture primitive,* E. Guidoni, Berger-Levrault, Paris 1981, et *Asie du Sud-Est et monde insulindien,* CEDRA-SEMI (CNRS — Hautes études en Sciences sociales).

5. *Cf. op. cit.* note 5 p. 24.

6. *Illustrated hand-book of vernacular architecture* par R.W. Brunskill, Faber and Faber éd., Londres, 1971.

7. Noter la parfaite similitude entre les cheminées romanes barlongues citées par Viollet-Le-Duc (XIIᵉ siècle) et celles des maisons ottomanes (XVIIᵉ siècle).

8. Une partie des données et exemples présentés dans ce paragraphe sont empruntés à l'ouvrage anglais *Home Fires Burning* (the History of Domestic Heating and Cooking) par L. Wright, Routledge and Kegan Paul éd., Londres, 1971.
Dictionnaire raisonné de l'architecture française du XIᵉ au XVIᵉ siècle par Eugène Viollet-Le-Duc, éd. F. de Nobele, Paris, 1967, 10 vol. (réimpression).

9. Viollet-le-Duc note, dans le *Dictionnaire raisonné de l'architecture* que pour des

cheminées de très grande dimension (château de Coucy, Palais des comtes de Poitiers) une solution à ces problèmes consistant à « diviser le tuyau de tirage en plusieurs sections, afin d'empêcher le vent de s'engouffrer dans ces larges trémies, et de faire ainsi rabattre la fumée ».

10. Jusqu'à quatre pour une même salle, dans des programmes de prestige (la débauche de moyens peut-être inconsidérée si l'on songe aux convections que devaient engendrer semblables éventrements de l'enceinte!).

11. *Shelter and Society* par Paul Oliver (ed.), Barrie and Rockiff ed., The Cresset Press, Londres 1969, chap. 2.

12. *L'Isba d'hier et d'aujourd'hui,* par B. Herblay, éd. l'Âge d'Or de la Cité, coll. Slavika, Lausanne. L'ensemble des données présentées dans ce paragraphe est emprunté à cet ouvrage, elles-mêmes empruntées à des ouvrages soviétiques.

13. *Home fire burning — The history of domestic heating and cooking* par Lawrence Wright, Routledge and Kegan Paul ed., Londres, 1964.

14. Nous ne disposons pas d'éléments permettant de reconstituer les origines de cette structure exceptionnelle.

15. *Shelter and Society,* par Paul Oliver.

16. « Géographie humaine de la Franche-Comté », par L. Cornillot, conservateur du musée de Besançon, in *Visages de la Franche-Comté,* éd. Horizons de France, coll. Provinciales, Paris, 1966.
A noter qu'une part importante des références aux maisons régionales françaises sera désormais empruntée aux monographies géographiques de cette collection.

17. *Cf. op. cit.,* notes 5 et 6, p. 24.

18. L'art au Pays basque par Ph. Veyrin, in *Visages du Pays basque,* éd. Horizons de France, coll. Provinciales 4, Paris, 1942.

19. Texte du XVIIe siècle présenté au CXIVe congrès archéologique de la Société française d'archéologie, La Rochelle, 1950.

20. « Le facteur soleil en urbanisme », par Gaston Bardet, *Techniques et Architecture,* n° 7, 1943, pp. 202-206.

21. *La Révolution industrielle du Moyen Age,* par Jean Gimpel, éd. du Seuil, coll. Points Histoire, n° 19, Paris, 1975.

D — Pages 139 à 146.

1. In « Tableaux de la France » introduction à l'*Histoire de la France* par Jules Michelet.

E — Pages 147 à 196.

1. *Aux sources de l'urbanisme moderne,* par Leonardo Benevolo, éd. Horizons de France, coll. Proportions, Paris, 1972.

2. *L'architecture. Le passé, le présent,* par A. de Baudot, ed. H. Laurens, Paris, 1916.

3. *Histoire mondiale de l'architecture et de l'urbanisme modernes,* « Idéologies et pionniers 1800-1910 », tome I, éd. Casterman, Paris, 1971. (Ouvrage fréquemment utilisé dans ce paragraphe.)

4. En fait les recherches remontent au XVIIIᵉ et même au XVIIᵉ siècle, en Grande-Bretagne puis aux États-Unis; tous les perfectionnements portent en gros sur le problème de réaliser une combustion totale des gaz, qui ne se fait spontanément que très imparfaitement, entraînant dépense excessive de combustible et pollution. Dès le XVIIᵉ siècle (prince Rupert), des profils complexes des conduits d'arrivée d'air frais et d'évacuation de l'air chauffé (et vicié) sont étudiés : Franklin les perfectionne, Rumfort atteint une combustion de 50 %, enfin le docteur Piggin Teal met au point, en 1885, l'« économiser », réglage de tirage satisfaisant avec lequel naît le poêle à charbon moderne (*cf.* notamment Lawrence Wright).

5. *The Architecture of well-tempered environment,* par Reyner Banham, the Architectural Press, London, 1969. Voir, aux sources du chauffage central, l'Octagon : cette chaudière construite à Liverpool suffisait à chauffer une habitation de quatre étages.

6. *Mon autobiographie,* par F.L. Wright, éd. Plon, Paris, 1955.

7. « The architecture of well-tempered environment ».

8. *The natural house,* par F.L. Wright, Mentor Books éd., New American Library, New York, 1963.

9. Pour toutes les œuvres et textes cités dans ce paragraphe, se reporter aux *Œuvres complètes* de Le Corbusier, publiées aux Éditions d'architecture de Zurich.

10. *Cf.* définition de l'« air exact », p. 170.

11. *Pessac de Le Corbusier,* par Philippe Boudon, éd. Dunod, coll. Aspects de l'Urbanisme, Paris, 1969.

12. *Cf. op. cit.,* note 5, p. 156.

13. *Cf. op. cit.,* note 20, p. 125.

14. *Œuvres complètes* de Le Corbusier, Les éditions d'architecture Artémis, Zurich, 1952-1957, p. 108.

15. *Architecture d'aujourd'hui,* numéro spécial sur la France d'outre-mer, n° 3, septembre-octobre 1945.

16. *Alvar Aalto,* par Karl Fleig, Verlag für Architektur Artemis, Zurich, 1979.

17. *Cf. Architecture d'aujourd'hui,* n° 10, décembre 1963.

18. *Cf. op. cit.,* n° 142, mars 1969.

19. *Cf. op. cit.,* n° 107, février 1964.

F — Pages 197 à 215.

1. Par exemple, dans l'étude de capteurs plans de fabrications diverses en rayonnement constant au banc d'essai d'EDF au laboratoire des Renardières, on n'a pas pu rendre compte de l'inertie thermique spécifique à chaque matériel proposé face aux variations du rayonnement vrai.

2. *Cf.* l'isba, dans l'habitat vernaculaire.

3. On notera qu'ici, et par la suite dans toute la recherche, le terme d'insolateur sera substitué au terme de capteur chaque fois qu'on voudra entendre un capteur spécifiquement héliotechnique, généralement opaque.

G — Pages 217.

1. Professeur Sachs, Institut d'écodéveloppement. École pratique des hautes études.

1. Si ce rapprochement est valable du point de vue des échanges thermiques, il ne l'est évidemment pas du point de vue de la chaleur d'usage.

2. Dans les Actes du colloque de l'ATP *Habitat solaire,* Marseille, février 1978. Programme PIRDES. Groupe des Laboratoires de Marseille, CNRS, 1978. *Cf.* les études suivantes : « Simulation du comportement thermique du bâtiment » par J.-L. Izard (groupe ABC). — « Typologie et contribution des systèmes passifs » par J.-P. Traisnel. — « Modélisation d'habitat solaire, rôle des espaces-tampons, par G. Olive.

3. Pour l'approfondissement et la formulation exacte de ce concept, se reporter aux travaux des professeurs A. et V. Olgyay (architectes, chercheurs au M.I.T., enseignants en architecture à Princeton, auteurs de plusieurs ouvrages) et à des études récentes ou en cours du COSTIC, le projet ALTER du CNRS-Bellevue, le programme URBHELIO de Présenté, etc.

4. Une recherche de même type consisterait à comparer, entre des zones similaires dégagées selon les critères ci-dessus, les façons agricoles et le type dominant d'habitat. Ex. : limite de la vigne, ou de l'olivier; les pentes de toitures, etc. La limite des volets pleins et des persiennes (enquête sur l'architecture régionale effectuée par M. Grillo, architecte, pour la reconstruction en 1941), etc. Température de l'air et « gisement solaire » seraient complétés et corrigés par les données éoliennes locales (direction, intensité, fréquence, influence des vents), le degré hygrométrique, l'enneigement, etc.

5. Des études ont été menées sur le sujet en Grande-Bretagne, en particulier par le London District; *cf.* les minutes du Congrès d'architecture solaire de Londres, 1977.

6. *Météorologie et habitat solaire,* par Christine Benard : *cf.* les Actes du colloque de l'ATP Marseille, février 1978, et notamment « La caractérisation du climat en vue du stockage à court terme ».

7. Dans tous les cas d'insolateurs à eau qui, (toujours dans le contexte français) sont tributaires du gel, on préférera le ruissellement à tout système en circuit fermé, sauf à s'astreindre à des vidanges nocturnes quotidiennes.

8. La régionalisation climatique ne doit pas être confondue avec les styles régionaux conservatoires; c'est une hypothèse de travail consistant à dégager les facteurs dominants d'une zone climatique considérée comme homogène; et à en déduire des séries de choix optimisés (au niveau de l'importance du stockage, du choix des capteurs, etc.). Cette partie de notre travail nous semble la plus importante, dans la mesure où elle peut créer une nouvelle problématique de l'architecture et de l'habitat. Ce type d'étude a déjà été abordé aux États-Unis, et

permet de trancher dans les controverses entre captage actif ou passif, importance à accorder ou non aux masses thermiques, isolations et protections fixes ou mobiles, etc.

9. A Aramon, le fluide caloporteur transite obligatoirement par le stockage, alors qu'il pourrait passer directement par la dalle chauffante, toutes les fois que sa température serait suffisante alors que la température des pièces serait inférieure à la demande (par exemple, pour une température des pièces inférieure à 20° et une température du caloporteur supérieure à 25°).

10. Exemple : maison de Georges Loeff à Denver.

11. Exemple : la première maison du MIT, où l'eau passe directement dans la cuve, la redistribution de chaleur se faisant au moyen d'air pulsé dans une jaquette métallique enveloppant la cuve (*cf. The solar home book* par B. Anderson et M. Riordan, Cheshire Books ed., Harrisville, 1976). Un grand nombre de maisons des États-Unis utilisent la redistribution de l'air pulsé, technologie généralement critiquée en France.

12. On peut citer, à titre d'exemples (liste non exhaustive) : G. Vachaud (institut de Mécanique de Grenoble) : « Méthodes de stockage de chaleur, notamment intersaisonnier, adaptables à l'habitat solaire » (ATP hab. sol., colloque de 78). — L'étude de Chounet et Courrège (CNRS — Orsay) : « Stockage de longue durée de l'énergie solaire ». — Les travaux de l'École des Mines, ceux de M. Gimbal (forages verticaux), les études d'héliogéothermie associée à des pompes à chaleur menées par EDF; ainsi que les études plus anciennes du professeur Brun (COMPLES).

13. Système étant entendu ici comme ensemble de moyens techniques organisés pour transformer l'énergie solaire rayonnante en chaleur utilisable.

14. Maisons primées à la première session du HOT, réalisées en 1976, A. Liébard, architecte.

15. On se rapportera par exemple aux travaux du Père Camia sur l'habitat méditerranéen et l'étude des fonctions de transfert thermique dans des murs d'épaisseur variable (groupe ABC).

16. Sur ce problème de la complexité, nous citerons les propos de M. Dahout, gestionnaire de la S.C.I.C., responsable des maisons d'Aramon, et parlant de l'expérience de ces maisons après trois ans d'usage : « Tout est compliqué. On ne fera jamais assez simple en solaire, il y a toujours trop de robinets, vannes, trois voies, réhostats... de la simplicité, de la simplicité, de la simplicité!... » Cependant, M. Dahout est un défenseur des maisons à chauffage actif et absolument opposé au mur Trombe.

17. Petit immeuble à stockage longue durée, construit à Zurich en 1975 (étude de Peter Steiger et ass.) : *cf.* PLENAR (Planung, Energie, Architektur), Niederteufen (CH-9052), Verlag Arthur Niggli.

18. Ce type de calcul, faisant appel à des notions empiriques, serait aujourd'hui remplacé par des calculs très affinés.

19. E.A. Alcutt : *cf.* les Actes officiels de la conférence *Sources nouvelles d'énergie,* Rome, août 1961, éd. Nations Unies, New York, 1964, vol. 4.

20. G : coefficient caractérisant les pertes thermiques d'un bâtiment donné et ramené au m^3 moyen de ce bâtiment. L'unité du G est le watt/m^3/degré centigrade/heure, les degrés centigrades mesurant la différence entre température intérieure et extérieure. Le G ne doit pas être confondu avec le K, coefficient d'isolation thermique d'une paroi, qui est calculé en watts/m^2/degré centigrade/heure.

21. Au sujet de la divergence ou de la concordance entre le bilan prévisionnel d'une installation solaire et le relevé de mesures en fonctionnement réel, on se référera à l'étude de M. Chouard, EDF : « Bilan thermique d'une maison solaire : une année d'expériences en Aramon, les bilans prévisionnels face aux résultats mesurés. » (Actes du colloque de l'ATP *Habitat solaire,* Marseille, février 1978.

I — Pages 241 à 258.

1. On parle d'insolateur lorsque le dispositif de captage est associé à un stockage alors qu'un élément peut être capteur sans assurer cette deuxième fonction.

2. *Roll-Bond :* double feuille d'aluminium soudée par électrolyse, avec circuit interne ménagé chimiquement. L'usage du *Roll-Bond* pose des problèmes de corrosion qui peuvent être maintenant résolus par une protection cathodique, par exemple du *zinc-print-process* (US patent n° 3 650 005).

3. Pour mieux préciser l'objectif d'intégration, on peut faire la comparaison avec le chauffagisme en opposant la technologie des radiateurs métalliques à moyenne température insérés après coup dans la conception des espaces, et celle des planchers chauffants ou radiants à basse température, incorporés dès la réalisation du gros œuvre et utilisant celui-ci comme surface émettrice.

4. Procédé étudié à la SOFRETES et appliqué massivement au Mexique dans les opérations de développement rural Tonatiuh.

5. Firme américaine, Zomeworks Corporation, P.O. Box 712, Albuquerque (S. BAER).

6. Procédé suisse, *cf.* International conference and exhibition on solar building technology, Londres, juillet 1977, organisée par l'UNESCO et la North-East London Polytechnic Faculty of Environmental Studies (Department of General Surveying Construction).

7. Prototype d'Odeillo (1962), antérieur au système à air.

8. Exemples : système mis au point aux États-Unis, Université d'Arizona (*cf. Designing and building your solar house* par Donald Watson, pp. 30-31); en France, brevet de Emery et Miquel.

9. Maison de Phœnix.

10. « The solar home book » par B. Anderson.

11. *Cf.* l'article « Can sunshine heat and cool your house? » par M. Gilmore, *Times Mirror Magazine,* 1974.

12. *Focus on transition : toward the introduction of solar heating and cooling to communauty planning* par R. Berks, publié par The MITRE Corporation, Washington operations (M 7465).

J — Pages 279 à 305.

1. Terme inventé par G. Bauer, arc. urb. et J.-M. Roux, économistes, en 1959.

2. Journées d'étude sur le chauffage solaire de base, organisées par le Centre Interuniversitaire de Formation permanente (CIFOP), Charleroi, 1975; Congrès de Londres, 1977; Colloque de Sophia Antipolis, Nice, 1978.

3. Note ajoutée en 1980 : Depuis la rédaction de cet ouvrage, le VIIIe Plan a défini dans le cadre de la « prospective de la demande d'énergie à long terme », une part de 1 à 5 % pour l'énergie solaire d'ici 1990. Cette proportion évidemment très inférieure aux ambitions et aux possibilités de l'économie française rejette dans un avenir éloigné, donc incertain, les solutions alternatives.

4. La plupart des relations informelles utilisées ci-dessus ont eu lieu, entre 1975 et 1978, avec des participants aux journées solaires de Collioure; avec des étudiants de la Formation permanente-Censier, avec trois groupes d'habitants différents de la région de Toulouse (un pavillon solarisé; une maison HOT de petite série; une maison particulière en projet); les niveaux d'éducation des interlocuteurs étaient très variés.

5. Maria Telkes, physicienne hongroise, puis américaine : sur les stockages par sels dans des cuves, voir la maison Peabody réalisée aux États-Unis en 1946.

6. Travaux du professeur Tabor, en Israël; *cf.* les Actes officiels de la conférence : *Sources nouvelles d'énergie,* Rome, août 1961, *op. cit.,* note 19, p. 199, vol. 4, vol. 6.

7. *Cf.* la discussion entre MM. Crepelet, Michel, Missenard, Perrin de Brichambaut, Trombe et Verberey, dans les *Annales de l'institut du Bâtiment et des Travaux Publics,* séance du 14-5-74; à l'issue de ce débat, on descendit de 7 à 3 kWh/m², et pour finir à 0,85 kWh/m² par jour en moyenne annuelle.

8. Capteur Duchesne, brevet ANVAR.

9. ERDA : Energy Research Development Authority.

10. Maisons du type New Alchimist (Angleterre), Kleinearde (Hollande), maison d'Alexander Pike (projet de Cambridge, Angleterre) : *cf.* colloque d'EUROCAT, Paris, avril 1978.

11. En France, travaux du Professeur Boutière au laboratoire Arago (CNRS, Banyuls), projets d'intégration de la photosynthèse et de la fonction thermique grâce à des filtres bleus absorbants sélectifs, dans des serres qu'il appelle « enceintes de vie » autonome minimale. *Cf. Cahiers de la COMPLES,* 1970 à 73.

K — Pages 313 à 318.

1. NSF : National Scientific Foundation, 1974.

2. Journées d'études du CIFOP sur le chauffage solaire de base, Charleroi, 1975.

3. Ces chiffres se fondent sur les évaluations de Y. Peyches (*cf. Bulletin de l'AFEDES*) et recoupent ceux dégagés par le professeur Tabor.
Notons que les conclusions sur la « rentabilité » de l'énergie solaire varient notablement selon les critères de comparaison choisis. Le mode de calcul le plus défavorable est le calcul par tonne-équivalent-pétrole, et par équivalent-gaz. Par rapport à l'électricité, c'est déjà moins défavorable parce que la valeur est donnée en tonne-équivalent-pétrole supposé converti en électricité par centrales à fuel, ce qui multiplie le prix de comparaison par trois. Toutes les études EDF semblent toutefois conclure qu'en matière de solarisation, « le moins, c'est le mieux » et, qu'en quelque sorte, il n'est pas d'optimisation possible.

1. *Cf.* définition du gisement solaire au chapitre « Partis, options, critères de choix des systèmes ».

2. La notion de puissance installée, utilisée dans tous les calculs énergétiques signifie ici l'énergie moyenne disponible sur vingt-quatre heures et annuellement compte tenu de stockages appropriés.

3. On peut se référer aux modèles écosystémiques de W. Oward et T. Odum *(Cf. Environnement, énergie et société)*, et de D.H. Meadows, pour ne citer que les plus connus.

4. Terme américain définissant la trame urbaine orthogonale.

5. *Planification et conception des villes sibériennes* par le Comité d'État des bâtiments civils et de l'architecture, Leningrad, 1972 (ouvrage en russe, titre traduit par les auteurs).

6. ATP (actions thématiques programmées) : appels d'offres de recherche lancés périodiquement par le CNRS.

7. Note de 1980 : voir le récent concours *Cinq mille maisons solaires* lancé par le plan construction.

8. Il serait intéressant de faire établir des devis permettant d'évaluer l'intérêt respectif de trois types d'actions ou degrés d'intégration :
1. captage et stockage individuels,
2. captage individuel, stockage collectif,
3. captage et stockage collectifs.

9. Des recherches en ce sens sont actuellement annoncées par les travaux du Centre de recherche sur l'environnement et le développement à l'École des hautes études en sciences sociales de Paris. Voir aussi le groupe et les publications « Aménagement et Nature », *Revue de l'environnement,* Paris.

10. *Centre* s'entend ici en terme de latitude, non de longitude.

Liste des principales abréviations

ABC (groupe)	Groupe de recherche de Marseille-Lumigny.
AFEDES	Association Française pour l'Étude et le Développement de l'Énergie Solaire.
ANVAR (CNRS)	Office National pour la Valorisation de la Recherche.
ATP-CNRS	Recherches dénommées « Actions Thématiques Programmées ».
CEA	Commissariat à l'Énergie Atomique.
CEE	Communauté Économique Européenne.
CES	Centre d'Études Spatiales.
CIAM	Congrès Internationaux d'Architecture Moderne.
CNRS	Centre National de la Recherche Scientifique.
COMPLES	Coopération Méditerranéenne pour l'Énergie Solaire.
COS	Coefficient d'Occupation des Sols.
COSTIC	Comité Scientifique et Technique des Ingénieurs en Chauffage.
CSTB	Centre Scientifique et Technique du Bâtiment.
EDF	Électricité de France.
HBM	Habitations à Bon Marché.
HLM	Habitations à Loyer Modéré.
HOT	Programme de recherche Plan Construction pour l'innovation thermique dans l'habitat.
MIT	Massachusset Institute of Technology (US).
PIRDES (CNRS)	Programme Interdisciplinaire de Recherche pour le Développement de l'Énergie Solaire.
POS	Plan d'Occupation des Sols.
SOFRETES	Société Française d'Études Thermiques et d'Énergie Solaire.

Annexes

Annexe I

Classement ANVAR-CNRS
Matrice permettant d'évaluer
les qualités des différents systèmes héliotechniques

Annexe II

Étude Alexandroff - CEA
sur les possibilités d'utilisation
du stockage intersaisonnier de l'énergie solaire
dans l'habitat

Avertissement

Certains documents strictement techniques et compléments documentaires qui ne figurent pas dans cette édition peuvent être consultés dans l'étude originale des auteurs, déposée dans les Centres de documentation du Plan Construction, des écoles d'Architecture (UPA) et de certaines écoles d'ingénieurs sous le titre *Intégration des Énergies Naturelles à l'Habitat - 1978.*

C'est le cas notamment des annexes :

Annexes 1 et 2 publiées ici en partie.

Annexe 3. Enquête menée par l'école polytechnique de Londres sur les potentialités solaires de l'habitat anglais existant (minutes du Congrès de Londres 1977), supprimée ici.

Annexe I

I FONCTION CAPTAGE						CRITÈRES DE CHOIX PONDÉRÉS +1, 0, −1 ET N, POUR IMPOSSIBLE PAR PRINCIPE	*Rendement conversion / tout le spectre*	*Prix de série au m² de rayonnement intercepté*	*Facilité d'entretien*	*Robustesse et longévité*	*Facilité insertion dans habitat classique (montage)*	*Aptitude à optimisation formes propres à habitat solaire*	*Facilité d'installation*	*État de la technologie, délai de mise au point*	*Possibilité d'utilisation en reversible*	*Compatibilité avec système de stockage*	*Aptitude à application zone tempérée*	*Aptitude à application zone tropicale*	*Influence favorable d'effet d'échelle (aspect économique)*	*Aptitude installation collective verticale*	*Aptitude installation collective horizontale*
						SOLUTIONS ENVISAGEABLES															
AVEC CONCENTRATION	Chauffage	Fluide	Air	tube																		
				nappe																		
			Chgt d'état (Caloduc)																			
			Liquide	tube																		
				nappe																		
		Solide	béton																			
			Conteneur à masse d'eau statique																			
	Conversion électrique	photovoltaïque																				
		thermovoltaïque																				
		thermoïonique																				
	Combinaison																					
SANS CONCENTRATION	Chauffage	Fluide	Air	tube																		
				nappe																		
			Chgt d'état (Caloduc)																			
			Liquide	tube																		
				nappe																		
		Solide	béton																				
			Conteneur à masse d'eau statique																			
	Conversion électrique	photovoltaïque																				
		thermovoltaïque																				
		thermoïonique																				
	Combinaison																					

II FONCTION STOCKAGE SOLUTIONS ENVISAGEABLES	CRITÈRES DE CHOIX PONDÉRÉS +1, 0, −1 ET N, POUR IMPOSSIBLE PAR PRINCIPE	Rendement conversion au stockage et déstockage	Capacité de stockage par volume	Capacité de stockage par poids	Prix par quantité d'énergie stockée	Robustesse et longévité	Influence favorable d'effet d'échelle (aspect économique)	Facilité de mise en œuvre	Problème de sécurité	État de la technologie et délai de mise au point	Compatibilité avec forme de restitution	Aptitude au stockage à long terme	Aptitude à s'associer à dispositif d'appoint	Aptitude à installation collective verticale	Aptitude à installation collective horizontale
THERMIQUE — Eau															
THERMIQUE — Roche, béton, maçonnerie															
THERMIQUE — Système à changement d'état															
CHIMIQUE — Batterie — Charge directe															
CHIMIQUE — Batterie — Charge par générateur — à cycle thermodynamique															
CHIMIQUE — Batterie — Charge par générateur — à cycle thermomécanique — bilames															
CHIMIQUE — Batterie — Charge par générateur — à cycle thermomécanique — Pt Curie															
CHIMIQUE — Batterie — Charge par générateur — à cycle thermomécanique — Nitinol															
CHIMIQUE — Batterie — Charge par générateur — sous forme comprimée															
CHIMIQUE — hydrogène par électrolyse sous forme hydrure métallique															
MÉCANIQUE ÉNERGIE POTENTIELLE — inertie gyroscopique															
MÉCANIQUE ÉNERGIE POTENTIELLE — gaz comprimé															
MÉCANIQUE ÉNERGIE POTENTIELLE — Induction dans bobines supraconductrices															
MÉCANIQUE ÉNERGIE POTENTIELLE — eau sous pression															

III FONCTION RESTITUTION / SOLUTIONS ENVISAGEABLES			CRITÈRES DE CHOIX PONDÉRÉS +1, 0, −1 ET N, POUR IMPOSSIBLE PAR PRINCIPE											
			Encombrement	*Bruit*	*Inertie thermique de l'installation*	*Consommation des auxiliaires*	*Prix*	*Aptitude à s'associer à dispositif d'appoint*	*Aptitude à travailler en chaud ou en froid*	*Aptitude à une installation collective verticale*	*Aptitude à une installation collective horizontale*	*Compatibilité avec dispositif régulation*	*Influence favorable d'effet d'échelle (aspect économique)*
INDIRECTE	Air	convection naturelle											
		pulsé											
	Eau	Convecteur											
		par le sol											
	Électrique	convecteurs											
		radiateurs											
		climatiseur											
Combinaison convecteur		air eau											
		air électrique											
Directe : masse solide ou liquide													

IV FONCTION RÉGULATION ET COMMANDE / SOLUTIONS ENVISAGEABLES					Prix d'installation	Finesse de la régulation	Fiabilité et facilité d'entretien	Consommation des auxiliaires	Encombrement
					CRITÈRES DE CHOIX PONDÉRÉS +1, 0, −1 ET N, POUR IMPOSSIBLE PAR PRINCIPE				
DÉTECTION DE LA TEMPÉRATURE PAR DILATATION EN VOLUME	GAZ	Commande mécanique directe	Orientation	volet					
				capteur					
			débit fluide						
			chauffage électrique						
		Commande avec amplification intermédiaire	Orientation	volet					
				capteur					
			débit fluide						
			chauffage électrique						
	LIQUIDE	Commande mécanique directe	Orientation	volet					
				capteur					
			débit fluide						
			chauffage électrique						
		Commande avec amplification intermédiaire	Orientation	volet					
				capteur					
			débit fluide						
			chauffage électrique						
DILATATION DIFFÉRENTIELLE	BILAMES	Commande mécanique directe	Orientation	volet					
				capteur					
			débit fluide						
			chauffage électrique						
		Commande avec amplification intermédiaire	Orientation	volet					
				capteur					
			débit fluide						
			chauffage électrique						
	THERMOSTAT A TIGES	Commande mécanique directe	Orientation	volet					
				capteur					
			débit fluide						
			chauffage électrique						
		Commande avec amplification intermédiaire	Orientation	volet					
				capteur					
			débit fluide						
			chauffage électrique						
DÉTECTEUR A PT DE CURIE		Commande mécanique directe	Orientation	volet					
				capteur					
			débit fluide						
			chauffage électrique						
		Commande avec amplification intermédiaire	Orientation	volet					
				capteur					
			débit fluide						
			chauffage électrique						
MANUELLE (POUR MÉMOIRE)									

Annexe II

Nous donnons ici quelques éléments d'étude de possibilité d'utilisation du stockage intersaisonnier de l'énergie solaire dans l'habitat effectuée sous la direction de G. Alexandroff au DTCE — Service d'études énergétiques du CEA-Saclay dans le cadre d'un contrat du Plan Construction sous la direction de P. Marie et avec le concours du SEEN Saclay.

L'étude basée sur le programme d'une installation théorique, a donné lieu à l'élaboration d'un programme calcul dont nous ne donnons pas ici les éléments, ceux-ci ayant été reproduits en divers lieux depuis leur première publication par le Plan Construction [1].

Introduction

Quoi de plus contradictoire que l'utilisation continue de l'énergie solaire? C'est pendant les heures où la température est la plus douce que l'on recueille le maximum de calories et pendant les périodes de non-ensoleillement, notamment la nuit, que les besoins en chauffage sont les plus importants. Pour pouvoir rendre crédible l'emploi de capteurs solaires, il a donc fallu bien vite songer à équiper ces derniers de ballons de stockage permettant à l'utilisateur de conserver les calories captées au cours des heures favorables.

Si l'on examine maintenant le problème non plus au niveau de quelques dizaines d'heures mais à celui de l'année toute entière, on rencontre la même contradiction : c'est pendant les mois d'avril à août à peu près, que l'énergie recueillie est maximale et pendant cette même période que les besoins en chauffage sont pratiquement nuls et les capteurs inutiles. Le problème est donc identique à celui évoqué précédemment et se pose de deux manières différentes suivant le climat :

— Pour les régions à fort ensoleillement, les capteurs installés pour recueillir les calories d'hiver seront source de soucis pour l'utilisation dans la mesure où l'on sera forcé quelquefois de faire fonctionner les capteurs pendant les journées d'été, où le besoin en calories est pratiquement nul, pour éviter que les insolateurs ne se détériorent (vitres cassées ou joints fondus) et de rejeter les calories la nuit en faisant circuler le fluide caloporteur en sens inverse. Dans ces régions donc, les capteurs solaires, utiles l'hiver, deviennent consommateurs d'énergie l'été, par l'intermédiaire des pompes de circulation...

— Pour les régions à faible ensoleillement (Nord de l'Europe par exemple), la question est beaucoup plus vitale puisqu'elle concerne directement la poursuite ou l'abandon de « l'expérience solaire ». Sous ces latitudes en effet, il est très difficile de recueillir rentablement les « calories d'hiver » et les capteurs solaires deviennent dès lors inutilisables sauf si l'on arrive à mettre au point un mode de stockage, intersaisonnier cette fois, qui n'induise pas de surcoût trop important. Il suffit d'ailleurs de feuilleter les comptes rendus des congrès récents d'énergie solaire [2] pour constater que la plupart des pays du Nord de l'Europe sont très « sensibilisés » par ce problème.

Que le stockage intersaisonnier vise à ne pas perdre les calories d'été et diminuer la surface de captation nécessaire ou à donner un bilan positif à l'exploitation d'une installation solaire, il est certainement appelé à devenir bientôt une caractéristique commune à tout projet de chauffage solaire.

Le projet Plan Construction Alexandroff

Si le stockage intersaisonnier de l'énergie solaire est un problème à l'ordre du jour, il faut reconnaître cependant que bien peu d'études ont été faites ou tout au moins rendues publiques sur ce sujet et que nous ne possédons à l'heure actuelle que très peu de données ou de résultats précis, concernant les surfaces de captation ou le volume de stockage nécessaires, les économies d'énergie envisageables, etc. Le SEEN-Saclay a donc essayé de définir, par l'intermédiaire du projet Plan Construction Alexandroff, les éléments nécessaires à toute étude postérieure concernant le stockage intersaisonnier (chauffage de locaux d'habitation, de piscines...).

Étant donné l'importance des volumes de stockage qu'il nécessite et son prix de revient, celui-ci ne peut être conçu comme une solution individuelle; c'est pourquoi le projet prend en considération un îlot de dix pavillons avec toits-capteurs, situé dans le Nord de l'Europe, et équipé d'un bassin central intégré à l'ensemble (pour ne pas « déminéraliser » le sol). Ce bassin, destiné au stockage intersaisonnier, comporterait éventuellement un jardin d'hiver, une piscine...

Description de l'installation

Nous ne pouvons donner ici une description très détaillée de tous les composants de l'installation solaire. Tout au moins pouvons-nous pour chacun d'eux, citer rapidement les méthodes employées et les résultats auxquels nous sommes parvenus.

a. Bassin de stockage.

C'est le stockage en bassin d'eau chaude qui a été retenu pour ses performances assez bonnes, et surtout pour son extrême simplicité, adaptée aux impératifs économiques [3] d'un projet de ce genre. La conception du bassin a donc été guidée par les problèmes thermiques qui découlent de ce choix (convection, conduction). D'autre part, chaque pavillon est relié au bassin de stockage central de telle sorte que les calories recueillies par un toit capteur puissent être directement envoyées dans le bassin et que les calories nécessaires au chauffage du pavillon ou de l'eau chaude sanitaire puissent inversement être prélevées directement dans le stock.

b. Besoins énergétiques des pavillons.

Les pavillons sont supposés avoir un degré d'isolation comparable aux constructions « tout électrique ». C'est donc à l'aide de formules relatives à ces constructions [4] que les besoins énergétiques (chauffage et eau chaude sanitaire) de l'îlot pavillonnaire ont été calculés.

c. Captation de l'énergie solaire.

Le « potentiel énergétique » du site a été évalué grâce à une méthode de détermination de l'ensoleillement mise au point au SEEN [5] et qui permet de donner une meilleure prévision de l'énergie recueillie par un réseau de capteurs en :
— traitant les données météorologiques disponibles (global

horizontal, durée d'insolation) sans utiliser d'autres données moins précises (épaisseur d'eau condensable...);

— évitant la notion de jour-moyen-mois (définition de groupes de jours équivalents, d'années-types de référence...).

Quant à l'orientation des pavillons et à l'inclinaison des toits, bien qu'une étude préalable ait permis de montrer que la disposition 45° sud (et non 60° sud comme on aurait pu penser) était la meilleure pour les dix pavillons (c'est à cette disposition que se réfèrent les courbes figurant dans les pages suivantes), nous avons préféré, pour tenir compte des contraintes architecturales qu'une telle disposition engendrait, proposer à l'architecte un ensemble de dispositions diverses (auxquelles correspondent des performances différentes) dans lequel il pourrait faire son choix.

Programme de calcul et tableaux de résultats

Tous les paramètres de l'installation, énumérés dans le paragraphe précédent, ont été rassemblés dans le programme de calcul.

Conclusion

Le stockage intersaisonnier de l'énergie solaire appliqué à l'habitat n'en est encore qu'à ses débuts. Cependant, la présente étude, par les résultats exposés ici, montre qu'un tel stockage, associé à une surface de captage relativement faible, peut rendre un ensemble d'habitations énergétiquement autonome, et ceci dans des régions apparemment peu privilégiées par le soleil (Nord de la France, Belgique) où l'utilisation de l'énergie solaire aurait pu paraître vouée à l'échec.

---

1. G. Alexandroff et A. Liébard. *L'Habitat Solaire Comment?* éditions L'Équerre 1979.
2. *Le chauffage solaire de base,* Congrès CIFoP, Charleroi, 1975.
3. R. Torrenti, R. Bomal, G. Alexandroff. *Dimensionnement d'un bassin de stockage intersaisonnier,* COMPLES, Alès, 1976.
4. Ph. Chouard. *Méthodologie des projets de chauffage solaire,* EDF - Les Renardières, HE112T253.
5. R. Torrenti. *Méthode de détermination de l'ensoleillement d'un site,* SEEN-RT-76-050.

Table et références des illustrations

Page 249
40. Capteurs-fenêtres : a - Aération de serre solaire, U.S. (photo Olivier Charles); b - façade à insolateurs brise-soleil (projet G. Alexandroff).

Page 252
41. Capteurs-combles à occultation mobile : a - Solution Missenard, (brevet nº 2312742); b - solution Livingston et Wormser, The Cambridge development group, USA (U.S. Engeneering informations).

Page 253
42. La grande diversité des insolateurs volumiques (projet G. Alexandroff).

Page 256
43. Insolateurs fixes à semi-concentration : a - Insolateurs Watson USA (dessin du brevet Watson); b - insolateur Touchais (brevet nº 2303251); c - système Canaletas à Chinguetti, Mauritanie (photo Alexandroff).

Page 261
44. Volumétrie solaire : a - Pueblo hopi; b - le Royal Crescent à Bath.

Pages 262-263
45. Modénatures solaires (projets G. Alexandroff).

Page 274
46. Formes d'architectures solaires actives ou passives : a, b - Maisons au Nouveau Mexique (photos Olivier Charles); c - projet J.M. Alexandroff.

Page 288
47. Le public d'un colloque sur l'énergie solaire, château royal de Collioure, 1977 (photo Basile Alexandroff).

Page 297
48. Le Nichione del Belvedere du Vatican par Bramante et Michel-Ange : une architecture héliotropique.

Pages 300-301
49. Ville et symbolique solaire, avec ou sans la nature : a - Une ville solaire dans l'Europe classique : Carlsruhe (Bibliothèque nationale); b - groupe d'immeubles près de Leipzig; c - utopie solaire (projet G. Alexandroff).

Page 309
50. Industrie solaire : Fabrication en série de blocs thermiques ventilés (photo A. Liébard).

Page 321
51. Capteurs en nappes ou parasols : a - Projet Sofretes pour San Luis de la Paz, Mexique (projet G. et J.M. Alexandroff); b - proposition d'autoconstruction sous des capteurs en nappes pour l'Afrique de l'Ouest (projet G. et J.M. Alexandroff).

Page 323
52. Architecture solaire européenne : a - La maison de l'Université à Eidhoven, Hollande (minutes du congrès de Londres, op. cit. note H5); b - maison Euroc à Malmö, Suède (maison Thermoroc à Malmö, présentée par B. Russbach, doc. personnelle, Genève, 1976); c - maison à Blagnac, lauréate du concours H.O.T., 1975, A. Liébard architecte (photo A. Liébard).

Les illustrations sans référence figurant dans cette table sont celles des auteurs.

Table

Maquette et fabrication : Noémi Adda et Marie-Pierre Levallois

Achevé d'imprimer
sur les presses
de l'imprimerie Berger-Levrault à Nancy
Dépôt légal : septembre 1982
N° d'imprimeur : 119805